伊豆の津津浦浦

ＮＰＯ法人伊豆学研究会　橋本敬之

はじめに

令和二年『下田街道の風景』を上梓し、その続編を発刊することになりました。『下田街道の風景』では伊豆の背骨である中央を南北に結ぶ街道を文化十二年に第九次になる伊能忠敬測量隊の足跡をたどることにしました。伊能図を現代の二万五〇〇〇分の一の地形図に落とし、残存している江戸時代の村絵図と史料を使いながら、歴史を再現する試みを行いました。この取り組みを後押ししてくださったのは伊豆新聞でした。続編の紙上での連載、また本出版に快く応じてくださった新聞社に感謝申し上げます。

史料は歴史の証人です。史料なくして歴史を語れません。何度も繰り返しておりますが、少子高齢社会となり、歴史史料が散逸する危機的な状況です。とくに、伊豆の海岸線は入り組んだリアス式海岸と急峻な山に囲まれた入江に集落が営まれ、他地域と孤立した場所が多くあります。そのような場所で高齢者が地域を細々と守るという現実があります。地域の歴史が消え、集落そのものが消えてしまい兼ねない危機に晒されていると言っても過言ではありません。

かつては海の道が開け、多くの文化が海から入って来ました。大量輸送は海を使い、伊豆の浦々は風待ち湊となって大いににぎわいました。交通手段が陸上中心となり、伊豆の海岸へ通じる限られた道路では行きにくくなりました。海は大型客船の時代になり、伊豆の狭い入り江やかつてにぎわった港へ入ることがなくなりました。伊豆の文化や自然に由来する観光資源は大きな魅力です。先人が残した文化からこれからの伊豆を考えるきっかけになればと思っています。目新しいイベントを考えても地域文化に根ざさないものは自然消滅してしまうものになってしまうことが多いようです。

今後、そのようなにぎわいはなかなか生まれませんが、にぎわった証拠を記録に残し、後世につなげて行きたいと思います。興味のあるところからお読みいただき、伊豆の未来を考えるきっかけになれば幸いです。

令和六年三月

NPO法人伊豆学研究会　橋本敬之

目次

表紙「明治十二年日本地図（江川文庫蔵）」部分

1 総説①

伊豆の海岸線はリアス式で複雑に入り組んでいる。帆船で航海した江戸時代の天気を予想する伊豆の日和山が、実に全国の一割を占めていた。明治二十二年（一八八九）『伊豆の浦つたひ』が刊行された。静岡県賀茂郡熱海村に寄留していた東京平民山本光一著、売捌人熱海村上町雁皮紙製造販売本店渡辺彦右衛門・温泉宿小林屋棟造とある。伊豆山から石廊崎までの伊豆東海岸の地誌が挿絵入りで著されている。本文は活字であるが、挿絵は木版となっていて、伊豆山・熱海・伊東・富戸・稲取・川津（大滝）・白浜・下田港・弥陀窟・蓑掛巌・石廊崎が彩色画で折込み挿入されている。本稿では、伊豆半島の「津津浦浦」を一周めぐり、それぞれの土地を概観していきたい。昭和三十年に沼津市と合併した沼津市内浦地区から反時計回りに伊豆半島を一周、熱海市伊豆山までの伊豆の海岸線にある地域、集落がその対象である。

「全国津津浦浦」「興味津々」という言葉がある。陸路でつながらない場所にも船が入る津・浦に集落や街ができる。伊豆の半島は、まさに津津浦浦の回廊である。伊豆の「津」は三津しかない。沼津・塩久津（沼津市口野）が近くにあり、駿河国だが、伊豆の入り口である。伊豆と駿河は、沼津市静浦口野と内浦重寺が境となる。口野を西に向かうと淡島が眼前に迫り、左手に山が突き出たところを曲がると重寺の集落に入る。ここから西の海岸集落は伊豆国になる。

「津」は港、水がわき出る場所、興味が尽きないことを「興味津々」という。「湊」は送り仮名をつけて「湊う（つど・う）」と訓む。湊には多くの人が集まり、文化を作ってきた。

寛政五年（一七九三）に江戸幕府の老中松平定信が海防のため伊豆を巡見した。そのとき同行した絵師の谷文晁は「公余探勝図」（東京国立博物館蔵、重要文化財）で伊豆各地の風景を描いた。これを上下二巻にして定信に献上し、定信が命名した。これに描かれた伊豆の風景は、海防視察ということもあったので、海岸視察が多く、湊・浦が見える。下田街道を南下して、下田へ逗留、下田の様子を描いたのをはじめ、下田港、手石、鯉名港（小稲）、美津可計嶋、長津呂、長津呂港、石廊崎、入間村、妻良、伊浜東望、柿崎港、須崎、柿崎山中南望（その一）を上巻に収めた。下巻には柿崎山中、白浜、板戸浜、谷津、川津、見高港、赤沢山、八幡野浜、伊藤（伊東）崎、上多賀、熱海港を描いて収めている。

蒲原方面から伊豆半島を望む

2 総説②

海から伊豆の沿岸を描いたものでは、ニューヨーク市立図書館のスペンサーコレクションに収まっている「伊豆沿海真景」がある。掛川藩に招請された松崎慊堂《こうどう》が文化五年（一八〇八）掛川藩の村松笠齋《りっさい》（以弘）に描かせたもので、巻子四巻仕立てになっている。絵は伊豆の海岸線全体を描き、三津船中から始まり、船から三津村を遠望、江梨、大瀬崎、小下田船中、古路阪、安良里湾と集落、安良里港が一巻（元）に収められる。田子島、田子大島では井田子の集落、田子赤島で燈明堂跡、大田子浦で田子の集落、浜村船中、浜村堂島で動橋《ゆるぎ》、外分阪で浜村の集落遠望と仁科川が一巻（亨）になる。

江奈稲荷山で道部の遠望、片山で松崎・江奈・道部・宮内・岩科川・中川の眺望、雲見船中、千貫門、平山阪、大畑阪で伊浜の集落と妻良湾、妻良で小浦（子浦）の遠望、屋根越阪で石廊権現遠望と長津呂集落、石廊権現祠で一巻（利）が終わる。

保津瀬浜、手石弥陀堂阪で小稲の集落遠望、弥陀山麓で湊村・手石村・手石川の眺望、安城山下で浜村遠望、弥陀山窟、下田浦で下田湊遠望、蠣崎山で蠣崎（柿崎）の集落と弁天祠、白浜阪で白浜集落と五社明神、見高浦で谷津遠望と見高集落、稲取郎で稲取の集落を一巻（奥）に描いた。

もう一点、明治三年に伊豆の産物、税である米の積み出し港の調査を韮山県が行った。それぞれの港の集める産物を出す村々の割当を示した帳面が残されている。それと同時に、港の様子を描いた村絵図を「豆州各港方向取調一件」として集成した。例えば、伊浜村（南伊豆町）の産物は隣村にある港・子浦湊にも運んだが、道部（松崎町）へも運搬している。当時、海路が中心であるが、岩科村（現松崎町）山口へ通じる山道があったので、ここを越えて行ったものと思われる。

絵図に描かれたのは、賀茂郡網代村・上多賀村・下多賀村（熱海市）、見高村・浜村・谷津村（河津町）、須崎村・柿崎村・下田町（下田市）、湊村・手石村・長津呂村・入間村内中木湊・妻良村・子浦村（南伊豆町）、岩地村・道部村（松崎町）、那賀郡浜村・田子村・安良里村（西伊豆町）、小下田村・土肥村（伊豆市）、戸田村（沼津市）である。伊豆の南部は陸路でつなぐことが難しく、昭和四十七年、現国道一三六号であるマーガレットラインの開通でようやくすべての集落が陸路でつながった。

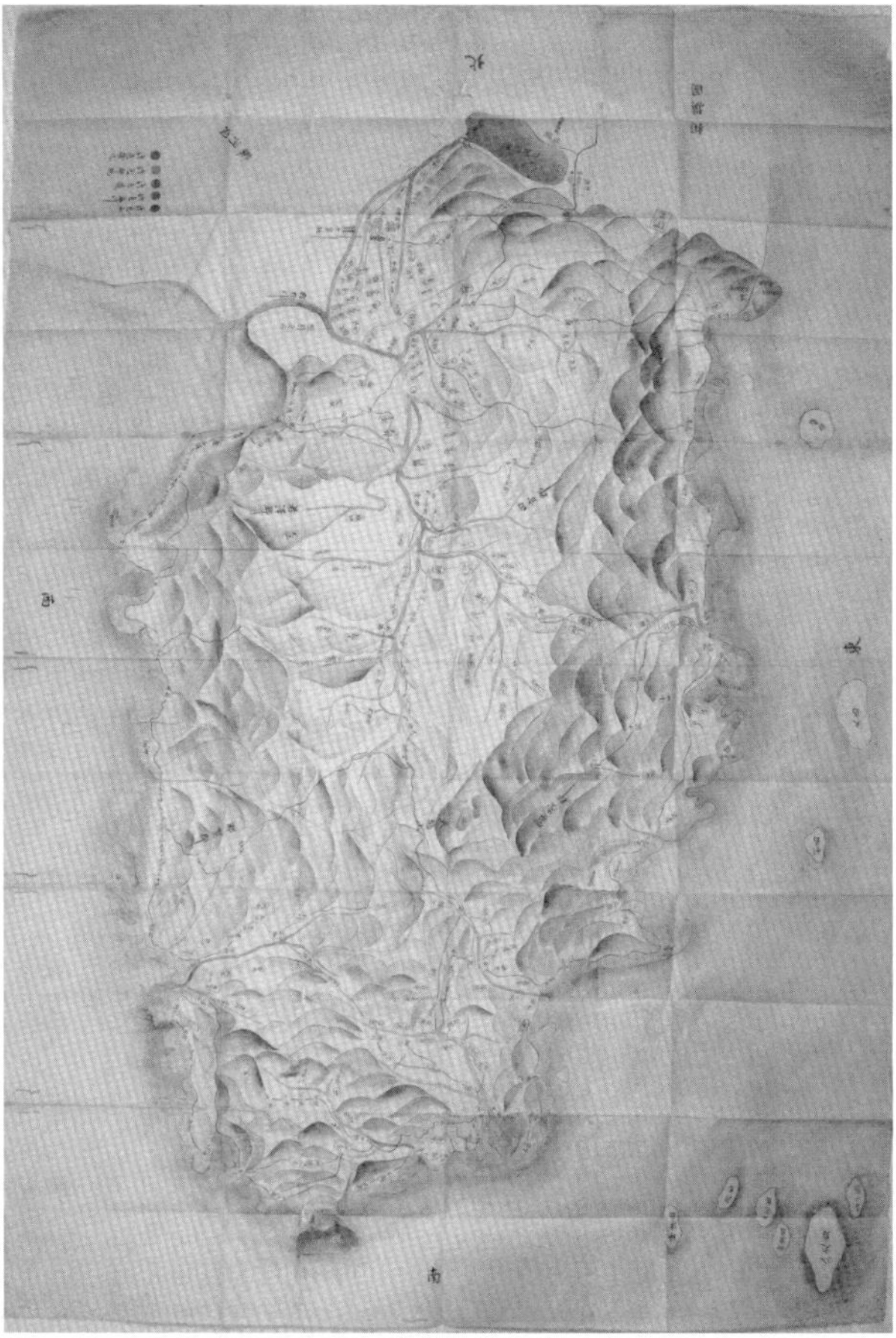

年不詳伊豆半島絵図（公益財団法人江川文庫蔵）

3 総説③

現代社会は都市集住が進み、とくに伊豆の海岸線の集落はどこも少子高齢化といった悩みを抱えている。しかし、高度成長期を迎える以前の伊豆の海岸線にある集落は漁業、海路で繁栄した豊かな地域だった。また、海路を経て、他地域からの文化を入手できる文化の進んだ地域でもあった。また、奈良時代、平安時代の平城京木簡、平安京木簡に記載されている伊豆の地名は、依馬郷（伊豆の国市江間に比定）を除いて、すべて海岸線にある地名であり、古くから知られた場所であった。

老中松平定信による寛政の改革で、「海国兵談」を著した林子平が処罰された。林子平は著書で、海が世界中がつながっていることを述べた。定信は、当時、ロシアやヨーロッパから鎖国をしている日本沿岸に度々やってくる外国船に備えて伊豆・相模・房総の海岸線の視察をするとともに、御備場を造って防備を固めた。

徳川幕府は文政の改革で無二念打払令を出して海岸防備を行った。しかし、欧米諸国は産業革命が広がり、市場と原料確保のため、アジア進出を進めていた。とくにイギリスは東インド会社を設立、アヘン戦争によって我が国も植民地の危機に晒されることとなった。老中水野忠邦は天保の改革を推し進め、外国に対しては薪水給与令を出した。

韮山代官で江川家三六代当主である江川英龍は、天保の改革が行われている天保十二年（一八四一）、海防の必要性を説いたとされる。そして、陸路を海岸線視察の旅に出た。英龍は、幕末に産業革命を遂げた欧米諸国の圧力に対して海防建議を行った。嘉永二年（一八四九）イギリス軍艦マリナー号の艦長との交渉に当たった際「蜀江《しょっこう》の錦」（小袴龍鳳凰文錦）の袴をつけ、交渉の末退去させた。この事件でも伊豆は江戸幕府の中枢である江戸湾の咽喉部にあるということで、伊豆の海岸の重要性を説いた。英龍の沿岸視察時の絵や、伊豆の海岸絵図、測量メモが江川文庫には多く残されている。

明治四十三年伊豆を訪れた柳田國男は、旅行記「五十年前の伊豆日記」の中で、下田街道を南下し、下田から船で沼津に向かう途中の集落の様子を文章で点描している。

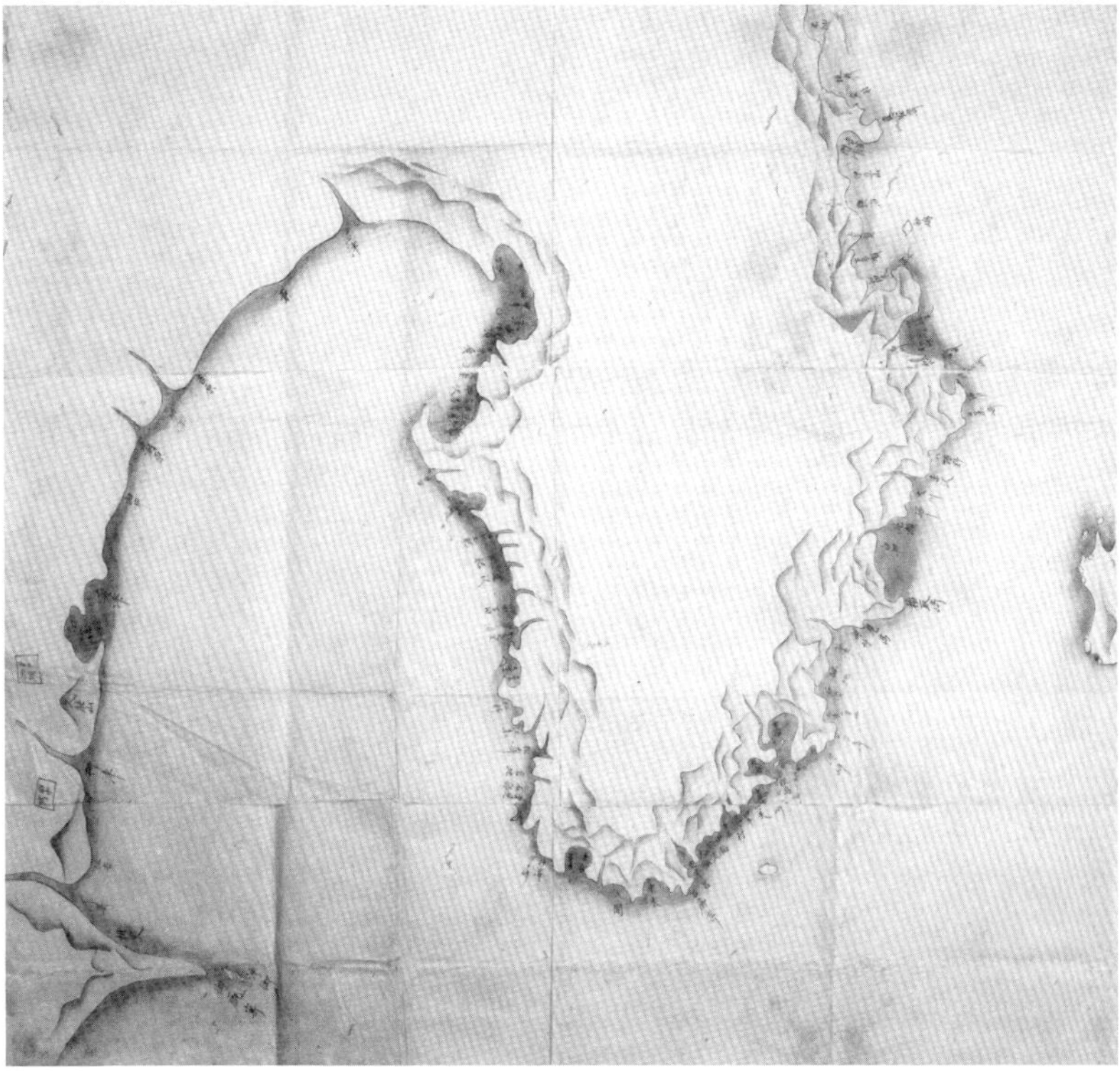

伊豆・江戸湾海岸線絵図、部分（公益財団法人江川文庫蔵）

4内浦重寺（うちうら・しげでら）①　沼津市内浦重寺

江戸時代の重寺村は、宝永七年（一七一〇）「村指出帳」（『豆州内浦漁民史料』）に「海へ出る以外の稼ぎはない」と記載され、漁業中心の地域であった。天正十八年（一五九〇）に伊奈忠次によって太閤検地が行われた。検地高は京高で二二石余（年不詳「大橋海老助宛代官割状」大川家文書）と耕地が少なく、慶長（一五九六～一六一五）頃の「内浦小物成帳写」（『豆州内浦漁民史料』）によれば、御番肴銭・歳暮銭・夫銭ともで米五一俵余を納め、一六人が「かつこ」船（一艘分）の役銭を納めていた。漁業主体の村方で、他地域との往来も舟を多く利用した。

戦国時代の天正元年（一五七三）九月十七日「安藤良整書状」（長浜大川文書）によると、北条家臣の安藤良整は重須の退転した網所の再興について同所の土屋氏などに「三津・長浜・向《（小）》海・重寺の面々」とも相談して対処するよう命じている。古くは西浦庄といい、同十八年四月、豊臣秀吉は西浦庄内の「しけてら郷」など七か所宛に「掟書」を下している（長浜大川文書）。

当地の支配は、江戸時代初め幕府領、その後旗本間部領、享保十三年（一七二八）陸奥棚倉藩（福島県）領となり、さらに幕府領、下総関宿藩（千葉県）領（十八世紀後半）などを経て、文化四年（一八〇七）旗本津田領に転じ幕末に至る。前掲宝永七年（一七一〇）「明細帳」によれば高二七石余、反別は田方七反余・畑方二町五反余、家数五五（本百姓四二・水呑一三）・人数三四三、諸職として大工・鍛冶各一となっているほかに寺二・出家四。定納の浮役は四か所の網戸場に対する海役米が六石、網使用の立漁役は漁獲量の三分の一、釣漁役は同十分の一で、いずれも金代納。ほかに舟役（猟舟とも八艘）の永二貫八六二文余などを負担した。永は中世以来の銅銭の単位。ちなみに前年のおおよその漁獲量は立漁では鯆《いるか》八〇本・鮪一二〇本・鰹四〇〇本・めじか二五〇本などで、この代金は三〇両、釣漁は鮪二五〇本・鰹三〇〇本・わらさ三〇〇〇本などで、代金は五〇両であった。また御菜場として塩鯛六枚を三回に分け三島代官の陣屋に納めていた。なお「わらさ」釣は久連根という場所で行い、この漁場に他村の漁師は入り込めなかった。

「口野浦真景」（公益財団法人江川文庫蔵）、口野は駿河国に属すが、伊豆への西の海の出入り口にあたる。

5 内浦重寺②

享保十一年（一七二六）の差出帳（『豆州内浦漁民史料』）でも重寺の高・反別や本百姓数、諸職の船大工・鍛治の人数など宝永七年（一七一〇）の状況と変わりはないが、水呑百姓が二五軒に、人数は三九三人に増え、漁船も二五艘に増加している。御菜場として上納していた塩鯛は享保七年に御役御免になり、替わって川除入用国役金（銀一五匁余）を負担している。また宝永七年にはみえなかった造酒屋二・威鉄砲一などの記載がある。しかし最も大きな変化は金納であった年貢が米納に改められたことで、五〇〇石船に上乗り一人が付添い、例年は十一月・十二月の二度江戸へ積出すこととなった。明治三年（一八七〇）「君沢郡皆済目録」（江川文庫蔵）によると万船役の書上げがある。瑪瑙《めのう》を少し産出したという（『豆州志稿』）。

享和元年（一八〇一）五月二十九日、伊能忠敬が第二次測量、その後駿河国駿東郡を測量して三島宿に入る。明治十八年「神奈川県エ管轄替請願」に署名した六六人の姓の内、日吉一三、田内七、青木六、稲木五、佐藤・伊海・加藤・室伏・真野・小池各三、湯川・綾部・八木各二、秋山・鈴木・有田・安井・松村・原田・土屋・松本・後藤・磯崎各一人の名字が見られる。臨済宗円覚寺派医源寺があり、廃寺となった大慈庵があった。明治二十一年の調査によると、戸数七二、人口四五二（男二三〇・女二二二）。戸長役場が三津村に置かれた。明治二十二年君沢郡内浦村、同二十九年君沢郡を廃止し田方郡に編入。昭和三十年（一九五五）沼津市に編入された。

西方の沖合に淡島が浮かぶ。駿河湾の最奥部に横たわる周囲約一・五キロ、高さ一三四メートルの円錐形をした島である。明治六年政府の土木寮に使う石材を伐り出す場所として、淡島の他戸田村など八か村を指定した（江川文庫蔵「石山一件」）。寛政四年（一七九二）「槃游余録」の著者吉田桃樹が淡島を訪れたことを記す。明治二十九年（一八九六）頃、フランス人画家ビゴーが三津照光寺から淡島を望んで「三津 寺の境内から望む淡島」「三津鳥居から望む淡島」を描いた。淡島マリンパークがあり、岸から山頂までロープウェイが通じる。山頂には淡島弁財天。山頂から駿河湾・南アルプス連山・富士山が一望できる。淡島神社や御神木ホルトノキなどを通る「お中道」は島内を一周できる散策コースがある。

淡島遠景

6 内浦小海（うちうら・こうみ）沼津市内浦小海

小海は『増訂豆州志稿』によれば、古くは三津村と一村であったという。天正元年（一五七三）九月十七日付「安藤良整書状」（長浜大川文書）によると、北条家臣安藤良整は重須の退転した「網所」の再興について同所の土屋氏などに指示を与えている。同書状には「此上者《このうえは》三津・長浜・向海・重寺之面々相談」とあるが、この「向海」は「こうみ」と読んで、小海と考えられている。

江戸時代初期は幕府領、宝永四年（一七〇七）間部詮房（のち上野高崎藩主）領となり、その後幕府領に復し、享保二年（一七一七）から韮山代官所、同十五年には三島代官所となっていることが確認できる（「小海村年貢割付状」日本大学国際関係学部図書館蔵）。天明二年（一七八二）一部が沼津藩領となり、沼津藩領・小田原藩領の相給で幕末に至る（延享四年「内浦組村々知行高附書上帳」『豆州内浦漁民史料』、「日記要録」、『韮山町史』など）。天正十八年（一五九〇）の伊奈忠次による検地が行われ、その高は京高で一二石余（年未詳「大橋海老助宛代官割状」大川家文書）。文禄四年（一五九五）九月彦坂元正発給の「年貢割付状」（『豆州内浦漁民史料』）があり、村高一九石余となっている。

慶長（一五九六〜一六一五）頃の「内浦小物成帳写」（同史料）では御番肴銭《おばんこう》・夫銭などで米三六俵余、他に船九艘（かっこ船六・立物船二・小はや船一）の税として永楽銭一貫二四文を納めている。享保三年（一七一八）の「覚」（相磯家文書）によると、家数一七、人数六三（男三九・女二四）とある。文化十四年（一八一七）「村差出帳」（小海区有文書）によれば高二一石余、全体に日損場で、粟・稗・菜大根・蕎麦・

たばこ等を作っていた。村民はもっぱら漁業に従事、家数三〇で、船大工一。運上魚は鮪・鯆・鰹・めじ・鮏《うずわ》などである。

明治四年「小田原県・菊間県・荻野山中藩引渡伊豆国田方郡差出明細帳」(江川文庫史料)所収明治四年「小海村明細書上帳」に家数三一・寺二、船大工一、漁船六、浪除御普請所一、牛馬なしとある。

享和元年(一八〇一)五月二十九日、伊能忠敬が第二次測量。明治十八年「神奈川県エ管轄替請願」に署名した三三人の姓の内、日吉七、大沼六、杉山四、増田三、初又・三浦・小林各二、渡辺・大城・奥沢・武村各一人が見られる。臨済宗円覚寺派珠還寺《じゅげんじ》・真宗大谷派敬願寺《けいがんじ》など。

明治二十二年君沢郡内浦村、同二十九年君沢郡を廃止し田方郡に編入。昭和三十年(一九五五)沼津市に編入された。

小海集落遠望

7 内浦三津（うちうら・みと）① 沼津市内浦三津

『増訂豆州志稿』によると、内浦湾の咽頭部に位置する三津の湊は、廻船二〇艘が入り、古くは田方郡の産物移出港として栄えたという。しかし「海底浅ク且西南風ニ宜シカラザルヲ以テ碇泊ニ便ナラズ」という弱点も併せもっていた。

三津御厨・三津庄は、平安末期から鎌倉期の史料に散見する。古代の田方郡吉妾《きしょう》郷三津《みつ》（御津）里、中世の三津《みと》御厨・三津庄は現在の三津がその遺称地と考えられている。南北朝期以降に三津庄とみえ、三津をはじめ長浜・重須《おもす》・木負《きしょう》・河内《こうち》・平沢《ひらさわ》・立保《たちぼ》・足保《あしぼ》・久料《くりょう》などの諸村が三津庄内であった。平城京木簡に天平七年（七三五）十月「田方郡棄妾郷三□里」「御津里」とあり、調として荒堅魚を貢納（『平城宮発掘調査出土木簡概報』）。

平安時代末期の武家で、伊豆国田方郡三津御厨（または三津庄）の在地土豪であった三戸次郎がいた。『源平盛衰記』に「三戸次郎、工藤介と仲悪く常に軍す」とあり、また『豆州志稿』にも、「工藤介ト云者、三戸次郎ト仲悪ク常ニ戦アリト、次郎ハ本州三津村ノ人ナル可シ」と見えている。工藤介は狩野庄の狩野茂光であり、伊豆国衙の在庁官人をも務めた有力豪族である。三戸氏に備えて加藤景員・景廉《かげかど》父子など豪勇の士を置いていたとされる。『吾妻鏡』に「三津藤二」の名も見える。建治元年（一二七五）五月、京都六条八幡宮の造営料を負担した伊豆の御家人七名の中に「三戸尼跡 五貫」とある（六条八幡宮文書）。

治承四年（一一八〇）五月十一日の「皇嘉門院惣処分状」（九条家文書）に最勝金剛院領として「いつ み

とのミくりや井た」とあり、九条家の養子良通（九条兼実の子）に譲られている。元久元年（一二〇四）四月二十三日、早世した良通の遺領を管理していた九条兼実（皇嘉門院の兄）は三津御厨・井田荘などを娘の宜秋門院任子（後鳥羽天皇皇后）に譲っている（「九条兼実処分状」）。建久二年（一一九一）十一月の「九条道家処分状」（九条家文書）にも三津御厨がみえ、兼実が孫九条道家に伝えられていた（「一条実経家所領目録案断簡」）。

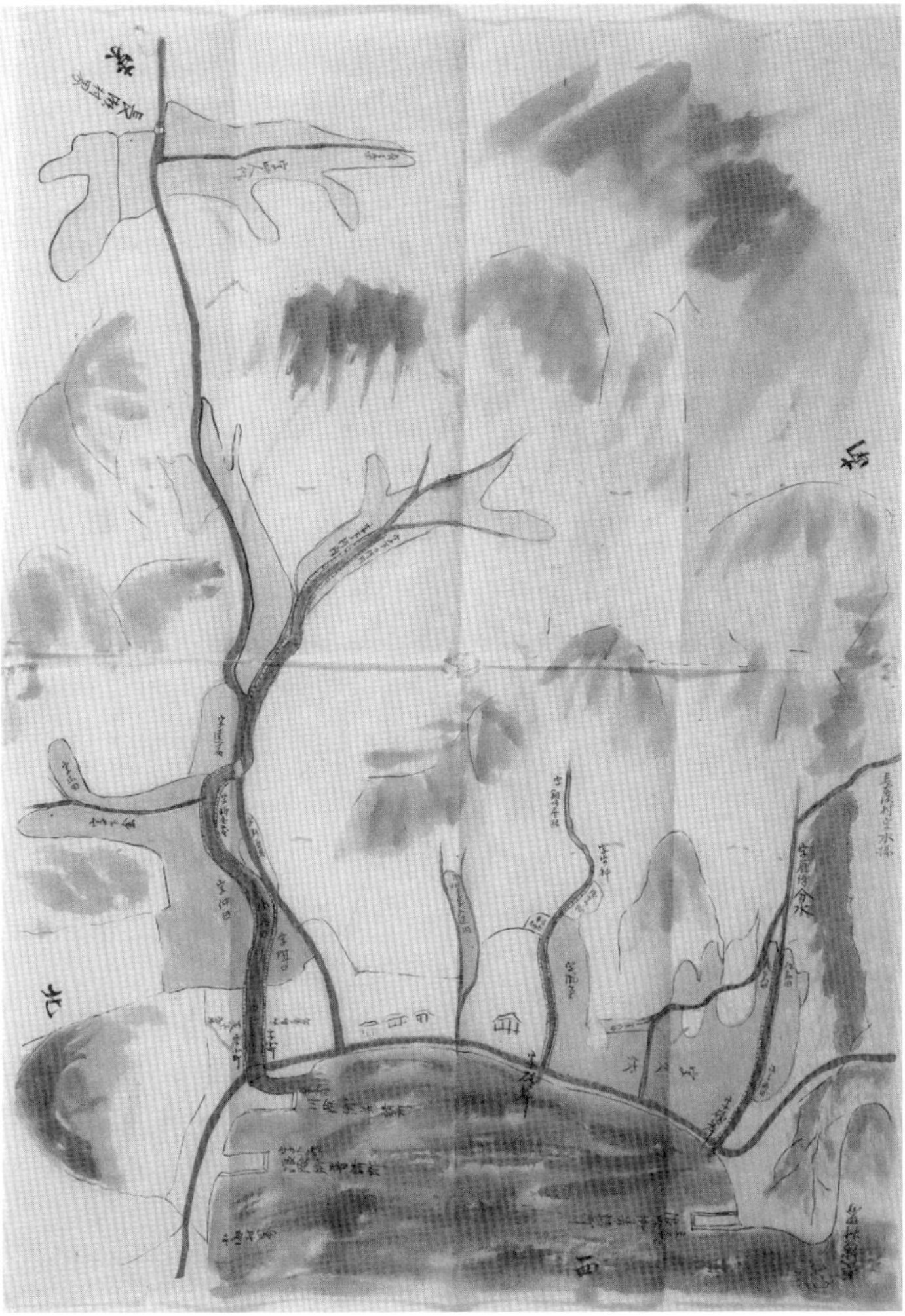

明治4年三津村絵図（公益財団法人江川文庫蔵）

8 内浦三津②

南北朝時代、伊豆の国市長瀬、狩野川の支流、長瀬川の源にある発端丈山《ほったんじょう》の中腹に三津城があった。駿河湾を一望できる。三戸城とも書く。『太平記』（巻三七）康安元年（一三六一）畠山道誓（国清）伊豆に拠る条に「三津金山修善寺の三城を構ふ」とある。康安二年（一三六二）三月十二日同年十一月二十五日「波多野高道着到状案」（雲頂庵文書）によると、三戸《みと》城の畠山国清攻めに向かう相模波多野高道が「古奈湯」に陣取った。同月二十六日「鎌倉公方足利基氏御教書」（安保文書など）で、鎌倉公方足利基氏は国清の討伐令を発し、同二年二月八日「足利義詮御内書写」（『後鑑』所収水月古鑑）では、将軍足利義詮も国清の討伐を命じている。同年九月日「中村定行軍忠状写」（『続常陸遺文』）や同年十一月二十五日「波多野高道着到状案」（前掲）によれば、同年三月八日常陸の中村定行、相模の波多野高通が鎌倉公方方として伊豆国に発向し、同月二十八日「三戸城」に攻撃を加えた結果、当城は四月十四日に焼落ちている。城域については曲輪・空堀が残る同山東麓の伊豆の国市長瀬地内とする説も有力である。

応永七年（一四〇〇）十一月十四日「足利義満御判御教書」（浄光明寺文書）に「伊豆国三津庄」とみえ、平沢・立保・葦保・久料の庄内四か村が延文二年（一三五七）一月八日の足利尊氏の「御書・道本上人置文等」によって鎌倉浄光明寺滋光院に寄進され、義満がこれを安堵している。嘉慶三年（一三八九）二月三日「官宣旨」（浄光明寺文書）で、北朝は「三津庄内四箇村」の役夫工米等の諸役を免除しているので、北朝方に属していたことがわかる。

明徳四年（一三九三）三月晦日「鎌倉公方足利氏満御教書」（慶應義塾大学図書館所蔵文書）では、鎌倉公方足利氏満が同地の諸公事を免除、応永二十七年（一四二〇）十二月二十一日「鎌倉公方足利持氏御教書」（浄光明寺文書）で、同じく足利持氏が同様の特権を安堵している。ところが三島宮末社八幡宮がこれらの御教書が存在するにもかかわらず、材木運送の人夫役を課してきたため浄光明寺が訴え、同三十二年九月二十六日「上杉家奉行人連署奉書」（浄光明寺文書六）では、伊豆守護上杉憲実が八幡宮による課役を停止している。三津庄内には浄光明寺滋光院領以外に上杉憲定の所領もあり、応永三年七月二十三日「管領斯波義将奉書」（上杉家文書）では、三津庄内の「重須郷半分・河見《（内）》・木負」などが前年家督を継ぎ伊豆・上野の守護となった上杉安房守憲定に安堵されている。

三津から発端丈山遠望

9 内浦三津③

『北条五代記』に明応二年（一四九三）秋、伊豆国西海岸に侵攻した伊勢宗瑞（北条早雲）に三津の松下三郎左衛門尉がいち早く随伴したとある。天文二十三年（一五五四）七月十六日、早雲は今川氏との婚儀の費用を西浦から駿河国清水まで回漕することを当地の松下三郎左衛門、長浜の大河四郎五郎ら五名の「西浦御領所船方中」に命じている（「北条家朱印状」長浜大川文書）。松下氏は当地を本拠地とし、子孫は江戸期には越前国の結城秀康に仕えた。大河氏も当地在住の地侍と考えられる。早雲は、沼津市にあった興国寺城から伊豆に侵攻したといわれている。当地の湊の地の利を考えると、ここに侵攻し、伊豆支配の基礎を作ったものと思われる。

後北条氏三代目の氏康が家来を把握するために編集した永禄二年（一五五九）『小田原衆所領役帳』の御馬廻衆に松下三郎左衛門が見え、「豆州西浦」で三三貫文を与えられている。同六年八月六日、北条氏は「三津」の代官・百姓中に「家数五十間、此代三貫六百八文」の棟別銭を納めるよう命じている（「北条家朱印状」長浜大川文書）。天正元年（一五七三）九月十七日「安藤良整書状」（長浜大川文書）によると、北条家臣安藤良整は重須の退転した「網所」の再興について同所の土屋氏などに指示を与え、同書状には「此上者三津・長浜・向海・重寺之面々相談」とある。同十八年（一五九〇）四月、豊臣秀吉は「三津郷」を含む西浦七か所宛に掟書を下している（「豊臣秀吉掟書」同文書）。

天正十八年、豊臣秀吉から江戸城を与えられた徳川家康の代官頭伊奈忠次による検地が行われ、村高は京高で一二七石余（年未詳「大橋海老助宛代官割状」大川家文書）であった。その後、文禄三年（一五九四）にも検地があり、「豆州内浦三津郷検地帳」（『豆州内浦漁民史料』）によると、反別は一五町五反余、うち田八町四反余・畑屋敷五町九反余で、残りは不作となっている。慶長（一五九六～一六一五）頃の「内浦小物成帳写」（同史料）によると、御番肴《おばんこう》銭・夫銭の代米六六俵余、船一九艘分の役永二万三七三文（ただし永一貫文につき小判一両）を納めている。

伊豆に侵攻した北条早雲が最初に攻め落とした伝韮山堀越御所跡＝伊豆の国市寺家

10 内浦三津④

江戸時代初めは幕府領、宝永四年（一七〇七）間部詮房（のち上野高崎藩主）領となり、その後幕府領に復した。文化四年（一八〇七）旗本津田氏領となり、幕末に至る。

貞享元年（一六八四）「村覚帳」によれば高一六二石余、ほかに買地出作分として三三二石余の持高があり、他地域の地主となっている。家数七八（うち医者二）・人数三六六（うち坊主八・医者二）、馬二。年貢米は当地の湊から直接江戸へ積出し、江戸廻船二隻（うち一隻は九〇〇俵積み、八人乗り）を有していた。地内には陣屋と御蔵があった。また、三島御鷹部屋・同御殿の入用や三島籠番給等を負担している。田は天水利用で日損がち、秣・薪は長瀬山へ入会い、薪十分一、青石二十分一の運上を課せられていた。村民の半分は棒手振《ぼてふり》で、近村に塩鰯などを売って生計をたて、残りの者は五十集《いさば》商人や網子であった。濁酒屋二・大工二、上方からの米塩問屋三軒があった。網引場は三か所、網引船三艘を有し、立魚運上は三分の一、釣魚運上は十分の一であったが、いわし・ぶり・いなだ・はがつお・やえはら・さわらなどの運上は課せられていなかった。魚漁獲売出しの税を徴収する分一番所が村内にあった。

江戸の幕臣吉田桃樹が寛政四年（一七九二）に著した『槃游余録』に「高一六二石、家数一二〇、人数七〇〇人余で漁を専とす、市杵島姫神社に参詣」とある。明治二十一年（一八八八）の調査によると、戸長役場が置かれ、戸長役場は重寺・小海・長浜・重須・三津の五村を管轄。明治二十二年より町村制施行により、重寺・小海・長浜・重須・三津が合併して君沢郡内浦村、同二十九年君沢郡を廃止し田方郡に編入。昭和三十年（一九五五）沼津市に編入。内浦村の役場が置かれた。
昭和二十九年太宰治が滞在して代表作『斜陽』を執筆した安田屋旅館がある。井上靖は母方の叔母が当地にいたため、学童期から高等学校時代までたびたび訪れ、短編『蜜柑畑』『晩夏』の主要舞台として、『胡桃林』『波濤』『続しろばんば』にここでの体験を生かしている。武者小路実篤は安田屋裏に借家を借り、昭和十年から同十六年まで家族で度々訪れ、「楠木正成」「人生論」を執筆した。

明治二十九年（一八九六）建設された三津トンネルは重要文化財に指定されている天城トンネルより八年早く、天城トンネルと同じ石匠の手により、同じ切石巻工法で造られている。昭和三十六年（一九六一）新トンネルが開通。

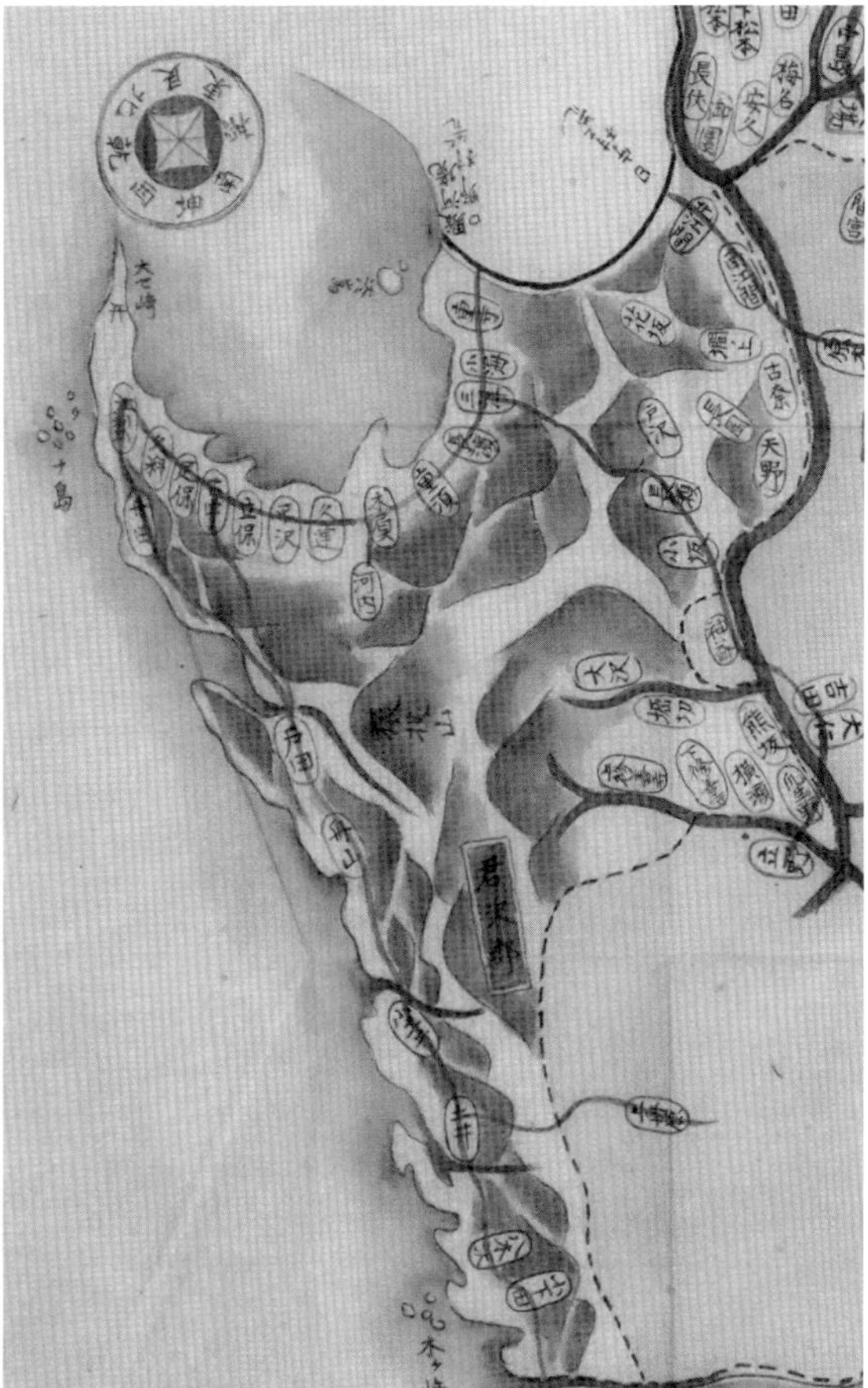
明治６年、田方郡内から三津湊へ通じる絵図、部分（公益財団法人江川文庫蔵）

11 内浦長浜（うちうら・ながはま）① 沼津市内浦長浜

天文十一年（一五四二）十一月十六日「北条家朱印状」（長浜大川文書）で、長浜百姓中に大川四郎左衛門らの舫丁船《ほうちょう》（もやい＝係留船）六隻の船役銭の納入を催促、山角某の所に納めさせた。天文十二年九月七日後北条氏による検地が行われ（「北条家検地帳案」・「北条家検地書出」）、「検地帳書出」によればそのうち大川四郎左衛門が全耕地の四分の一強を保有していた。同十三年二月二十二日「北条家朱印状」（木負大川家文書）では、北条家は長浜百姓中は火事により番肴《ばんこう》を一時免除された。同年九月十五日「北条家長浜棟別銭取帳案」では、長浜郷の郷民二四人の棟別役を決めている。これによれば長浜の家数は二三軒で、棟別銭は一貫一八三文であった。翌年六月二十五日「北条家朱印状」によると、北条氏はこの棟別銭の納入を長浜代官・百姓中に命じている。同十九年四月一日「北条家朱印状」（長浜大川家文書）では、北条氏は公事賦課の法を改め、百姓の訴訟権を認め、還住した百姓の借銭・借米を赦免している。

当地は古くから漁業が盛んであった。天文十三年二月二十二日「北条家朱印状」（『静岡県史 資料編7』）によると、北条氏は「西浦」の長浜百姓中に対して火事を理由に「あんと六帖之分番肴」の納入を三か月免除している。内浦沿岸ではマグロなどの回遊魚を建切網によって漁獲していたが、当地には建切網を張る漁場（またはその漁業権を意味する）である「あんと」（網度・網所）が六か所あった。天正元年（一五七三）九月十七日「安藤良整書状」によると、網度は北条氏への番肴上納によってその権利が保障され、長浜の大川氏と重須の土屋氏に対して重須の網所三帖分が退転したので北条氏への御番肴役弁済として他の浦にそれを賦課した。そのために弁済の百姓に網所付の田畠屋敷を添えて渡すこととした。

永禄十一年（一五六八）十一月十四日「北条家朱印状」（国立史料館蔵長浜大川文書）では北条家が長浜代官と船持中に秩父左近を奉者として遠江国へ船を出すことを命じている。また、天正十七年三月二十日「北条家朱印状」では、北条氏が「さいれう長浜之大川」に宛て、買取った東海船を西浦から伊東まで届けるよう命じている。「さいれう」は宰領の意で、この頃大川氏は船役徴発権などを与えられていたと考えられる。

長浜の集落

12 内浦長浜②

長浜・重須の境には室町から戦国期にかけて築造された長浜城跡がある。国の史跡指定を受けて整備。標高三〇㍍余の小規模な城だが、後北条氏の伊豆における水軍の基地の一つとして重要視された海賊城である。城の構造は、丘陵上を階段式に削平し、一の曲輪・二の曲輪・三の曲輪とそれに付属する小郭群（五か所余）の各曲輪を区分する堀切によって構成され、出曲輪と一・二・三の曲輪には土塁が外郭線に沿って残存していることから各主要曲輪には土塁が外周に巡らされていたものと考えられる。発掘調査で堀障子が見つかっている。

天正七年（一五七九）十一月七日北条氏は安藤良整の代官と木負百姓中に対して伊豆海岸の備えとして「長浜ニ船掛庭」を普請することを命じている（「北条家朱印状写」相磯文書）。同月十七日には北条水軍の統率者梶原景宗に対して未納となっている西浦番銭の徴収を厳密に行うよう命じ（「北条家朱印状写」『紀伊続風土記』）、同十二年十一月二十日には西浦船方番銭を景宗の所へ届けるよう命じた（「北条家朱印状写」）。船方番銭とは北条水軍を維持するために賦課された公事である。天正十二年十二月十五日には北条氏光が植松佐渡守と口野五か村百姓中に対し、当城に着任した景宗のために夫役負担を申付けている。ところが兵船の船大将の居館は重須側にあったようだ。『武徳編年集成』には、天正八年三月十五日に北条・武田両水軍の海戦のあったことを載せている。

天正十七・八年頃の北条氏政から氏規宛書状に「長浜城の儀は、如何にも尤もで、幸い彼の地に大川其許に籠城さすべき」とある。同十七年十二月十九日「北条家定書」（大藤家文書）では大藤与七に対して来年は豊臣軍と合戦にいたるから、与七は外国（徳川家康の領国）に詳しいので韮山城に籠城すること、明日には在所に帰り籠城の用意をして二十七日に韮山城に到着して北条氏規の支配に入ること、長浜城には八〇人の大藤衆を籠城させること、残りの大藤衆二四〇人の仕置きは、二〇〇人は韮山城に籠城、二〇人は小田原城、二〇人は在所に置くようにと申し渡された。翌十八年の豊臣秀吉による小田原攻めのとき、景宗は下田城や安良里砦に拠っており、当城は長浜の土豪大川兵庫が守っている（同年二月二十八日「北条氏政朱印状」長浜大川文書）。同年三月六日「豊臣秀次宛豊臣秀吉朱印状写」（士林証文3）には「次伊豆浦処々放火、おむすの城迄退散之由、得其意候」とみえる。この頃、落城したものと思われる。

長浜城跡

13 内浦長浜③

江戸時代初め幕府領で土肥に陣屋を構えた金山開発の代官市川氏の支配、のち三島代官支配となる。享保八年（一七二三）韮山代官支配、享保十四年陸奥棚倉藩領、天明二年（一七八二）幕府領、同四年下総関宿藩領、同八年幕府領、文化四年（一八〇七）旗本津田領となり、幕末に至る。たびたび支配替えがあった。

天正十八年（一五九〇）伊奈忠次による検地が行われ、高は京高で二七石余（「大橋海老助宛代官割状」大川文書）。文禄三年（一五九四）八月三日に再び検地があり、「豆州長浜村水帳写」（大川家文書）が残る。慶長（一五九六～一六一五）頃の「内浦小物成帳写」（『豆州内浦漁民史料』）によると、御番肴銭・歳暮銭・節季銭・網戸銭・夫銭とも米で一二六石余、舟役永三貫五〇文（かっこ船二〇・小はや船一・立物船五）を納めている。正保三年（一六四六）「年貢割付状」（同史料）では高四三石余、浮役として御番肴代米二五石余・節季銭代米七石余・歳暮銭代米一石余・網戸銭代米六石余・夫銭代米三石余と網船永一貫文・かっこ船永五五三文・さんは船永七二文を定納し、ほかに釣魚十分一役永、立魚三分一役永七貫五七二文などを納めていた。享保九年「山方浜方品々書上覚」（同史料）によれば鰤・いなだ・鰯が定納浮役米を納め、鯛・平目・ほうぼう・かな頭はかつて御菜塩浜鯛を上納していたため（享保七年からは免除）、他領・他浦での漁労を許され、分一も免除されていた。なお当地の網戸場は五か所、網船は五艘、津本は四人、一艘は共有で、一艘につき網子は六人（都合三〇人）であった。

寛政四年（一七九二）「村差出帳」（『豆州内浦漁民史料』）によれば家数四二（名主組頭二・高持三六・借

地二・寺二)・人数二二六(うち僧二)、向い畑へ通う船が五艘あった。また同九年「村鑑帳」(同史料)によれば、漁船は一〇艘(すべて役船)で、立漁大網五帖(この網戸五か所は小脇・網代・宮戸・小沢・二又)、麻網五帖を有していた。天保三年(一八三二)浜奉行木村喜繁が河内山御林見分のため、長浜村の大川家に逗留し、その時の様子を『伊豆紀行』に著した。そこには「この浜は、春三月より九月まで、鮪漁ばかりにて、外の漁は致さず」など漁村の風景、食事の様子を克明に記している。近辺の畑に作りありたる故、これをば折をり好みける。青き物は大根の葉より外には見ず。」とある。

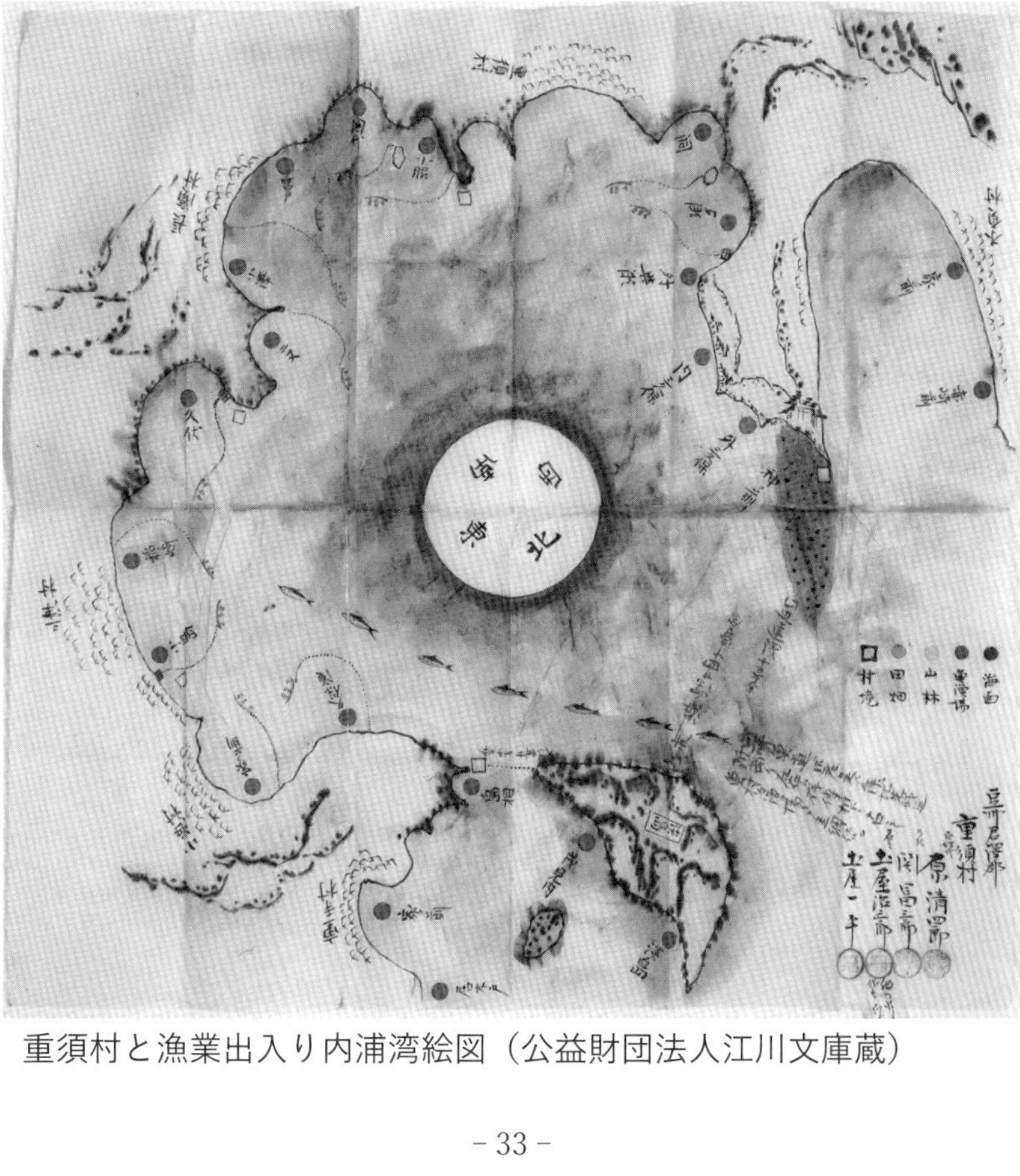
重須村と漁業出入り内浦湾絵図(公益財団法人江川文庫蔵)

14 内浦長浜④

明治四十五年（一九一二）、修善寺村（伊豆市）野田修治が内閣総理大臣西園寺公望宛に申請したのが中豆軽便鉄道である。明治三十八年（一九〇五）九月、日露戦争が終結し、その後長い戦後不況が続いた。こうした中、景気回復の様々な起業があった。三島町ではドイツ人によってセルロイド工場を立ち上げる事業の資本金詐欺事件が発生した。また、観光地双六を作り、旅行を喚起して経済活動を刺激しようと試みた。

中豆軽便鉄道は、内浦村長浜（沼津市）を起点に同村三津から長瀬（以下伊豆の国市）、長岡、古奈を経て駿豆電気鉄道南條駅（現伊豆長岡駅）に至るものである。総延長三マイル六〇ヤード、約五キロで、三津と長瀬の間にトンネルを建設しようと考えた。

資本総額二〇万円、本社を韮山村に設置、これにより、旅客をはじめ、海産物、石材、その他の運搬業を始めようとするものであった。しかし、この事業のその後の展開を示す史料は何も残されず、幻の軽便鉄道で終わってしまった。しかし、この構想は、伊豆箱根鉄道伊豆長岡駅から狩野川に架かる千歳橋を渡って古奈を抜け、三津・長浜へ通じる県道として実現した。

陸上交通と大量輸送の時代になり、鉄路の要望が増加し、実現した路線もあるが、できなかったものが多い。たとえば、駿豆電気鉄道は、三島―神奈川県箱根湯本、修善寺―湯ヶ島―伊東線なども計画した。しかし、伊豆の嶮岨な地形に阻まれたものと思われるが、集落が散在し、採算がとれないというのも原因と考えられる。丹那トンネルを開通させた時に使われた丹那と大場間にそのまま鉄道として使う計画もあったが、これも実現しなかった。明治期に計画された鉄道で唯一実現したのは、下田循環鉄道で、これがもととなって伊豆急の敷設となった。

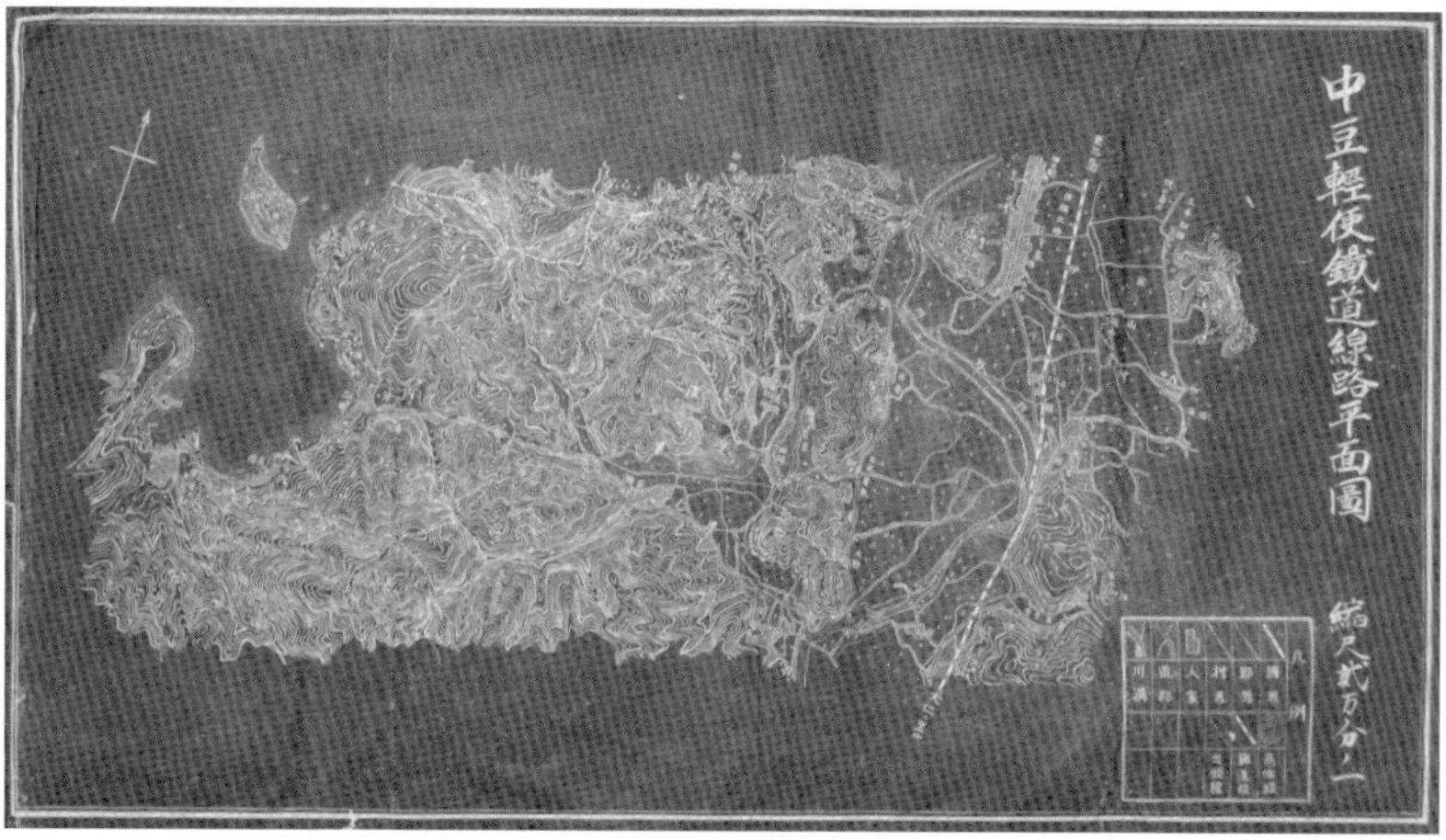

軽便鉄道構想敷設図（個人蔵）

15 内浦重須（うちうら・おもす）① 沼津市内浦重須

応永三年（一三九六）七月二十三日「管領斯波義将奉書」（上杉家文書）に、上杉憲定に「三津庄内重須郷半分・河見《（内）》・木負」などの地が交付されている。これが重須の地名の初出である。天文二十三年（一五五四）七月十六日「北条家朱印状」（長浜大川文書）によると、北条氏は今川氏との婚儀の費用の回漕を「西浦御領所船方中」に命じているが、この西浦御領所船方中五人のうちに当地の土屋左衛門太郎の名が見える。

北条氏康は永禄九年（一五六六）閏八月六日と同十三年四月九日「北条氏康朱印状」（いずれも土屋文書）では、幸田与三を奉者として、山角康定・伊東政世に伊豆重州《（重須）》から欠落した百姓八人を「土屋にわたすべし」と召し返させている。元亀元年（一五七〇）四月九日「北条氏康朱印状」（同前）では、伊東九郎三郎政世に、西浦重須の百姓五郎二郎が欠落して大沢郷（伊豆市か）に辰歳以来から居るのを捕らえて、重須の土屋氏に渡すように命じた。

天正元年（一五七三）九月十七日「安藤良整書状」（国立史料館蔵大川家文書）では、長浜の大川氏と重須の土屋氏に対して、重須の網所三帖分が退転したので北条氏への御番肴役弁済として他の浦にそれを賦課した。天正十年と推定される閏十二月五日「安藤良整判物」（土屋二郎家文書）では、伊豆国西浦代官安藤良整が大久保・土屋両氏に重洲村に塩竈役を命じたので、村中の者たちへの薪商売の禁止を申し渡した。

天正十五年十月十七日「北条家朱印状」（重須土屋二郎家文書）では、北条氏の分国に対して永禄十二年から増反銭を賦課していたが、伊豆国中は当時武田信玄との合戦で徴収ができなかったので、今年から賦課することとし、重須の百姓に、五七三文の増反銭を韮山城の倉地・大屋・安藤良整の三人に渡すことを命じている。天正十八年の豊臣秀吉による小田原攻めのとき、長浜城も秀吉勢に攻撃されており、同年三月六日「豊臣秀次宛豊臣秀吉朱印状写」（士林証文）には「伊豆浦々が放火され、重須の城まで退散する」とみえる。翌四月には豊臣秀吉の掟書（土屋家文書）が「伊豆国おもすの郷」に下され、逃亡した百姓の還住を促し、同年五月四日（「伊奈忠次郷中達書」同文書）が出され、徳川家康家臣の伊奈忠次が田地の耕作と伝役の勧仕を命じ、検地を行った。

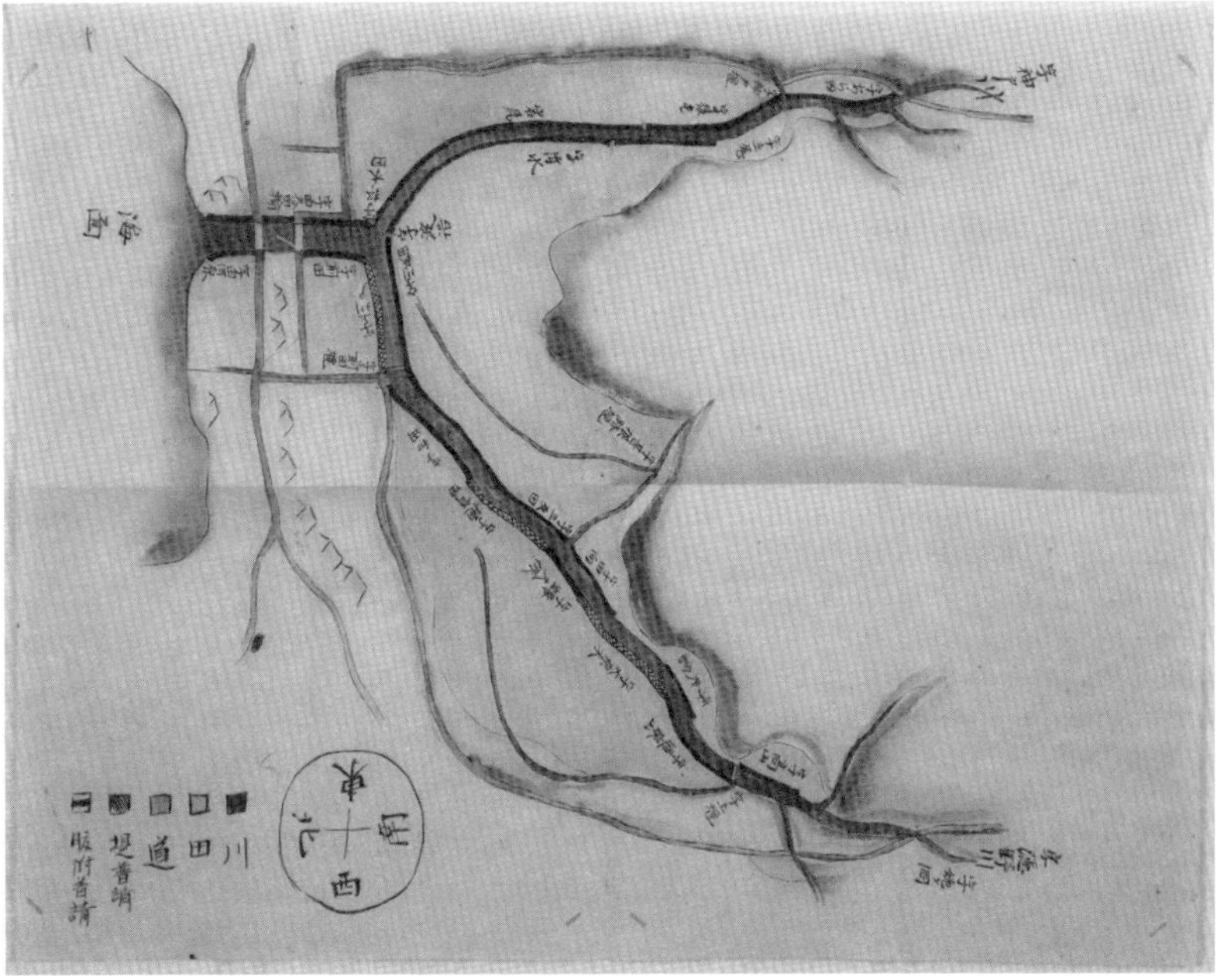

明治４年重須村絵図（公益財団法人江川文庫蔵）

16 内浦重須②

江戸時代のはじめは土肥に陣屋を構えた金山開発担当の代官市川氏の支配を受け、のち三島代官、享保十三年（一七二八）棚倉藩領（松平、福島県）、延享三年（一七四六）館林藩領（群馬県）、天明二年（一七八二）幕府領（韮山代官）、天明四年関宿藩領（千葉県）、天明五～六年石見浜田藩領（松平、島根県）、のち幕府領に上知、文化八年（一八一一）旗本大久保領となり、幕末に至る。たびたび支配替えがあった。天正十八年（一五九〇）伊奈忠次による検地があり、高は京高で九九石余（年不詳「大橋海老助宛代官割状」大川家文書）。慶長（一五九六～一六一五）頃には小物成として御番肴銭・歳暮銭・夫銭とも米六〇俵余、塩釜年貢・御召塩・山手とも塩で一〇石六斗余（ただし金代納）、立物船二隻分役永四〇〇文などを上納（「内浦小物成帳写」『内浦漁民史料』）。

天明五年「村差出帳」によれば、廻船一（三人乗）・漁船二を有し、網戸場所持による上納浮役米は五石余、海漁運上は鯆・鮪・鰹・めじか・鮭《うずわ》（ソーダガツオ）など立漁について、二分の一を浜引きとして、その残りについて三分の一の運上役を上納していた。ほかに薪運上が課せられていた。御普請場の猪鹿囲いがあった。家数五八（うち寺・庵三）・人数二九七、馬三・牛四、酒屋一。漁業では長浜村との関係が深く、寛永十一年（一六三四）の「鯆鯨子浦法覚」（『豆州内浦漁民史料』）によると、立網は長浜村「あさね」から、当村は「なごや崎」から立て、漁獲は一〇を長浜村、五は当村へ配分することになっていた。明治三年「君沢郡皆済目録」（江川文庫蔵）によると猟師役、万船役、質屋稼冥加、酒小売冥加、魚漁分一の書上げがある。

　享和元年（一八〇一）五月二十九日、伊能忠敬が第二次測量隊を率いて当地を測量、この前後で周辺海岸線の測量を行った。明治三十八年（一九〇五）、長崎という所に近接する弁天島を利用してイワシ・タイ・エビの養殖を始める。昭和三十三年（一九五八）から内浦湾内でハマチの養殖が開始、現在ハマチ・アジ・シマアジ・タイ・フグなどが養殖が行われている。

昭和５年昭和天皇の沼津御用邸から重須へ向かう御召船
（東京日日新聞発行『静岡県下御巡幸記念画報』より）

17 西浦木負（にしうら・きしょう）① 沼津市西浦木負

「吉妾郷」は、承平年間（九三一～八）に成立した「倭名類聚抄」等「和名抄」諸本に見える田方郡内の地名で、『増訂豆州志稿』では西浦木負を遺称地とする。天平七年（七三五）の平城宮出土木簡に「棄妾郷瀬崎里」「棄妾郷許保里」「棄妾郷御津里」などとあり、当時の用字は「棄妾」。伴出木簡から延暦十年（七九一）頃のものと推定される長岡京出土木簡には「田方郡吉□（妾カ）×」とみえる。現沼津市の西浦・内浦両地区に比定され、西は江梨から東の重寺までの広域にあり、瀬崎《せざき》里（瀬前里）・許保《こう》里・御津《みつ》里が所在した浦を中心に広がる。

当郷から奈良時代に荒鰹魚（鰹の生節か）が貢納されていた（平城京出土木簡）。『静岡県の地名』に「その貢納者に多くみえる大伴部はヤマト王権の食膳奉仕氏族である膳臣《かしわのおみ》と伴造と部の関係にある膳大伴部の後裔とする説もあり、当郷を含む駿河湾沿岸地域の荒鰹魚貢進の伝統性とヤマト王権の結びつきの強さがうかがえる」とする。

室町時代は、関東管領の上杉氏の所領となり、応永三年（一三九六）七月二十三日「管領芝義将奉書」（上杉家文書）によると、上杉憲定に「三津庄内重須郷半分・河見（内）・木負」などの地が交付されている。伊豆に侵攻した後北条氏の支配に代わり、永正十五年（一五一八）十月八日「伊勢家朱印状」（国立史料館蔵大川家文書）では木負御百姓中・代官山角・伊東に諸役賦課の際の手続き等の国法を提示した。これが虎朱印の初見となっている。

天文二十三年（一五五四）七月十六日「北条家朱印状」（長浜大川文書、『同書』）によると、北条家は今川家との婚儀の費用を駿河清水まで回漕するよう、当地の相磯平二郎をはじめとする西浦御領所船方中五人に命じた。永禄九年（一五六六）閏八月七日「北条氏康朱印状」（長浜大川文書）では西浦木負の百姓が退転し侘言をしたので、幸田与が奉者として木負小代官・百姓中の年貢を軽減し、銭納の田年貢を米納にすることや雑穀で納める畠年貢を塩で納めることなどを認めた。天正七年（一五七九）十一月七日「北条家朱印状」（同文書）によると北条家は当地百姓中などに長浜城の船掛庭の普請を命じている。天正十八年四月、豊臣秀吉は西浦庄内の「木正郷」など七か所宛に「掟書」（長浜大川文書）を下している。後北条時代、西浦長浜・木負の地侍的漁民・百姓に大川氏がいて、西浦七か村（三津・長浜・重須・木負・久連・重寺・平沢）の代官・小代官を務めた。

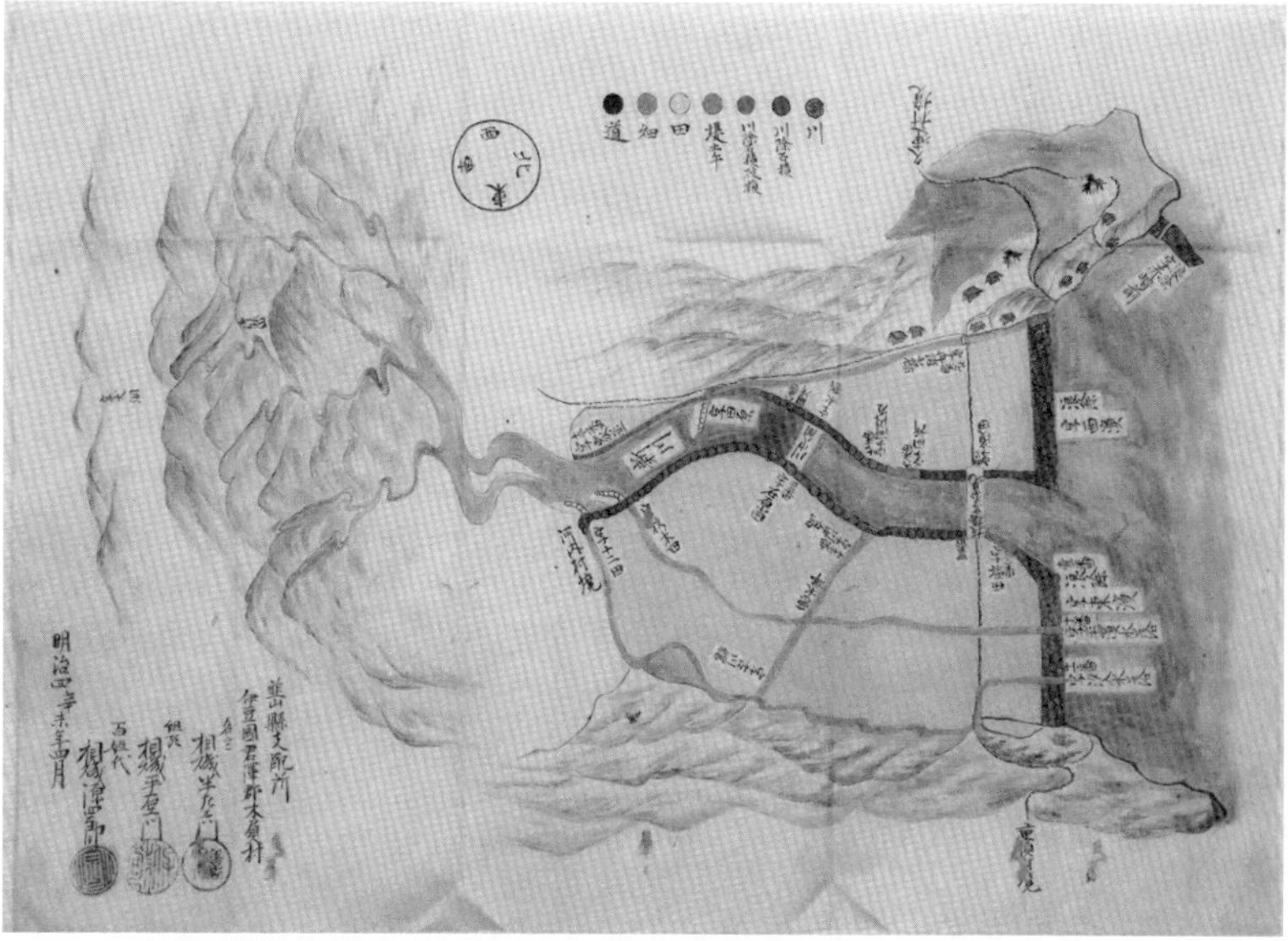

明治４年木負村絵図（公益財団法人江川文庫蔵）

18 西浦木負②

木負は、江戸時代には「木正村」とも記した。初め幕府領（小代官市川氏支配のち三島代官）、宝永七年（一七一〇）旗本間部詮之領となり、間部領で幕末に至る。天正十八年（一五九〇）の伊奈忠次による検地があり、高は京高で一五五石余（年未詳「大橋海老助宛代官割状」大川家文書）。慶長（一五九六～一六一五）頃の「内浦小物成帳写」（『豆州内浦漁民史料』、以下断りのない限り同史料）によると、「木正村」は御番肴銭米一一六俵余・夫銭米一四俵余・歳暮銭永三六五文余、塩釜年貢・山手を合わせて一一石余の小物成を納入。正保四年（一六四七）「年貢割付状」によると定納の浮役として、御番肴銭五石余。歳暮銭永三〇〇文、網船一艘役永二〇〇文・かっこ船二艘役永二〇〇文・廻船大小七艘役永一貫七七〇文・立魚三分一役永九貫五二一文・薪十分一役永一一貫六五六文などがあげられている。『増訂豆州志稿』によると、海産・蜜柑・九年母を出すとある。明治三年「君沢郡皆済目録」（江川文庫）によると茶畑上木年貢、万船役の書上げがある。

明治四年（一八七一）「久連村差出帳」（江川文庫）に、近村へ御用人馬は役人通行の折三津村・古宇村へ勤め、木負・平沢に継立てとある。天保三年（一八三二）浜奉行木村喜繁が河内山御林見分のため長浜村へ逗留した帰途、『伊豆紀行』に「木負《きせふ》村とか言へる継場へ来り」と記している。享和元年（一八〇一）五月二十九日、伊能忠敬が第二次測量を行った。村内には赤崎明神（鮑珠白珠比咩命神社）などを祀り、臨済宗円覚寺派満蔵寺・遠源寺、日蓮宗長福寺がある。木負神社は延喜式内社の鮑玉白珠比咩命《あわびたましらたまひめのみこと》神社に比定されている。

明治二十一年（一八八八）の調査によると巡査駐在所・海軍艦材囲場官舎、分校があり、戸長役場が古宇村に置かれた。海軍艦材囲場とは、軍艦天城の材木を横須賀造船所へ送る前、一時保管した場所のこと。明治二十二年町村制施行により君沢郡西浦村、同二十九年君沢郡を廃止し田方郡に編入。昭和三十年（一九五五）沼津市に編入。『田方郡誌』には平戸行者堂境内に「行人松」があることを記載。入り江にスカンジナビア号が浮かんでいたが、営業を中止した。

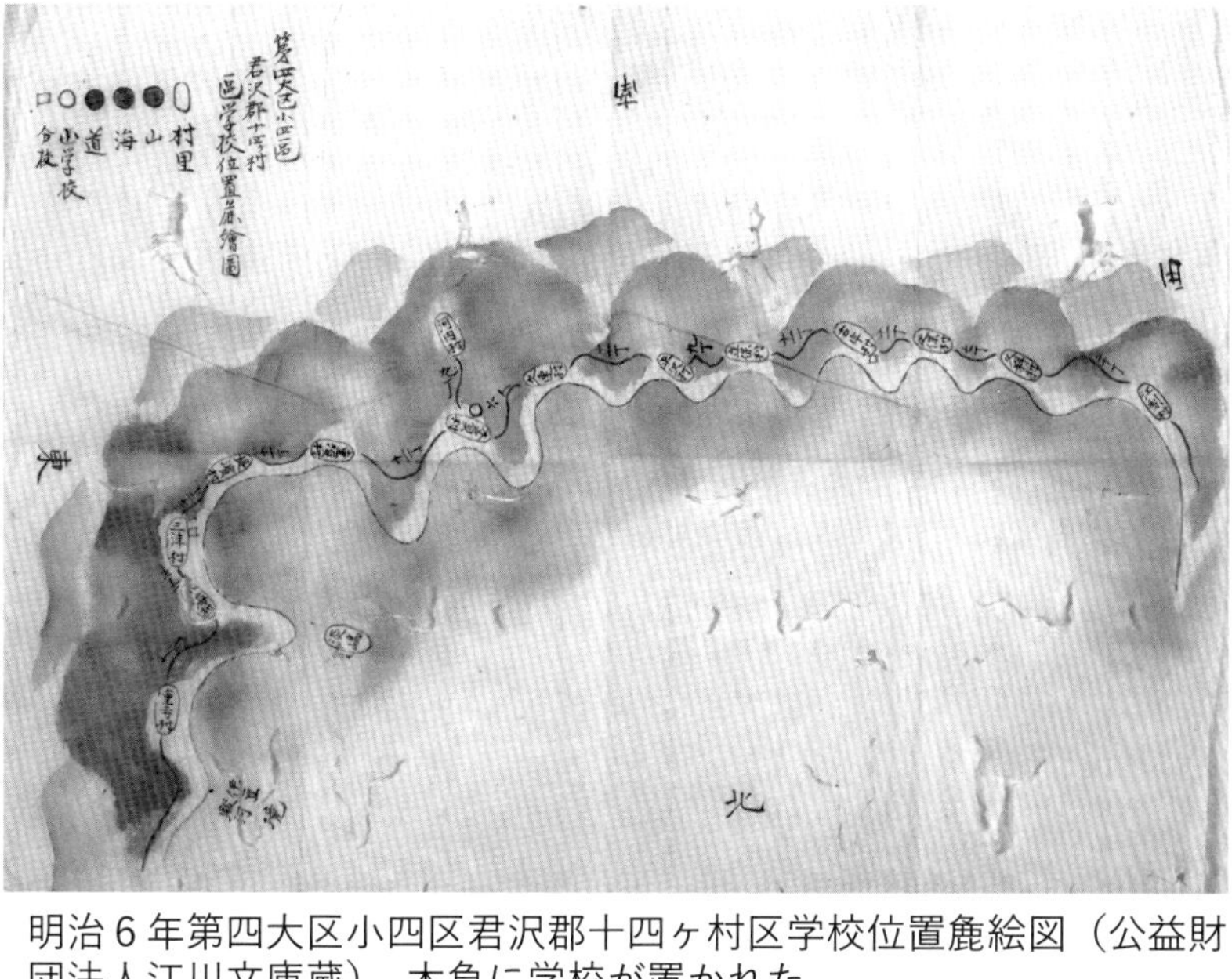

明治６年第四大区小四区君沢郡十四ヶ村区学校位置麁絵図（公益財団法人江川文庫蔵）、木負に学校が置かれた。

19 西浦河内（にしうら・こうち）① 沼津市西浦河内

河内は西浦河内川中流域にあり、古くは木負村と一村であったという（『増訂豆州志稿』）。応永三年（一三九六）七月二十三日上杉憲定に「三津庄内重須郷半分・河見《内》・木負」などの地が交付されている（「管領芝義将奉書」上杉家文書）。北条氏康が家臣の把握のため作成した永禄二年（一五五九）の『小田原衆所領役帳』の伊豆衆に倉地と見え、「廿四貫文 豆州西浦河内山堂」他の地名がある。合計知行役高一四四貫文で、山堂は当地の小字である。

江戸時代初めは幕領、享保十三年（一七二八）棚倉藩（福島県）、延享三年（一七四六）館林藩（群馬県）、天明五年（一七八五）沼津藩を上知して代官一時預かり、文政八年（一八二五）再び沼津藩領となり、明治元年菊間藩（千葉県）から四年菊間県と、支配がたびたび入れ替わっている。天正十八年（一五九〇）太閤検地で伊奈忠次による検地高は京高で一〇九石余（大川家文書）、『元禄郷帳』では高二四〇石余となっている。

天保三年（一八三二）『伊豆紀行』に「この辺より海上を一円に見越し、遙か向かひには駿州沼津の城見えて、風景の所なり。左右は畑にて、薩摩芋もたくさんに作りありて、この節、賤の男女出で、掘り居るもあり、篭にて運び居るあり。この山道を日々に来る事、慣れたるとは言ひながら、老いたる者出で居ぬれば、さぞさぞ草臥《くたぶ》るならんと思ひけり。畑の内に、蜜柑の木所々に有りて、竹などにて囲ひ、矢来など致し置きたり。はや余程色付きたるも見えたり。当所の名物の由、焼き米を出したり」と記す。『増訂豆州志稿』

にも物産蜜柑・橙・薪・炭等を出す、また牧場あり（字上ノ平にあり、明治十四年の創設）とある。牧場は海瀬八十右衛門が河内産馬会社設立して上ノ平・洞ノ沢・見山に開いた。

当地に伝わる河内神楽舞は、例年七月十四・十五日に御崎神社・子聖神社に奉納される。源三位入道頼政の夫人となった菖蒲前《あやめのまえ》は、伊豆国流罪中の京人の娘で伊豆国古奈村弥勒山西琳寺の南で生まれたという説と当地河内生まれとの説がある。菖蒲七歳の時に父は許され、父とともに京へ帰る。夫頼政自刃を知り、孫とともに丹波国へ逃げようとするが、平氏方の追討が厳しくあきらめ、生地でもある伊豆に逃げる。後に伊豆西浦村河内に禅長寺を建立、西妙と号し、夫の冥福を祈ったと伝えられる。

河内禅長寺頼政堂

20 西浦河内②

江戸時代には幕府が全国の重要な木材供給地を御林に設定し、御林守を置いて厳重に管理していた。その一つが、当地の河内山御林である。延宝五年（一六七七）「伊豆鏡」によると、竪六八四間・横三六六間、面積二、五〇〇、三四五坪（約八二五㌶）で、木数九、九二五本があった。このうち、樫が最も多く三、一六〇本、松二、四九二本、杉一、四二二本、木楢一、四四〇本、樅七〇本、楮五二二本、栗一九六本、キハダ五一二本、桜三五本、槻六本、楓七本、その他柿・あすなろ・楊梅《やまもも》・栢《かや》が各一本ずつとなっていた。伊豆には天城山などの御林もあるが、これほど豊富な樹種がある御林はない。明治になって皇室御料林となり、『田方郡誌』によると河内堂山御料林内に胸高周囲約一・五㍍、樹高約五五㍍、樹齢一〇〇〇年の大杉があり、大同年中八〇六～一〇）弘法大師修禅寺奥の院開基の節、ここに来て樹下に虚空蔵菩薩を安置、昔樵が斧をあてたら出血したということが記されている。

天保三年（一八三二）当時、江戸城奥詰医師並渋江長伯が預かる樟脳生産の樟木御林となった。樟木御林守は長浜村大川四郎左衛門が勤めていた。浜奉行木村喜繁が伊豆薬園御用として巡見として河内山御林内樟木調査を実施、その著書『伊豆紀行』に「この山、樟木の御林にて、字は伊達ヶ平《だいら》と申す由。（略）先へ百姓ども、三、四人立ちて、鎌にてつる草、茨《いばら》などを苅り行き、その跡をやうやうよぢ登りける。山の中腹に樟木の数多くあり。高さ二間余、枝の葉張りも二間位の分も余程あり。それよりは高さ二十九尺位より或いは五、六尺位の分、数多く、至って若木にて有る。（略）皆若木故、近年の御用立にはなりがたくと思へども、わざわざ見分にも遣わされたる事故、木の数、太さなど改めよと、一木々々へ縄結《ゆは》せたり。」と記し、大きな成果がなかったとみえる。明治になって、殖産興業が活発化し、本格的に樟脳生産が行われるようになった。

当御林には苽木という薪として燃しても煙の出ない木が生育していて、江戸城の御用木となっていた。また、明治になると樟脳の他、五倍子《ふし》から黒色の染料を得ていた。

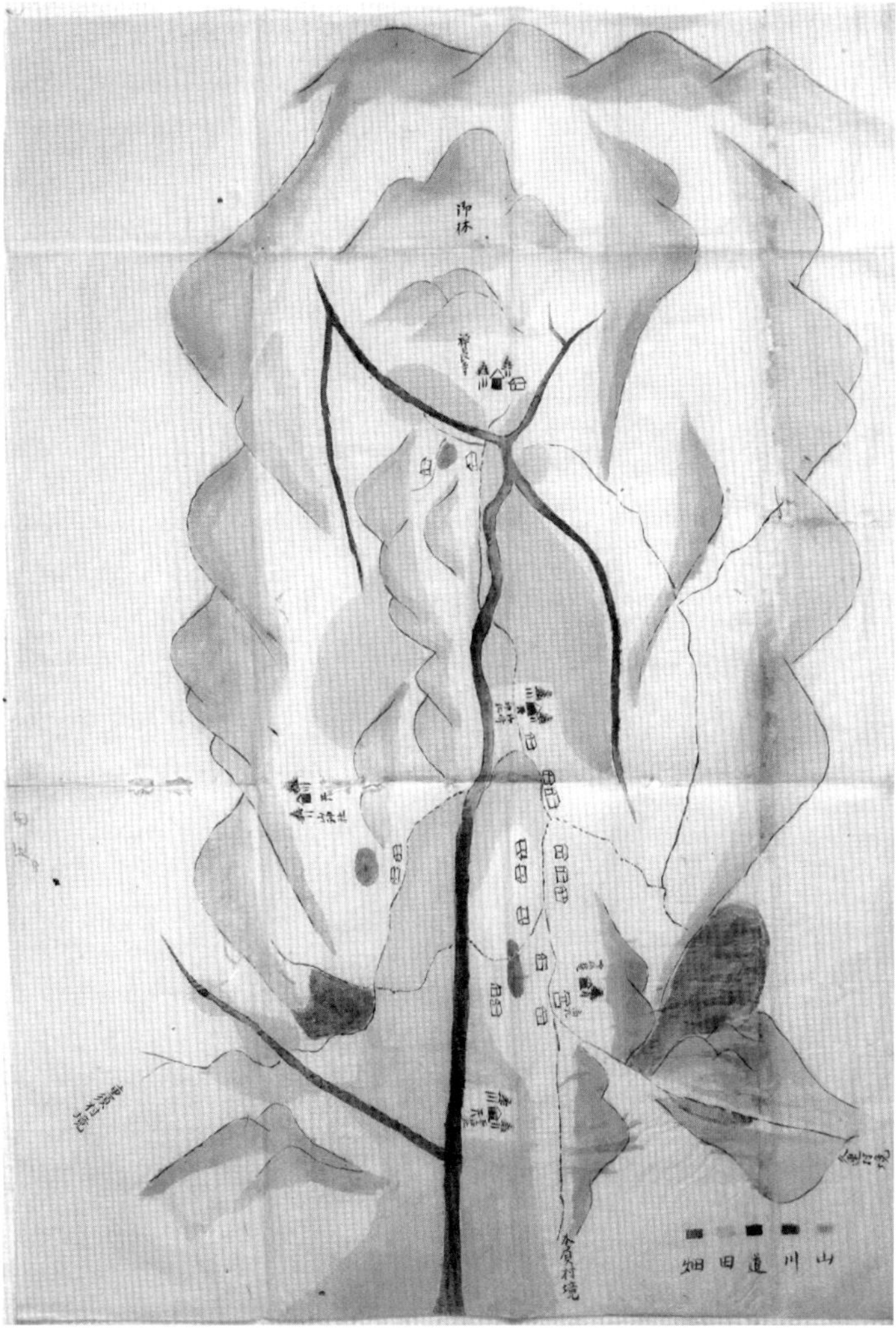

河内村絵図（公益財団法人江川文庫蔵）

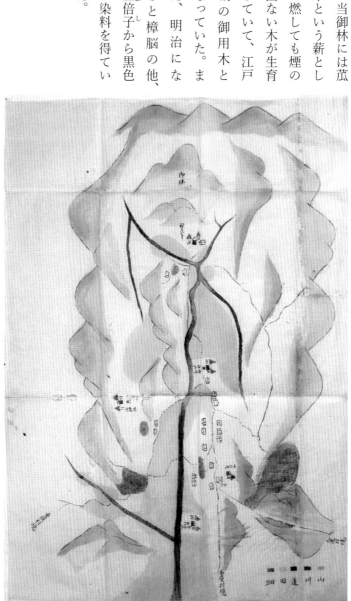

21 西浦久連（にしうら・くずら）① 沼津市西浦久連

久連にある先得寺に対して、天文六年（一五三七）六月二十五日北条家は先得庵の諸役を免除している（先得寺文書）。また、天正十八年（一五九〇）四月の「豊臣秀吉掟書」（長浜大川文書）に西浦庄内七か所として「くすら郷」とみえる。

江戸時代初期は幕府領で、土肥に陣屋を構えた小代官市川氏の支配後、三島代官が引き継ぐ。享保十三年（一七二八）陸奥棚倉藩領、天明年間（一七八一～八九）には小田原藩領になっていることが確認でき、同領で幕末に至る。天正十八年（一五九〇）伊奈忠次によって太閤検地があり、検地高は京高で八九石余（大川家文書）。『元禄郷帳』では高一一九石余。

慶長（一五九六～一六一五）頃の「内浦小物成帳写」（『豆州内浦漁民史料』）によると、夫銭米二九石余・山手年貢米四俵余、塩釜年貢の塩一五石三斗（ただし金代納）、かっこ舟一艘分の船役銭永一〇〇文を納めている。享保九年（一七二四）「山方浜方品々書上帳」（『豆州内浦漁民史料』）では産物として蜜柑・柿などがあげられている。

『増訂豆州志稿』に「村、海浜ナレドモ漁少ナシ」と記され、古来山稼ぎをもっぱらとし、建網漁は近代に入ってから始めた。また天文十二年の地方書にしかま税を載せ、塩を焼いていたとみえ、重須・木負・平沢三村は同じとする。明治四年「久連村差出帳」（江川文庫）に家数六〇、秣場は長平にあり河内・大沢・木負・久連入会、小揚船、近村へ御用人馬は役人通行の折三津村・古宇村へ勤め、木負・平沢に継立てとある。享和元年（一八〇一）五月二十八日、伊能忠敬が第二次測量で訪れ、名主久右衛門宅に止宿した。

臨済宗円覚寺派先得寺のほか臨済宗円覚寺派連福寺・宝珠庵などがあった（『増訂豆州志稿』）。久連神社は、『増訂豆州志稿』には神明宮とある。『田方郡誌』に勧請不詳、祭神天照皇大神《あまてらすすめらのおおかみ》とある。相殿に厳島神・姥神・山神・金山神、境内に祖霊社がある。社叢はヒメユズリハ・クロマツ・モッコクなどが密生し、この地域の植物相を見ることができる。明治二十二年町村制施行により西浦村、同二十九年君沢郡を廃止し田方郡に編入。昭和三十年（一九五五）沼津市に併合された。

久連の海岸風景

22 西浦久連②

西浦村久連字神島に興農学園が設置された。デンマークの国民高等学校制度に共鳴した渡瀬寅次郎（安政六～大正十五）の遺志により、キリスト教精神による農民の育成を目的として、昭和三年（一九二八）開校した。

渡瀬寅次郎は幕臣の子で沼津兵学校付属小学校に学び、東京英語学校・札幌農学校に進み、内村鑑三のキリスト教会に属した。開拓使・農商務省の官吏を務めたのち、学校教員を歴任、その後実業界に転じ、明治二十五年（一八九二）日本農業界発展を願い東京興農学園を設立、内外の優れた技法や情報を農家に提供するため種苗・農機具・農薬・肥料・書籍の販売をめざし、そのかたわら、台湾や埼玉県に農場を設けるなどして経営・研究・開発の拠点とした。

第二農場として久連に山林十五町歩を取得して採種場・農場とした。最新の品種改良等を行って西浦・内浦村のみかん栽培を刺激、促進した。大正・昭和初期の経済不況からの再生改革をめざし、「全国に国民高等学校を設立して国家と国民に活力を取り戻し、豊かな平和・文化国家を復興させたデンマーク」を見習おうと志した彼は、病床に家族を集め学校創設を遺言した。氏の没後、遺族は内村鑑三らと協議して、「興農学園」の校名を決定した。昭和三年内村鑑三は現地を視察、翌年新渡戸稲造らも集まり、久連で開校式が行われた。

学科は聖書・農学・歴史・農業経営・農産加工・協同組合・農村経営などで、実習として農作業・加工・

出荷などが行われた。学園には体操場があり、同四年には久連女子体操団が結成され、久連に住む地元の女性たちにも体操が指導され、女性の地位向上と体位向上が意図された。

昭和十七年四月久連国民学校に興農学園立の静岡県西浦農学校を開校した。行政当局の要請で「蜜柑研究所」も開設され、地域の教育機関としての性格を強めた。しかし、当局の方針転換により、西浦農学校は翌十八年三月廃止され、短命に終わり、生徒は沼津農学校などに転校した。第二次世界大戦中、乙種農学校に改組、農道塾と改称、せっかく地域に溶け込んだ学校は、キリスト教という理由で高等警察や憲兵に監視された。大谷校長は「翼賛壮年団」の委員に就任し、戦争協力の姿勢を見せようとしたが、廃校にせざるを得なかった。廃校後の校舎は「翼壮道場」となり、戦争末期には、内浦湾に置かれた本土決戦に備えた特攻基地の軍隊に接収された。

久連興農学園跡碑

23 西浦平沢（にしうら・ひらさわ）沼津市西浦平沢

『増訂豆州志稿』に「コノ村渓ナク又平地ニ非ズ、海崖ニ少シノ浜アリ、平砂勾《ひらさわ》ナルベシ、勾ハ村ノ形半輪ノ如クナルヲ云」と記される。応安七年（一三七四）十一月十四日足利義満は鎌倉浄光明寺慈光院に三津庄内の「平沢・立保・葦保・久料四ヶ村」を安堵している（「足利義満御判御教書」浄光明寺文書）。享禄五年（一五三二）六月六日笠原綱信・清水綱吉連署書状（御穂神社蔵鈴木家文書）では鈴木入道に平沢の源六が鈴木入道の被官であるとしている。天正十八年（一五九〇）四月「豊臣秀吉掟書」（長浜大川文書）に「ひら沢郷」とある。

江戸時代初期は幕府領、延享四年（一七四七）には旗本間部詮衡領、天明年間までに沼津藩領、天明五年（一七八五）水野沼津藩領から五七石余を幕府領に上知、当分預りとなる。文化七年（一八一〇）再び旗本間部領となり幕末に至る。天正十八年に伊奈忠次による太閤検地があり、京高で三七石余（大川家文書）、『元禄郷帳』では高五七石余。慶長（一五九六～一六一五）頃の「内浦小物成帳写」（『内浦漁民史料』）によると、塩釜年貢の塩九石四斗余（ただし金代納）、かっこ舟一艘分として舟役銭永一〇〇文を上納している。明治三年「君沢郡皆済目録」（江川文庫）によると奥山・内山薪運上、わらさ運上の書上げがある。同十一年平沢村「請取調書上控」に「海苔一九五帖・金三円八五銭」とある。寛政九年（一七九七）「村差出帳」（平沢区有文書）によれば、塩釜屋敷五二坪があり、家数二三・寺二、人数八二（うち僧二）、馬八・牛一、船一艘、海山運上永一貫三五〇文を上納。村の北東一〇余町の沖合に魚のわらさが多く集まる暗礁である「わらさ」がある。

　地内に臨済宗円覚寺派正眼寺・珠光寺がある。『増訂豆州志稿』によると珠光寺は、村人山岡図書が天正年間（一五七三～九二）創立したという。明治二十二年君沢郡西浦村、同二十九年君沢郡を廃止し田方郡に編入。昭和三十年（一九五五）沼津市に編入。西浦村の中心で、村役場、西浦西小学校が置かれた。久連との境に亀島（周囲一二〇間）が浮かび、大正三年（一九一四）写真集『伊豆鏡』には「西浦村平沢亀島ノ景」を掲載。『静岡県の歴史的建造物・歴史的街並み』に大正期建築の平沢老人いこいの家を掲載している。

周囲 120 間の平沢の亀島

24 西浦立保（にしうら・たちぼ）沼津市西浦立保

応安七年（一三七四）十一月十四日足利義満は鎌倉浄光明寺慈光院に三津庄内の「平沢・立保・葦保・久料四ヶ村」を安堵している（「足利義満御判御教書」浄光明寺文書）。これが立保の初出である。

江戸時代初期は幕府領、享保十三年（一七二八）陸奥棚倉藩領（福島県）となり、天明年間には旗本進氏領となっていることが確認され、同領で幕末に至る。天正十八年（一五九〇）十一月十八日伊奈忠次による検地が行われ、京高で一五石余（年未詳「大橋海老助宛代官割状」大川家文書）。検地役人は韮山城主内藤三左衛門信成、川上十助・井出平蔵・森山金助・筆倉橋文蔵。『元禄郷帳』では高四六石余となっている。

慶長（一五九六～一六一五）頃には小物成として塩釜年貢米二〇俵・山手年貢米二俵、御召塩の塩一石八斗、かっこ舟一隻分の舟役銭永一〇〇文を上納(「内浦小物成帳写」『豆州内浦漁民史料』)。享保九年(一七二四)「山方浜方品々書上覚」(『同史料』)によると蜜柑が特産で、大網によるような大規模な漁業は行われていなかった。明治八年（一八七五）立保村「物産取調書上帳」には「海苔一五〇〇枚・金三円七〇銭」とあり、海苔、塩が主な産物であった。

享和元年（一八〇一）五月二十八日、伊能忠敬が第二次測量を実施。明治十八年「神奈川県エ管轄替請願」に署名した戸主が一八人おり、当時の家数は一八軒の小村であった。『増訂豆州志稿』では、村内に神明宮、臨済宗円覚寺派・東光寺があるとするが、『田方郡誌』によると桃蔭寺は臨済宗円覚寺派国清寺末、寿永二年（一一八三）創建、開山僧秀林とある。明治六年（一八七三）村内の東光寺境内に移転し、同寺を合併、東陰寺とする。桃蔭寺は山号は仙林山、本尊虚空蔵・薬師。

『増訂豆州志稿』によると、標高五七八メートルの真《さな》城《ぎ》山の東北は君沢郡古宇・足保・江梨の三村に属し、西南には井田・戸田二村に跨り、上に狼煙台址存す」とある。明治二十二年君沢郡西浦村、同二十九年君沢郡を廃止し田方郡に編入。昭和三〇年（一九五五）沼津市に編入。西浦郵便局、西浦中学校がある。

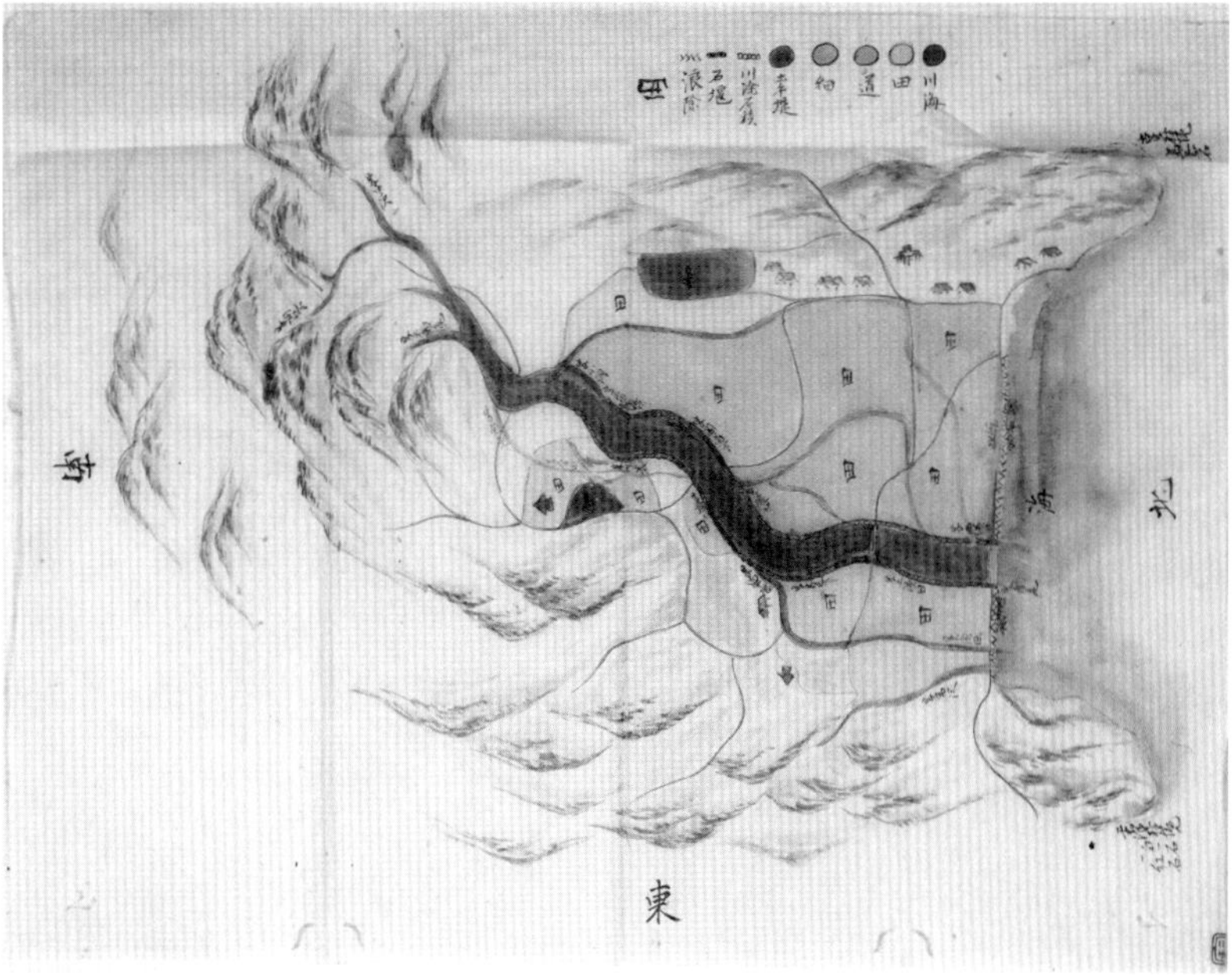

明治４年立保村絵図（公益財団法人江川文庫蔵）

25 西浦古宇（にしうら・こう）沼津市西浦古宇

古宇は古代の田方郡吉妾郷許保里《こう》の遺称地とされる。古代郷里制下の吉妾《きしょう》郷の里。天平七年（七三五）十月の平城京跡出土木簡（『平城宮木簡概報』）に「吉妾郷許保里」とみえる。古宇を見おろす台地の上に円墳が一基確認されているが、奈良時代の遺構は未詳。『増訂豆州志稿』に室町時代末、近衛近綱が流されて古宇村に居るといい、久しくして京に帰る、その書翰今存す、年不詳禰々子御前が流寓とある。

天正十八年（一五九〇）四月、豊臣秀吉は「伊豆国 古宇」に宛て逃亡した百姓の還住を促している（「豊臣秀吉掟書写」大谷家文書）。同年十一月十八日、伊奈忠次による検地が行われ、京高で三五石余（年未詳「大橋海老助宛代官割状」大川家文書）、『元禄郷帳』では高一〇六石余。江戸時代の初め幕府領、享保十三年（一七二八）陸奥棚倉藩領、天明年間（一七八一～八九）相模小田原藩領となり、幕末に至る。

慶長（一五九六～一六一五）頃の「内浦小物成帳写」（『豆州内浦漁民史料』）によると当村は小物成として塩釜年貢三二俵・山手年貢米二一俵余・小浜山年貢米一斗余などを上納、ほかに御召塩三石六斗、かっこ船一隻分の舟役銭永一〇〇文を納めていた。寛政九年（一七九七）「村差出帳」（大谷家文書）によれば、家数四七・人数二一三（うち僧三・座頭一）、馬二〇・牛二。船九艘・立漁網三帖を保有。享保九年（一七二四）の「山方浜方品々書上覚」（『豆州内浦漁民史料』）では特産に蜜柑があげられ、また大規模な漁は行われていなかったようである。同十二年の「薪・もや木分一書上覚」（同史料）によると、もや木船四艘の代永四八文、立山木一五二把余の代永二四二、小立山木三三三文余の代永四四四文を上納している。

『増訂豆州志稿』によると、西浦路が通り三津から古宇、古宇から真城山越えまたは海辺を通り戸田に至るとある。明治四年（一八七一）「久連村差出帳」（江川文庫）に、近村へ御用人馬は役人通行の折三津村・古宇村へ勤めるとある。明治六年昌農学舎が開校。臨済宗円覚寺派泉龍寺・興隆寺などがある。太子堂に安置されている木造伝月光菩薩立像（沼津市文化財）は藤原後期の作と推定される。明治の戸長役場字細カ市に置かれ古宇の他、河内・木負・久連・平沢・立保・足保・久料・江梨の九村を管轄した。

戸田へ通じる真城峠

26 西浦足保（にしうら・あしぼ）沼津市西浦足保

応安七年（一三七四）十一月十四日「足利義満御判御教書」（浄光明寺文書）によると、足利義満は鎌倉浄光明寺慈光院に三津庄内の「平沢・立保・葦保・久料四ヶ村」を安堵している。これが当地名の初出である。天正十八年（一五九〇）に代官頭伊奈忠次の検地が行われ、検地高は京高で四石余（年未詳「大橋海老助宛代官割状」大川家文書）、『元禄郷帳』では高一三石余。江戸時代初期は幕府領で、土肥に陣屋を構えた小代官市川氏が支配し、後三島代官支配となる。享保十三年（一七二八）陸奥棚倉藩領、天明年間（一七八一〜八九）には小田原藩領になっていることが確認でき、同領で幕末に至る。

慶長（一五九六〜一六一五）頃には塩釜年貢米二〇俵・山手年貢米五俵余、御召塩一石八斗、かっこ舟一隻分の舟役銭永一〇〇文などの小物成を上納（「内浦小物成帳写」『豆州内浦漁民史料』）。久料村とともに寛永十三年（一六三六）松平阿波守石丁場に、享保十年古宇・久料・江梨村とともに尾張藩石丁場預かりとなる（『沼津市史 史料編 漁業』）。享保九年「山方浜方品々書上覚」（『豆州内浦漁民史料』）によれば、大規模な漁業は行われていなかったが、産物には蜜柑・楊梅などがあった。明治四年「足保村差出帳」（江川文庫）に、蟹沢山は火除手役米、一石七斗五升は宝暦九年（一七五九）より年貢引米、猪鹿囲、天神社・王子社・神明社・山神宮、禅宗保徳院（現臨済宗円覚寺派）、相州入生田村沼太寺末浄心庵、五人乗廻船一とある。明治三年「君沢郡皆済目録」（江川文庫）によると網所浮役米、網船役、万船役、魚漁分一、山方出物分一の書上げがある。

『増訂豆州志稿』に「此村漁少ナシ」、池ノ平という所は赤い水牛のいる池であったが、牛が他所へ去って水が涸れた、この場所は眺望がよく、内海が池のようで、富士、愛鷹、千本松林、田子浦の名勝が一望できる、とする。明治十八年伊豆が静岡県から離れる「神奈川県エ管轄替請願」に署名した戸主数が一七人という少ない家数の村であった。明治二十一年の調査で近年鉄道用に石材を出し、産出額が多いとする。

右岸にみかん園が広がる古宇川河口付近

27 西浦久料（にしうら・くりょう）沼津市西浦久料

応安七年（一三七四）十一月十四日「足利義満御判御教書」（浄光明寺文書）によると、足利義満は鎌倉浄光明寺慈光院に三津庄内の久料など四か村を安堵しているのが当地名の初出である。嘉慶三年（一三八九）二月三日の「官院旨」（同文書）に、三津荘内前掲四か村が国司・守護使不入、一円不輸の特権が保障された。江戸時代初期は幕府領、享保十三年（一七二八）陸奥棚倉藩領、天明年間（一七八一～八九）には小田原藩領になっていることが確認され、同領で幕末に至る。天正十八年（一五九〇）十一月十八日の検地帳（久保田家文書）には「□(三カ)津庄江梨之内久料之村」とみえ、江梨から分かれた村であることがわかる。反別は田畑合わせて一町六反余、屋敷地のほかに寺除七〇坪となっている。耕地の少ない小村であった。

慶長（一五九六～一六一五）頃には小物成として塩釜年貢米二〇俵、御召塩の塩一石八斗、かっこ舟一隻分の舟役銭永一〇〇文を上納（「内浦小物成帳写」『豆州内浦漁民史料』）。享保九年（一七二四）「山方浜方品々書上覚」（『前記史料』）によると蜜柑・楊梅が特産で、大網による大規模な漁業は行われていなかった。足保村とともに寛永十三年（一六三六）松平阿波守石丁場に、享保十年古宇・足保・江梨村とともに尾張藩石丁場預かりとなる（『沼津市史 史料編 漁業』）。

寛政九年（一七九七）「村差出帳」（『豆州内浦漁民史料』）によれば、本新田畑屋敷を合わせて高一三石余、反別は一町七反余、家数一四・人数七九（うち僧一）、馬六と記録される。小揚船三隻・小揚船二隻を有し、川除堤防一か所があった。『増訂豆州志稿』には特産として、蜜柑・九年母・楊梅・薪・炭等を出すとある。明治三年「君沢郡皆済目録」（江川文庫）によると万船役、山方・海方諸分一の書上げがある。享和元年（一八〇一）五月二十八日、江梨方面から測量してきた伊能忠敬が当村を測量して東に向かった。村内には福聚院がある。明治二十二年町村制施行により君沢郡西浦村、同二十九年君沢郡を廃止し田方郡に編入。昭和三十年（一九五五）沼津市に編入された。

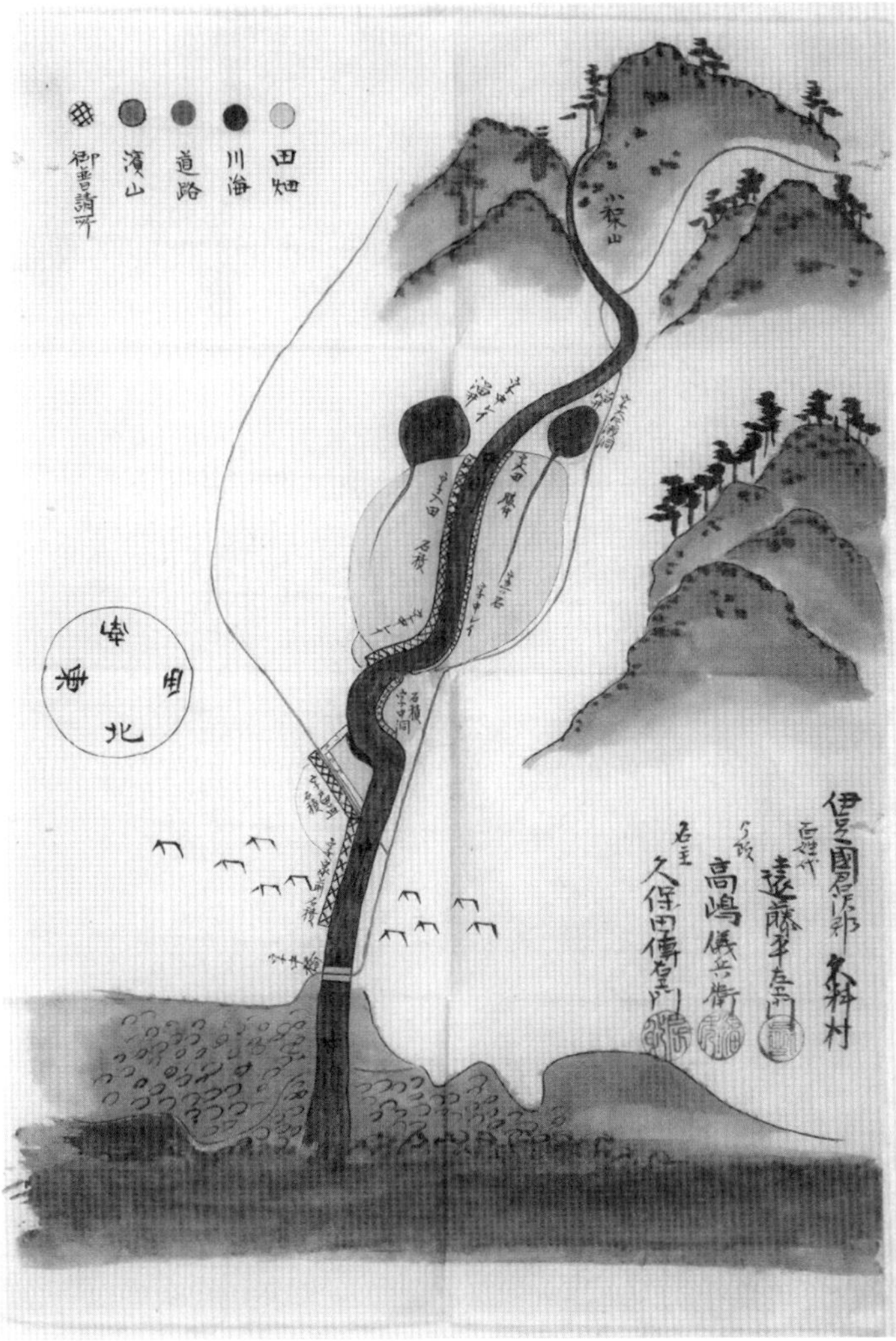

年不詳久料村絵図（公益財団法人江川文庫蔵）

28 西浦江梨（にしうら・えなし）① 沼津市西浦江梨

江梨地区の西端部から北東方に海に突き出た大瀬崎《おせ》（長さ八町＝八七二㍍）が内浦湾を扼している。江梨・久料・足保・古宇・立保の五か村を江梨五か村とも称される。古代の田方郡吉妾《きしょう》郷瀬崎《せざき》（瀬前）里を大瀬付近とする説もある。

『北条五代記』などに明応二年（一四九三）伊勢長氏（北条早雲）が伊豆国に侵攻したとき、「江梨の鈴木ひやうこの助」が三津の松下三郎左衛門尉らとともに北条早雲の軍門に下ったとある。年不詳四月二日「大道寺盛昌書状」（神奈川県立歴史博物館蔵江梨鈴木文書）によると、長氏の駿河石脇（現焼津市）在城時代に鈴木氏がすでに長氏の麾下《きか》となっており、江梨郷が不入の特権を得ていたことをうかがわせ、江梨の鈴木入道・小次郎に人足役を前々から富永氏同様に過って賦課したことについては山角や伊東の伊豆代官も了承しているとある。近世初頭に記録されたと思われる江梨鈴木氏の由緒書「順礼問答」によれば、鈴木氏は南北朝期に紀州熊野から来住し、のち伊豆守護上杉憲顕の家来になって江梨五か村の支配を認められたという。

永禄元年（一五五八）十一月一日には北条氏が江梨から四人、西浦六人を含む新造熊野船の乗員三三人を徴発し、駿河清水から網代まで木材を回漕させている（「北条家朱印状写」長浜大川文書）。北条氏康が家臣掌握のため作成させた永禄二年の『小田原衆所領役帳』の河越衆に鈴木次郎三郎と見え、「百貫文 豆州江梨」とある。元亀～天正年代（一五七〇～九二）に入ると商船の出入りが盛んになり、また甲斐の武田水軍が駿河湾に進出するようになる。そこで元亀四年七月十六日、北条氏は「江梨五ヶ村」をはじめとする伊豆の浦々に対して、浦々からの便船者の取締、他国船着岸時の人数・荷物の取押え、商売と偽って敵地に赴く船の取締を命じる法度を下している（「北条家朱印状」神奈川県立歴史博物館蔵鈴木家文書）。

天正八年八月三日には北条氏が井田の真城《さなぎ》山の人々に狼煙揚げについて江梨と相談するよう命じている（「北条家朱印状」井田高田家文書）。天正十八年四月十六日、豊臣秀吉家臣浅野長政は西浦七ヶ村と江梨に網年貢を課し（「浅野長政代官連署状」長浜大川文書）、また同月逃亡した百姓の還住を促している（「豊臣秀吉印判状」高野文書）。

鈴木氏の墓、鈴木氏の先祖の墓は和歌山県海南市にあるが、伊豆の先祖の墓は江梨にある

29 西浦江梨②

江梨の江戸時代初期支配は幕府領、天明四年（一七八四）下総関宿藩領、同八年幕府領に上知、文化八年（一八一一）旗本津田領に転じ、幕末に至る。天正十八年（一五九〇）伊奈忠次による太閤検地の検地高は京高で七石余（年未詳「大橋海老助宛代官割状」大川家文書）。『元禄郷帳』では高三二石余。

慶長（一五九六〜一六一五）頃の小物成として塩釜（三具）の年貢米三〇俵・大魚網年貢米三俵・問屋銭米一俵二斗余、井田村からの山手米一俵、獅子浜村からの海年貢米一俵、三津村からの「こまし」網年貢二斗余、計米三七俵余と塩年貢の塩一五石九斗、定納舟役銭永二貫文、磯海苔一〇〇状分の京銭一〇〇文を納めている（「内浦小物成帳写」『豆州内浦漁民史料』）。

宝永七年（一七一〇）江梨村「郷村并反別指出帳」（『沼津市史 史料編 漁村』）に「磯苔役、前々より苔役定納仕候」とある。享保九年（一七二四）「山方浜方品々書上覚」（『豆州内浦漁民史料』）でも苔は磯苔役永を上納するが、分一は納めていない。明治八年（一八七五）江梨村「物産取調書上」（同書）に「海苔八七二把・金一七円四〇銭」とあり、海苔が特産であった。鯛漁はかつて御菜浜塩鯛を上納していたことから他領・他浦でも漁場とすることを許されていた。

享和元年（一八〇一）五月二十七日、伊能忠敬が第二次測量で訪れ、名主平左衛門方に止宿した。明治十八年に静岡県から分離して「神奈川県エ管轄替請願」に署名した戸主が六一人おり、同二十一年の調査では六四戸があった。地域には、大瀬神社、航浦院《こうほう》・海蔵寺がある。明治三年「君沢郡皆済目録」（江川文庫）

によると万船役、山海出物分一、魚漁運上の書上げがある。

海蔵寺と隣り合っている航浦院は、山号は萬行山、本尊薬師、本尊は鈴木繁用の娘の護身仏という。臨済宗円覚寺派。文安年間（一四四四〜九）創建、開山僧業道とある。江梨鈴木氏の菩提寺といわれ、文安元年（一四四四）に没した鈴木左京兆繁の法号を航甫院殿といった（「温古誌」）。『増訂豆州志稿』には文安年間鈴木繁用が父繁郷追福の為創立とある。

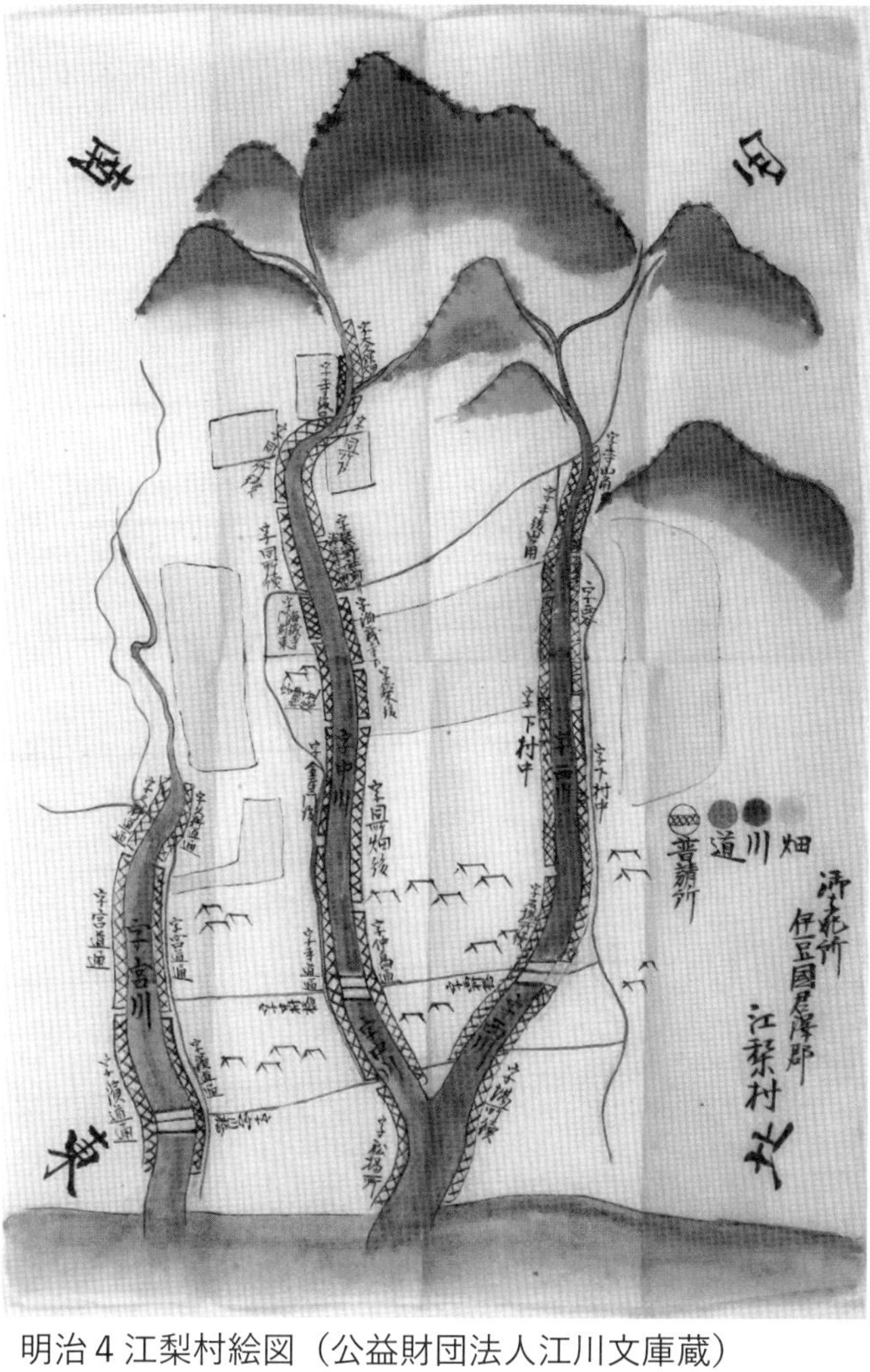

明治４江梨村絵図（公益財団法人江川文庫蔵）

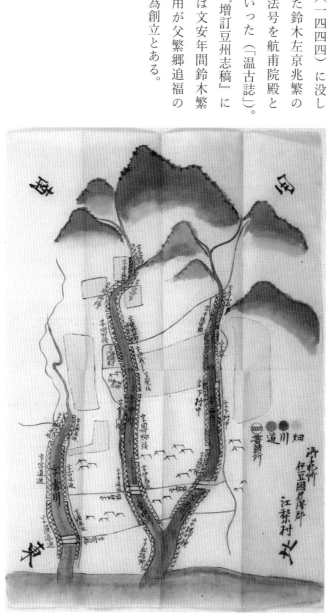

30 西浦江梨③

伊豆半島北西隅の岬を大瀬崎という。駿河湾に約一㌔突き出した砂礫嘴で、国指定の天然記念物（昭和七年七月指定）のビャクシンやハマユウ（ハマオモト）が群生している。その他、イヌマキ・ムクノキ・ハリギリ・ヤブニッケイ・シロダモ・トベラ・ヒメユズリハなどが生え、林床にはテッホシダ・テイカカズラ・ツルグミ・イヌビワなどがある。岬には海の守護神を祭る大瀬神社、北端に無人灯台、洲の中には伊豆の七不思議の一つに数えられている面積八〇〇平米ある円形の神池がある。海面と同じ高度でしかも海から一五㍍しか隔たっていない池は淡水で、淡水魚が生息、古くから伝説化されている。水面の高さは海抜二㍍ほどで、台風や大波で海水が入ることがあるが、いつの間にか真水に戻っているという。

天武十三年（六八四）、大地震のあとに地表が隆起してできたとの記述が『日本書紀』にある。池もその頃からあったのではないかと考えられている。文化七年（一八一〇）伊豆を旅行した富秋園海若子は『伊豆日記』を文政四年板行、一葉目の付図に大瀬崎の眺望を載せる。大瀬崎周辺は磯釣り、船釣り、ダイビングスポットとして人気がある。

岬の大瀬神社は、祭神が引手力命《ひきたちからの》で式内社。古くは大瀬明神と呼称、伊豆七浦の総鎮守であったと言う。『田方郡誌』では『延喜式』神名帳所載の「引手力命神社」、『神階帳』所載の「正四位瀬の明神」に比定。海上安全、大漁満足の神として信仰厚く、例祭日四月四日には昔から駿河湾沿岸の漁船が大漁旗を立てて数百隻も集まり、囃子、踊りで大漁を祈願する豪快な海の祭典が挙行される。古くから海の守護神として広く崇敬され、同社に奉納された漁船模型のうち三二隻は県指定有形文化財。なお漁船模型奉納者には内浦・西浦方面はもちろんのこと、遠く蒲原（静岡市）・焼津方面の漁民たちも含まれている。

鎌倉から岩本の実成寺（富士市）に参ろうとした日蓮が、沼津の海辺で日が暮れたので一夜の宿をとった。そこで、このあたりは大瀬明神がたびたび暴れ回ってその被害が甚大であるという話を聞き、一週間の祈祷を捧げて海を鎮めたという伝説が伝わる。

大瀬岬の眺望

31 井田（いた）① 沼津市井田

井田は、『和名類聚抄』に記載された那賀郡の郷名。『和名抄』には那賀郡井田郷とある。『豆州志稿』に「井田より田子に至る九村井田郷なり」と記されている。現在の井田・戸田・土肥から小下田当たりを指すとする説があるが（『大日本地名辞書』）、土肥は都比郷に比定されるので、戸田・井田とするのが妥当されている。延暦十年（七九一）十月十六日の長岡京跡出土木簡（『木簡研究』）に「那賀郡井田郷」とみえる。現沼津市井田を遺称地とする。当郷の範囲には、円墳二三基からなる松江古墳群、式内社井田神社の比定地も所在する。

井田地区の南側にある松江山の斜面に横穴式石室を持つ、直径一〇～一五㍍の円墳二三基がほぼ完全な形で残る松江古墳群は、井田古墳群ともいい、古墳時代後期、七世紀を主体とする円墳の群集墳。古くから二〇数基の円墳群が知られ、昭和三十九年（一九六四）、戸田村教育委員会により二基が発掘調査された。第一八号墳からは横穴石室内に大小二つの組合式箱式石棺が発見され、奥の小石棺には数体分の人骨が詰め込まれていて、手前の大きな石棺には最後の被葬者と思われる人骨一体分があった。金環や銅釧（腕輪）などの装身具、柄頭《つつがしら》に銀が象嵌《ぞうがん》された太刀、直刀、刀子、鉄鏃などの武器類、須恵器類などの副葬品が出土した。九号墳はやや小型であるが、直刀や須恵器類の副葬品が出土し、出土品はすべて沼津市戸田郷土館に収蔵されている。平成十一年（一九九九）、静岡県教育委員会は保存のために再調査を行った。一八号墳は発掘当時の状態で見学できる。静岡県指定史跡。

井田神社は、『田方郡誌』では『延喜式』神名帳所載の「那賀郡井田神社」、『神階帳』所載の「従四位上ゐたの明神」、勧請は不詳、祭神は大巳貴命《おおなむちのみこと》とする。『特選神名牒』には「往古は大古久神社」とある。永禄十三年（一五七〇）九月修造の棟札が現存、慶長十二年（一六〇七）の上梁文に「井田荘七箇村鎮守井田明神」と書かれ、例祭日十月九日。

「吾妻鏡」に文治二年（一一八六）「供御甘海苔自伊豆国到来于鎌倉彼国土産也」とあり、井田郷から鎌倉時代既に海苔の貢進があり、先例により京都へ送られとある。建久五年（一一九四）正月三十日（「吾妻鏡」）にも京都へ進上された。

松江古墳群

32 井田②

文禄三年（一五九四）八月彦坂元正による検地が行われ、「西浦井田郷検地帳」（高田家文書）が残されている。延宝五年（一六七七）「伊豆鏡」によると高一一二石余、元禄初年高帳に新田高五升八合が載る。江戸時代初期は三島代官支配、文化九年（一八一二）旗本酒井氏支配となって幕末に至る。

『増訂豆州志稿』には、「香具山、井田の海浜に直立する石山、この山下の海水、塩を煮るに適」とある。慶長（一五九六～一六一五）頃の「内浦小物成帳写」（『内浦漁民史料』）によると、井田村の塩釜年貢は塩六三石八斗四升（ただし金代納）、鹿皮一〇枚（同）、磯海苔三〇帖を納めている。明和八年（一七七一）「指出帳」（高田家文書）によると鉄砲二、磯海苔三把、小揚舟二・漁舟一の運上を上納、家数四〇・人数一八九、木挽二・家大工一・馬一四とある。延宝三年（一六七五）年貢割付状（高田家文書）に定納鹿皮一〇枚代・磯海苔三把代七文とある。旗本三宅氏分の文化八年（一八一一）「上修善寺村年貢永皆済勘定帳」（上修善寺村文書、日本大学国際関係学部図書館蔵）に「井田海苔金一分」、天保九年（一八三八）「江戸屋敷書下ヶ控」（伊豆の国市守木鈴木家文書）に支配旗本徳永氏へ宗光寺・守木村からお年玉として海苔一五枚・山葵一五本が献上され、海苔が特産であった。

水戸家御用石丁場があり、高田家が管理していた。延宝九年（一六八一）四代将軍家綱の宝塔伐出しが行われ不動明王像が残る。天保十三年（一八四二）に井田・戸田村へ一一代将軍家斉の霊前献備の灯籠石を二〇〇基の注文を受け、戸田から一〇五六本、井田から五四本を船積みした（江川役所「御用留」江川文庫）。

安永四年（一七七五）「御用石御入用金高積書上帳」（江川文庫）に、用途は不明ながら当村の石屋が清水湊へ御用石の切り出しを行った。石の種類は伊豆堅石・板石・鱗石・玄蕃石・隅石・四半・築石・小田原石・青石とある。多様な石の産出があった。

　幕末に東海道三島宿の加助郷、下田往還本立野村（伊豆市）継立の差村《さしむら》を勤めた。明和八年の「指出帳」に天王神・池之明神・山神稲荷明神を記載。日蓮宗妙田寺《みょうでんじ》、井田神社があるとする。

　かつて、北アメリカ大陸を中心に多くが移民として出国、現在集落には何人かのアメリカ帰りの人がいるのでアメリカ村とよばれたこともある。井田地区は長年、水田の裏作に菜の花を栽培していて、冬の菜の花の名所として知られる。井田ノリはブランドとなっている。

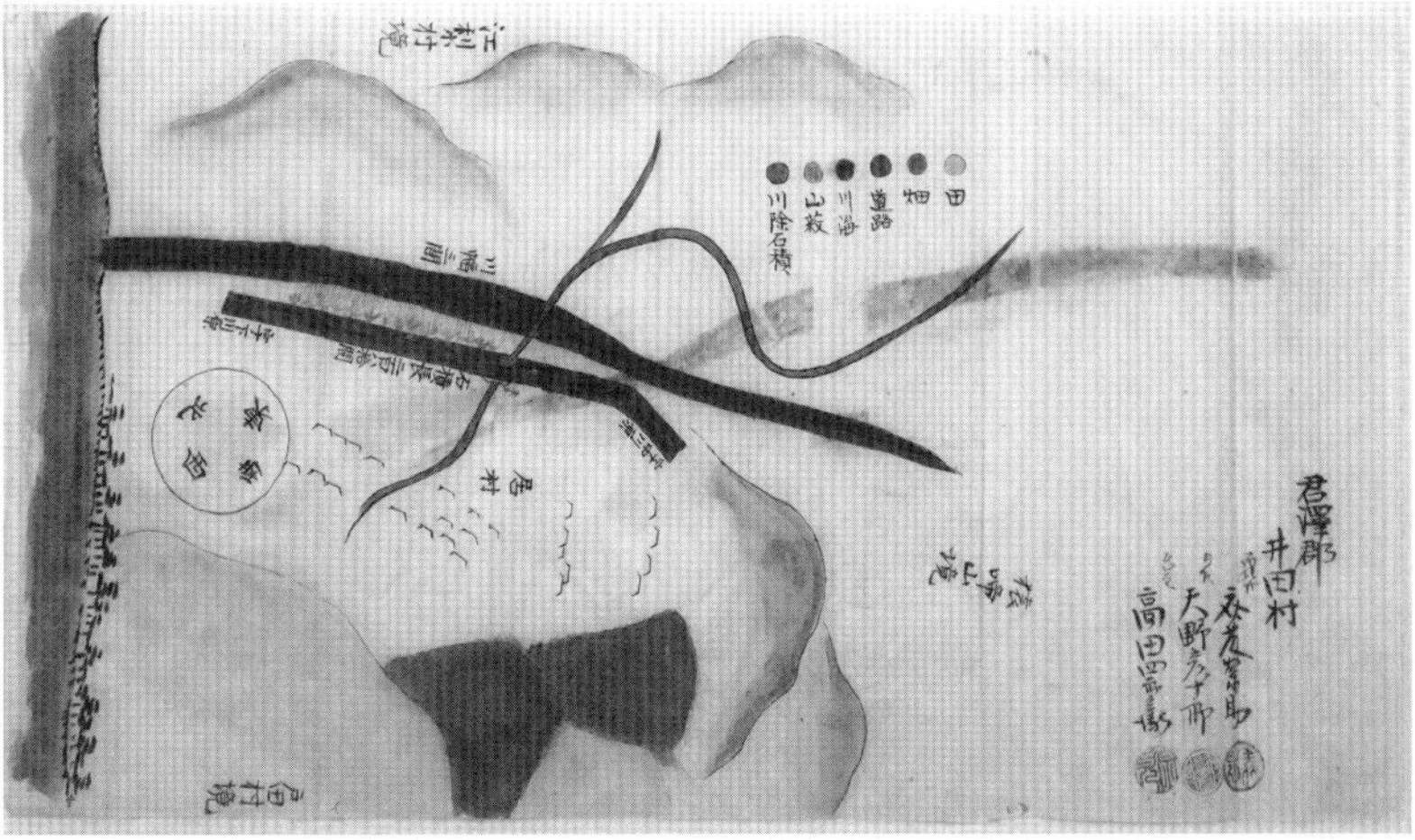

明治４年井田村絵図（公益財団法人江川文庫蔵）

33 戸田（へだ）① 沼津市戸田

戸田湾は達磨山の噴火口と考えられ、駿河湾に面し、巾着型をした自然の良港。湾口の南角は御浜崎といい、砂嘴《さし》が延びる。礫嘴は幅一〇〇㍍、長さ七〇〇㍍。戸田湾入り口は水深五五㍍、その外海は九〇㍍以上の深さがある。御浜岬の沖は駿河湾東縁の大陸棚の形成が少なく、幅約七七〇㍍足らず。新田、舟山の枝郷がある。

元弘三年（一三三三）足利尊氏は「方便智院井田庄内土肥・部田両郷領家職」を悪党人の濫妨を排除して僧空明に交付するよう石塔義房に命じていて（「足利尊氏御判御教書」冷泉家文書）、両郷は方便智院領であった。建武二年（一三三五）九月二十七日に尊氏は佐々木道誉に対し、中先代の乱の勲功として、伊豆国土肥・戸田両村を与えた（周防佐々木文書）。永禄二年（一五五九）『小田原衆所領役帳』に「御家門方（北条）幻庵御知行 百卅貫文 豆州戸田分」とある。

江戸時代初期は三島代官支配、天明五年（一七八五）～六年石見浜田藩領（島根県）、同七年幕府領に戻る。文化九年（一八一二）一部が旗本小笠原氏領となり、幕府領は文政五年（一八二二）沼津藩領となり、相給支配で幕末に至る。延宝五年（一六七七）「伊豆鏡」に高七七七石余、元禄初年「高帳」に新田高三石余を記載。元禄七年（一六九四）三島代官五味豊法による検地が行われ、高七八〇石余で、天保八年（一八三七）「指出帳」（勝呂家文書）によると、沼津藩領分高二六七石余・新田一六石余、旗本小笠原氏領分高五一三石余・新田二八石余。家数は沼津藩領分三三二（百姓三〇五・水呑二一・寺五・村庵一）、小笠原分二八〇（百姓二六六・水呑一二・寺二）。農間の稼ぎは薪取・漁士《あま》・水主《かこ》で薪取は奥山。

紀州藩石丁場が五か所あり、勝呂家が管理していた。寛政十年（一七九八）江戸玉川上水の新規石枡を安良里村と戸田村の者が請負った。石代は一、七五〇両で土肥・戸田・鵜島・須崎から切出すこととした（「請負書」村松家文書）。天保十三年に井田・戸田村へ一一代将軍家斉の霊前献備の灯籠石を二〇〇基の注文を受け、井田から五四本を船積みした（江川役所「御用留」江川文庫）。明治六年政府の土木寮に使う石材を伐り出す場所として当村字柳ヶ久保など八か村二三か所を指定した（江川文庫「石山一件」）。

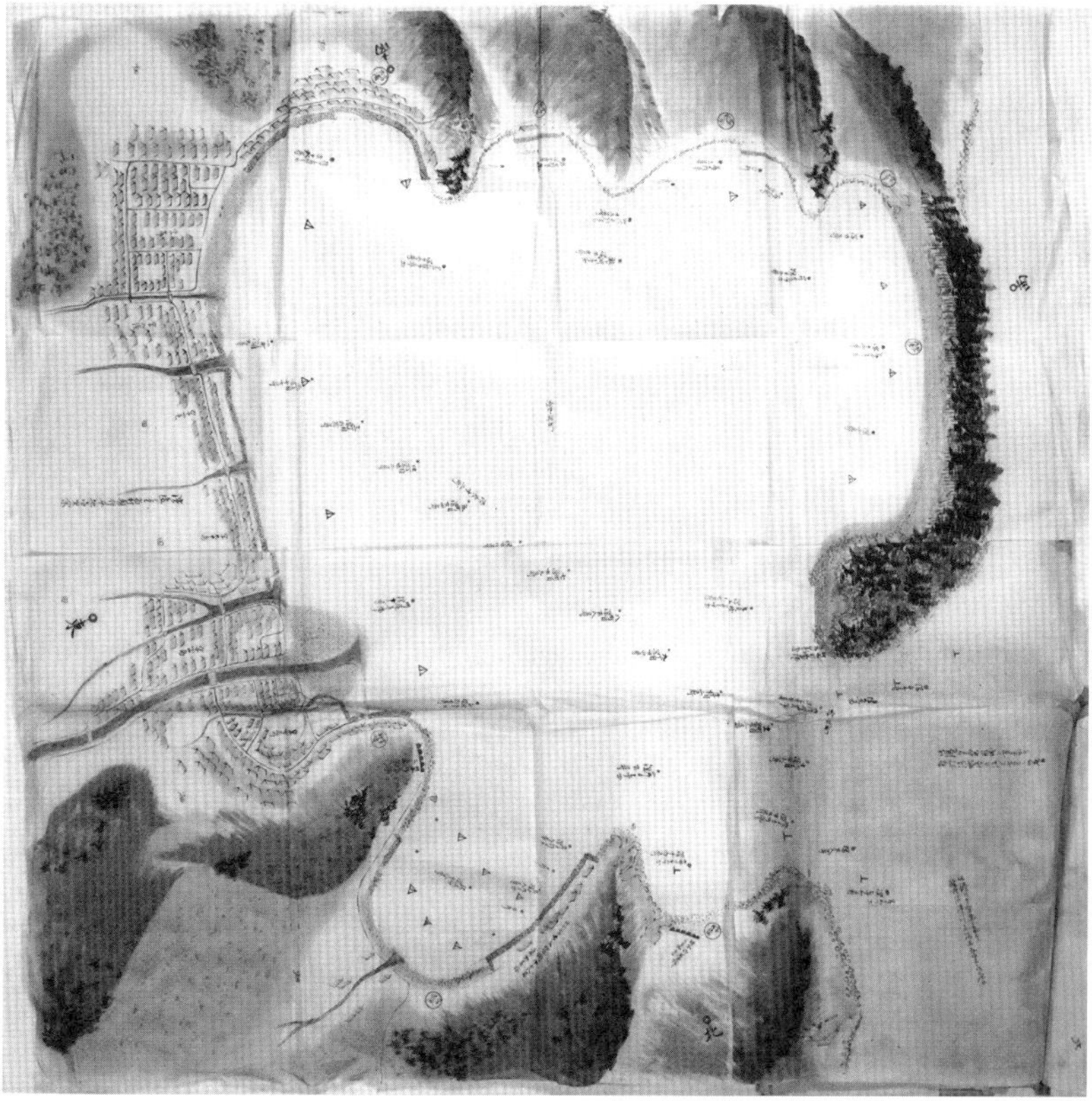

明治３年戸田村絵図（公益財団法人江川文庫蔵）

34 戸田②

戸田には、延宝八年（一六八〇）「船差出帳」（勝呂家文書）によると廻船六〇（九人乗り二、八人乗り一八、七人乗り二七、六人乗り八、五人乗り五）、イサバ舟二（三人乗り・二人乗り各一）、猟船三〇、他に鯛網六〇文定納、天保八年（一八三七）には廻船一〇・小揚船一〇・漁船一三（同年「差出帳」）と記載されていた。戸田の廻船は、年貢米や山方出物分一など多く利用されていた。宝永七年（一七一〇）の江梨村「郷村并反別指出帳」（『沼津市史 史料編 漁村』）に「当浦 薪積舟之節ハ戸田村之舟参候」とある。明治六年（一八六八）ウィーン万国博覧会に戸田村産の柴胡二箱を出品している（「澳国博覧会江差出候諸品入用取調書」江川文庫）。

幕末に東海道三島宿加助郷（天保十二年「三島宿加助郷村々請書」三島市中 鈴木家文書）、下田往還へは本立野村継立の差村《さしむら》を勤めた。享和元年（一八〇一）五月二十六日、伊能忠敬が第二次測量、止宿。江戸時代の絵図（伝天保年間、下田開国博物館蔵、平成十七年度沼津市明治史料館企画展「沼津の絵図」パンフレット所収）、石切場絵図（勝呂安氏所蔵、天保十一年以後）。

慶応二年（一八六六）井伊谷宮神主山本金木著『雲見神社参詣記』に「沼津侯の牧の駒、数多《あまた》戸田の山辺に立てりと船人の指さして教ふれども、目路《めぢ》遙かなればそれとも見分き難きほどに、一群《ひとむら》立てるものを貞則が見出でて、『あれなむ駒なりや』と言へば、」とある。戸田村に勝呂氏が持つ馬の牧があった。『増訂豆州志稿』によると、戸田村田代山にあり、天保年間沼津藩の創設、明治三年（一八七〇）に廃場としたとある。

伊豆の国市戸沢琴平神社の天保十二年（一八四一）寿命塔には戸田の井田屋氏の銘がある。天保八年「指出帳」によると小笠原氏領に宝徳寺（現真宗大谷派）・浄土宗大行寺《だいぎょうじ》、沼津藩領に日蓮宗蓮華寺・同本善寺・同長谷寺《ちょうこくじ》・同三光寺、臨済宗宝泉寺（現臨済宗円覚寺派）があった。明治六年宝泉寺本堂に巴江学舎が開校。諸口《もろぐち》神社・部田《へた》神社があり、部田神社は江戸時代三島明神と称された（『増訂豆州志稿』）。御浜のイヌマキ群生地は県指定の天然記念物。当地と宝泉寺は洋式帆船建造地及びプチャーチン宿所（附関係遺品一括）として県指定史跡。戸田の漁師踊・漁師唄は県指定無形文化財。松城邸が明治初期の擬洋館として重要文化財となっている。

西日を受けた戸田の集落遠景

35 戸田③

嘉永七年（一八五四）十一月下田湊停泊中のロシア軍監ディアナ号が津波のため船底を破損し修理のため戸田湊へ曳航中駿河湾で沈没。このためロシア人が戸田に泊まり、戸田村（沼津市）などの船大工によって洋式帆船（スクーネル船）を建造した。これをヘダ号と名付け、安政二年（一八五五）五月提督プチャーチンらはこれに乗って帰国した。ディアナ号が沈没、ロシア本国との連絡船建造の指揮を依頼された韮山代官江川英龍は戸田でその方針を定めたが、まもなく亡くなった。ディアナ号に乗船していた造船技術者の設計指導により、戸田村の船大工上田寅吉・緒明嘉吉・石原藤蔵・堤藤吉・佐山太郎兵衛・鈴木七助・渡辺金右衛門の七人を世話係とし、一〇〇人余の船大工を伊豆近郷と御前崎・相良・焼津・清水・沼津等から総動員、二本マスト・一〇〇トンの洋式帆船二隻をおよそ三か月半かけて建造した。長さ二四メートル、幅七メートル、深さ三メートル、一隻はロシアへの帰国用、もう一隻は江戸幕府から依頼された。この帰国用の帆船は安政二年（一八五五）三月に竣工、ヘダ号と名付けられ、ロシアでの呼称は「シコナ号」（スクナー船）と言った。建造中、戸田にいたロシア人が宇久須へ来て、松崎まで船に乗せてくれと手まねで頼んだので渡船で送っている（「請書」宇久須区有文書）。戸田から宇久須・松崎まで船で遊びに出かけていた。

ヘダ号をモデルとしたのが君沢形《きみさわがた》、その半分に縮小したタイプのを韮山形という。ともに六隻ずつ建造され、品川台場に配備された。この「ヘダ号」一隻だけではディアナ号乗組員五〇〇人余を乗船させることができず、幕府は米国商船に依頼し安政二年二月九日、士官数人と下士官一五〇人を帰国させ、続いて同年三月二十三日、プチャーチンほか四七人は「ヘダ号」で、残員も六月一日、米国商船でそれぞれ帰国した。戸田での造船の様子は「プチャーチン以下露国船来朝戸田浦にて軍艦建造図鑑」（国立国会図書館支部東洋文庫蔵）に描かれる。

　君沢形壱番御船は中浜万次郎（ジョン万次郎）の建議により、万次郎が鯨漁御用を命じられて、安政六年三月品川を出航、小笠原方面に向かい捕鯨の実行を図ろうとしたが、台風に遭い、下田に帰着した。万次郎は咸臨丸でアメリカへ行ったため、しばらく捕鯨はできなかったが、文久三年（一八六三）三月十七日再び父島を出航して捕鯨を行った（『私のジョン万次郎』）。

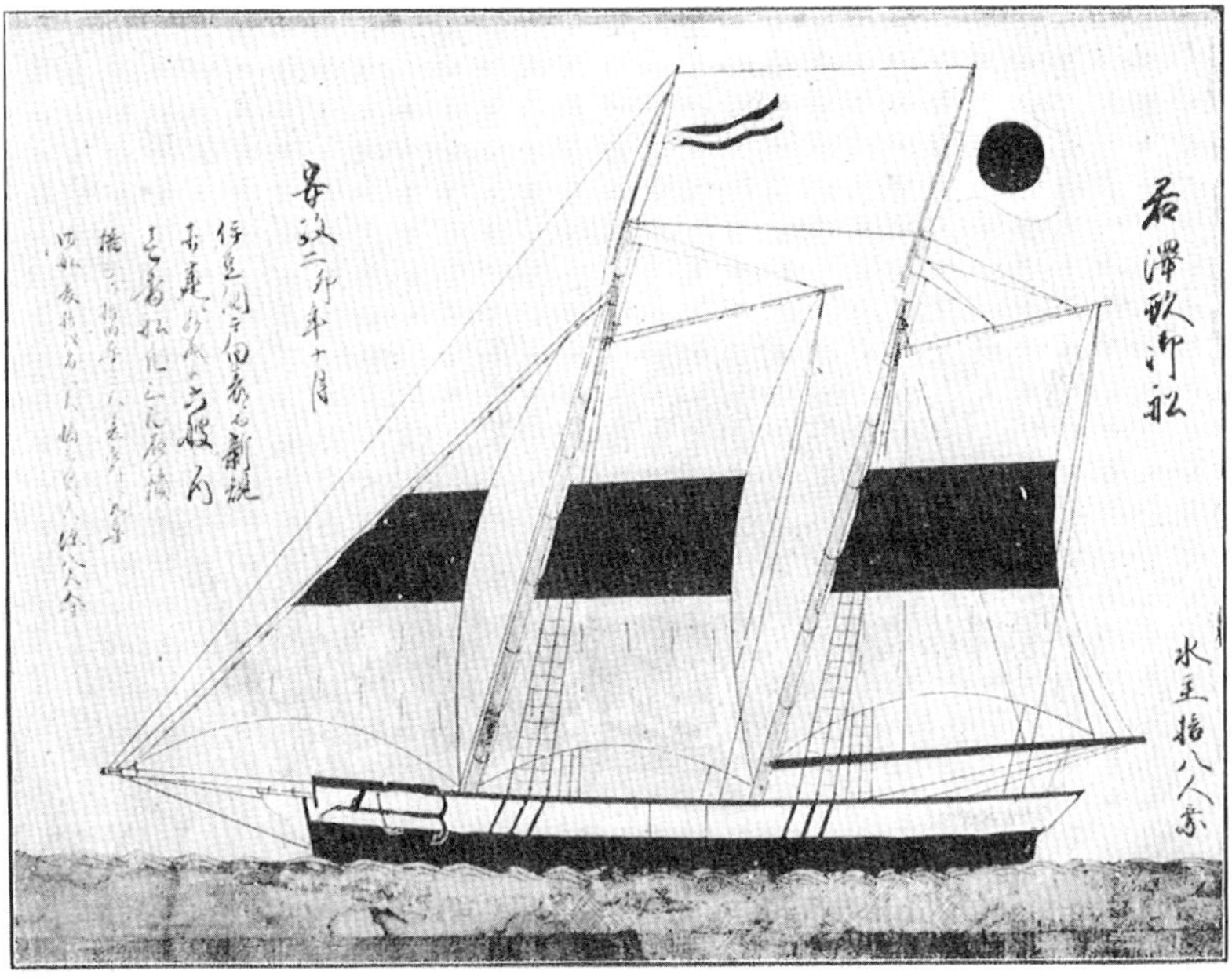

ヘダ号と同形の君沢形帆船

36 戸田④

戸田港は、第二種漁港に指定され、管理者は静岡県。湾口は北西向きで大浦・内匠・前浜がある。江戸時代は廻船の碇泊する港で、三津や沼津から出帆する船の大部分は戸田の所属であった。明治三年（一八七〇）「豆州各港方向取調」（江川文庫）によれば、湾内は東西竪一二町・南北横一〇町で、民家六〇〇軒余、諸荷物取扱問屋がいて、信・甲・駿州三国より東京へ送る諸荷物は駿洲小須湊または蒲原宿へ富士川下ヶにして戸田港取次諸払問屋が三軒あった。荷物は石炭・真木・抹香・魚類で東京・清水・沼津その他臨時上方へ積出しした。

明治二十五年の海水浴場保養館開業広告によると、沼津港からの運賃は汽船で一二〜三銭、和船で六〜七銭とある。昭和二十六年（一九五一）八月二十一日に漁港指定、岸壁四五二㍍。近海漁業では底引き網漁船（トロール船）で出漁し、水深一五〇〜五〇〇㍍の海底に網を下ろし漁をする。漁期は九月から翌年五月までで、駿河湾の深海魚の漁獲を行う。タカアシガニ・ボタンエビ・テナガエビ（ヒゲナガエビ）・メヒカリ（アオメエソ）・メギス（ギス）・トロボッチなど。遠洋漁業、沖合漁業が盛んで、陸揚げは他港で行い、休憩港として利用された。

明治三十一年七月、東京帝国大学水泳部の合宿寮が御浜に設けられたが、同四十一年保養館は東京大学に買収された。同四十三年に伊豆を旅行した柳田國男は松崎から沼津へ向かう船からの様子で「戸田も静かなよき港なり。浜の松原ことに風情あり。こゝなる宿屋は大学で買取り、業を止めて居るといふが果たして如何。夏ならば何とかして宿は求めらるべし」と『五十年前の伊豆日記』に著す。大正天皇は明治三十二年一月皇太子の時、沼津御用邸より水雷艇で上陸、御浜近くの海岸で野立てを行った。福永武彦は旧制一高生の時東大合宿寮で想を得、詩『ひそかなるひとへのおもひ』『続・ひそかなるひとへのおもひ』を創作、戸田を主要舞台とした長編『草の花』、短編『一時間の航海』を著す。井上靖の小説『あした来る人』、大佛次郎『天皇の世紀』などに戸田が登場する。御浜岬にはスカシユリが群生。明治二十二年井田村と合併。同二十九年君沢郡廃止により田方郡に所属。平成十七年(二〇〇五)沼津市に合併。

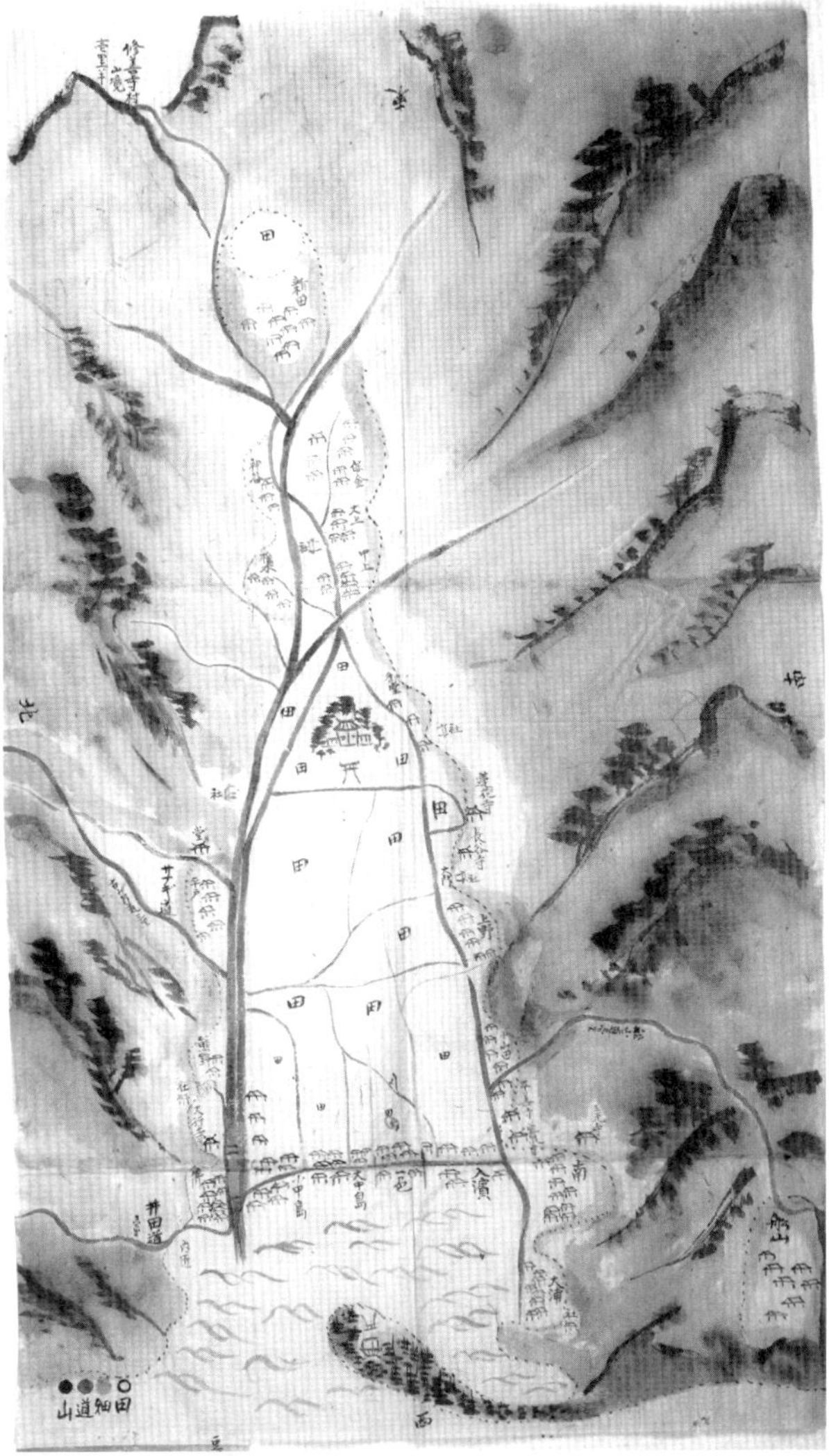

明治４年戸田村絵図（公益財団法人江川文庫蔵）

37 舟山（ふなやま） 沼津市戸田

戸田と小土肥の間に船山の集落がある。ここの住所は沼津市戸田の一部であるが、『増訂豆州志稿』によると、一村と扱われたこともあったとされる。舟山だけの記録は今のところ見つけることはできないが、明治六年（一八七三）学制により戸田にできた巴江学舎の分校が置かれていた。昭和五十四年（一九七九）に分校は廃され、戸田小に統合となった。

舟山で忘れてはならないのが、大正三年（一九一四）に沖合で起こった愛鷹丸遭難事件である。当時、駿河湾汽船会社所属の愛鷹丸は一月五日十時に下田を出航、長津呂・松崎・仁科・土肥などで客を乗せて沼津へ向かう途中、戸田村（現沼津市）舟山沖で西南の強風と激浪のため、転覆沈没した。乗客は定員の四・五倍以上である一二五人で、午後二時十分頃遭難した。乗客・船員のうち二五人は同じ駿河湾汽船会社の「芙蓉丸」に救助されたが、一一三人は死亡または行方不明（『静岡県警察史』によると二六人救助、一一六人死亡・行方不明）。遭難者供養塔が内浦三津に建立されている。

駿河湾汽船会社は、松崎村依田善六によって設立した豆州共同汽船会社が伊豆西海岸の航路を独占していたが、明治四十二年（一九〇九）本社を松崎に置く駿河湾汽船会社が資本金五万円で汽船松丸を新造、松崎―沼津間の航路を開始、次いで愛鷹丸の就航で両会社の競争が激化、依田善六が駿河湾汽船会社を援助する形で大正二年（一九一三）共同運行となった。翌三年一月十五日愛鷹丸が舟山沖で沈没し、会社は破産に追い込まれ、四月五日解散した。その後、依田善六が依田汽船部を設けて共同営業を継続した。

依田善六は松崎の人であるが戸田と関係が深いのでここで紹介しておこう。当法人が保存活動を行い、現在管理している松崎町大沢にある旧依田邸の当時当主であった佐二平と従兄弟の関係で、二人で海運業をはじめ様々な事業を展開した。そのうちの一つに大正四年に起こした電力会社がある。善六が中心となった松崎水力電気株式会社は伊豆西海岸一帯の電力配給を担い、戸田に電灯が灯されたのも依田家のおかげと保存活動に加わっていただいた経緯がある。

沼津市内浦三津にある愛鷹丸遭難供養塔

38 小土肥（おどい）伊豆市小土肥

小土肥では、文禄三年（一五九四）彦坂元正による検地があり、江戸時代初め幕府領、天明四年（一七八四）下総関宿藩領、同八年幕府領、文化八年（一八一一）旗本有馬氏領となり幕末に至る。天明八年「村明細帳」によれば家数一五八・人数六六八、牛四六・馬二〇、御城米は当村と土肥・小下田三か村が土肥の船で運ぶ。秣刈場の東は土肥村境、北は寸場《すんば》山、薪取場は修善寺越・柿木越・船原越と天城山に入会。農間余業として薪江戸出し・木挽や山伐、女は萱や笹を刈る。江戸薪分一は村全体で五両二分上納していた。明治三年（一八七〇）「君沢郡皆済目録」（江川文庫）によると万船役、山海出物分一、魚漁運上の書上げがある。

文政十三年（一八三〇）「天城山四口附村五拾九ヶ村村高家数人別書上帳」（奥田家文書）によると有馬図書知行で家数一六二軒・人数七二〇。文久元年（一八六一）の「炭真木改帳」（勝呂家文書）によると、前年の炭は四、四五〇俵が江戸出し。真木は五、一〇〇束が積み出され、内二、五〇〇束が江戸、一、〇〇〇束が沼津、一、六〇〇束が清水に送られる。天城山御料林は下草・雑木採りの入会地で、境界などを巡って争いも多く、明和三年（一七六六）には小土肥・土肥・八木沢・小下田の四村が湯ヶ島村・市山村・門野原村・吉奈村・上船原村・柿木村・修善寺村と争論を起こした（「和談済口証文」永岡家文書）。

川辺に温泉が湧いていたが享保年中（一七一六～三六）の洪水で埋まってしまったという（『伊豆志』）。慶応元年（一八六五）小土肥沖で土佐高知藩の船が沈没した。船頭らは上陸し積荷は村役人が保管することとなったが、二年後に同藩の役人が検査したところ、紛失荷物が認められ大きな問題となった。結局は多額の弁償をさせられ、黒船事件といわれてその後も同藩の無理が続き村は苦しめられたという（「土州様御手船難事不正償料并諸入用出入差加手帳」勝呂家文書など）。

八幡神社・国玉神社、日蓮宗栄源寺などがある。八幡神社は『延喜式』神名帳所載の那賀郡「青玉比売命神社」、「伊豆国神階帳」に載る従四位上「青玉姫の明神」、国玉神社は同じく「国玉命神社」、従四位上「国玉姫の明神」に比定する説がある。明治六年八幡神社に松嶺小序が開校。明治二十二年町村制施行により、土肥村と小土肥村が合併して君沢郡土肥村、同二十九年君沢郡廃止により田方郡に編入。明治二十三年土肥尋常小学校小土肥分校が置かれる。昭和十三年（一九三八）土肥村は土肥町になり、平成十六年（二〇〇四）伊豆市。

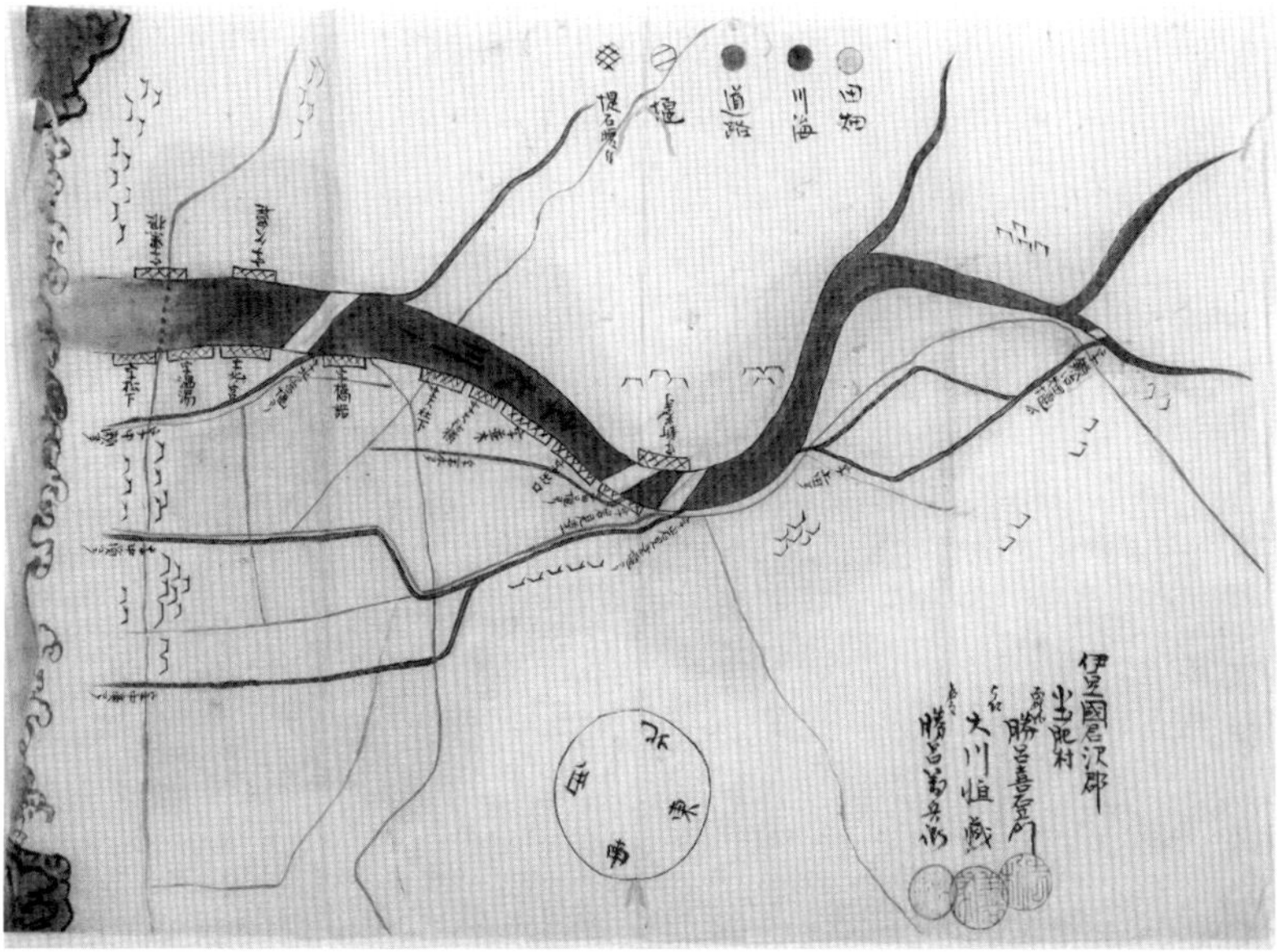

明治４年小土肥村絵図（公益財団法人江川文庫蔵）

39 土肥（とい）① 伊豆市土肥

都比郷は『和名抄』に記されていない郷名の一つであるが、平城宮出土木簡のうち、天平七年（七三五）九月「都比郷湯辺里」、同年同月「都比郷有覚里」とあり、二里が確認されている。両里とも遺称地はないが、湯辺里は土肥、有覚里は八木沢付近を比定している。郷内には式内社の豊御玉命《とよみたまのみこと》神社（現土肥神社に比定）・稲宮命神社（土肥の稲宮神社か）・石倉命神社（小下田の浅間神社に比定）・青玉比売命《あおたまひめのみこと》神社（土肥の八幡神社に比定）が所在した。

『吾妻鑑』治承四年（一一八〇）八月二十・二十五・二十七日条に「土肥郷」と記載がある。建仁三年（一二〇三）九月二日、土肥惟光は北条時政の比企能員《よしかず》誅殺に加わり（『吾妻鏡』）、建保元年（一二一三）五月二日の和田義盛の乱では和田側につく（『吾妻鏡』）。承久の乱（承久三年、一二二一）に参戦した土肥氏は相模とある。

建治元年（一二七五）五月、京都六条八幡宮の造営料を負担した伊豆の御家人七名の中に「土肥杢助跡三貫」とある（六条八幡宮文書）。元亨三年（一三二三）十月二十六日「北条貞時十三回忌供養記」（円覚寺文書）では、鎌倉円覚寺で行われた北条貞時十三回忌供養法会に際し、会場作事の用材を「伊豆国土肥山」より地頭土肥二郎左衛門尉が進上している。

元弘三年（一三三三）十一月十一日「足利尊氏御判御教書」（冷泉家文書）によると、足利尊氏は「方便智院井田庄内土肥・部田両郷領家職」を悪党人の濫妨《らんぼう》を排除して僧空明に交付するよう石塔義房に命じている。建武二年（一三三五）九月二十七日に尊氏は佐々木道誉に対し、中先代《なかせんだい》の乱の勲功として、伊豆国土肥・戸田両村を与えた（周防佐々木文書）。

『北条五代記』によると、明応二年（一四九三）北条早雲に降った伊豆の武士のなかに「土肥の富長三郎左衛門尉」がいる。天正十三年（一五八五）閏八月五日「北条家伝馬手形写」（三島明神文書）では、北条家は伊豆国西浦に帰る番匠のために、小田原から西土肥までの宿に伝馬を出させている。

伊豆の土肥は水軍の一拠点で、北条氏は伊豆の海岸線沿いに水軍の城を設け、八木沢には丸山城が造られ富永氏が支配したが、豊臣水軍の進攻の際に放棄されたとする。天正十八年四月「豊臣秀吉禁制」（『旧版静岡県史料 第一輯』）に伊豆国土肥郷とある。

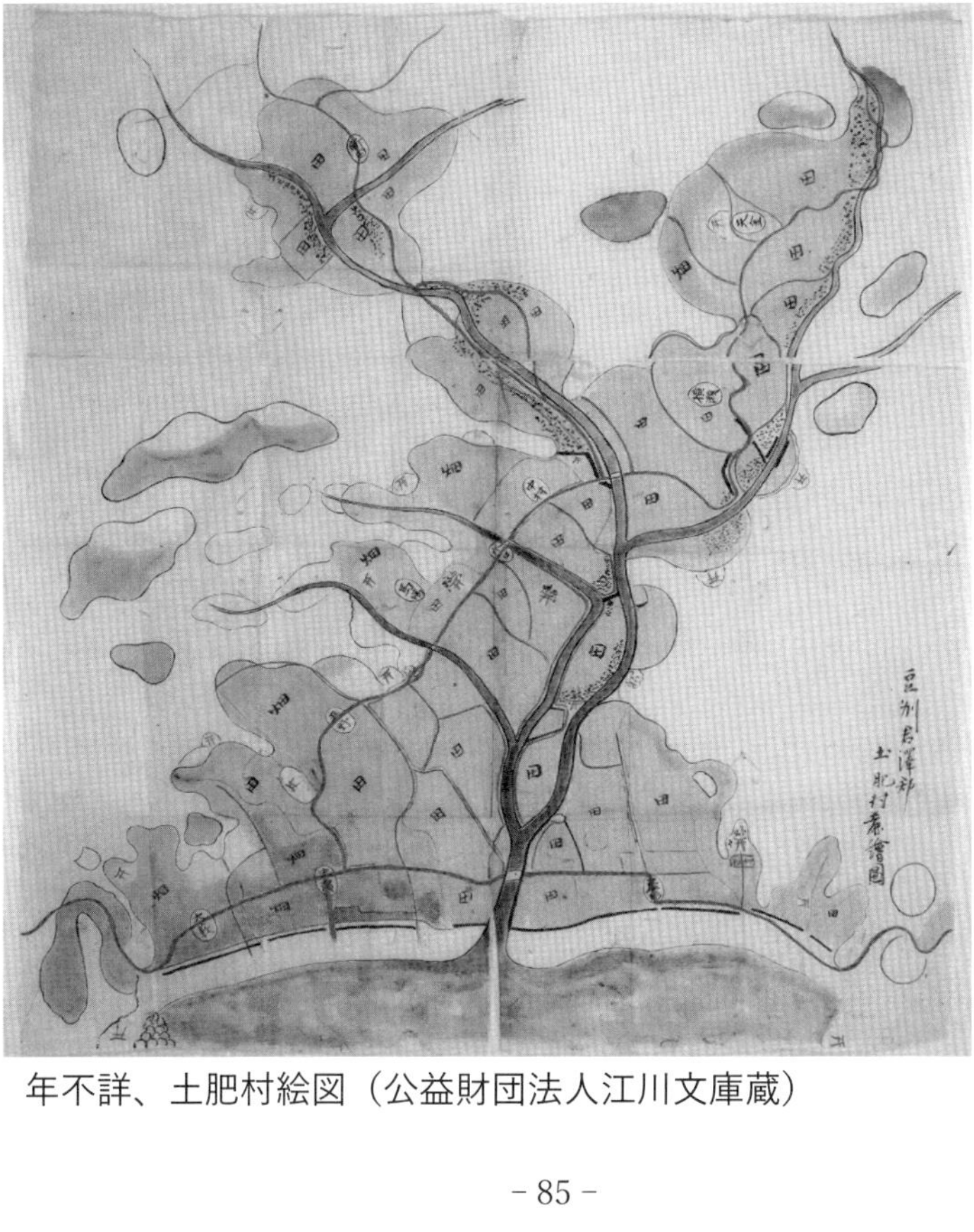

年不詳、土肥村絵図（公益財団法人江川文庫蔵）

40 土肥②

土肥館は、建久三年（一一九二）富永家信の築城といわれる。後北条氏五家老の一人富永三郎左衛門政辰《まさとき》とその子政家の居館。元土肥町役場の北隣に富永氏の菩提寺、日蓮宗清雲寺があり、同寺から西へ二〇〇《メートル》の浄土宗光源寺門前の市街地にかけて、御殿・馬出・小門・堀小路などの小字の伝承からそのあたりが居館跡と推定される。

富永氏はもと三河国設楽郡の御家人、鎌倉時代に在地土豪化し、後北条の時代には土肥郷の国衆となり、土肥郷の高谷城（土肥）および丸山城（八木沢）を本拠とした。室町幕府奉公衆に足利尊氏から幕府に仕えた富永氏が見え、『増訂豆州志稿』に康永四年（一三四五）足利尊氏の天龍寺供養の随兵として太平記に見えるとする。『北条五代記』に土肥の富永三郎左衛門尉（四郎左衛門尉か）が北条早雲の軍門に下ったとある。後北条氏五家老に富永三郎左衛門政辰とその子政家がいる。

彦四郎の嫡男政辰―康景―政家―直則と続いた。『寛政重修諸家譜』では政直（天文十四年死去）―直勝（永禄七年死去）―政辰（天正十八年小田原攻めの時、韮山城に籠もり、落城後上総国望陀《もうだ》郡勝村に閑居、某年死去）―直則―勝由と続き、直則は氏直に仕え、諱の「直」を授けられ、北条氏滅亡後徳川家康に仕え、駿河国阿部山中に采地二〇〇石、慶長二年（一五九七）一〇〇石加恩、采地を上総国望陀・市原二郡に移され三〇〇石を知行とある。天正十八年（一五九〇）、豊臣水軍の攻撃を受け、後北条氏と運命を共にした。

慶長十一年（一六〇六）土肥富永氏の一族である富永山随軒が騎馬で加増野《かぞうの》（下田市）を通過しようとし

たとき、家臣の小林上野守が騎馬の無礼を怒って射殺したところ、相手が自分の主君であったと判明、小林は痛く悔いて自殺。下田市加増野久保山に墓。山随の霊牌（報謐放光院殿霊雲功徴）を報本寺に安じ、祠廟を作り、七月十一日例祭を行う。また、丸山の山頂にある丸山城出丸跡と下田市加増野に、それぞれ山随権現と呼ばれる神社があり、神として祭られている。

後北条氏家臣富永氏の菩提所である清雲寺

41 土肥③

土肥は、江戸時代を通じて幕府領、初期は三島代官支配、宝暦九年（一七五九）から韮山代官支配。寛文七年（一六六七）の伊奈忠易の検地が行われた。弘化三年（一八四六）「宮金勘定帳」（江川文庫）に大藪家数九五軒・南中浜四五軒・屋形二三軒・平野二三軒・馬場《ばんば》三四軒・水口《みのぐち》七軒・中村三難軒・横瀬一七軒・天金《あまがね》三五軒・新田二八軒の一〇字と合計三四一軒が書き上げられている。また、古くから金山が知られ、後藤町・銀山通り・両替町などの地名が残る。江戸時代を通じて天領だったのは、「上り新米」という、温泉を活用して六月に収穫する新米を将軍に献上する役割をもっていたことによる。

享保二年（一七一七）の「差出帳」（鈴木家文書）によると、家数三六七・人数一三八九、医師二・大工四・木挽一・桶屋一・座頭二が書き上げられ、廻船四・猟船七・小揚船三、鰹・鮪・鯵・鰯・鯛などを獲り、沼津や清水に送るほか余剰は田畑の肥料として使った。薪取場は天城山中で小土肥村・八木沢村・宇久須村と入会っていた。寛政四年（一七九二）の「書上」（関家文書）によれば、運上は江戸廻し薪炭、鰹・鮪仲買を行った。船は廻船三・漁船七・小揚船四があり、魚は沼津や清水で売り、少しは鰹節にして江戸へも積み出した。さらに、寛政九年「差出帳」（関家文書）に寺四か寺（清雲寺・安楽寺・光源寺・万福寺）、宮九社（鎮守土肥大明神・八幡宮相殿、弁財天、牛頭天王、諏訪明神、山神宮、高根明神、吾妻権現、神明宮、愛宕社）、堂三舎（岩谷堂・庚申堂・十王堂）、温泉三か所（小湯・大湯・真釜、除地三畝余）の書き上げがある。享和元年（一八〇一）五月二十五日、伊能忠敬が第二次測量を実施し、当村の源八方へ止宿した。

文久二年（一八六二）「炭真木取調書上帳」（鈴木家文書）によると、前年分の炭三、八一〇俵、真木は江戸へ四、五〇〇束、沼津へ一、一〇〇束、清水へ一、五〇〇束、焼津へ一、〇〇〇束船積みした。地内から石が採掘され、安永年間（一七七二〜八一）沼津城築造に際して屋形の石が運ばれている（安永六年「沼津御城石注文下書」関家文書）。『旧高旧領取調帳』に「旧幕府支配所七二六石五六三〇」。江戸時代には船大工が多く、伊豆各地へ大工稼ぎに出ていた。嘉永七年（一八五四）の東海大地震では津波による被害が大きく、家数三四三・人数一、七二八のうち、溺死人一三人、洪浪潰家三八軒（屋形二一、中浜一二、大藪一五、堂一）。山川は安楽寺入口まで押し上がったという。

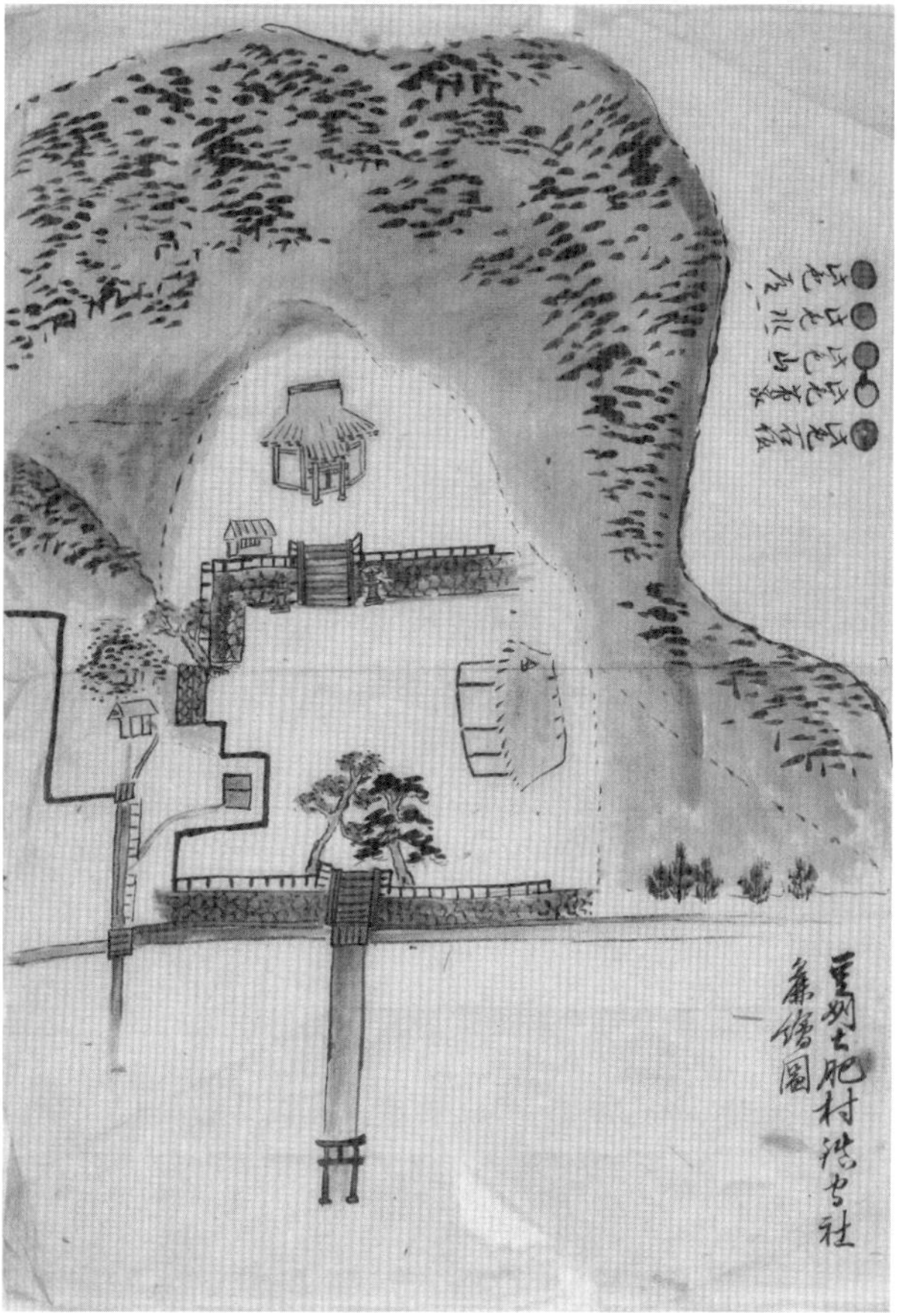

土肥神社絵図（公益財団法人江川文庫蔵）

42 土肥④

土肥金山は、天正五年（一五七七）後北条氏の家臣富永氏によって採掘が始まったとされる。慶長十一年（一六〇六）伊豆を治めていた代官頭彦坂小刑部元正が改易され、伊豆金山奉行となった大久保長安の管理となった。その時の代官は土肥に陣屋を構えた市川喜三郎である。菩提寺は金銀山光源寺（現在は廃寺）で、元亀元年（一五七〇）創建というので、すでに金山開発が始まっていたものと思われる。因みに伊豆市持越には廃寺となった涌金山福源寺が建立された。同人の手によるものと思われる。伊豆最初の金山でその繁昌ぶりは佐渡に劣らなかったといわれ、『角川日本地名大辞典』によると、甲州武田氏に仕えた黒川金山衆や今川氏に仕えた富士金山衆を雇用したという。また奥州諸国から採掘師が雲霞のごとく集まった。土肥には一、〇〇〇軒の家ができ、「天馬町一丁目・二丁目より始まり、通り町、屋形村より甘金村に続き、其の間十余町、両替町、後藤町、遊女町、此の川端にとどまり、河の両岸に買主の小屋を作り数百の水車は淀の川瀬に異ならず」、土肥湊には諸国の船が入津し、商売したという（『土肥金山繁盛記』）。

昭和四十六年の『毎日新聞』静岡版の記事によると、龕付《がんつき》天正金鉱の鋳金炉地下から無機水銀が発見され、「アマルガム精錬法」を採用していたらしいことがわかったとしている。坑道最深部に鉱脈が祀られ日本唯一の珍しい神庫（龕）があることから龕附天正金山と名付けられた。空気の対流を利用した、逆さ階段や換気装置がある。伊豆の多くの金山は寛永二年（一六二五）に採掘を停止したというが、その後も引き続き採掘していたことが延宝五年（一六七七）「伊豆鏡」に記載され、日向洞・楠木山・いちびばらで金、立ほらで銀、大横屋・かき山・新横屋・柿木で金銀とある。

元禄三年（一六九〇）以後、採掘されず（『伊豆志』『土肥金山開発』）、荒廃していたが、明治三十年（一八九七）から度々開削が試みられた。同三十六年、長谷川銈五郎が試掘を開始、同三十九年から「長慶商会」として経営に乗り出す。大正六年（一九一七）「土肥金山株式会社」を設立、三井財閥から馬越恭平を初代社長に迎え、さらに同十三年住友資本の愛媛県別子鉱山精錬所と需給契約を結び、土肥金山の経営は安定する。四国四阪島精錬所へ金鉱を輸送した。昭和四十年閉山、それまでに金二〇トン、銀二二〇トンを産出。坑道は延長一〇〇キロ、海面下一八〇メートルに及ぶ（『土肥の金山』）。昭和四十七年から観光用施設として一般公開が始まった。

金山奉行市川助右衛門を祀る―奉行堂＝伊豆市土肥

43 土肥⑤

寛政九年（一七九七）「土肥村差出帳」（関家文書）に温泉三か所（小湯・大湯・真釜）が書き上げられている。また、同史料に上り御新米除地三畝二〇歩、上り御新米は神明洗水作にて慶長年中より毎年土用前後、上げ来るとある。天明三年（一七八三）六月山村月巣著『伊豆めぐり』に「土肥の浦、石帆・亀郎など饗応《あるじまう》けして、船にて逍遥《せうえう》す。納屋《なや》一見するに、十あまりの生簀に、おのおのあかめの魚数も知らず囲ひ有り。（歌略）慶長年中より今に絶えずして、六月《みなづき》土用に入るの日、公へ新米献上の神田は、社司何某《なにがし》の後圃に戦《そよ》ぎ合へり。寒中に種をおろす由、卯月の今、尺余に伸びて見ゆ」とあり、温泉熱を利用した促成栽培を行って将軍への献上米としていたことが記載されている。

寛政四年『槃游余録』や、文化七年（一八一〇）伊豆を旅行した富秋園海若子は、文政四年（一八二一）『伊豆日記』を著し、当温泉の様子を書いている。

土肥の温泉はもともと金山として開け、『田方郡誌』には「鉱湯《まぶ》は、江戸時代初期、延宝年中（一六七三〜八〇）金の採掘中、温泉の湧出を見たと伝えられる。明治十五年（一八八二）『諸国温泉遊覧記』（木版本）に、景色と大湯・小湯・鉱湯を紹介、温泉宿として朝香平三郎・朝香久七・朝香与し・朝香新七・木口金五郎・初室文左衛門・初室幸作を載せる。明治四十年に伊豆を旅行した柳田國男は「五十年前の伊豆日記」で、松崎から沼津へ向かう船中で聞いた話を書き留める。「土肥は温泉出で風景よし。宿賃は最も安く、三十五銭にて魚を多く食べさせると、沼津の繭商人松本君は大に賞めたり。宿は日の出館、山手には別に温泉旅館ありて明治館、是も良し。戸田より山越一里、修善寺から同四里ばかりか。五月から六月上旬はだめなれど、其他の月一度試みるも可ならんか。」と書く。

　明治三十六年（一九〇三）これを改良して浴び舎を改築、公衆入浴の便を図る。古湯は馬場にあり、発見年不詳、御殿湯は御殿にあり、明治四十一年発見」とある。以来、街道筋に旅館が建ち、金山と温泉の町として栄えてきた。

　若山牧水は、大正七年（一九一八）から十四年にかけて八度にわたってほぼ土肥館に滞在して、随筆『浴泉記』『土肥温泉にて』『梅の花』等を書き、多くの歌を詠んだ。島木赤彦や田山花袋、白鳥省吾、鈴木三重吉、竜胆寺雄《りゅうたんじゆう》、花登筐等多くの文人が訪れ、作品を残している。

土肥温泉遠景

44 土肥⑥

文応元年（一二六〇）、太政官庁南面の築垣三丈の修造が伊豆国に賦課され、北門修造の時は別儀によりまず伊豆国に仰せで、もし子細を申す時北門においては長門国役かの由とある（「経俊卿記」）。正応元年（一二八八）三月十五日に伏見天皇即位式の式場造営を伊予国とともに行い、北門の造営を受け持ち（『勘仲記』）、元弘二年（一三三二）光厳天皇即位の儀式が太政官庁において行われ、伊豆国に北門の鋪設が課せられた（『頼定卿記』）。

天文元年（一五三二）から開始された鎌倉鶴岡八幡宮の造営工事に伊豆の番匠が参加し、五月三日には仮殿遷宮にあたり伊豆・相模・武蔵の人足が二十日ほど寺中に待機させられた（『快元僧都記』）。天正十三年（一五八五）閏八月六日「北条家伝馬手形写」（三島明神文書）では、北条家は伊豆国西浦に帰る番匠のために、小田原から西土肥までの宿に伝馬を出させている。

江戸時代中期以降の西伊豆地方の村々は、ほとんどが「職人の村」であった。前は海、後は山で、平地が少ないこの地域の住民は、農業では暮らしが立たないため、収入の道を求めて出稼ぎに出た。男たちは、大工・左官・石屋などの親方のもとに弟子入りして、それぞれ専門技術を身につけた。土肥には職人が多く、天保十三年（一八四二）「諸職人作料手間代書上帳」（鈴木家文書）によると、家大工七八・船大工四・木挽九四・屋根葺九・錺屋一・桶屋二・石工四・畳屋一が書き上がられた。

土肥・戸田・小土肥・八木沢・宇久須では、村の男の大半が大工ないし建築に関わる職人であった。かれらは、昔は一様に「土肥の大工」あるいは「伊豆の大工」と呼ばれた。「土肥の大工」は単に土肥村の大工だけを指す言葉ではなく、「土肥の大工」が「伊豆の大工」を代表していた。

かれらはそれぞれ親方に教育され、組織されて集団で出稼ぎにいった。伊豆一円や駿河が主な仕事先であったが、相模、江戸まで出かけた集団もあり、招かれて遠く上方まで仕事に行った大工がいたとも言い伝えられている。かれらの仕事ぶりは誠実で、技術もすぐれていたから、どこへ行っても「大きな普請は土肥の大工にやらせるに限る」と高く評価された。土肥の大工のなかには、名工・名匠と称された宮大工も多い。城所久右衛門・城所仙助・平田幸助・勝呂安兵衛・金刺作右衛門・酒井多治郎・金刺忠兵衛・平田伝之助・佐藤伝兵衛・永岡伝吉らである。このうち、金刺忠兵衛・佐藤伝兵衛・永岡伝吉は彫刻師としても名をなした。

土肥神社、伊豆最古の作者がわかる明和5年城所久右衛門作宮殿《くうでん》

45 土肥⑦

土肥は、明治維新により韮山県に属し、明治四年（一八七一）足柄県、同九年静岡県に所属した。戸長役場が土肥村に置かれ、小土肥・八木沢・小下田まで管轄した。明治六年土肥神社庁屋に戸田に開校した巴江学舎第三支校が開校した。明治二十一年（一八八八）四月二十五日市制・町村制公布、同二十二年四月一日施行により土肥村と小土肥村が合併して君沢郡土肥村、八木沢村と小下田村が合併して同郡西豆村、同二十九年君沢郡廃止により田方郡に編入。昭和十三年（一九三八）土肥村は土肥町になり、同三十一年西豆村が土肥町に併合、平成十六年（二〇〇四）伊豆市となる。

大正三年（一九一四）舟山沖で松崎汽船の愛鷹丸が沈没する事件があった。同六年当地に初めて電気が点灯した。天保八年（一八三七）惣家数三七〇軒の内五〇軒焼失という大火があったが（江川文庫）、同九年にも地内で一八〇棟が全焼する大火があった。また、同年初めて乗合バスである明治館バスが運行を開始した。

昭和三十年（一九五五）県立松崎高等学校西伊豆分校土肥教場（昼間定時制普通科）が発足した。同三十四年静岡県立松崎高等学校土肥分校となり、全日制普通科と家庭科を置くが、家庭科は翌三十五年廃止。同四十一年三月県立土肥高等学校となり、独立して第一回卒業式を挙行。同四十七年四月商業科を新設した。現在は、伊豆総合高校の分校となっている。

土肥港は、かつては漁港であったが、昭和二十七年地方港湾に指定された。沼津―松崎間の定期船の寄港、土肥鉱山の鉱石積み出し港として活況となったが、定期船は廃止された。同四十六年田子の浦港と結ぶカーフェリーが就航し、静岡県中部との経済交流も行われるようになり、現在は清水港と土肥港を結ぶ駿河湾カーフェリーとなっている。

土肥神社の例大祭で奉納される土肥太鼓は、西伊豆の豪族で北条家臣の伊豆水軍大将富永山城守が土肥八幡神社に奉納したのが始まりとされる。豊漁・豊作・家内安全・海上安全を祈願し、出陣の際に打ち鳴らしたと言われている。ニクヅシ・サンクヅシ・ハヤ・ヤタイ・カグラショウデン・ミヤショウデン等がある。

駿河湾フェリー

46 八木沢（やぎさわ）① 伊豆市八木沢

天平七年（七三五）九月の平城京跡出土木簡（『平城宮木簡概報（三）』）に「那賀郡都比郷有覚里」とみえる。『和名抄』に見えない郷名であるが、古代郷里制下の都比《とひ》郷の里の内で、八木沢に比定する説がある。「有覚」を「うかが」と読み、『増訂豆州志稿』が載せる八木沢村三島神社の上梁文に「天和三年豆州井田ノ荘宇加賀ノ郷八木沢村」という記述があることから八木沢辺りの地とみられる。

至徳三年（一三八六）五月二十五日の「管領斯波義将奉書案」（松雲寺文書）によると、鎌倉法花堂（源頼朝の持仏堂を起源とする）の造営料として「別当領伊豆国宇加賀・下田両郷」年貢が充てられていた。応永三十三年（一四二六）十二月二十七日「上杉家奉行人連署奉書」（同文書）には伊豆守護上杉憲実が「宇加賀・下田両郷」を地蔵院雑掌に交付している。また、文正元年（一四六六）十月十九日「幕府奉行人連署奉書」（尊経閣古文書纂）にも「両郷は幕府の祈祷料所」とあり、たびたび「宇加賀」がみられる。

丸山城は伊豆市八木沢にあった水軍の城。当初は八木沢海岸に孤立する海抜四九㍍の丸山だけで完結した小さな海賊城（城主不詳）だったが、戦国時代に土肥高谷城を本拠とした富永氏（小田原北条氏の重臣）の支城となった。戦国後期には丸山とその南側に延びる海岸丘陵一帯に整備拡張された。高谷城とは海を隔てて指呼の間にあり、互いに死角を補い合う形で、二つの城からは駿河湾のほぼ全域を監視することができた。

当時の八木沢には広くて波静かな入江、絶好の船溜りがあった。丘陵の外海側は断崖絶壁である。こうした条件を備えていたところから、丸山城は高谷城とともに、北条水軍の伊豆西海岸における最重要基地となっていた。入江には大小多数の軍船が出入りし、駿河湾で展開していたと推察される。天正年間の城将は冨永山隋だった。天正十八年（一五九〇）三月、豊臣水軍に攻められて落城。総面積は高谷城とほぼ同規模の二〇〇㌶。丸山の部分が出丸で、南側の丘陵上に本丸（海抜五五㍍）が構築されていた。当城は八木沢の大浦から南側の大久保の先山まで及んでおり、同地には南から詰の郭・本郭・腰郭・物見郭・腰郭などの遺構が直線状に並んで見られ、連郭式の城構えといえよう。他に空堀・竪堀・塁段・土塁・石塁などの遺構も認められる。

丸山城跡遠望（海に突き出た丸い山）

47 八木沢②

八木沢はかつて河口付近は天然の良港を形成し、慶長～元和（一五九六～一六二四）頃は諸国の大船が入津したという。しかし度重なる洪水によって湊は池となり慶応三年（一八六七）には村民総出で埋立が行われ、これを平助開地と称するという（『伊豆土肥史考』）。村内は小池・松原・中島・長藤《ながふじ》・西《にし》・上野《うえの》・三田《さんだ》・大久保の小字からなる。

文禄三年（一五九四）の太閤検地が彦坂小刑部元正によって行われ、その後、元文五年（一七四〇）には新田検地が三島代官齋藤喜六郎によって実施された。江戸時代初めは幕府領、寛永八年（一六三一）三島神社八幡大菩薩棟札に代官市川喜三郎とあり、土肥に陣屋を構えた小代官市川氏の支配だった。天明五年（一七八五）小田原藩領となり、幕末に至る。

万治元年（一六五八）年貢割付状（永岡家文書）によれば浮役として定納鹿皮一六枚分・定納鯛網・釣鰹十分の一・薪十分の一を納めた。薪の浮役は多額に上るが江戸へ船積みしていた。現代のロープである檜綱も江戸へ出荷し、甘海苔も採れた（『伊豆志』）。

享保七年（一七二二）下田町宇兵衛から、村内の崎山《ざきやま》に松木を植えて御林にしたい旨の願いが三島代官へ出された。天城御料林では秣や薪を取るが、天城炭の江戸送りには海に近い当村と土肥村が有利であったという（天保九年「証文写」鈴木家文書）。安政の東海大地震の津波では一〇軒が流失し三人死亡が確認されている（永岡家文書）。嘉永七年（一八五四）「下田往来湯ヶ島村江助合奉願候村高其外取調帳」（伊豆市湯ヶ島足立家文書）に家数一九六とある。下田街道の湯ヶ島村助合に出た。明治四年（一八七一）の明細帳（江川文庫）によると、家数二一三・人数九二二。神明神社・曹洞宗大守《たいしゅ》院・同宗光月院、日蓮宗妙蔵寺などがある。本覚坊跡に嘉慶三年（一三八九）四月二十五日銘の宝篋印塔がある。

　明治六年学制により戸田村の巴江の第四支校として本覚坊の本堂を仮借して圓山学舎が開校。戸長役場が土肥村に置かれた。明治二十二年町村制施行により小下田村と合併して西豆村、同二十九年君沢郡廃止により田方郡に所属、昭和三十一年（一九五六）土肥町に併合、平成十六年（二〇〇四）伊豆市となった。

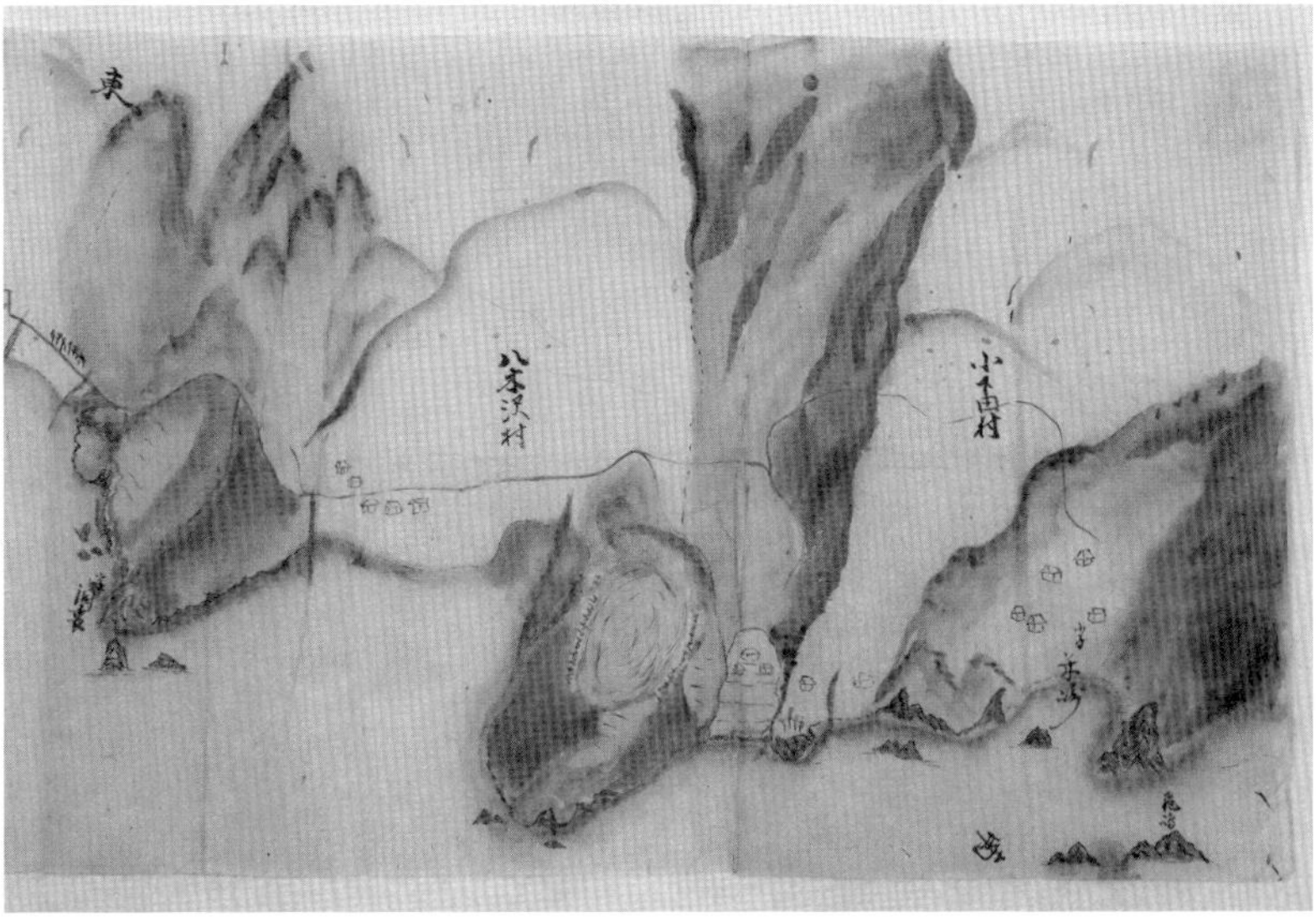

明治４年八木沢村・小下田村絵図（公益財団法人江川文庫蔵）

48 小下田（こしもだ）伊豆市小下田

小下田は下《しも》・菅沼・藤沢・米崎《こめざき》・中・大木山《おおき》・小峰・坂上《さかうえ》の小字からなる。入り江にあるのは米崎。江戸時代初め幕府領、宝永七年（一七一〇）村の一部が旗本間部領、文化八年（一八一一）幕府領が相模小田原藩領となり幕末に至る。宝永二年の年貢割付（山田家文書）によれば、田地二八町七反余・畑屋敷三七町五反余、高五九四石余で、浮役は定納鹿皮一六枚役を納める。天城山御料林で下草や雑木などを採る。伊豆市湯ヶ島の天城神社にある寛永十二年（一六三五）の「七社の社企」修造棟札には大工田中室伏小兵衛・鍛冶小下田関権衛門とあり、鍛冶職がいた。

文政三年（一八二〇）当地に誕生した土屋俊平は弘化四年（一八四七）一四世本因坊を継ぎ秀和と号した。秀和使用の碁盤と碁石が土屋家に残る。文政十三年（一八三〇）「天城山四口附村五拾九ヶ村村高家数人別書上帳」（奥田家文書）によると大久保飛騨守領・間部主殿知行の相給で家数二三〇軒・人数七九〇。嘉永七年（一八五四）「下田往来湯ヶ島村江助合奉願候村高其外取調帳」（伊豆市湯ヶ島足立家文書）に家数二一五とある。明治四年（一八七一）「各港方向取調」（江川文庫）によると、民家二三二軒。

浅間神社、日蓮宗竜泉寺・曹洞宗最福寺などがある。浅間神社は『延喜式』神名帳所載の那賀郡「石倉命神社」、「伊豆国神階帳」に載る従四位上「いわらい姫の明神」に比定する説がある。明治六年戸田村の巴江学舎の第五支校として雀島学舎が開校した。

明治維新により韮山県、明治四年末から足柄県、同九年から静岡県。明治二十二年町村制施行により小下田村と八木沢村が合併して西豆村、同二十九年君沢郡廃止により田方郡に所属、昭和三十一年（一九五六）土肥町に併合、平成十六年（二〇〇四）伊豆市。

明治四十三年に伊豆を旅行した柳田國男は「五十年前の伊豆日記」で松崎から沼津へ向かう船中で聞いた話として「小下田は一村絶壁にて、浜殆ど無し。僅かなる海ばたに人家ありて、こゝに一村の漁舟を置く。村は高き丘の上に在り。田もあれど養蚕を主とす。一村にて一万石の繭を出す。此村にも本年より、所謂商会が出来たれど、商人の泊るべき家が無く、村の会所といふ堂見たやうな建物の中で寝るのだといふ。村の道は石高くて、下駄をはく者は一人も無し。山の頂上まで畠と人家がある。伊豆第一の僻村と謂った人あり。気の毒な話なり」と書く。

明治３年小下田村絵図（公益財団法人江川文庫蔵）

49 宇久須（うぐす）① 賀茂郡西伊豆町宇久須

宇久須の地名は「大楠《おおぐす》」がなまって「ウグス」になったと言われ、宇久須神社の境内にかつては大きな楠があった。弘安元年（一二七八）十月三日「岩松経兼譲状写」（『阿波国徴古雑抄』所収岩松家文書）によると、岩松経兼から子政経に贈られた所領のなかに「宇久須郷」がみえる。宇久須郷は現宇久須を遺称地とし、井田庄に含まれる。元弘三年六月から十一月までと推定される「足利尊氏・同直義所領目録」（比志島文書）で、当郷は鎌倉末期には北条一族の大仏貞直の所領であったが、幕府滅亡後は足利尊氏の所領となったことがわかる。貞治元年（一三六二）十二月二十二日「鎌倉公方足利基氏御教書写」（正木文書）によると、佐野常陸介跡である「宇具須郷」が足利基氏から岩松直国に預け置かれている。普照寺に残る大般若経巻二六〇の奥書に「井田庄宇久須郷青竜庵」とあり、永徳三年（一三八三）九月五日に書写された。享徳年間（一四五二〜五五）頃のものと推定される「岩松持国本領所々注文」（正木文書）に郷名が見えている。

永禄五年（一五六二）九月の宇久須別所神社にある熊野三所権現造営棟札に「井田庄宇久須郷」とあり、社殿を地頭「富永弥四郎」らが合力して造営した。弥四郎は『小田原衆所領役帳』に記載された北条氏の有力家臣で、西土肥（伊豆市）に一、三〇〇貫の知行高をもつ江戸衆であり、宇久須は水軍を率いた富永氏の拠点の一つであったと思われる（『静岡県史』）。

文禄三年（一五九四）に検地が行われ高八七一石余が打ち出された。『元禄郷帳』では高九〇八石余。江戸時代初め幕府領、享保十三年（一七二八）から同十八年まで上野館林藩領（群馬県）、のち幕府領となって元文四年（一七三九）再び館林藩領、延享三年（一七四六）掛川藩領となり幕末に至る。元文五年の「村差出帳」（宇久須区有文書）によれば家数三三六・人数一、三五五（うち山伏四・家大工三・船大工二・鍛冶二・木挽二・桶屋一・馬喰一・紺屋一・漁師約五〇）、漁船は四で、鮪・鯖・ウズワ（鰹）・ムロ（鯵）・鰯などを捕るが、畑作などもしている。御城米は郷蔵に集めて戸田や土肥の廻船（三〇〇～五〇〇石積）で江戸に積出し、運賃は一〇〇俵について五分余を支出した。文政九年（一八二六）「船差出帳」（同文書）では廻船二（六人乗りと四人乗り）・海士船六・小揚船一・小船五があった。

宇久須港遠望

50 宇久須②

『掛川志稿』によると硫黄・緑礬・無名異・赭石を産する。『増訂豆州志稿』に礪《あらと》の産地として大仁（砥山）・箕作（米山）・宇久須（大磯山）・伊浜（波分山）を載せる。享和元年（一八〇一）五月二十四日、伊能忠敬が第二次測量で訪れ、名主彦左衛門方へ止宿した。安政二年（一八五五）代船建造のため戸田にいたロシア人が来て、松崎まで船に乗せてくれと手まねで頼んだので渡船で送っている（「請書」宇久須区有文書）。

宇久須神社は『延喜式』神名帳に載る宇久須神社に比定、「伊豆国神階帳」に載る「従四位上宇久須の明神」に比定される。旧称三島神社。『南豆風土誌』には摂末社七社を有するとする。『南豆風土誌』に慶長三年（一五九八）上梁文あり、祭神積羽八重事代主命とある。永禄五年（一五六二）九月「井田庄宇久須郷熊野三所権現の社殿が造営された（宇久須別所神社棟札銘）。境内には慶長十四年に大久保長安が寄進した県の有形文化財指定の六角形の吊り灯籠がある。ほかに慶長十七年服部大蔵守などが寄進した三十六歌仙の書がある。十月三日が例大祭。

牛越《うしこし》神社は蔵王大神、「蛇王権現宮」とも称する。臨済宗建長寺派明泉寺・永明寺、臨済宗円覚寺派慈眼寺・城福寺、日蓮宗法雲寺などがある。明治二十一年の調査によると、山下に小学校、社七、寺八、戸数三三〇、人口一、五六四（男八〇七・女七五七）。戸長役場が安良里村に置かれた。

明治二十二年宇久須村と安良里村が合併して宇久須村となった。明治二十九年再び分村して宇久須村と安良里村に戻った。同年那賀郡の廃止に伴い、賀茂郡に編入される。昭和二十九年（一九五四）六月、土肥町外四ヶ村組合立松崎高校西伊豆分校宇久須教場開設を開設、同三十四年募集停止（同三十六年三月迄）。大正十二年刊『賀茂郡有志肖像禄』に宇久須村の瓦製造所の記載があり、その産出年額五万枚以上に達すとする。宇久須安房鉱山が根合にあり、黄銅鉱・黄鉄鉱・石英を採掘、昭和九年（一九三四）に探鉱中とした記録がある。昭和三十一年（一九五六）再び安良里村と合併し、賀茂村宇久須となる。平成十八年（二〇〇六）西伊豆町と合併して西伊豆町となる。

宇久須神社

51 宇久須③

黄金崎のプロピライト（岩石の産出・風化現象）は県指定天然記念物となっている。国道一三六号線から黄金崎公園に入る旧道にかかる黄色いレンガが特徴的な宇久須隧道があり、昭和七年（一九三二）に建設された。トンネルの中央天井には、建設当時の斧が張り付いたままになっている。

宇久須の北東三キロ、標高五〇〇～七〇〇メートルの山頂を中心に白珪石の鉱床が延びる。白色・微粒・多孔質・塊状の石英。『静岡大百科事典』に「かつて珪酸含有量九七パーセント以上のものがガラス原料として採掘され、一時期、国内ガラス原料の八〇パーセントを供給した。この珪石鉱床は、数千万年前に堆積した湯ヶ島層群の火山岩類が高温の熱水溶液で変質し、部分的に生じた非常に珪酸に富む珪化帯である。この珪化帯の下には順に、明礬石化帯と粘土帯が重なり、粘土帯の下には変質した火山岩類が続く。明治三十年（一八九七）山内弥三郎が採掘し、昭和十三年（一九三八）より東海工業によってガラスの原料として採掘され、一時期は国内ガラス原料の過半を供給した。」とある。現在は黄金崎クリスタルパークも造られている。

宇久須鉱山は、戦線鉱業として位置づけられ、昭和二十年（一九四五）住友鉱業が経営した。ボーキサイトの代用鉱として明礬石が用いられるようになり、日軽金へ運びアルミニウム生産を行う計画であった。鉱山整備・道路建設・鉱山採掘のために鹿島組が動員され、朝鮮人労働者や中国人が多数連行され、朝鮮人は四八八人、中国人は一九九人にのぼった。

宇久須港は、地方港湾に指定されている。明治期沼津―松崎間の定期船が寄港、林産物の搬出も行われた。

明治四十三年（一九一〇）に伊豆を旅行した柳田國男は松崎から沼津へ向かう船中の様子を「宇久須のあたりにて、海上の漁船より小旗又は笠などを高く掲げて信号す。今捕れたる魚を、すぐにこの沼津行きの船に運ばせようとする也。魚はサンマ、又サメなどもあり。片はしに居る船員、ニダシに貰へもらへとわめく。漁夫たち乃ち小魚二三尾をくれ機嫌を取るなり。かゝる出来事、この航海中二三回あり」と「五十年前の伊豆日記」に著す。明治四十四年の調査では年間出入りの商船のうち、定期汽船一、二〇〇、帆船六〇、和船一〇艘。昭和十五年ごろから硝石原料珪石の積出港となり、第二次世界大戦後はその関連工場もできたことや、旅客、漁業振興のため港が整備されている。

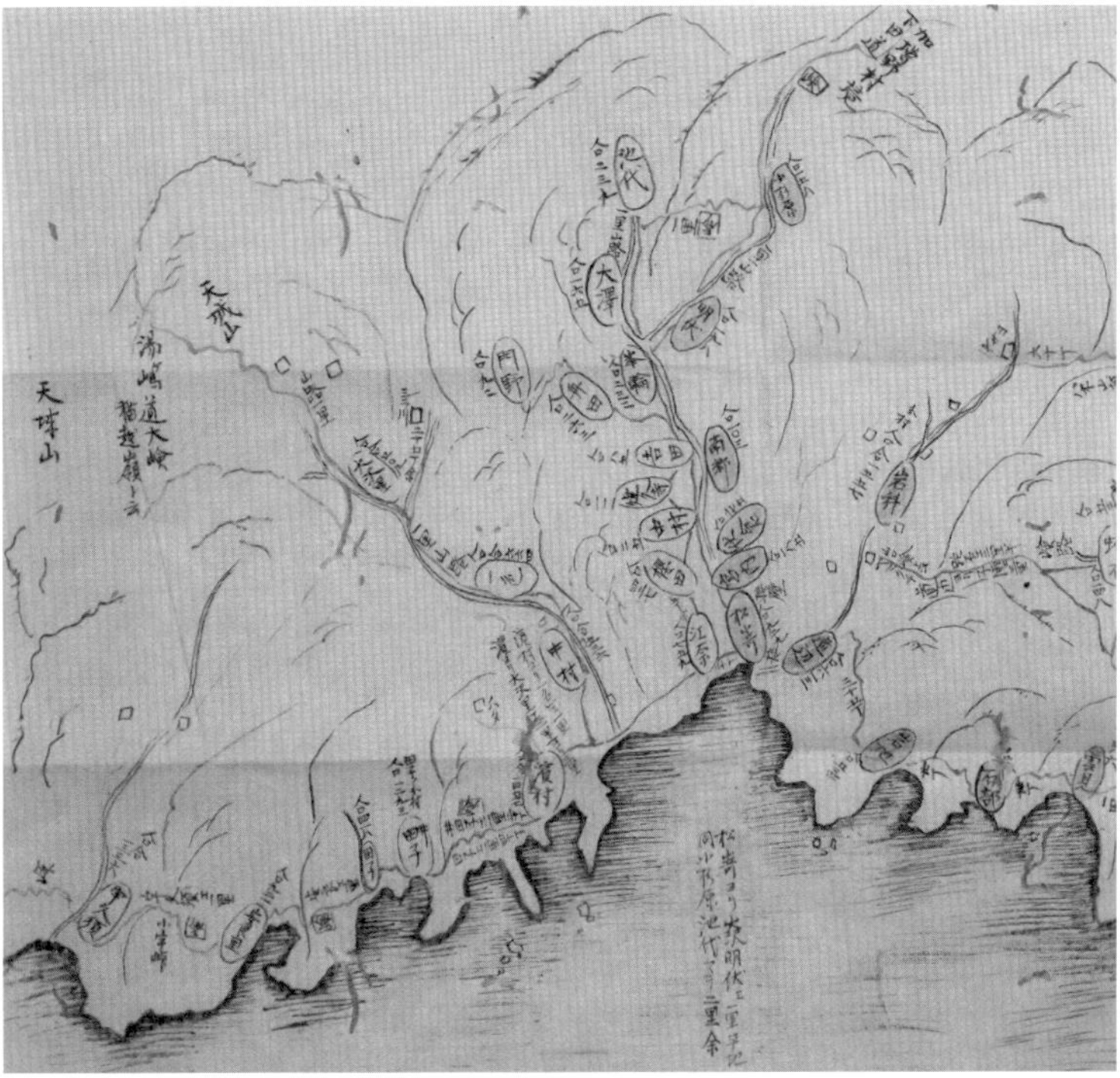

明治６年西海岸絵図（公益財団法人江川文庫蔵）

52 安良里（あらり）① 賀茂郡西伊豆町安良里

安良里は三方急峻な山岳に囲まれ、西方に巾着港を有する。明治四三年（一九一〇）に伊豆を旅行した柳田國男は松崎から沼津へ向かう船中の様子で「安良里は浪よけの堤を突き出して、小さいが良き湾なり。漁舟や小汽船の為には安全なる風よけなるべし。景色も佳し」と『五十年前の伊豆日記』に著す。安良里湾の沖合はほとんど南北に直線的に延びる大陸棚でふちどられている。深く入り組んだ湾の一番奥にあるため避難港にも適する良港として利用される。伊豆半島でも屈指の漁港。遠洋漁業や近海沿岸漁業の基地として発展。かつては付近に遊泳するイルカの追い込み漁が盛んだった。現在は遠洋漁業と養殖が盛ん。

『延喜式』によると多爾夜と言い、のちに安良里と改めた。安良里は阿羅里あるいは阿蘭里とも書き、古くは仁科荘に属した。十二世紀末に書かれた『閑谷集』に「おなじ所にあられといふ浦に、いはの上に波のうちちらしたるが、花のやうにておもしろかりしよしを、人の申すを聞きて、としふれどあられの岩にうつなみはなほめづらしき石のはつはな」とあり、「あられ」は安良里に比定される。

永徳元年（一三八一）十二月、大般若経巻二八〇（現南伊豆町普照寺蔵）が安良里郷で書写されている。応永二年（一三九六）七月二十四日に上杉憲定に安堵された上杉憲方の遺領に「仁科庄阿良里牛藤沢村」が含まれているので（応永三年七月二十三日「管領斯波義将奉書」上杉家文書）、当地は関東管領上杉氏の所領であった。

戦国期伊豆西海岸に設けられた水軍の拠点で、北条氏康によって編まれた永禄二年（一五五九）「小田原衆所領役帳」（『静岡県史 資料編』）に伊豆衆矢野氏の役高として二五貫文「安良里」とみえる。網屋崎の丘の上には安良里城（阿蘭城）があったといわれる。天正十七年（一五八九）後北条氏の家臣梶原備前守兼宗を大将とする水軍の基地として創築。『武徳編年集成』によると同十八年四月、梶原景宗は下田城には籠城せず安良里砦を守備し、豊臣秀吉の小田原征伐に際して、天正十八年北条氏の臣梶原備前守景宗と三浦五郎左衛門茂信が立籠もったが、徳川家康配下の本多作左衛門重次によって陥落したと伝えられる（『武徳編年集成』）。安良里港を抱えるように突き出た網屋岬の上にのしかかるように立地。安良里港と南方の田子港の間に大きく張り出している標高三〇二・八メートルの今山が北へ向かって急激に低くなる、その尾根の先端にあたる。太平洋戦争末期に監視哨が置かれた。

安良里湾

53 安良里②

安良里では文禄三年（一五九四）に検地が行われ、村高二〇一石余、反別二二町余であった。江戸時代初め幕府領、正徳四年（一七一四）旗本間部氏領となり幕末に至る。正徳四年「差出帳」（安良里支所蔵）によれば家数一一八で百姓のほかに鍛冶一・船大工一・医者一がいた。人数五四五（ほかに出家三）、牛三〇・馬二、運上として釣鰹十分一・立漁三分一・打鰡十分一・青石二十分一・薪十分一、御菜鯛は十一月から一月まで宇久須村と月替えで江戸城本丸に納めていた。

正徳四年の前記史料によると、廻船三・漁船八・小揚船一・五十集《いさば》船一。宝暦十二年（一七六二）「高帳」（同所蔵）によると百姓四七・漁師三九・船乗一四・杣七・五十集（鰹節製造）七・船宿七・商四・船大工二・石切二・屋根葺一・廻船二と記されている。寛政十年（一七九八）江戸玉川上水の新規石枡を当村と戸田村の者が請負った。石代は一、七五〇両で土肥・戸田・鵜島・須崎から切出すこととした（「請負書」村松家文書）。

鰹節製造は、江戸茅町（東京都台東区）の海産物問屋山田屋辰五郎が享和元年（一八〇一）土佐の与市を安良里によんで改良させたのが始まりというが、前記のように当地にはすでに鰹節製造者がいた。以降近隣の海村でも鰹節が造られるようになったという（『安良里村誌』）。

天保の飢饉では天保七年（一八三六）には五〇人余の餓死者を出し、安政の津波では多爾夜《たにや》神社付近まで波があがったという。享保年中（一七一六～三六）・寛政九年・文化十三年（一八一六）などに大火に見舞われた。寛政の大火（孫六火事）では大半の家が焼失し、文化の時には一二八軒が焼失、救恤米や拝借米が下された。宝暦十年「若者規約書」で消防制度を組織、安政六年（一八五九）には若者組の火之番掟書が作られた（『南豆風土誌』）。

多爾夜神社は『延喜式』神名帳に載る那賀郡多爾夜神社、「伊豆国神階帳」に載る従四位上「あにやの明神」に比定される。浦守神社、臨済宗円覚寺派龍泉寺・大聖寺がある。明治十七年（一八八四）から田子・安良里・宇久須村の三ヶ村連合戸長役場を安良里村浜川に設置された。同二十二年宇久須村と安良里村が合併して宇久須村となった。同二十九年再び分村して宇久須村と安良里村に戻った。昭和三十一年（一九五六）再び合村し、賀茂村安良里となる。平成十八年（二〇〇六）四月西伊豆町に合併。

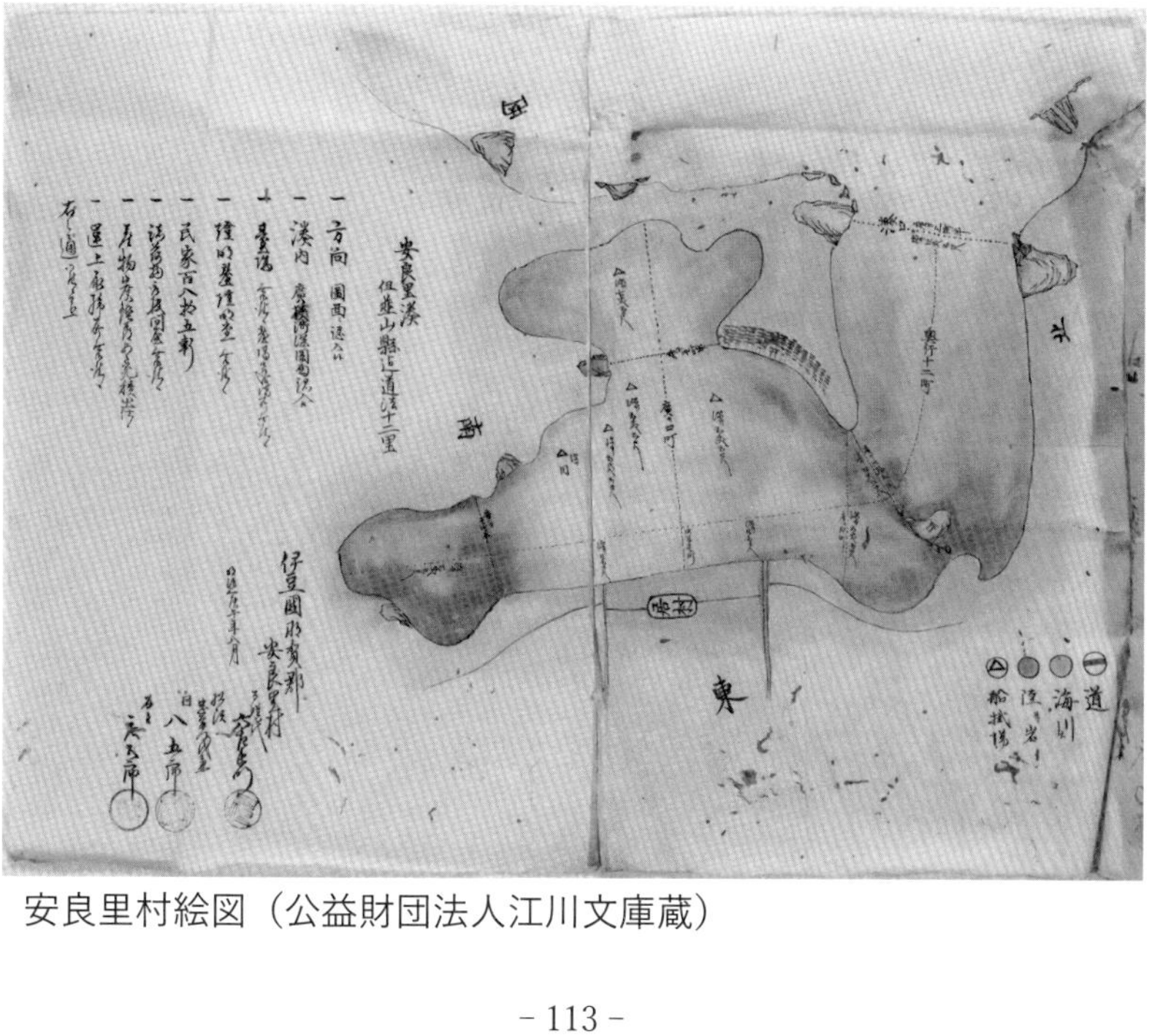

安良里村絵図（公益財団法人江川文庫蔵）

54 田子（たご）① 賀茂郡西伊豆町田子

田子は農耕地区の大田子と漁業に適した井田子からなる。田子湾は、西側を開口部とし、中央部に小さな張り出しがあって数字の「3」のような入江を形成している。少なくとも戦国期から使われた港である。平城宮出土木簡に「那賀郡丹科郷多具里」とあり（『木簡研究』六）、多具を田子にあてる説もある。多胡・多子とも記す。哆胡《たご》神社に所蔵する文亀三年（一五〇三）棟札には「仁科多胡郷」とみえ、永禄三年（一五六〇）の棟札には「仁科庄大多古郷」とあり当地は仁科庄に含まれていた。哆胡神社は、『南豆風土誌』に祭神多胡若宮命・積羽八重事代命とある。他に祭神哆胡若宮大神・広幡八幡大神を祀り、『延喜式』内社の多胡《たごの》神社、「伊豆国神階帳」に載る「従四位上多胡明神」に比定されている。旧称八幡神社二座の内の一座。はじめ大田子にあったが、明治十四年（一八八一）現地に遷祀。相殿三島神社は井田子から同時に合祀された。哆胡神社の例祭は十一月二日。

『北条五代記』による明応三年（一四九四）北条早雲（盛時）が伊豆に侵攻した際、「田子の山本太郎左衛門尉」が北条氏に降った。永禄二年の『小田原衆所領役帳』に所収の御家中衆の内本光院殿（北条為昌）衆知行方の一人に山本太郎左衛門と見え、「卅貫文 伊豆奥田子」「七拾貫文 伊豆奥一色（西伊豆町）」「三拾五貫文 伊豆奥梨本（河津町）」以上一三五貫文、御公方役は前々より有り、とある。元亀三年（一五七二）七月十六日に水軍である山本家次が他国船着岸の時は人数や荷物を改め小田原へ注進することなどを命じられている（「北条家朱印状」山本家文書）。

天正九年（か）五月十五日「清水康英書状」（越前史料山本文書）では田子浦の領主山本正次に昨夜、駿河国の武田水軍が山本氏の屋敷に侵攻したが、正次の防戦で撃退した功績を小田原城に報告すると伝えた。年不詳五月八日井出（か）「時吉・幸田（か）昌重連署書状写」（同史料）では伊豆国田子の山本正次の指揮する水軍の配置を指示している。大田子の田子城は城主が山本氏で、天正十八年（一五九〇）四月、徳川家康の臣向井正綱の率いる水軍に攻め落とされたという（『武徳編年集成』）。同城に明確な位置は不明だが、田子港に突き出した岬の先端に城跡があるとも伝えられ、室町時代中期、山本常任によって築かれた海賊城という。

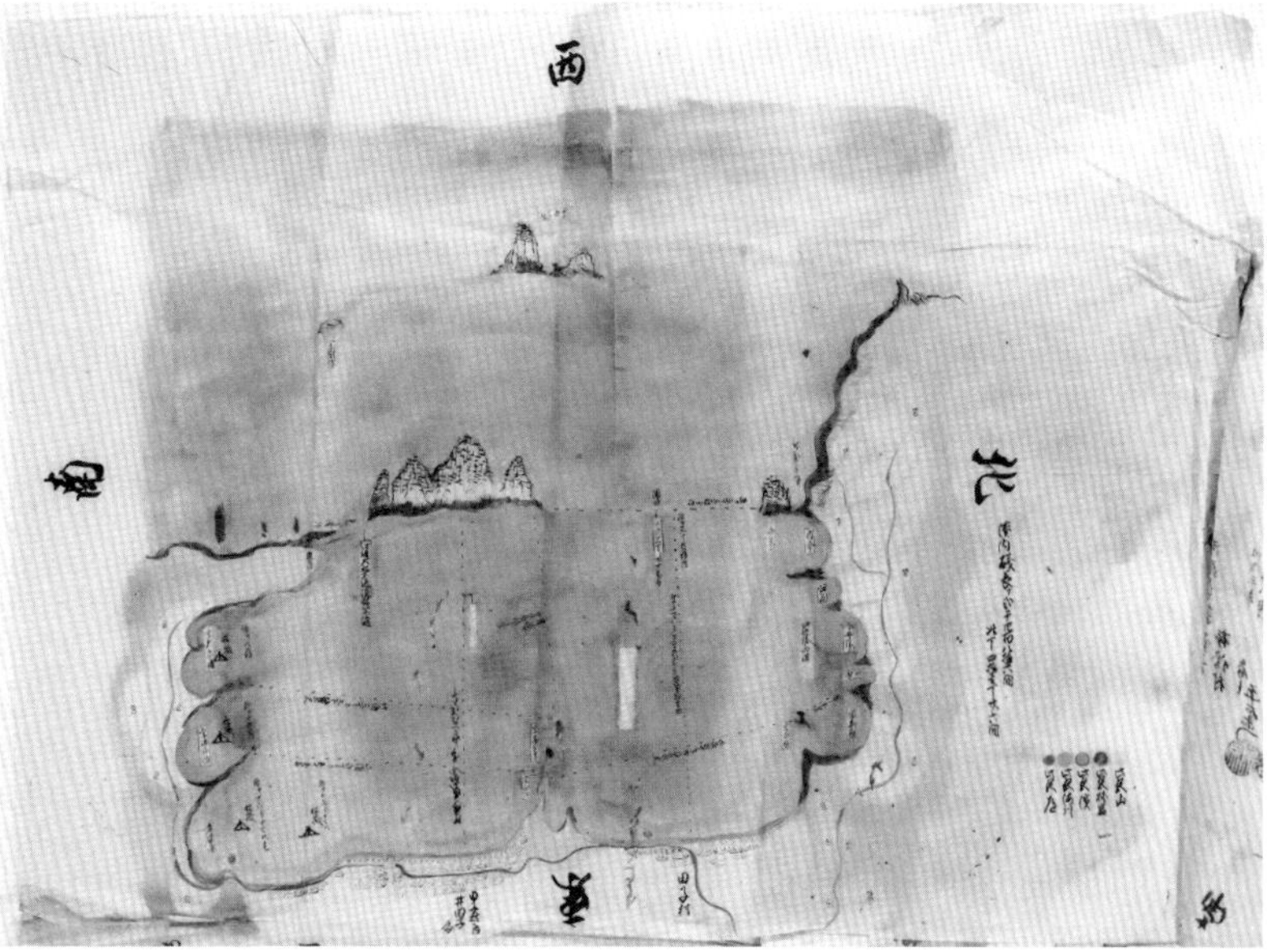

年不詳、田子村絵図（公益財団法人江川文庫蔵）

55 田子②

田子では文禄三年（一五九四）に検地が行われ「田子郷」となっている（『増訂豆州志稿』）。三島代官伊奈忠易のとき田子村と井田子村と分かれたが（『掛川志稿』）、郷帳類では一村のままである。江戸時代初め幕府領、享保十三年（一七二八）上野館林藩領、同十八年再び幕府領となり、延享三年（一七四六）掛川藩領となって幕末に至る。『元禄郷帳』では高三七九石余となっている。文政十三年（一八三〇）「天城山四口附村五拾九ヶ村村高家数人別書上帳」（奥田家文書）によると太田備後守領で田子村の家数五三軒・人数二七二、井田子村分は一四七軒・人数七八四とある。元禄年間（一六八八〜一七〇四）の小物成は鹿皮四枚役永四〇〇文・釣鰡十分一・薪十分一・舟役（『伊豆南西海岸』）が課せられた。『掛川志稿』によれば家数二六九（うち井田子分一八九）・人数一、三三三（うち井田子分九八九）。明治三年の家数三三七、馬三・牛九一が記録されている。

享和元年（一八〇一）五月二十二日、伊能忠敬が第二次測量を行い、田子の利右衛門宅に止宿した。『伊能忠敬測量日記』に「当所田子村ニて大田子村、井田子村と二ヶ所になる。大田は本村なり、井田子は分郷なり。しかし、井田子は上港ゆえ、本村より家数も一倍余なり」とある。文化七年（一八一〇）富秋園海若子が当地を訪れ、文政四年（一八二一）『伊豆日記』にまとめて、田子の風景を褒めている。

明治六年（一八七三）、第一八九番小学田浦舎が正法院を本校に、珠泉寺を支校に開校。臨済宗円覚寺派正法院は除地一石、ほかに同派珠泉寺・円成寺・日蓮宗大行寺、哆胡神社があった。明治二十二年町村制施行に伴い田子村となる。同二十九年那賀郡が廃止されて賀茂郡に編入。昭和三十一年（一九五六）仁科村と合併して西伊豆町となる。

田子に伝わる郷土料理に田子の寿司がある。七夜・七五三・結婚式・米寿の祝いなどに作られた押し寿司。山ミョウガ（イズシュクシャ）の葉を寿司箱の底に敷き、その上に寿司飯をのせ、具を散らす。これを繰り返し三段重ねにし、板で蓋をして三時間ほど押して完成。昔この地が大坂と江戸を結ぶ航路の風待ち湊だったことから、関西の食文化が伝わったのではないかといわれている。

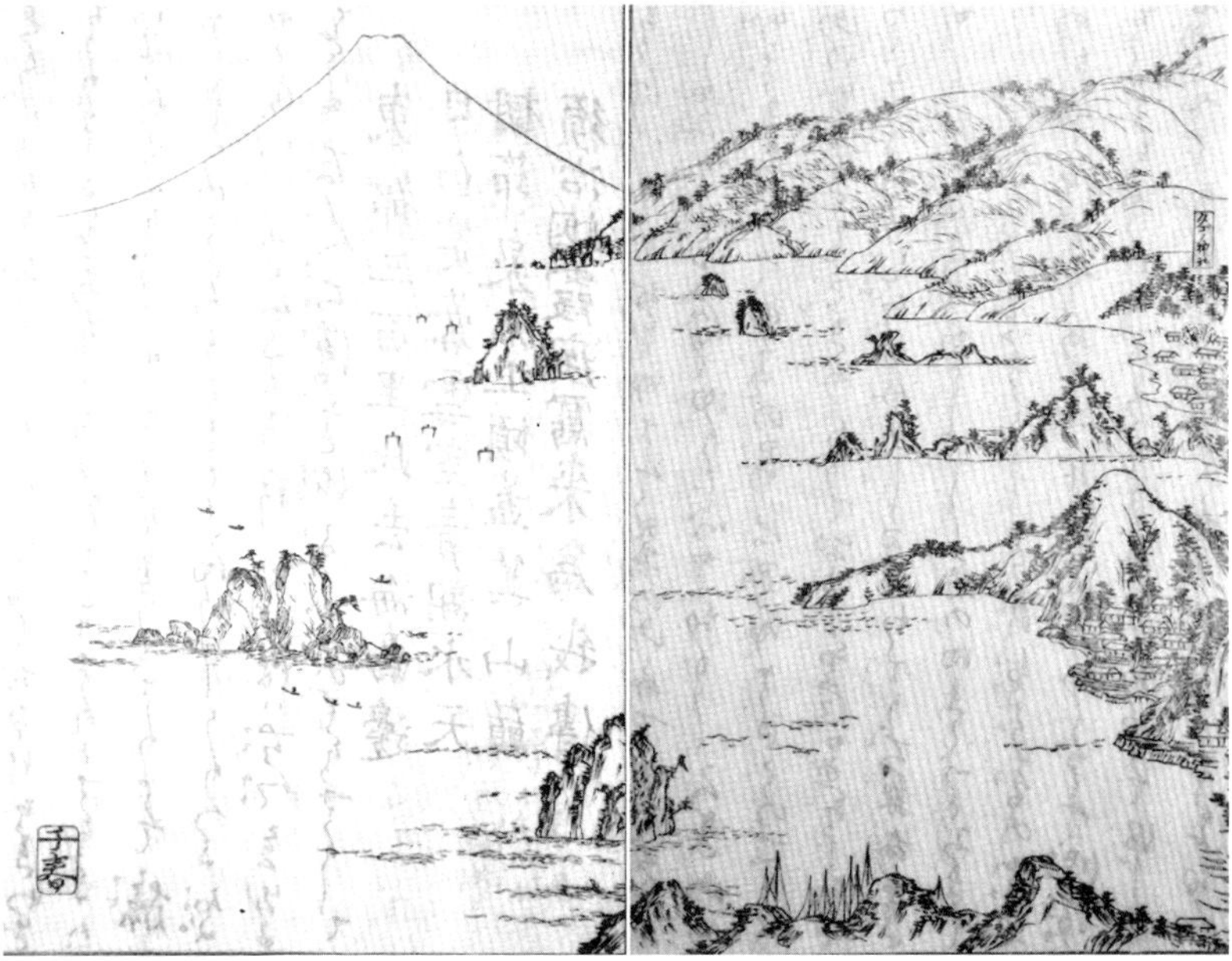
「伊豆日記」挿絵

56 田子③

田子港は、近世には周辺の港と同様風待ちや避難港として各地の廻船でにぎわった。ただし、西風は湾内にもろに吹き込む。享保年間（一七一六〜三六）まで竹ノ浦海手の山頂に湊明堂（燈明堂）があったという（『増訂豆州志稿』）。燈明堂は尊之島と浮島の間の燈明崎に寛永十二年（一六三五）設置されたと考えられ、規模は二間四方、高さ八尺五寸、障子建具窓付で、終夜灯心油を燃やし、管理は浦方、経費は村の年貢米からの差引で賄われた（『西伊豆町誌』）。南側の入江の東側の集落の背後に標高約五〇㍍の日和山がある。現在は登る道は藪に覆われ、登るのは困難である。

井田子港には荷居屋・柏屋・志摩屋・大阪屋・尾鷲屋・阿波屋・尾張屋・土佐屋・駿河屋などの船宿があり、宿ごとに廻船の得意先を持っていたという。船宿では「つけ船」「引き船」を所有し、得意先の廻船が入港すると、水先案内役をし、廻船の薪炭・食糧・生活物資の補給も商売としたとある。明治四十四年（一九一一）の調査では年間出入りの商船のうち、定期汽船一、三四〇、和船四〇艘を記載（『南豆風土誌』）。明治末に伊豆を旅行した柳田国男の日記。松崎に逗留し、帰路は船で「乗合多けれど皆田子という所にて下りたり」とある。かつては遠洋漁業が盛んで、その出漁準備、休憩港として利用されていた。女装した若衆が引き回しの屋台の上で笛や太鼓に合わせて「ばか踊り」を踊る田子港祭りが行われる。

本格的に伊豆で鰹節生産が始まったのは江戸時代後期一八〇〇年頃。この生産にまつわる諸説があり、一つは享和年間（一八〇一〜〇四）安良里村の高木五郎右衛門の努力で品質向上、製造・販路が増えて盛んになったという。高木五郎右衛門の弟山田屋辰五郎が江戸で鰹節商を営んでいたところ、土佐の与市というものが出入りし、このものを安良里村に招き高木五郎右衛門が土佐節の指導を受けたのが享和年間という。二つ目には土佐国を出てきた風来坊の与市が高木五郎右衛門宅に寄留し土佐節を伝授したというもの。三つ目は、寛政年間（一七八九〜一八〇一）和田村で土佐国から与市を招き製造が始まったというもの。田子村名主で船持・網元である山本家は鰹節の集荷にあたるとともに江戸小舟《こぶな》町（東京都中央区）虎屋より借りた資金を生産者へ融通し、文化十四年（一八一七）十一月八日には鰹節五二〇〜五三〇本入りの四樽を船で虎屋へ運漕している（山本家文書）。明治の終わりになると遠洋漁業が始まり、焼津・伊豆の鰹節生産は全国一位となり、技術指導に薩摩・土佐・茨城から台湾にまで出かけるようになった。文政五年（一八二二）の「諸国鰹節番付表」によると、前頭に伊豆伊東節のほか、松崎節は東の前頭一六枚目、道部節が同一七枚目、岩地節が西の一八枚目に位置している。明治二十九年（一八九六）県立鰹節製造伝習所が焼津と田子に設置された。

田子集落遠望

57 浜（はま）① 賀茂郡西伊豆町浜

『和名抄』に記載されない郷名の一つに丹科郷があった。天平五年（七三三）の平城宮跡出土木簡（『平城宮木簡概報（三）』）に「那賀郡丹科郷多具里物部意□□調荒堅魚」とみえ、天平［ ］「那賀郷江田里」（『同書』）とみえ、多具里・江田里の二里が確認されている。現西伊豆町仁科の地名があることから「ニシナ」と訓んだと考えられ、西伊豆町南部一帯に比定される。同町田子に式内社哆《た》胡《ご》神社に比定される同社名がある。

治承五年（養和元年、一一八一）十二月二十四日「平某下文写」（伊那下神社文書）によると、平某が「仁科御庄内那賀郷」のうちを三島宮（松崎町伊那上神社）禰宜職則古に安堵した。建久二年（一一九一）十月の「長講堂領目録」（島田文書）には不所課庄のうちに仁科とみえ、年未詳の「長講堂領年貢注文断簡」（同文書）には「仁科庄 関東沙汰」とみえる。『吾妻鏡』貞永元年（一二三二）三月九日条によると、寛喜四年（一二三二）北条泰時は飢饉に苦しむ仁科庄土民らに出挙米を貸与した。元弘三年（一三三三）六月から十一月と推定される「足利尊氏・同直義所領目録」（比志島文書）によると、同年九月に北条氏が滅び、北条（大仏）貞直跡の仁科が足利尊氏に与えられた。

『太平記 巻一九』によると、建武二年（一三三五）七月の中先代《なかせんだい》の乱で破れた北条時行は二年後に伊豆で挙兵、「鶴岡社務記録」では、暦応二年（一三三九）二月には北条友時が仁科城で反乱を起こし、捕らえられた三七名が鎌倉に送られ、うち一三人は処刑された。仁科城の城跡の場所は不明だが、北条氏の拠点の一つであったと思われる。西伊豆町仁科大浜に位置する安城山《あじょうやま》城は室町時代中期、須田但馬守によって築かれた海賊城といわれるが、同一か不明。

大永三年（一五二三）七月二日「清水綱吉判物」（伊達家在庁文書）では、伊豆国仁科十二郷の百姓に対し三嶋大社八月朔幣費用の負担を命じた。仁科十二郷は、那賀郷・岩科郷・松崎郷・伊浜郷・本郷（下田市）・多胡郷（西伊豆町）、雲見郷（松崎町）、小野郷・小浦郷（南伊豆町）と考えられる。また、佐波神社の永禄九年十一月吉日三島大明神宝殿修理棟札（佐波神社蔵）に当地頭北条左衛門大夫（綱成）代官角谷藤六とある。この棟札から、後北条氏の時代の仁科郷は北条綱成の知行地と判明。天正十七年（一五八九）十二月の佐波《さわ》神社の三島大明神修理棟札に地頭北条氏規の名がみえる。以上のように仁科庄は現在の西伊豆町から松崎町・南伊豆町の伊豆半島南西部にかけて広がっていたことが見える。

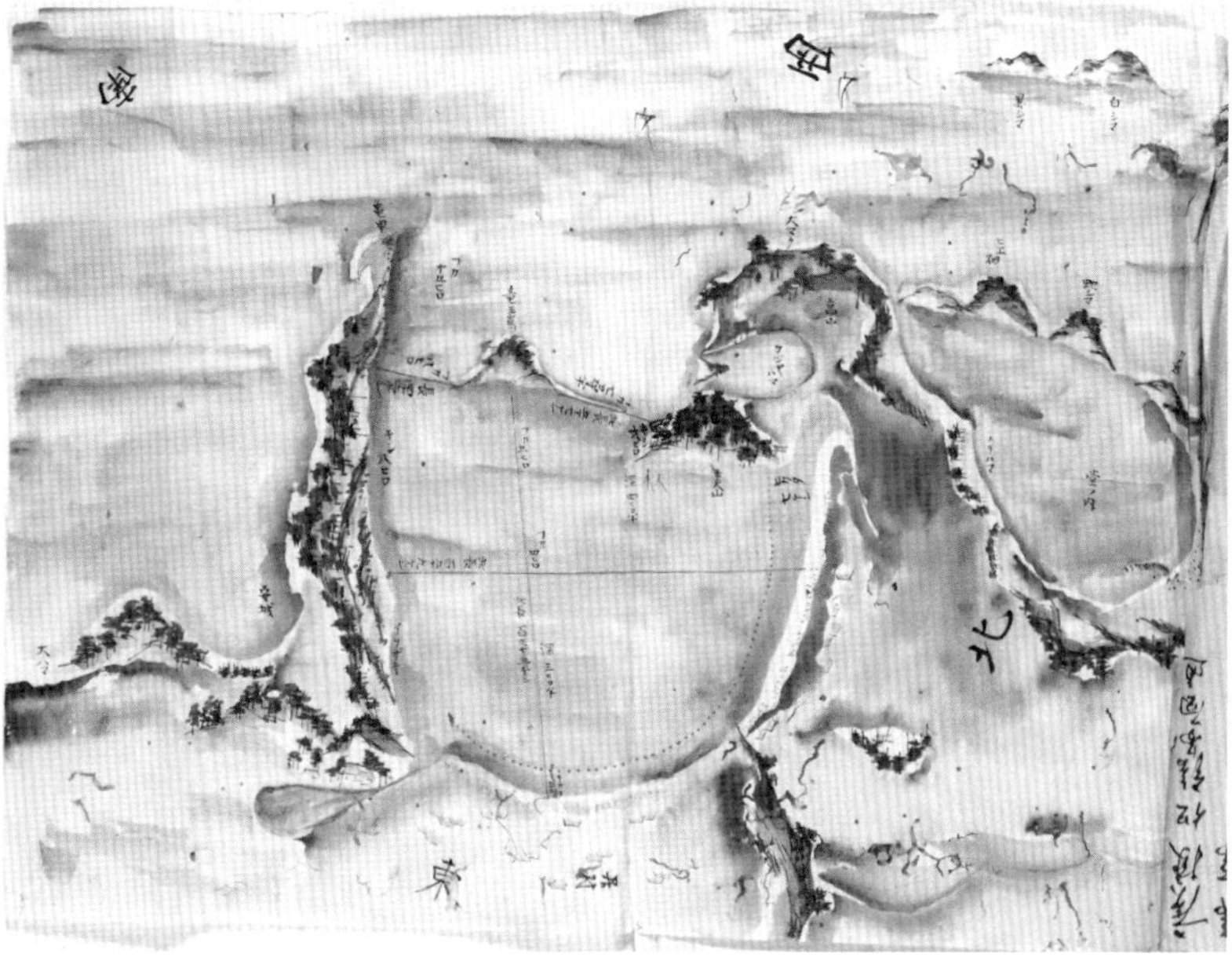

那賀郡浜村絵図（公益財団法人江川文庫蔵）

58 浜②

仁科が郷の総称で、その本郷。往昔佐波、のち沢田となった。佐波神社に所蔵される天正九年（一五八一）の八幡社殿修理棟札には「仁科庄本郷沢田村」とみえる。沢田は現在通称名として残る。承久の乱で仲恭天皇が京都守護伊賀光季に攻殺されたので、その家臣毛利熊王丸逃れて仁科浜に来て、この地で没し、『増訂豆州志稿』には当地の浮島の窟中に熊王丸の墓があるという。安城山城《あじょうやま》は須田氏の居城と伝えられ、天文四年（一五三五）に中の海名野《かいなの》に移ったという。

享保十七年（一七三二）「村差出帳」（石田家文書）によると文禄三年（一五九四）に検地が行われ、村高九八八石余。浜村・中村・一色村を併せて仁科郷または本郷といわれ、寛文九年（一六六九）中・一色・大沢里を分村して浜村となった（『掛川志稿』）。江戸時代初め幕府領、享保十三年（一七二八）上野館林藩領、同十八年再び幕府領となり、延享三年（一七四六）掛川藩領となって幕末に至る。元禄年間（一六八八〜一七〇四）の米以外の税である小物成は鹿皮七枚半代永七五〇文・薪十分一・山手役米七斗六升・舟役（『伊豆南西海岸』）。享保十七年（一七三二）「村差出帳」（前掲文書）では高四九一石余、家数二五〇・人数一、〇〇八、漁師二〇・医師二・山伏四・大工三・鍛冶二・紺屋一、馬三六・牛九一、百姓所持の船四・漁船二、郷蔵三か所となっている。

『掛川志稿』によると築地・野畑・富洞（現浮島）の枝郷があり、白亀石・漉水石・三石・瑪瑙《めのう》・砂鉄・堅魚・鯛・鰺・海苔、ツノマタ・ヒジキを産する。元禄十一年築地で大規模な山崩れがあったと伝える。仁科川は度々氾濫し、天明六年（一七八六）には田地の九〇パーセントが荒廃したという（『伊豆南西海岸』）。

　明治六年（一八七三）七月、第一八五番小学明倫館が法眼寺に開校。浄土宗浄国寺、臨済宗建長寺派法眼寺・長松寺がある。明治二十一年の調査によると、土井ノ内に浦役場、屋敷田に小学校、社五、寺三、戸数三五〇、人口一、五六三（男八〇八・女七五五）。土井ノ内に戸長役場があり、本村と一色・中・大沢里の四村を所管した。大正六年（一九一七）松崎水力発電株式会社の仁科第一発電所建設により村内に電灯が点いた。同十三〜十四年松崎町―仁科村間の道路完成により、昭和七年村内の仁科―一色間、松崎町―賀茂村間のバス路線が開通。同三十一年西伊豆町に編入された。

　堂ヶ島薬師堂にある木造釈迦如来坐像・木造薬師如来坐像はいずれも県指定文化財。堂ヶ島の天窓洞は海食洞穴として国指定天然記念物、瀬浜海岸のトンボロは県指定の天然記念物。

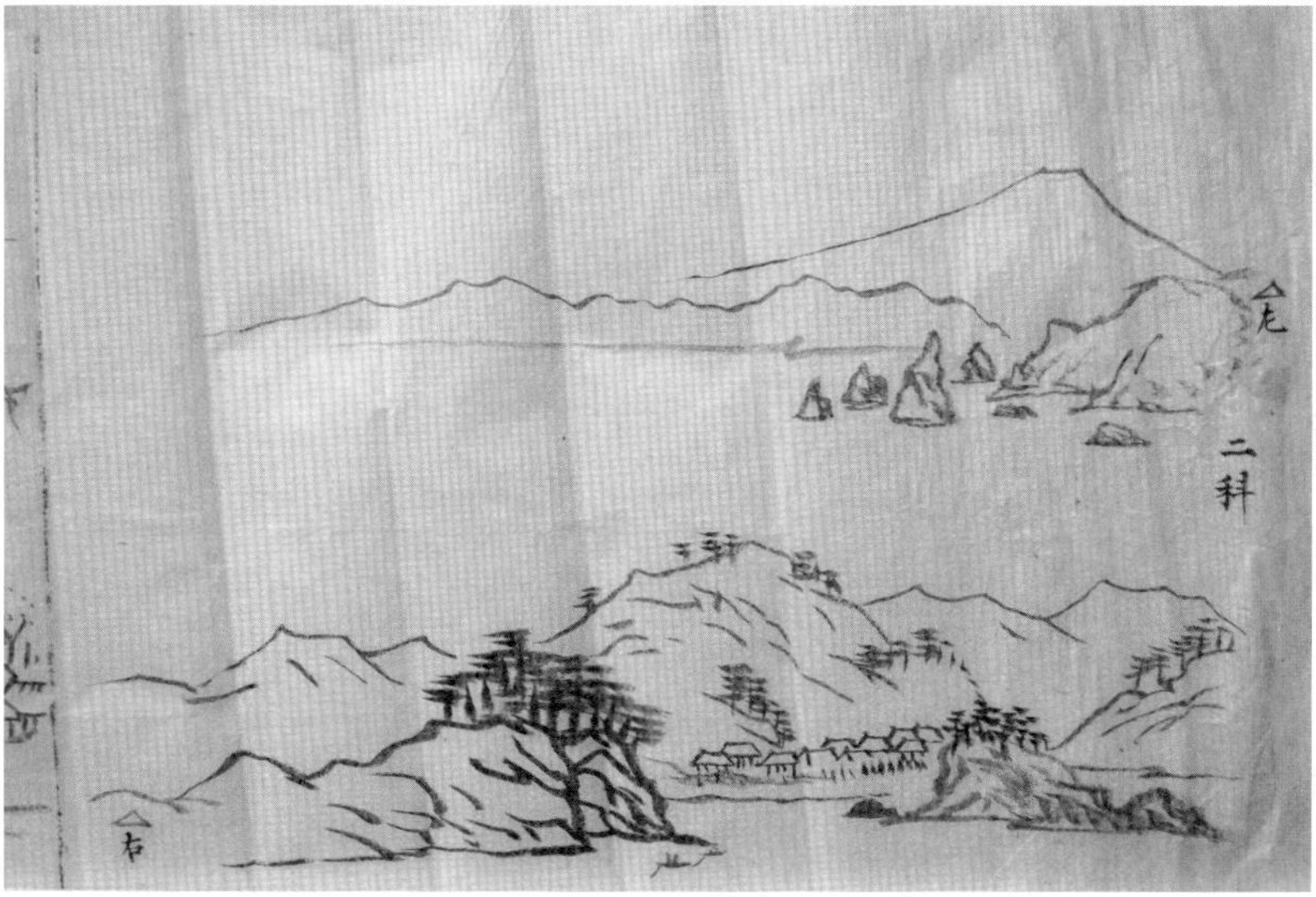

江川英龍画「仁科」（公益財団法人江川文庫蔵）

59 浜③

西伊豆町仁科浜字渋川にある佐波《さわ》神社は、『南豆風土誌』に崇神天皇朝勧請、祭神積羽八重事代主命・廣幡八幡大神とある。『延喜式』内社の佐波《さわの》神社二座、「伊豆国神階帳」に載る「従四位上してのの明神」「従四位上にゐ明神」に比定される。旧称三島神社二座。伝記では崇神天皇の時代三韓出兵に巨船を造って貢納したので造船の地に祭祀したという枯野船の伝説となっている。古神像、本地智勝仏の像を蔵している。例祭日の十一月二～三日に奉納される人形三番叟は静岡県無形民俗文化財、文政七年（一八二四）銘のある人形の首は静岡県の有形文化財に指定されている。伝えられている獅子頭二頭の収納箱に文政十年とある。神輿渡御が行われ、人形三番叟・獅子舞が奉納される。三番叟は宵宮の三日夜、前揃えといって奉納、四日早暁は日の出三番叟といって拝殿を舞台（庁屋）に、本殿に向かって奉納される。浮島の神明神社は『延喜式』神名帳に記載される布刀主若玉命《ふとぬしのわかたまのみこと》神社に比定される。

仁科港は明治四十四年（一九一一）の調査では年間出入りの商船のうち、定期汽船一、二五〇・不定期一六五、帆船八〇、和船一五〇艘が記載されている。

西伊豆町白川奥、長九郎山北側に明礬石を産出する仁科鉱山があった。嘉永六年（一八五三）大沢里村白川入赤川で明礬石発見、五年間採掘した。昭和十八年（一九四三）設立した古河鉱業の経営した戦線鉱業となる。宇久須鉱山同様ボーキサイトの代用鉱として明礬石を採掘して日軽金へ運び、主として軍事用のアルミ生産を行う計画が立てられた。強制連行された朝鮮人労働者が仁科選鉱場へ栗原組から一〇〇人動員され、鹿島組は鉱山整備を行った。戦線鉱業仁科鉱山では強制連行された朝鮮人は合計四八六人、中国人は一七八人にのぼる。昭和二十九年四月十三日、殉難者慰霊実行委員会が結成され、十四日までに現地で亡くなった八二人の遺体が収容され、十五日に法雲寺に安置された。四月十七日葬儀が行われ、遺骨は全国から集められ十一月十六日下関から送還され中国紅十字会に引き渡された。昭和五十一年七月四日「中国人殉難者慰霊の碑」を建立、毎年慰霊祭を行っている。

江川英龍画「仁科日和山が書かれた仁科の絵」
（公益財団法人江川文庫蔵）

60 江奈（えな）① 賀茂郡松崎町江奈

古代郷里制下の那賀郷に江成里があった。平城京跡出土木簡（『平城宮木簡概報』31）に「伊豆国奈賀郡那珂郷江成里」とみえる。現松崎町江奈の音が類似するので同地に比定される。松崎町峰輪にある箕勾《みのわ》神社の応永三十二年（一四二五）の棟札によれば「江那」の大工が社殿を造作している。元亀二年（一五七一）から天正九年（一五八一）頃と推定される年未詳二月晦日「北条氏光朱印状」（土屋猛家文書）では小代官苅部備前守と深沢備後守に伊豆国那賀郷の楊梅の木を早船で取り寄せることについて松崎から五人、江奈から三人の合計八人を徴用することを命じ奉行として土屋和泉守を派遣した。天正七年十月三十日付の船寄神社棟札には船伊勢大明神の社殿上葺のために江名村氏子五〇余名が五～二〇〇文を出銭しており、三〇〇文分の夏麦も村中から出させている。

慶長三年（一五九八）七月六～九日「那賀之内江名之村御縄打水帳」（東京大学法学部蔵）が残り、田高一三七石余・畑屋敷高七九石余の記載がある。江戸時代初め幕府領、享保十三年（一七二八）上野（群馬県）館林藩領、同十八年再び幕府領、元文四年（一七三九）館林藩領を経て、延享三年（一七四六）掛川藩領となり幕末に至る。『元禄郷帳』によると高二九八石余となっている。

寛永三年（一六二六）には廻船四艘の舟役は各永三〇〇文、小早船三艘は各一〇〇文、漁業は十分一を銭納、これらは浮役である（『伊豆南西海岸』）。元文五年（一七四〇）「高反別指出帳」（江奈区有文書）によると畑作は木綿・市皮・菜大根など、漁船五・小揚船一・五大力船一、郷蔵一、戸数一二六・人数五九八

（うち僧九）、大工三・鍛冶二・木挽一・桶屋二が記載されている。『掛川志稿』では、産物は鰹魚・鰹魚脂・鯛・鯵・鰯・フノリ・ヒジキ・蠣、簀席（琉球表）、あしたばなどが書かれている。鰹は加工して江戸へ、鮪は清水・沼津へ出荷した。弘化年間（一八四四〜四八）当村の石田重左衛門は鰹漁のため、下田の船大工に船幅七尺余の新船建造を依頼し、石廊崎から御子元島や伊豆利島まで出漁した。明治二年（一八六九）石田忠吉も幅八尺の船を建造し伊豆諸島で鰹漁を始めたという（『松崎の歴史』）。

文久三年（一八六三）に八〇余戸を焼失し、明治四年には一二〇戸を全焼したという（『松崎の歴史』）。慶応二年（一八六六）藤野圭二が根岸に藤野塾を開いた。明治五年旧陣屋内に謹申学舎が開設され、塾長は保科頼母（旧会津藩家老・西郷頼母）、漢学・数学・英語を教え、生徒は一〇〇人以上という。また同六年江南甕が陣屋跡に開校する（『南豆風土誌』）。

江奈～雲見村絵図（公益財団法人江川文庫蔵）

61 江奈②

太田掛川藩は伊豆に約七、五〇〇石の領地を持った。江奈村を中心に那賀郡に八村、賀茂郡に二一か村で、延享三年（一七四六）に掛川藩領となった村が多い。『掛川志稿』によると享保十三年（一七二八）道部の牛原《うしばら》山麓に館林藩の陣屋が置かれた。一時中断した後、元文五年（一七四〇）再び陣屋を置き、安永元年（一七七二）に掛川藩の陣屋として江奈村に移転した。かつての江奈村立小学校があった場所（船寄神社西隣の高台）に江奈陣屋を置き、江奈陣屋は正面に大目付屋敷、東側に代官屋敷、西側に下役人屋敷、奥に牢屋があった。陣屋には大目付・代官・徒目付・御長柄（代官の下役）・手代（御長柄の下役、大小刀を帯びず）を置き、他に大砲方（武人）等の役人が詰める。これら役人の任期は大抵半年交代であった。

伊豆二七か村の領地に太田領地組三六人（江奈村に三二、浜村に四）を置き、苗字帯刀を許され、年一俵半の手当があった。これを足留《あしどめ》といい、俗に一俵武士と称した。嘉永年間ペリー下田来港の際、この地組の者が出張を命ぜられて守備に当たり、幕末長州征伐では江戸に出張した。村の取締には御用達という役人がいて、名主の中から五人を任命、願書などの取次役として陣屋の近くに郷宿三戸があった。伊豆の長八美術館の建設用地は、掛川藩の蔵屋敷の跡地。美術館前の浄感寺横の路地には蔵の番人が住んでいたので、そこの場所を土地の人たちは「蔵番丁」とよんでいたという話も残っている。享和元年（一八〇一）五月二十二日、伊能忠敬が第二次測量隊が測量を行ったが、『伊能忠敬測量日記』享和元年四月二十一日条に「太田備中守御領分ニ而江奈村陣屋支配伊豆七千石之内なり。依之陣屋詰役人ヨリ郷足軽近藤清蔵と云ものを、領分村々案内なさしむ」「当所陣屋代官増井孫治右衛門と云人、出迎挨拶あり」とある。

　領主太田家の居城は掛川で主に清水港を経由、役人の交代帰国の土産としてカツオ節・畳表などを買い入れた。のち、役人の居所として新浜に家屋を建築したが、明治初年の大火で焼失した。領主が明治元年（一八六八）九月上総芝山（元千葉県山武郡芝山町）に転封したことにより芝山藩となり、帰属替えとなった。三年後には松尾（元千葉県山武郡松尾町）に転封のため松尾藩となって半年後廃藩置県により廃藩のため、足柄県に帰属した。

　船寄神社、臨済宗建長寺派禅海寺は朱印寺領高一〇石余（『掛川志稿』）。ほかに厳島神社・稲荷神社・琴平神社があった。同二十一年の調査によると、小学校の分校があり、宮ノ前に戸長役場が置かれ、本村と桜田・那賀・建久寺・峰輪・吉田・門野・大沢・船田・池代の一〇村を所管した。

江奈陣屋が隣にあったという舟寄神社

62 江奈③

江奈村に生まれた石田半兵衛（生年不詳、明治四年没）は、幕末、明治初年に宮大工、彫刻師として活躍した。江奈・松崎は職人が多く、その代表格である。浄感寺塾（松崎）に学び、飛騨高山で小沢流彫刻を修業し、小沢姓も名乗った。号邦秀。堂宮彫刻の名人といわれ、恩師の浄感寺本堂向拝の彫刻は地元での代表的作品である。松崎町では諏訪神社（岩科南側）・茂山神社（同所）など多数残る。松崎町外にの多くの作品があり、三嶋大社、下田市白浜神社、八幡野据屋台の父子合作は大作である。南伊豆町市之瀬にある高根神社の文化三年（一八〇四）九月付銘棟札に大工江奈半兵衛とある。宇佐美行蓮寺の本堂正面獅子鼻在中の嘉永六年（一八五三）二月文書に彫師江奈村石田半兵衛・悴馬次郎・二男富次郎・弟子峯次良とある。長男俊秀（小沢一仙）、二男永秀（三嶋大社拝殿傑作、伊豆市実成寺本殿）、四男俊秀（山梨に大作）の父子四人が優れた彫刻師として活躍し、合作も多い。市町文化財指定作品に富士市実相寺、伊東市八幡野据屋台、神奈川県真鶴町貴船神社、山梨県身延町清正公堂がある。

文久年間（一八六一〜一八六四）境村（山梨県）名主天野開三の招きで甲州に転居した。境の天神社にある大量の作品は、都留市の宝として残り、その後も各地で傑作を製作した。半兵衛は気が向かないと幾日も酒を呑んでいたという。長男一仙が偽勅使事件で斬首され、晩年は故郷にも帰れず甲州で逝去。墓所は上黒駒（山梨県）武藤家の墓地にある。

浦々には船大工が多く、土肥・松崎ばかりでなく、伊東市八幡野の八幡宮来宮神社にある元文三年の棟札に大工川津徳兵衛、文政六年（一八二三）八幡宮来宮神社拝殿棟札に大工当村佐藤半兵衛・江奈深沢熊五郎・白浜長谷川又蔵が参加している。宇久須の長谷川一門も宮大工として多くの作品を残した。天文元年（一五三二）から開始された鎌倉鶴岡八幡宮の造営工事に伊豆の番匠が参加し、五月三日には仮殿遷宮にあたり伊豆・相模・武蔵の人足が二十日ほど寺中に待機させられた（『快元僧都記』）。船大工は宮大工になれるが、宮大工は船大工になれないといわれるほど精巧な作品が残っている。長谷川一門は内陸に入り、伊豆市月ヶ瀬聖神社・湯ヶ島天城神社・同長野神社などの宮殿《くうでん》を手がけている。

八木沢大久保熊野神社文化元年の石田半兵衛彫刻宮殿

63 松崎（まつざき）① 賀茂郡松崎町松崎

『増訂豆州志稿』に伊豆出身の武士で『曾我物語』に松崎重信（八郎）とあり、『吾妻鏡』に松崎左衛門とあるという。『曽我物語』巻一〇によると、工藤祐経を討ったあと祐経の弟に引渡された五郎時致は「松崎といふ所の岩間にひきすへ」られ切られたという。建暦元年（一二一一）七月十八日「松崎下宮鰹船所役免除状」（伊那下神社文書）では、松崎下宮の鰹船二艘に対し、北条時政と思われる人物が課役を免除しているが、この文書は検討の余地があるという。

正平四年（南朝、一三四九）「源基氏伝帖」に松崎沢谷城主渡辺伊予守を記載する。『南豆風土誌』によると、牛原山の麓に「倉番」という当地方各領主の徴収した米を保管した場所があったというが、『掛川志稿』には享保十三年（一七二八）道部の牛原山《うしばら》麓に陣屋が置かれたという記載があるの混同しているものと思われる。

長禄三年（亥一四五九）十二月「高師長本領汗文案」（蜷川家文書）によると、高師長《こうもろなが》の本領の一つとして「仁科庄内松崎郷」がみえ、勲功地とする。明応元年（一四九二）「廻船大法奥書」（「諸州古文書」）に、松崎内田六左衛門に土佐国和田仁兵衛が廻船大法を与えるとする。北条氏の代になって、永正十五年（一五一八）十月二十一日「為春書下」（伊那下神社文書）によって、松崎下宮《まつざきしも》（伊那下神社）の船が同社禰宜九郎左衛門に安堵された。天文八年（一五三九）九月二十六日「定祐書下」（同文書）では、松崎下社禰宜に小船請取が認められている。

北条氏は、同二十四年三月十三日「北条家朱印状」（松田文書）で、松崎の船番匠使役について仕法を定めた。永禄元年（一五五八）十一月一日「北条家朱印状写」（長浜大川家文書）によると、松崎の船方四人の他仁科等の船方三三人が新造熊野船に乗組み、駿河国清水から網代まで回漕させている。元亀二年（一五七一）～天正九年（一五八一）と推定される年未詳の「北条氏光朱印状」（土屋猛家文書）では、小代官苅部備前守と深沢備後守に伊豆国那賀郷の楊梅の木を早船で取り寄せることについて松崎から五人など合計八人を徴用することを命じ、奉行として土屋和泉守を派遣した。

明応元年（一四九二）「廻船大法奥書」（『諸州古文書』）に、十一月中旬松崎の住人内田六左衛門に、土佐国和田仁兵衛が寄船（難破船）の対処方法などを定めた廻船大法を書与えたと伝えるが、これは江戸時代の作であろうといわれている。

松崎遠望、牛原山から

64 松崎②

松崎は、古くは宮内村と一村であった（『増訂豆州志稿』）。江戸時代初め幕府領、天明四年（一七八四）下総関宿藩領、同八年再び幕府領、内四二石五斗二合三勺二才が文化八年（一八一一）旗本前田領、残りは韮山代官支配地となり幕末に至る。相給になってからは一つの通りの東と中ほどの二か所に高札場が置かれたという。前田領には豆州八村支配の割元として当村の松田氏が任命され、苗字帯刀を許された（松崎町有文書「御屋敷御用勤仕記録」）。

『元禄郷帳』に高一三四石余。『掛川志稿』では戸数一九二（幕領一四〇・前田領五二）・人数七四三（幕領六五〇・前田領九三）。嘉永二年（一八四九）「地誌御調書上」（松崎町有文書）によれば幕府領高八三石余・前田領高四二石余、農間に男は大工・桶屋・左官・漁業・船乗り・琉球表織、女は小魚を売り、それで穀物などを購入した。鰹節を製造して江戸へ送っており、文政五年（一八二二）の「諸国鰹節番付表」によると、松崎節は東の前頭一六枚目に位置している。

宝暦三年（一七五三）海岸沿いの松崎・江奈・道部・岩地・石部・雲見、浜（西伊豆町）七か村は立漁・釣漁について証文を取り交わしている（「取替一札」石部区有文書）。慶応三年（一八六七）「諸稼取調書上帳」（大沢依田家文書）は松崎村の稼ぎ調べとなっていて、依田善六は元治元年（一八六四）から十か年季の分一運上上納永八四貫六三〇文で中川筋の炭・薪・板木・大竹・鰹を扱っていた。また、小揚船・川舟役永郎九〇文、馬草場山役永一一〇文余、質屋一軒役永二〇〇文、油絞り高一〇石一軒、他に農間商人稼ぎ年間約二七〇〜三〇〇両となっていた。農間商人の稼ぎ高は米荒物五〇両、仕立物小間物一〇両、醤油酢荒物一〇両、薬種紙三〇両、古着太物五〇両、荒物醤油一〇両、酒米荒物五〇両、薬種一〇両、鍋釜小間物五両、酢醤油塩五両、太物荒物小間物五〇両で、家大工稼ぎ一年一人につき金六両で七人、船大工七人、鍛治屋四人がいたが、これらも家大工と同じ稼ぎであった。さらに琉球表が年間一、〇〇〇枚程度を五〇軒で生産していた。

ナマコ壁通り

65 松崎③

松崎東区にある伊那下神社は、『南豆風土誌』によると勧請不詳、祭神は彦火火出見尊と住吉三柱神。新羅の国の人がこの地を訪れた際に住吉三柱大神を祀り、「唐《から》大明神」と称したのが始まりとされる。伊那上神社・伊那下神社の伊那は造船技術を持った猪名部の意とする説がある。さらに伊那上神社の祭神は本来伊豆三嶋神と同体で、神主金指氏は珠流河《するが》国造金刺舎人（物部系）の一族、これに対し伊那下神社の祭神は韓神（新羅の神）で、当初は猪名部のなかから禰宜を出していたと推定する見解もある。

古い神社で、『延喜式』神名帳に載る那賀郡伊那下神社（小座）、「伊豆国神階帳」に載る従四位上「いなしりの明神」に比定される。また、前記神名帳に載る仲大歳《なかのおおとし》神社（小座）、神階帳に載る「なかおほとしの明神」に比定する説もある。『南豆風土誌』では『延喜式』内社の「仲大歳神社」を比定。社名についても諸説があり、江川坦庵の献額に「伊那下」とあることから、このころ現社名になったと思われる。

新羅からの渡来人猪名部が造船を職業として集落を営み、その産土《うぶすな》神として祀ったのが伊那上・伊那下両社であったとの説もある（旧版『静岡県史』）。建暦元年（一二一一）七月十八日北条時政と思われる人物が仁科庄の松崎下宮（松崎町）の鰹船二艘の課役を免除し石火宮（松崎町伊志夫神社）の供菜料にあてさせている（「松崎下宮鰹船所役免除状」伊那下神社文書）。ただし、この文書は検討の余地があるという。中世には松崎下宮《まつざきしも》または単に下宮《しも》ともよばれ（永正十五年十月二十一日「為春書下」伊那下神社文書）、下禰宜九郎左衛門に為春が船を安堵した。

江戸時代には唐《から》大明神・石火《いしび》宮・石部宮などともよばれた（棟札）。氏子は当社付近の牛原山寄りが彦火火出見命を祀る石火宮の地域、海岸寄りが唐大明神（住吉三神を祀る）の地域である。

唐大明神祭は一月・五月・九月の各二十日で、浜辺に唐大明神の幟を立てる。石火宮祭は同月の亥の日に当社の参道付近に石火宮の幟《のぼり》を立てる。所蔵の「松藤双鶴鏡」は鎌倉時代の作と伝えられ、昭和十五年（一九四〇）二月国の重要文化財に、大久保長安奉納の釣灯籠は同三十一年十月県の文化財に、境内のイチョウ樹は樹齢約一、〇〇〇年、目通り八㍍、枝張り二五㍍、樹高二二㍍、昭和二十七年四月県の天然記念物にそれぞれ指定されている。例祭日十一月二・三日。御旅式ののち雌雄の獅子が浜で海水の禊《みそぎ》を行い、氏子区域を神楽を舞って浄める。大祭式の後、御浜降り神事を執り行い神社に還御する。昔は神社裏の供物岩で卜庭の行事を行った。境内に「琉球畳表の碑」。

伊那下神社

66 松崎④

江戸時代には、松崎港から船で江戸へ木炭・薪・石材などを運び、小揚船で沼津・清水へ魚などを運んだ。天保十二年（一八四一）松崎湊から出航する三〇〇石積以上の廻船は七艘あり、船主は松崎・岩科・道部・大沢各村民で、松崎村では（依田）善六が永順丸七〇〇石・順風丸五〇〇石を所持していた（松崎町有文書「御屋敷御用勤仕記録」、『伊豆南西海岸』）。文政十三年（一八三〇）喜多村信節《のぶよ》によって著された随筆『嬉遊笑覧』に遊女のことに触れ、「伊豆の下田にせんびり有り、松崎にくねんぼ有り」などと書かれる。天保十三年（一八四二）松崎村から廻船取締役人にあてた史料によると、福寿丸（四〇〇石積、道部村奈倉惣右衛門持）・弁天丸（五〇〇石積、同所有）・順風丸（五〇〇石積、松崎村依田善六持）・永順丸（七〇〇石積、同所有）・勢至丸（五〇〇石積、大沢村依田善右衛門持）・金毘羅丸（八〇〇石積、同所有）の記録がある（『江戸時代人づくり風土誌22』）。

松崎港の整備が行われ、明治十五年（一八八二）沼津との定期航路が開設。同四十四年の調査では年間出入りの商船のうち、定期汽船一、六一七、帆船三五九、和船五〇艘を記載。冬場が漁期の一〇センチほどのキビナゴが水揚げされる。刺身やナマス、唐揚げ、干物などで食べる。

依田佐二平が明治八年（一八七五）に松崎製糸場を始めた。良繭収穫とともに良質の生糸を作り、輸出品の品質を高めようと、明治五年（一八七二）製糸技術伝習のため、妹みち（後近藤正鉄妻）・依田リク（後勉三妻）・依田とよ子・土屋りき子・土屋勢子・中村きち子の六名を上州官立富岡工場に派遣し二年間研修させた。明治八年七月松崎村清水（浄泉寺北側）に試験的に製糸工場を設け、操業をはじめた。伊豆における、なおかつ静岡県における民間製糸場の最初である。更に明治十年これを大沢自邸内に移し、水力利用の動力により機械に改め、大正三年（一九一四）には釜数七七、職工七一、終業日数二八〇、人夫四人、生産額二万八、三六八円。就業時間十二時間で女工の寄宿舎も置いた。

『南豆風土誌』によると明治三十四年以来繭取引市場が設けられ、明治四十三年に伊豆を旅行した柳田國男は、『伊豆日記』に南伊豆の養蚕の様子を著した。その中で「南伊豆の主たる生業は養蚕なり。」とあり、「此邊の養蚕は早いのが特色。五月十五日にはすでに繭が市に出で、信州などよりは一月早し。中心の市場は松崎と下田、松崎の終る頃より下田が始まる也。」「繭の売買の市場を、土地では商会といふ。松崎には二戸ありて共に旅館なり。せりにて相場を立つる。此町の市最も早く、追々下田の方、又北の方にも及ぶなり。」と記している。二軒の旅館で繭の売買し、その値段が相場になったのである。これを「松崎相場」といい、全国で一番早く繭の値段が決まった。

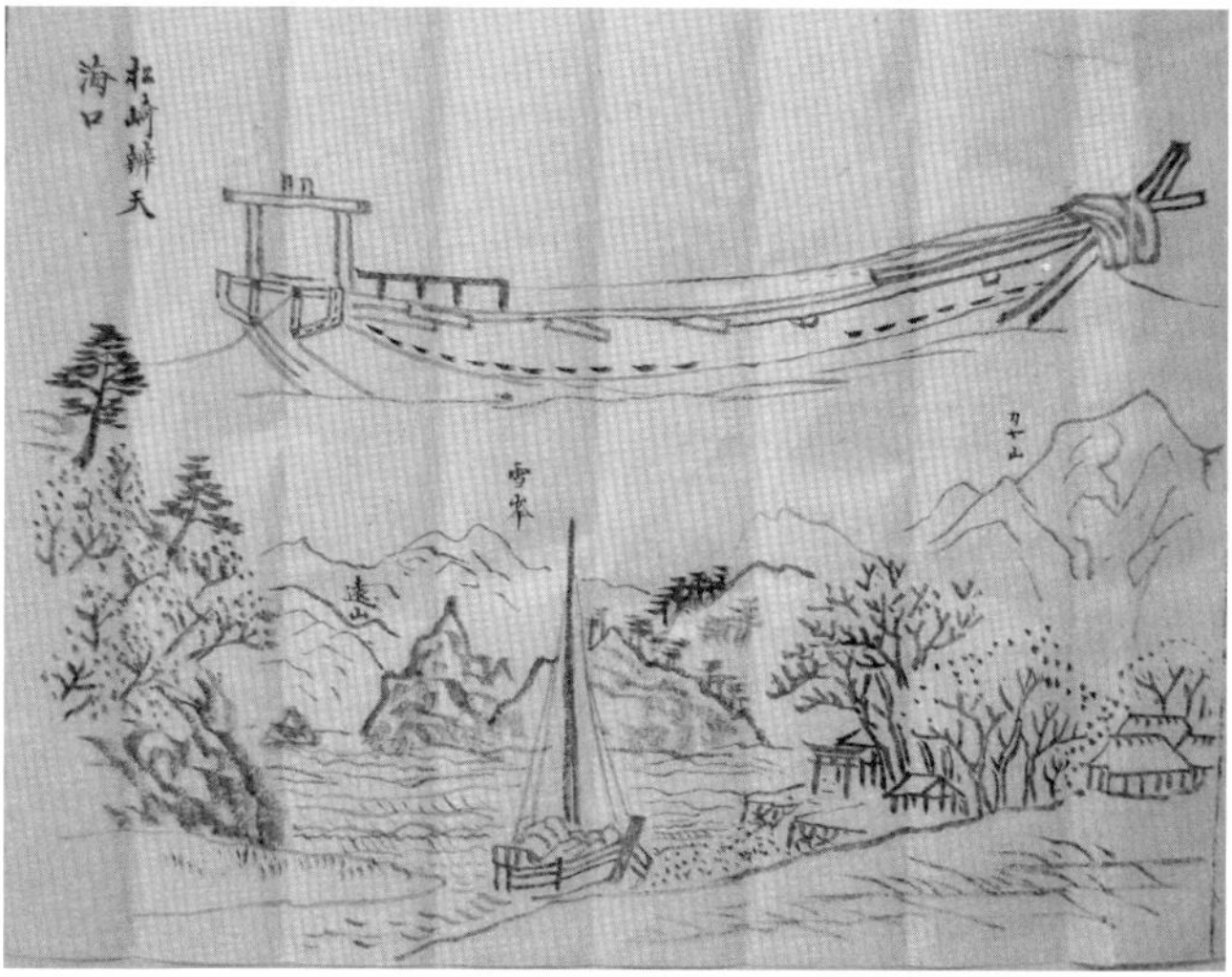

松崎村絵図（公益財団法人江川文庫蔵）

67 松崎⑤

松崎村の農家に生まれた漆喰芸術家入江長八は伊豆の長八とも称された。文化十二年（一八一五）に生まれ、鏝《こて》細工師で幕末から明治前期に活動した職人である。左官となり、かたわら漆喰《しっくい》による鏝絵《こてえ》を制作した。幼少のころから鏝工を好み、十歳の時関仁助に技を学ぶ。天保四年（一八三三）江戸に出、左官棟梁源太郎の弟子となる。その技を磨きながら狩野派の画工となり、乾道と号して絵画の道を歩む。

江戸茅場町薬師堂の建立に当たっては柱に鏝を振るい、その妙技を示し、長八の名は東都に鳴り渡ったという。弘化二年（一八四五）、生まれ故郷の浄感寺が火事で焼失したことを知る。弟子二人を連れて帰省して寺の再建にかかわり、鏝絵を作成している。このとき天井に描いた「八方にらみの竜（雲龍図）」は傑作とされ、天井の飛天図とともに平成二十三年に静岡県文化財に指定された。現在、浄感寺の本堂は「長八記念館」を兼ね、多くの観光客が訪れる。

花や鳥、人などを多く描き、中でも竜を描いた作品は絶妙な味わいで知られている。晩年は学問を好み、自ら書を教えて子弟の教育にも力を入れた。明治十年（一八七七）には君沢郡北上村字沢地（三島市）の龍沢寺で仏門に入った。同寺の不動尊は彼の一生の傑作とされる。また国指定重要文化財の伊豆岩科学校に残された千羽鶴や、松崎春城院の弁財天、大黒天など長八の作品は伊豆の各地で見られる。東京都目黒区の祐天寺の、松崎浄感寺より転任した祐興上人像などを含む傑作は、明治十年の第一回内国勧業博覧会にも出品された。

落語にも伊豆の長八として登場する。あまり知られていないが長八の伝記も執筆されている。明治から昭和にかけて活躍した日本画家結城素明《そめい》の作品集「伊豆長八」や、静岡市の伝記作家・白鳥金次郎が著した伝記「名工伊豆長八伝」などによって、長八の名は徐々に世に知られるようになった。県内各地の校歌の作詞者として知られる教員の須田昌平も長八の伝記「圬工《おこう》伝」を執筆。井上靖の短編「土の絵」にも長八の生涯が描かれている。松崎町内の旅館山光荘のうだつにも長八の鏝絵があり、漫画家つげ義春は同荘に宿泊しながら漫画「長八の宿」を仕上げ、長八の知名度は一気に上がった。長八は明治二十二年（一八八九）、深川八名川町（現江東区深川）の自宅で七十四歳の生涯を閉じる。墓は故郷の浄感寺と浅草正定寺の二か所に設けられている。

長八の作品を展示する長八美術館

68 松崎⑥

松崎では、寛文十一年（一六七一）八月の洪水（亥の満水）で人馬が多数死亡、松崎村の大部分が水没し、河岸にあった浄土宗浄泉寺も流没したという（『松崎町史』）。嘉永七年（一八五四）十一月の安政地震では「松崎湾怒濤、家屋田畑ヲ潰シ一時ニ海原トナシ、宮内村の中央マデ大船の帆柱ヲ押シ上ゲ」という状況であった（『増訂豆州志稿』）。浪除堤防が凡そ五〇〇間余の流失により居家一六軒流失大破、年貢米一〇俵余も流失、田畑七反余に水入の被害を受けた（江川文庫史料）。

火災が慶応元年（一八六五）・同二年・明治二年（一八六九）と相次いで起こり、それぞれ約四〇戸を焼失（『松崎の歴史』）。明治七年七月那賀川の大洪水が起こり、村内の大部分が浸水する被害があった（『松崎の歴史』）。浄泉寺は一〇石余の寺領があり（『旧高旧領取調帳』）、明治六年、境内に松崎学舎が開校した。浄土真宗本願寺派浄感寺・伊那下神社・瀬崎稲荷神社がある。

同二十一年の調査によると、中町に警察分署、郵便局（兼貯金預）、明地町に治安裁判出張所・小学校、松崎銀行があった。明地町に戸長役場が置かれ、本村の他、宮内・伏倉・南郷・明伏・小杉原の六村を所管した。

大正四年（一九一五）八月、依田善六が中心となり、松崎・岩科・中川・仁科・田子・安良里・宇久須・土肥・戸田の各村の有志によって松崎水力電気株式会社を設立、本社を松崎に置いた。翌五年仁科川上流の祢宜ノ畑に仁科川第一発電所が完成し、同年六月に大沢里、その後松崎・仁科に初めて電灯が点った。同七年仁科川第二発電所が一色に完成、九年には第三発電所が完成したが、経営悪化のため、同十一年十月、河津川水力電気株式会社に吸収された。

下田・松崎間を結ぶのは松崎稲梓街道といい、重要な道である。下田街道の途中箕作より分岐し、加増野谷を西行、婆娑羅隧道を通過し、那賀川流域に沿って中川から松崎へ達する約八キロの道路は、明治十年（一八七七）着手、同四十年開通した。

明治十五年七月、賀茂郡大沢村（現松崎町）依田佐二平が豆海《とうかい》汽船会社を起こした。沼津から西伊豆・下田経由東伊豆から横浜・東京を結ぶ。同十九年五月十四日豆海丸が座礁して終業し、東京湾汽船に営業を譲る。座礁した第一豆海丸は石川島造船所で建造、建造費二万九、〇〇〇円。座礁後第二豆海丸を地元の沢村造船所（後の下田ドック）で建造。発着港は江の浦・松崎・下田・網代・熱海・横浜・東京。河津と伊東は寄港して欲しいとき旗を揚げて合図すると臨時寄港となった。

明治二十二年町村制施行により松崎村。同三十四年町制を施行。昭和三十年（一九五五）中川村と合併、翌三十一年岩科村を併合した。なまこ壁を持つ住宅として著明な森家（明治三十五年建築）・近藤家（明治十六年建築）があり、多くのなまこ壁を持つ住宅や蔵が残る。

松崎港

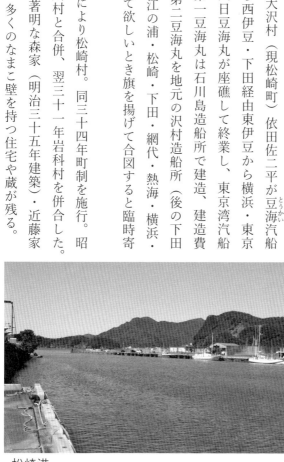

69 宮内（みやうち）賀茂郡松崎町宮内

江戸時代の宮内村は松崎村より分村したと伝えられる（『掛川志稿』）。江戸時代初め幕府領、天明二年（一七八二）から同五年相模小田原藩領、文政八年（一八二五）旗本大久保氏領となり、幕末に至る。寛文七年（一六七七）検地、『元禄郷帳』に高二三五石余。文政十三年（一八三〇）「天城山四口附村五拾九ヶ村村高家数人別書上帳」（奥田家文書）によると大久保宗九郎知行で家数四〇・人数一七三。新島《しんしま》の百姓は貞享四年（一六八七）に漁船五艘・小早船三艘を所持し、船役金三分・京銭四五〇文、釣十分一金一両三分を上納していたが、その後困窮して天当船一艘のみとなり、それを漁船に造り替えたという（関家文書）。

宝永八年（一七一一）当村と伏倉《しくら》村は桜田村との間で山崎山《やまさき》についで紛争があった（関家文書）。当村と伏倉村は岩科村との間で宝暦十一年（一七六一）にも秣場争論があり（岩科区有文書）、文化六年（一八〇九）にも山論出入があった（同文書）。文政三年二月、山葵試み植付の一札が宮内村の植付主から天城山仁科口を管理する御林守に出され、七月に初植付がなされた（西伊豆町中奥田家文書）。

明治十二年（一八七九）「勧業調査表」（松崎町有文書）によると木綿・藍・市皮・薩摩イモなどを作り醤油を製造していた。『掛川志稿』浜村（西伊豆町）の産物に海苔があるとする。那賀川や岩科川では現在でも川海苔が生産される。なのりは西海岸では磯菜とも呼ばれ、吸い物などに入れるもの、川海苔を板状に干した、なのりも特産品となっている。臨済宗建長寺派円通寺・臨済宗妙心寺派春城院などがある。

宮内村出身の渡辺織部（天文四〈一五三五〉～慶長十四〈一六〇九〉）は徳川家康の船手になった。天正十二年（一五八二）、家康が秀吉と戦った小牧・長久手の戦いが始まると織部は長男喜兵衛と共に船各一艘をうけ、伊勢国久津名に出陣。同十八年、小田原城攻めで豊臣軍が勝利をおさめ、家康は関東へ入部、浅野弾正とともに伊豆国の調査を指示される。渡辺織部父子は、弾正とともに伊豆諸島まで検分して報告、この功績によって関船二艘（自在丸と難波丸）を預けられ、宮内村に船蔵を建造。文禄元年（一五九二）秀吉の朝鮮出兵に応え、家康の家臣として宮内村の水夫《かこ》を連れ、関船二艘で名護屋まで出陣、この功により宮内村新島《しんしま》の土地を拝領。慶長五年関ヶ原戦に参加、途中相模国中原で家康の戦勝祈願をし、二〇石の御朱印を受けた。敗将宇喜多秀家の八丈島配流に当たり、一族一三人を長男ともに清水港から護送した。松崎町の春城院に四代五郎七建立の代々の墓碑群がある。

春城院にある渡辺織部関係墓碑群

70 道部（みちぶ）① 賀茂郡松崎町道部

道部は岩科川河口の集落で、隣り合った那賀川河口にある松崎湊と同様、河口の湊を持つ村である。戦国時代の後北条氏支配の時船を使った輸送を手がける者がおり、天正十一年（一五八三）六月五日「北条家朱印状」（岩科区有奈倉文書）で、道部（松崎町）の船方番銭の納入法を調奉行の村田八郎左衛門と代官山中彦次郎に指示している。

太閤検地が行われ、慶長三年（一五九八）「岩科郷検地目録」（岩科区有文書）には道部村も含まれ、もと岩科郷の一部であったことがわかる。それによると、田高二〇九石余・畑屋敷高二二〇石余となっている。江戸時代初め幕府領、享保十三年（一七二八）上野館林藩（群馬県）領、同十八年再び幕府領、元文四年（一七三九）館林藩領を経て、延享三年（一七四六）掛川藩領となり幕末に至る。寛文四年（一六六四）岩科村から分村（元禄十年「覚」『伊豆南西海岸』）。『元禄郷帳』によると岩科村枝郷と肩書きされ高二五二石余。享保十三年牛原《うしばら》山麓に館林藩の陣屋が置かれ、一時中断した後、元文五年再び陣屋を置き、掛川藩の陣屋となり、安永元年（一七七二）江奈村に移転した。

『掛川誌稿』「道部村」の項に「陣屋跡牛原山の下、千体堂の前にあり、安永元年辰三月江奈村西の立石に移し税吏を置く」とある。小字の乙奈面と陣屋前の中間地で老釜の千体堂左全面（現在田地）に建てられ、七八両で陣屋・門塀・長屋を普請している。道部陣屋裏の千体堂に陣屋詰役人大西三郎・森本文蔵・中村権左衛門の墓がある。また、「掛川勤法」に、「明和九年（安永元）二月朔日、道部御陣屋湿地に付引払、庄屋伊左衛門江奈方寓居三月朔日良辰ニ付、今陣屋役在柏十太夫」とある。

元文五年「村差出帳」（道部区有文書）に釣鰹・釣鮪・びん長の十分一、漁船七（船役長さ一尋につき永三〇文）、小揚船一（船役一尋につき永二五文）、五大力船二（船役水夫一人につき一〇〇文）、戸数一八二・人数七八二、家大工三・船大工一三・鍛冶四・木挽三・桶屋二、裏作に麦、畑作は芋・大根・木綿・いちび等、夏秋は鰹を第一とし鰹節にして江戸へ送っている。

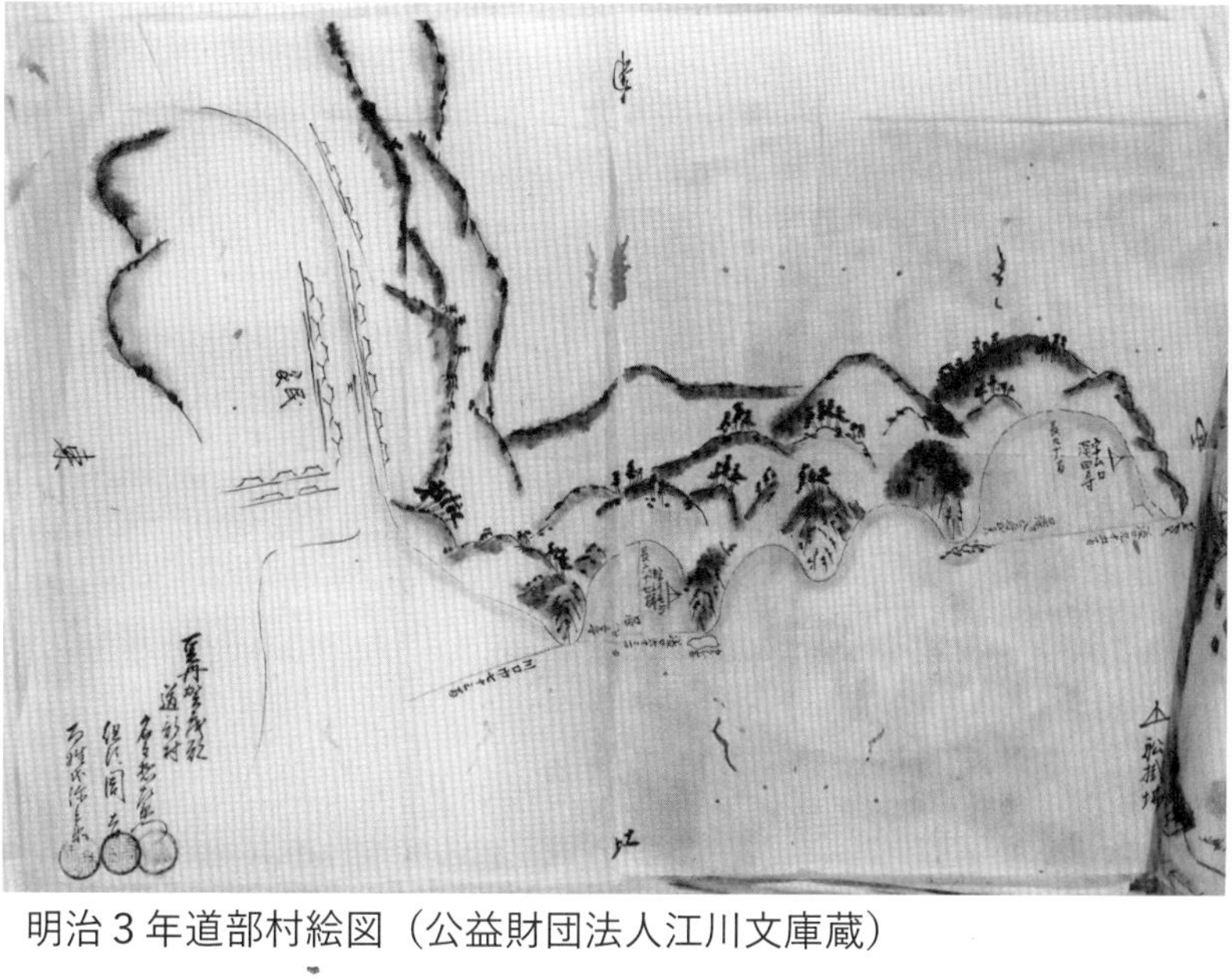

明治３年道部村絵図（公益財団法人江川文庫蔵）

71 道部②

天保十二年（一八四一）の廻船取締役への届けによると道部村惣右衛門所持の弁天丸五〇〇石・初寄丸四五〇〇石の廻船二艘があった（松崎町有文書「御屋敷御用勤仕記録」）。『掛川志稿』では戸数一七七・人数七四一。文政五年（一八二二）「諸国鰹節番付表」に道部節は東の前頭一七枚目となっていて、当時鰹節を生産していたことが判明する。享和元年（一八〇一）五月二十二日、伊能忠敬が第二次測量で来訪、海岸線の測量を行っている。

明治七年（一八七四）浄土宗梅養院に松崎学校の支校一七三番小学道部学舎を開校した（『松崎町史』）。明治十八年伊豆が静岡県から離脱しようと「神奈川県エ管轄替請願」に署名した戸主一六九人の内、山本五三、宮内一八、斎藤一六、小池一二、糸川一一、渡辺・稲葉各七、石田五、土屋・真野・奈倉・高木・岡村・鈴木各四、山田・内藤各二、岩崎・関・松本・荒井・池田・天野・森下・高橋・田中・佐藤・竹村・松井各一人の姓が見える。

明治二十一年の調査によると戸長役場が岩科村に置かれた。浄土宗梅養院は山号は天満山。長禄三年（一四五九）創建、開山僧智天。『増訂豆州志稿』に本尊阿弥陀とあり、初梅養軒と号したという。道部神社は、『南豆風土誌』に寛永六年（一六二九）棟札あり、祭神水波能賣命《みずはのめのみこと》とある。寛永六年棟札には「願主宮内四郎左衛門、鍛治大工斎藤弥三、番匠大工石川左近」、文化十一年（一八一四）棟札銘には「鍛治弥兵衛、石工安良里村源七」とある。

字宮ノ脇にある熊野神社は古く、文亀二年（一五〇二）十一月二十日銘の棟札には「大工清太郎、願主丸子氏女□」とあり、永和二年（一三七六）十一月十日の棟札など古札一二枚あるとされる。文政六年（一八二三）棟札銘には「名主斎藤弥左衛門」とある。十一月三日例祭日に式三番叟を奉納していたが戦後中絶したとされる。『南豆風土誌』に祭神伊弉冉尊《いざなみのみこと》とある。

那賀川を境にそれ以北の西伊豆町域一体を那賀郡、それより南部を賀茂郡といった。明治二十二年（一八八九）町村制が布かれ賀茂郡岩科村に帰属、昭和三十年（一九五五）松崎町に帰属した。岩科川の北側の道に念仏行者である徳本名号碑《みょうごうひ》（「南無阿弥陀仏」が彫られている）がある。徳本名号碑は、伊豆にある唯念名号碑と並んで伊豆各地に点在している。

徳本名号碑

72 岩地（いわち）① 賀茂郡松崎町岩地

岩地は、十二世紀末に書かれた『閑谷集』に「伊豆のおくにいはちといふところに、おほきやかなる石のひらきあり。この石はこひいしと名づけて、踏む人は必ず足にこひのつくよしを、人の申すを聞いて、いかなれあいのちの石のふみみての後にこひつつ身とはなるらん」とある。「こひいし」は現在「モロイシ」といい、諸石神社のご神体に比定されている。

江戸時代初期は幕府領、天明二年（一七八二）から天明五年まで大久保小田原藩領、五年幕府領に上知、預かり同年浜田藩（松平氏、島根県）に支配が替わり、翌六年再び幕府領に上知された。文化八年（一八一一）旗本蜂屋領となり幕末に至る。延宝五年（一六七七）に三島代官の覚として書かれた「伊豆鏡」では村高四四石一四一。寛文八年（一六六八）雲見村との間で浅間山について（「手形証文」雲見高橋家文書）、享保十七年（一七三二）には石部村と秣場について出入りがあった（石部区有文書）。

鰹漁は古くから行われ、寛政七年（一七九五）と文化三年の鰹漁の書付（斉藤家文書）が残る。文政五年（一八二二）の「諸国鰹節番付表」では鰹節である岩地節は西の前頭一八枚目。明治十二年（一八七九）「勧業調査表」（松崎町有文書）によると、戸数九一・人数五一〇（うち農民三〇〇・漁民七〇・工一五・商二）、漁船二五で鰹節を製造している。

享和元年（一八〇一）五月二十一日、伊能忠敬の第二次測量隊が来訪し、名主幾右衛門方へ止宿した。難船破船については文化元年に新居（新居町）の与七船（「上申書」斉藤家文書）をはじめ、同六年には紀州名屋浦（和歌山県御坊市）の直乗船頭甚五郎の船（「一札」同文書）などの記録があり、風待ち湊の役割を果たした。棒木料と称する係船料も徴収し、観天望気のための日和山もできた。追々定宿もでき、房州屋とか阿波屋を名乗るようになり、経済・文化の交流も図られてきたと伝わる。文久元年（一八六一）には異国船の滓鋼釘類が流れ寄り、神奈川奉行所に届け出ている（「異国船滓鋼釘類仕訳書上帳」同文書）。

斉藤家は鰹漁を始めた阿波屋と両家で村政にかかわり、正月の門松は互いの家の分も併せて二対（四本）立てていたという。明治六年（一八七三）西光庵（現廃寺）に岩地学舎を開校。諸石神社がある。明治二十二年岩科村に帰属、昭和三十年（一九五五）松崎町に帰属。

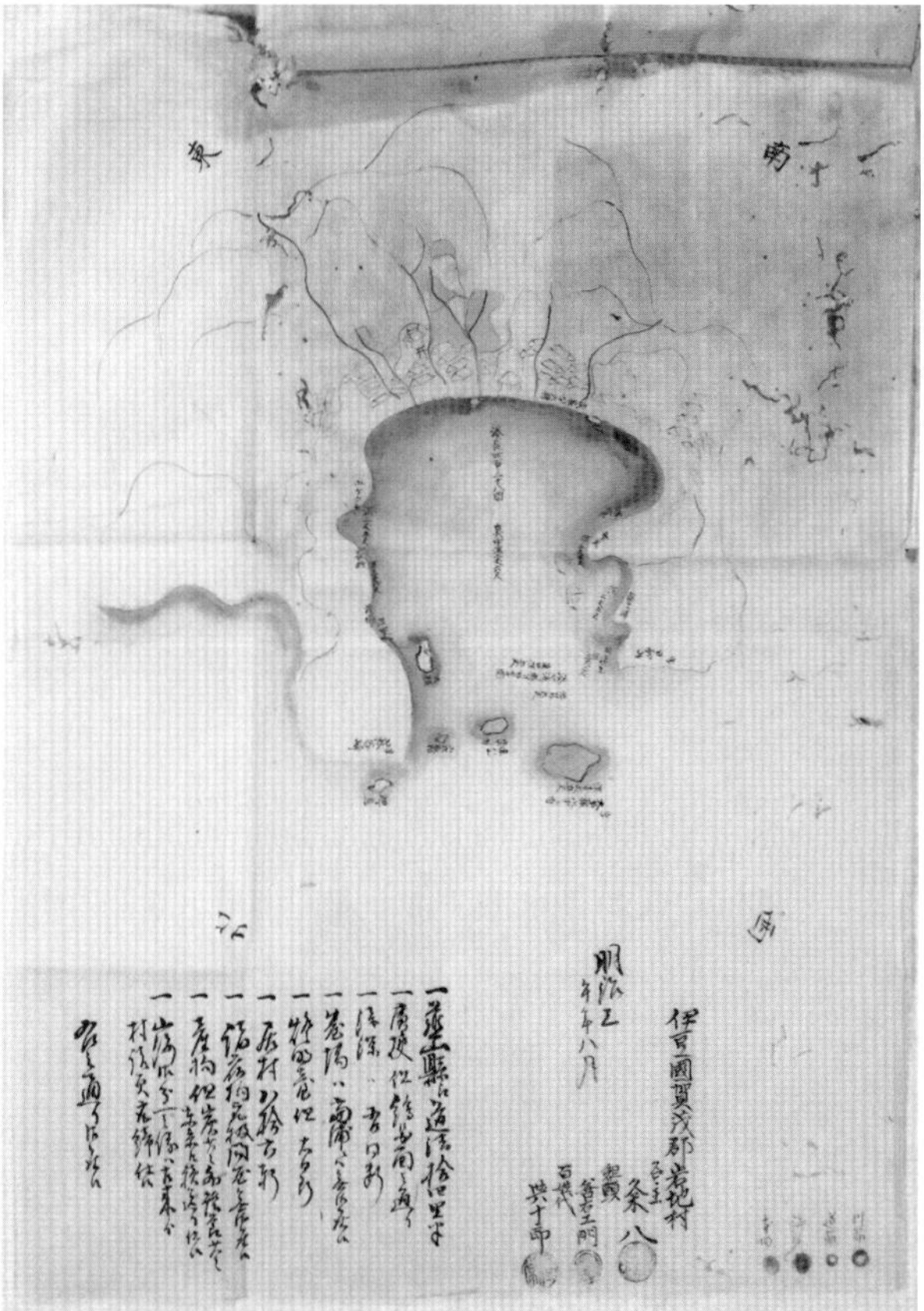

明治３年岩地村絵図（公益財団法人江川文庫蔵）

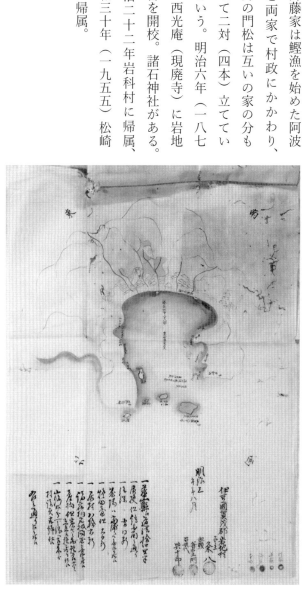

73 岩地②

江戸時代の伊豆では、口伊豆を除いて海に囲まれた周囲には多くの浦々があり、伊豆で収穫した産物はどこでも津出しが可能であった。そこで、幕府は出荷できる浦を管理し、そこに出荷額の一〇分の一を税として納めさせる分一番所を設置した。そして、そこを通過しない荷物は抜け荷として厳しく罰せられた。伊豆半島周囲では元禄十四年（一七〇一）、享保十四年（一七二九）の記録によると三津、長浜、戸田、土肥、八木沢、仁科浜、松崎、妻良、下田、稲取と河岸である御園、瓜生野があげられる。しかし、ほかに、宇佐美や網代、熱海にも番所はあったので、まだすべての実態は判明していない。

安政四年（一八五二）一月七日、仁科浜村の仁科口炭会所から岩地村の船主に天城炭の江戸への運搬依頼があった。冬期に炭の需要が高まり、近郊に森林がなく人口の多い江戸では特に暖房のための炭が必要であった。ところが、幕末になると、農業形態が集約型となり、牛馬耕が減少し人力作業が中心となった。さらに交通量の増加に伴って街道筋では馬の絶対量の不足が生じていた。そのため、炭の運搬にも困難を生じるようになった。こうした中での輸送依頼であった。

天城御用炭は江戸城西の丸に納入されるもので、不足すると大変なことになった。ところが、炭を焼くのは天城山中であるため、運送方法としてどうしても牛馬を使わなければならない。江戸時代の賀茂郡域では山岳地が多いため、輸送はもっぱら牛が使われ、なおかつ浜に近い場所は仁科口であった。通常なら仁科川河口にある仁科浜村から津出ししなければならないところ、岩地村も使われたのだ。番所のある松崎ではなく、仁科からであるが、御用炭は請負業が地元に下請けさせるので、津出し場所も自ずと決まっていた。

江戸時代下田往還の難所である天城二本杉峠に置かれた地蔵の造立寄進者に峠を挟む河津町・伊豆市湯ヶ島の者だけでなく、東にある白田村や仁科の炭焼き関係者が名前を連ねている。那賀川・岩科川河口にある松崎湊は明治に至るまで天城炭の輸送拠点であった。

巾着型をした入江に面した岩地海岸、前項絵図参照

74 石部（いしぶ）賀茂郡松崎町石部

石部は、十二世紀末に書かれた『閑谷集』に「おなじにし浦に、いしふといふ所に、あまのすみかいそたちかくして、岩うつなみ しげきよしを語ると聞きて、いつとなくいしふの岩にうちちらす波やとまやの雫なるらん」と記載される「いしふといふ所」であろう。建暦元年（一二一一）七月十八日北条時政と考えられる人物が「石火宮」の供菜料に充てるため、松崎下宮（伊那下神社）の鰹船の諸役を免除している（伊那下神社文書）。石火宮は現在の伊志夫神社に当たると思われる。ただしこの史料は検討の余地があるという。天文十二年（一五四三）八月二十四日伊部大明神棟札銘（伊志夫神社蔵）では仁科庄雲見郷石部とある。

慶長三年（一五九八）伊豆南部で一斉に行われた太閤検地の内、七月十五日「雲見之内石部之村御縄打水帳」（石部区有文書）が残る。江戸時代初期は幕府領、天明二年（一七八二）～五年大久保小田原藩領、天明五～六年松平浜田藩領（島根県）、天明六年幕府領に上知、文化八年（一八一一）旗本鈴木領となり幕末に至る。『元禄郷帳』では高一七二石余。天明二年の「石部村差出帳」（石部区有文書）では家数一〇四・人数四八一、馬五・牛一一。文政六年（一八二三）には雲見村との間に漁場出入があった（同文書）。文化十三年には大火があり、七〇軒が焼失した（同文書）。

伊志夫神社は、『南豆風土誌』に祭神事代主命・大山祇命とあり、建暦元年（一二一一）文書に「石火宮」と見える、とある。『延喜式』神名帳に伊志夫神社、「伊豆国神階帳」に載る従四位上いしひの明神に比定される。また、石火は石霊の義で、石神を祀るという。神田に高さ約四・五㍍、周囲二・一㍍で上部が平らになって凹みを持つ石があり、これを石火石といっている。伊志夫神社の神主とする。この場所は神火を焚いた跡という。寛永十五年（一六三三）以降の棟札には三嶋大明神の称号が用いられ、漁業の神として広く信仰を集め、この宮の金の御幣を振ると魚が招寄せられたと伝えられる。一月十七日例祭日。

明治六年（一八七三）薬師堂に石部学舎を開校。曹洞宗禅宗院、伊志夫神社がある。戸長役場が岩科村に置かれ、明治二十二年岩科村の帰属、昭和三十年（一九五五）松崎町に帰属した。明治三十年には赤痢が大流行し学校が七月十一日から八月三十一日まで五十二日間休業となる事件があった。石部は今でも棚田で耕作が行われるが、後継者が少なく、オーナー制度で運営している。

伊志夫神社、神社裏手に館主とする石があるが、大きく撮影画面に収まらない。

75 雲見（くもみ）① 賀茂郡松崎町雲見

十二世紀末に書かれた『閑谷集』に「同じところにて、もゐといふうらより、はるかに海を見わたしたるがおもしろきよし を申せば、思ひやる心さへこそおよばれね雲井につづく沖つ白波」とあり、ここにある「もゐ」は雲見に比定されると考えられる。『北条五代記』に明応二年（一四九三）雲見の高橋将監が北条早雲の軍門に下ったとある。天文十二年（一五四三）八月二十四日伊部大明神棟札銘（伊志布神社蔵）では仁科庄雲見郷石部とある。永禄二年（一五五九）の『小田原衆所領役帳』の伊豆衆に高橋と見え、「拾貫文 雲見」とある。天正十七年（一五八九）十二月二日「北条家朱印状」（高橋清家文書）によると、丹後守に四板船を二隻新しく造り雲見浦に置くにあたっては諸役を免除し、北条氏の御用の時には北条家朱印状で依頼するとしている。

高橋氏の城と伝える上の山城は、鎌倉時代創築といい、『南豆風土誌』に正平四年（南朝、一三四九）雲見上ノ山城主高橋丹後守と記載される。城址は雲見神社と向かい合った山の中腹といわれている。家並みのすぐ背後から何段か階段を登ると、約一〇〇〇㍍四方の平坦地に出るが、すっかり開墾されていて遺構は見られない。現状はすべて畑。高橋氏は鎌倉時代からの在地土豪で、雲見神社の神主家を数十代にわたって勤め、戦国時代は、高橋将監高種の居城。天正十八年（一五九〇）の下田籠城戦には、時の城主高橋丹後守が水軍所大将清水康英の同心として活躍した。当城は戦わず自然落城したものと思われる。

慶長三年（一五九八）伊豆南部で行われた太閤検地の一環で七月十七日に雲見の検地が行われた。「西浦雲見之村御縄打水帳」（雲見区有文書）が残り、これに字名「ワサヒサワ」の記載がある。伊豆に原生の山葵があったことをうかがわせる。『元禄郷帳』に高一一五石余。江戸時代初め幕府領、天明二年（一七八二）から同五年相模小田原藩領、同五年大久保加賀守支配八一石余が幕府領に上知、同年三四石余が石見浜田藩領（島根県）となり、翌六年再び幕府当分預りになる。文政八年（一八二五）旗本大久保氏領となり、幕末に至る。文化十年（一八一三）の「立鰹勘定割合帳」（雲見区有文書）によると三八〇本の鰹をとり、松崎や岩地に売却して代金一二両を得て一人七五五文を分配した。産物は魚のほか海苔・薪・炭など（『増訂豆州志稿』）。

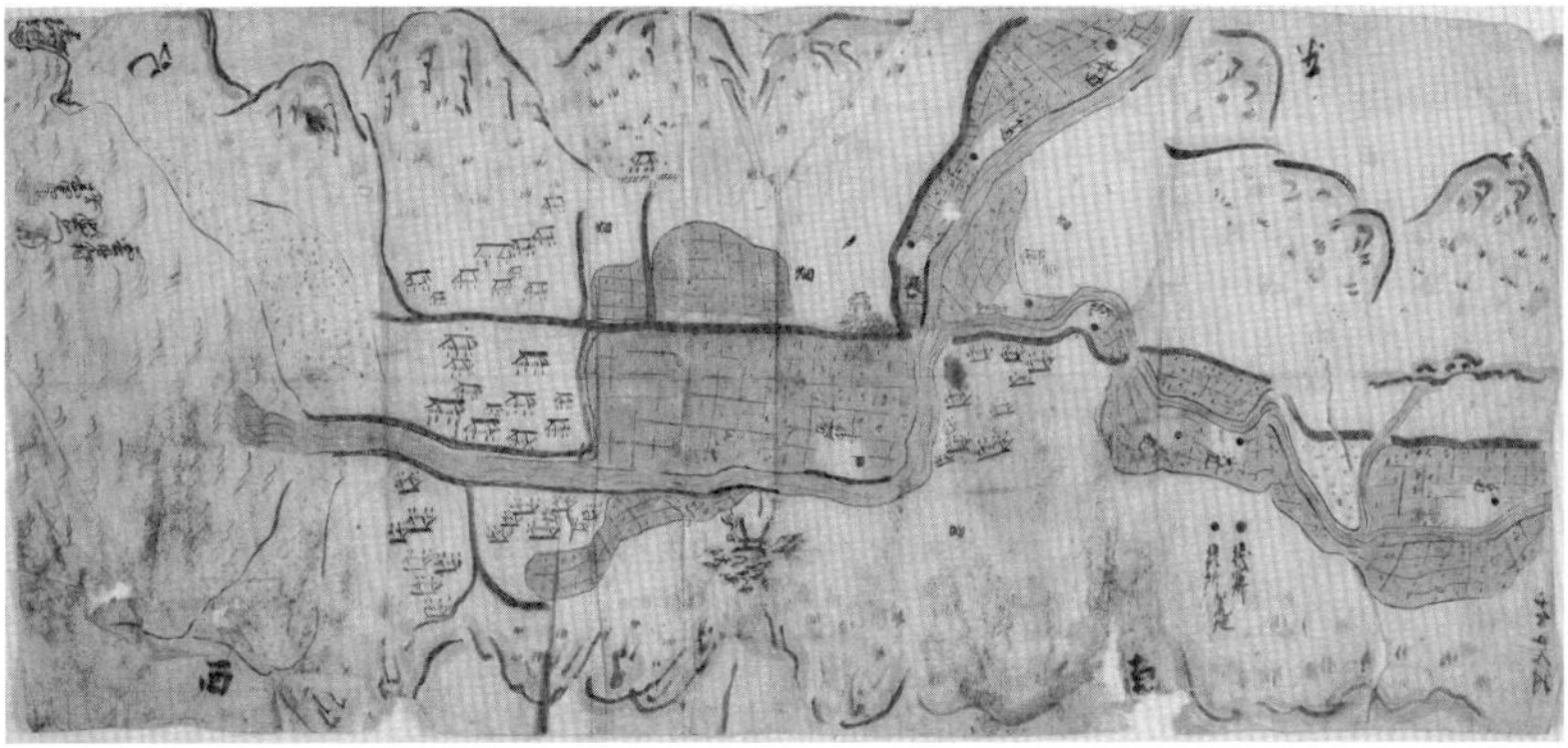

雲見村絵図（公益財団法人江川文庫蔵）

76 雲見②

雲見は令和四年八月に台風による甚大な被害を受けたが、文化十三年（一八一六）八月には大風、十一月には大雨大洪水で山崩れがあり田畑が破損し、普請中の堤防が決壊して川沿いの民家九軒が流失、七軒が埋没するという被害があった（「願書」高橋家文書など）。慶応二年（一八六六）山本金木『雲見神社参詣記』によると、「雲見村は九十戸ばかりありけるが、往古より長寿なるもの数多《あまた》ありと語れり。」とある。明治六年（一八七三）臥雲寺（現廃寺）に雲見学舎が開校。浅間神社は旧郷社で、烏帽子山山頂にあり、「伊豆国神階帳」に載る従四位上「石戸の明神」に比定する説もある。ほかに白山神社。雲見崎の南方六〇〇㍍辺りにある千貫門は海中にそそり立つ高さ三〇㍍の巨岩で、海食洞門は伊豆奇勝の一つ。

東海道線原駅（沼津市）から北へ少し行った場所に「雲見講」の碑が建っている。この碑は松崎町にある雲見へ巡礼したことを示す記念碑である。前出の慶応二年井伊谷宮（浜松市）神官山本金木《かねき》が雲見浅間神社まで参詣した記録を『雲見神社参詣記』に著した。それには、「今年慶応二年より、雲見講といふを取り結びて、年ごとに二人づつその内より参り詣《まう》でて、礼代《ゐやしろ》の幣帛《ぬさ》奉らむことを、同じ心の友だちと議《はか》り定めて、使ひに立つ者のくじ引き取れるに、中村貞則と予《われ》に当たりければ、嬉しみ恭しみて、やがて旅装なして、」と記載がある。その中の記述を少し紹介しよう。

朝早く大神を拝もうと神主の高橋丹後守に先導してもらい、童子二人に御饌米《おせんまい》・御酒《おみき》を背負わせ登った。神社のある浅間山は一枚の岩が海中に突き出て、屏風《びやうぶ》を立てたようになっている。毎年六月一日、八日、十六日に三回お祭りをする。その祭りのたびごとに、通常は見る事ができない長さ一丈（約三㍍）余りのシュモクザメと、大きな亀とが海上に浮かび出て、終日、浅間山の周囲を回遊するのを、参詣者が岩の上から見学する。サメは、必ず祭りには出現するが、亀は稀《まれ》には見えないこともある。

　祭りに配る神札には祭り当日のサメ・亀の出現に見られるように、寿命長久のほか、海上安全・家内安全・開運招福などがあり、古くから漁師の信仰を集めていて、原や浜松等遠くから参詣に訪れている。雲見浅間（松崎町）や下田富士（下田市）は、駿河の富士山と三姉妹だったと言われている。雲見の浅間神社のある山は烏帽子山ともいい、遠くから見ると烏帽子のように見える。海のランドマークの役割を景していた。

江川英龍画西伊豆風景、画面左に雲見神社の烏帽子山が描かれている。

77伊浜（いはま）賀茂郡南伊豆町伊浜

普照寺に所蔵されている大般若経巻四七〇の奥書に、永徳元年（一三八一）七月十五日「仁科庄伊浜郷」の同寺で書写したとある。応永三年（一三九六）七月二十三日の「管領斯波義将奉書」（上杉家文書）によると、山内上杉氏の上杉憲方遺領として子憲定に安堵された所領の一つに「伊浜田」があるが、当地のことであろう。寛正五年（一四六四）の普照寺半鐘銘には「仁科庄伊浜郷普照寺」とあり、住僧盛賢が奉納している（文政四年『伊豆鏡』）。永禄二年（一五五九）編さんの『小田原衆所領役帳』伊豆衆に肥田某と見え、「八拾貫文 西郡飯富（小田原市飯泉か）」「拾五貫文 豆州落居湯浜」と、合計役高は一〇〇貫文。落居は伊浜の通称字名に現存している。

慶長三年（一五九八）検地、検地帳に「豆州西浦湯浜」とある。江戸時代初期は幕府領、享保十三年（一七二八）上野館林藩領、同十九年幕府領に上知、元文五年（一七四〇）館林藩領、延享三年（一七四六）掛川藩領、宝暦三年（一七五三）同藩領と幕府領の相給、のち全部が掛川藩領となり、幕末に至る。

寛永二年（一六二五）「年貢割付状」（肥田家文書）には鹿皮二枚役がみえる。『元禄郷帳』では高一五七石余。貞享五年（一六八八）「差出帳」（肥田家文書）によると家数八五・人数四六六、牛五六・馬三七、鉄砲三挺役・鹿皮二枚役・磯運上年金一両、天馬船一がある。『掛川志稿』では幕府領三八石余・掛川藩領一九八石余、家数一二〇・人数六五三とある。

年貢米の津出しは子浦、または道部（松崎町）で、農間余業として男は木・竹・かや取、女は野茅・かや木取を行い、八丈島へ往復する八丈御船の下田逗留中には船の上屋のため百姓が高割負担。天明六年（一七八六）伊浜村（南伊豆町）では「磯運上海苔取立帳」（肥田家文書）が作られ、『増訂豆州志稿』に礪《あらと》の産地として大仁（砥山）・箕作（米山）・宇久須（大磯山）・伊浜（波分山）を載せる。年不詳ではあるが、字久保に二間半×一間半の大きさの遠見番所が設置された。そして、字関谷に番所詰めの役人のための勤番長屋が置かれた（江川文庫蔵）。こちらは上下段になっていて、上段五三〇坪余、下段が二〇八坪の広さであった。江戸時代、谷文晁が『公余探勝図』に「伊浜東望」として描く。享保十四年（一七二九）二月九日発生した地震で、伊浜村では、海岸の波除石堤一二〇間破損、畑石垣三一か所破損、屋敷三二か所破損、本家八軒半痛、馬屋・こいや一八軒半痛。

明治十年（一八七七）天神原新田を合併。普照寺は寛正年間に盛賢が再興、真言宗であった（『増訂豆州志稿』）。明治二十二年三浜村、昭和三十年（一九五五）南伊豆町となる。

江川英龍画「伊浜」、公益財団法人江川文庫蔵

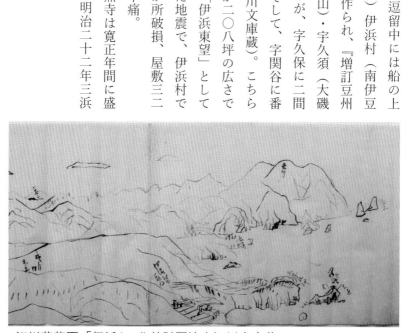

78 子浦（こうら）① 賀茂郡南伊豆町子浦

子浦には岩倉古墳群があり、古い集落である。『増訂豆州志稿』に、山本左衛門佐政村が江州浅井郡山本村の住士であったが、小浦に住し、初めて小浦氏を名乗った。その四世の裔が正高で、参州桜井に移住し清康君の家臣となり、桜井の信定の部下に列せられた、という。

小浦郷は現子浦を遺称地とする中世の郷。市之瀬の高根神社所蔵の大永六年（一五二六）十二月三日の棟札には「仁科庄小浦郷内一瀬村」とみえ、青野川流域の現市之瀬をも含む地域であった。天文二十年（一五五一）八月二十六日「北条家朱印状写」（新井氏所蔵文書）では清水康英に小浦村を宛行い瑞泉庵に渡す事とした。永禄元年（一五五八）十一月一日北条氏が定めた熊野新造船による清水湊から網代までの材木回漕を行う船方三三人の中に四人「妻良・小浦」とある（長瀬大川文書）。永禄二年の『小田原衆所領役帳』の伊豆衆に清水太郎左衛門と見え、「三百七拾貫文豆州加納」などの外「拾弐貫文豆州子浦」の合計八二四貫文の内六七〇貫文は前々から知行役は致し来る、とある。

河津町筏場天神社に大永七年（一五二七）十一月三日銘の棟札が二枚残り、大政威徳天満大自在天神宮上葺棟札銘（天神社蔵）では「当領主 藤原（清水）吉政」と「当領主 藤原吉政之妾小浦奇生小名亀子」が願主となっている。南伊豆町毛倉野にある天文十三年九月二十二日の高根大明神宝殿造営棟札に鍛冶大工小浦助右衛門、市之瀬にある高根神社の永禄九年八月宝殿新造立棟札に鍛冶小浦次郎右衛門とある。天正二年（一五七四）七月十日「北条家朱印状写」（諸州古文書相州豆州二四 - 一七一五）では八木殿と子浦（南伊豆町）に甲斐国の武田勝頼からの船手形の専門印の見本が届き、その印を文書に貼付して子浦の人に覚えさせ駿河国からの船の出入りを確認して入津させるとした。奉者は清水康英。天正九年には伊豆西海岸で武田軍と北条軍の戦いがあり、同年頃と推定される六月十九日の「竹田勝頼感状」（小浜文書）によれば、子浦の戦いで戦功をあげた小浜景隆を称している。

天正十年（か）二月二十二日「北条家伝馬手形」（最勝院文書）では小田原から伊豆国子浦まで馬飼料諸道具運送の御用として伝馬五疋を出させ、伝馬賃は免除した。同十二年十二月二十日「清水康英判物」（清水家文書）では子浦に清水英吉（淡路守）の屋敷分として一〇貫文を宛行った。

江川英龍画「子浦村風景図」（公益財団法人江川文庫蔵）

79 子浦②

子浦へは、南隣の妻良からの道は険しく「妻良の七坂、子浦の八坂」といわれ、渡船で往来することも多かった（『静岡県史』）。俚謡にも「妻良の七坂、子浦の八坂、西洋普請で崩したい」（『南豆風土誌』）とある。江戸時代初期は幕府領、安永六年（一七七七）小田原藩領、天明五年（一七八五）石見浜田藩領（島根県）となり翌六年十二月幕府領に上知、文化八年（一八一一）旗本河原林（瓦林）領となり幕末に至る。『元禄郷帳』では高一八一石余。御菜役永七〇文、ほかに薪十分一・舟役など（『増訂豆州志稿』）。享保五年（一七二〇）「下田番所附浦々水主役書上」（『下田市史』）によると、村高五八石余、廻船三・猟船二三一・いさば船一・てんま船一艘とある。

慶長年間（一五九六～一五一五）以来東子浦・西子浦に分割され、双方に名主を置いた（寛政十二年「内済証文」『伊豆南西海岸』）。寛永十三年（一六三六）幕府の浦々取締のために当村と下田町に浦高札が下され、寛文七年（一六六七）日和山に湊明堂が設置された（『御当家令条』〈『近世法制史料叢書』〉）。寛文九年には松坂（三重県）の廻船が難破し、その積荷の処理と浦手形をめぐって伊浜村との間で争論が起こった（『伊豆南西海岸』）。

寛政五年（一七九三）老中松平定信一行は臨済宗建長寺派潮音寺で一泊している（「当用の覚帳」小沢家文書）。享和元年（一八〇一）五月二十日には伊能忠敬が第二次測量、名主甚兵衛に止宿した。文化七年（一八一〇）伊豆を旅行した富秋園海若子は当地を訪れ、十月一日から十四日まで滞在、この時の様子を文政四年（一八二一）『伊豆日記』にまとめて板行した。隣村妻良と合わせた挿図があり、妻良の項で紹介する。

文久四年（一八六四）一四代将軍徳川家茂は海路上洛途上、強風のため子浦湊に入港し西林寺に宿泊した（「御艦翔鶴丸御入船若居者誉記録」）。弘化四年（一八四七）入港中の船より出火し、八幡神社を残し村内が全焼した（「合力帳」石垣家文書）。明治五年（一八七二）「賀茂郡皆済目録」（江川文庫）によると万船税、薪肴分一税、水車税の書上げがある。

明治二十一年の調査によると、郵便局（兼調金預）、巡査駐在所、小学校の分校があり、戸長役場が妻良村に置かれた。明治二十二年三浜村、昭和三十年（一九五五）南伊豆町となる。福永武彦が同三十九年四月、当地と妻良を訪れ長編小説『海市』を著す。

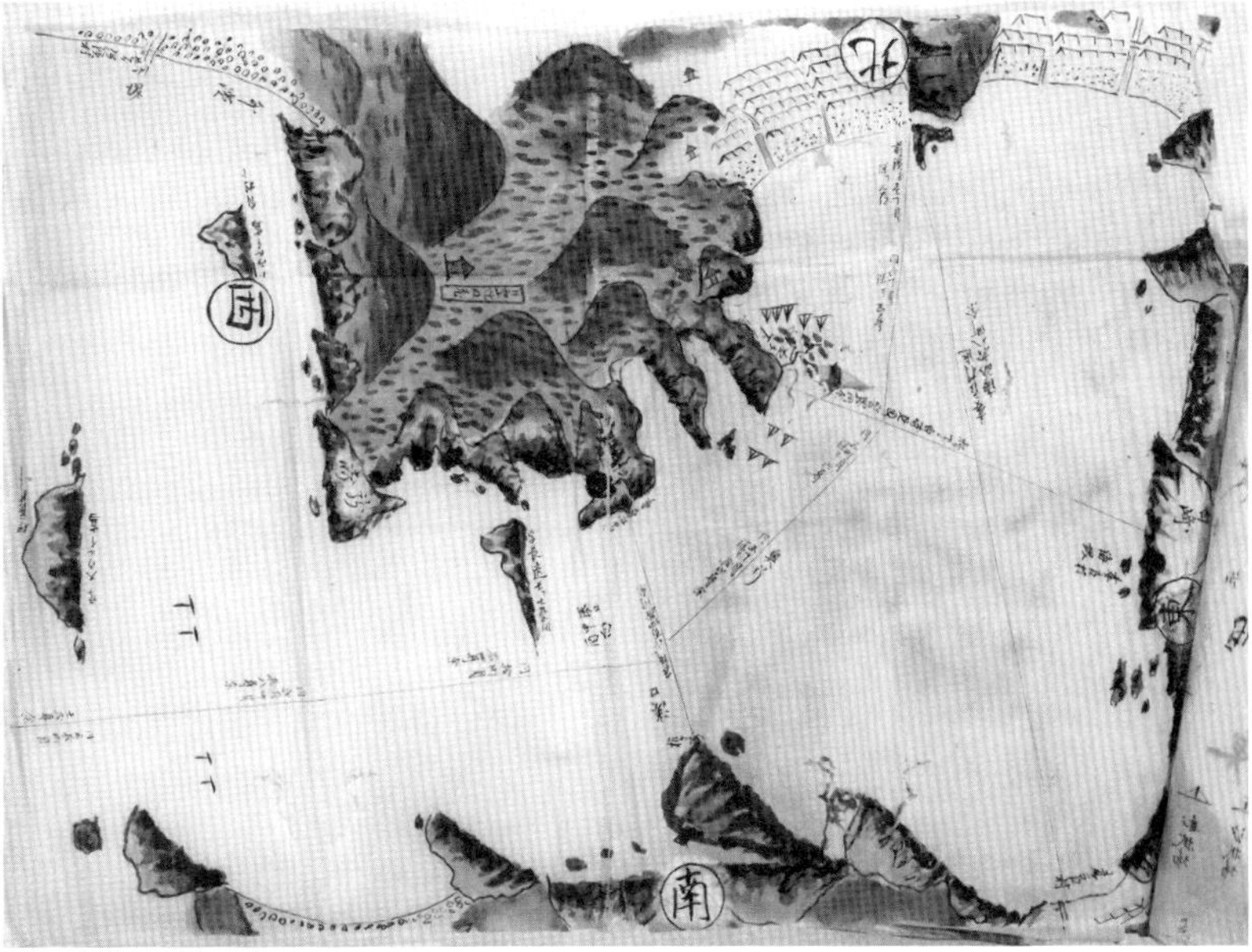

明治３年子浦村絵図（公益財団法人江川文庫蔵）

80 子浦③

子浦湾の南東側に妻良港、北西側に子浦港があり、漁港として知られ、かつては良好な風待ち湊であった。海岸は遠浅で、湾入り口では水深二〇～三〇㍍となる。湾口から大陸棚の縁までの幅は約五㌔。伊豆と伊勢志摩を結ぶ航路の風待ちや避難港として古くから使われてきた。子浦は西風に強く東風に弱い。妻良は東風に強く西風に弱い。従って風待ちはその時の条件で、湾内のどちらかが使われた。

寛文七年（一六六七）日和山に湊明堂が設置され（『御当家令条』〈『近世法制史料叢書』〉）、同堂の年間費用（魚油・灯心・布・美濃紙・番人賃金）は金二五両京八一四文であった（年未詳「御入用入札之事」肥田家文書）。『増訂豆州志稿』に往昔湊明堂が置かれたが今廃すとある。

『伊豆日記』（文政四年刊）の著者富秋園海若子が文化七年（一八一〇）一〇月に子浦の日和山に登り、「このうらの日和《ヒヨリ》見る山に、行んとて捏たつ、さとのうしろなる山に七八丁ばかりのぼりて、やゝ平かなる處にいでたり、こゝに東西《トウサイ》をゑりたる石の杭《クヒ》あり、日和見る處とて、広き井田もてつくれる台をすゑたり、この上にのぼれて見れば、西は駿河の山々、南ははてもなき青海ばらなり、ひがしは八重山つらなり、北ざまはるかに富士のね雲間に見るゆ、げにてい気持見るにはかゝる處に御影屋《ミカゲヤ》なにがしといふ人あり、この人は日和見るわざにいともたけて、あしたには寅の刻よりこの山に登りて日の出つるを見、ゆふべには入りぬる日影を見て、雨風の空《ソラ》をうかがふこと、ひと日もおこたることなしとぞ、されはゆき、する大舟、のぼりくるとき、この浦に舟をよせて、この人にていけのさまを問ひ聞き、七十五里と聞く遠《トホ》つあふみのわたりがたき灘を、やすくもなしりのぼるとかや、げに世にはかゝる業《ワザ》にたへなる人もありけるぞかし」と記す。約一・五キロの遊歩道が整備され、県の天然記念物に指定されているウバメガシの群生が見られる。子浦港の西側半島部は日和山（一一七メートル）と呼ばれ、南端に日和山自然公園がある。方角石があるとのことであるが、本来の日和見した場所から動かされているという。

文化十年（一八一三）当湊で日和待ちしたのちに出帆した督乗丸は御前崎沖で流され十七か月間太平洋を漂流した後、イギリス船に助けられた。その後ロシアなどを経て同十四年に帰国。乗組員十四名のうちに子浦出身の音吉がおり、体験を記した「水主音吉救助帰国聞書」（戸崎家文書）が残り、浄土宗西林寺には音吉の墓がある。明治四十四年（一九一一）の調査では年間出入りの商船のうち、定期汽船八六〇・不定期四八、帆船二八、和船二一艘を記載。

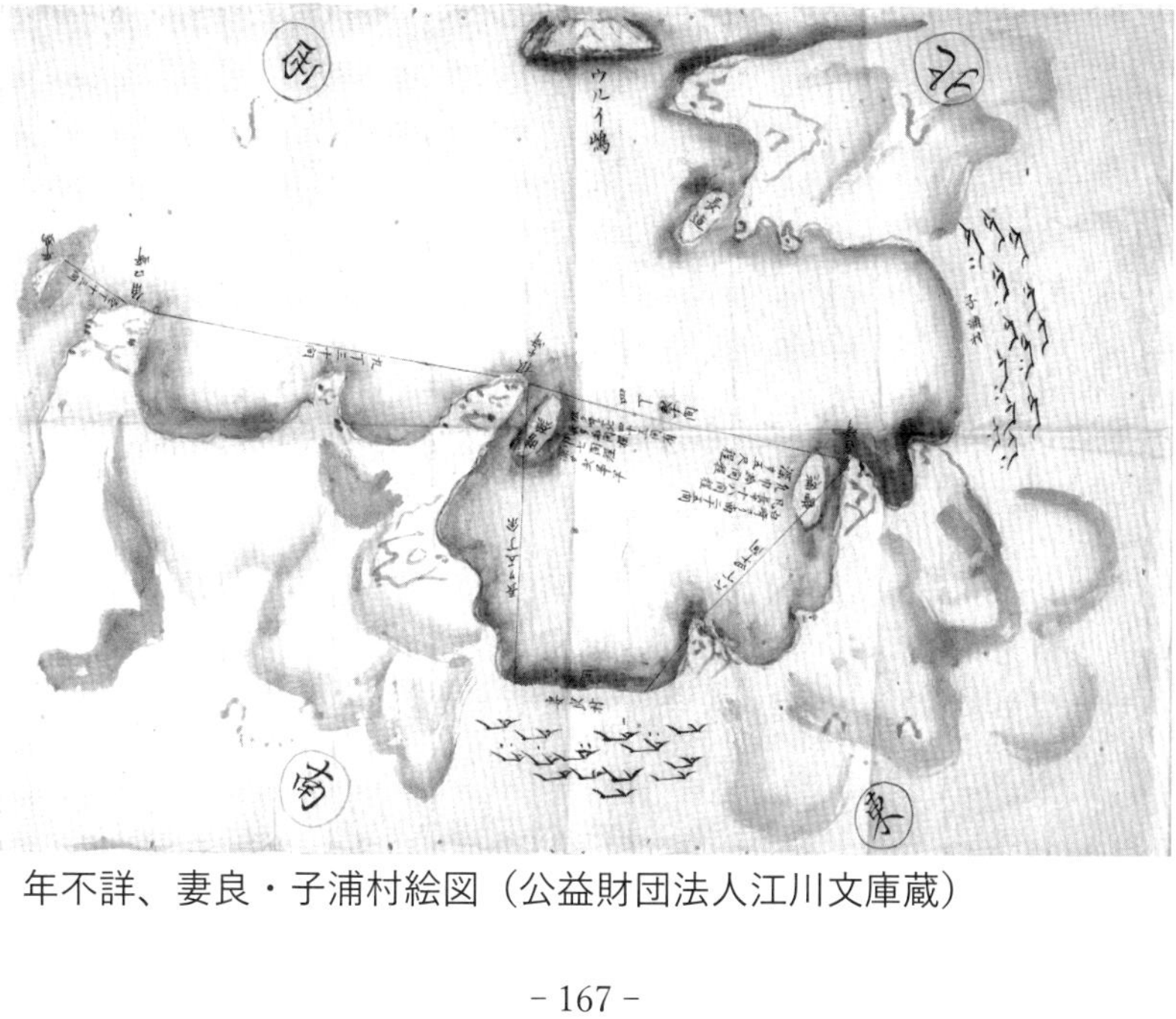

年不詳、妻良・子浦村絵図（公益財団法人江川文庫蔵）

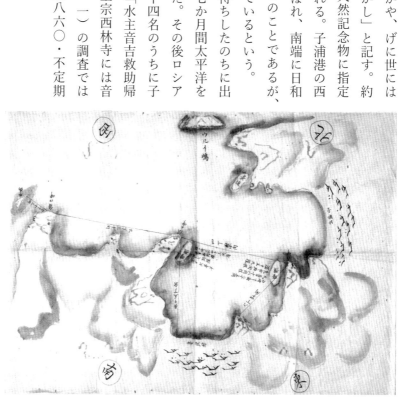

81 妻良（めら）① 賀茂郡南伊豆町妻良

天平七年（七三五）九月の平城京跡出土木簡（『平城宮木簡概報』22）に「入間郷売良里」とある。現南伊豆町妻良《めら》付近に比定される。「売」は女に通じるので、海岸付近に多い女良とかかわるものと思われる。なお平城京跡出土木簡にみえる美良里と同一の里とする説もある。『増訂豆州志稿』によると、『曾我物語』に妻良忠高（三郎）とあり、『吾妻鏡』に妻浦五郎とみえるとある。妻浦とも書いた。

文治元年（一一八五）三月十二日源頼朝は平氏追討のため、「妻郎津」などに係留中の兵船三二艘に兵糧米を載せて出港させているが（『吾妻鏡』）、これも当地のことであろう。延元三年（一三三八）九月十二日伊勢の大湊（三重県伊勢市）を出航し、当国を目ざした宗良親王（後醍醐天皇の皇子）一行は大嵐に遭い、僚船は「女良ノ湊」などの湊に吹き寄せられた（『太平記』巻20）。

『北条五代記』に明応二年（一四九三）妻良の村田市之助が北条早雲の軍門に下ったとある。永禄元年（一五五八）十一月一日「北条家朱印状写」（長浜大川文書）によると、北条氏は熊野新造船の乗組員を定め、その中の「妻良・小浦」四人を含む総勢三三人の船方で、駿河国清水から網代までの材木の運搬を命じている。同二年の『小田原衆所領役帳』（『静岡県史資料編』）伊豆衆に村田とあり、「四拾貫文 豆州妻良」「卅貫文 豆州福良（現在地未詳）」の知行高七〇貫文は知行役を賦課され、この外蔵出一〇貫文を支給され、この内三貫文は引銭とある。

慶長三年（一五九八）七月の「年貢目録写」（勝呂家文書、『静岡県史 資料編10』）によると、田九町三反余・分米一〇八石余、畑屋敷九町九反余・分米七〇石余。江戸時代初期は幕府領、天明五年（一七八五）石見浜田藩領（島根県）となり翌六年十二月幕府領に上知、文化八年（一八一一）旗本有馬領一三七石余・前田領五一石余の相給となり幕末に至る。『元禄郷帳』では高一八八石余。寛文三年（一六六三）「年貢割付状」（妻良区有文書）によると鹿皮役・御菜役永二八文。享保五年（一七二〇）「下田番所附浦々水主役書上」（『下田市史』）によると、村高一七八石余、猟船九・てんま船二艘とある。寛政十年（一七九八）「年貢割付状」（同文書）では御菜役・山役永一〇七文・鉄砲役永五〇文・万船役永一貫三五九文余・漁獲物永五貫九二五文。同年「村明細帳」（『妻良風土誌』）では家数一九三・人数七八〇、木綿栽培が盛んで、小廻船一・漁船五・網船四・もぎり船三・伝馬船二、鰹釣と網漁が盛んで、農間稼ぎは主として女子が磯草取を行う。

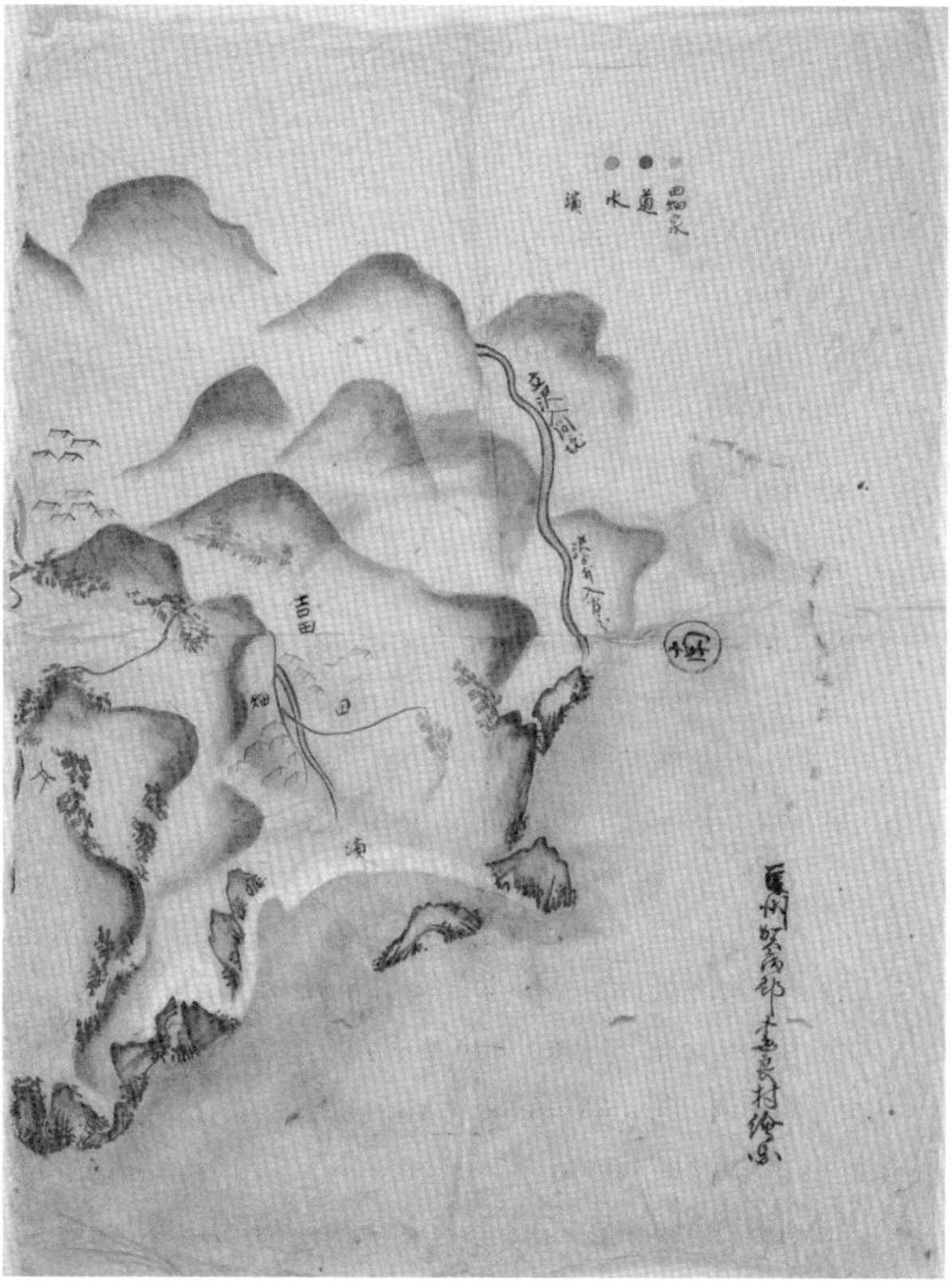

妻良村絵図（公益財団法人江川文庫蔵）

82 妻良②

妻良は、天保八年（一八三七）の「妻良湊絵図」（妻良区有文書）によると南浦路沿いに民家が並ぶ。その西に妻良湊があり、枝郷立岩・吉田、北東の山麓に曹洞宗法泉寺がある。いるか漁が盛んで天保十年三月には妻良と北隣の子浦両村で計六五五六本を水揚げし、金一八九両と銭三貫四四一文を得た（同文書）。慶応三年（一八六七）「谷川マグロ水揚割渡控帳」（『妻良風土誌』）ではマグロ水揚げ五一七本、漁船八、家数二三四。明治五年（一八七二）「賀茂郡皆済目録」（江川文庫）によると御菜税、薪肴分一税、石山税の書上げがある。

寛文年中（一六六一～七三）に伊豆の一三浦に浦役人が置かれたが、享保五年（一七二〇）には妻良の八木氏など三人となり、寛政六年（一七九四）八木氏は不正が発覚して罷免された（『下田年中行事』）。寛政五年豆相海岸巡見中の老中松平定信は立岩の孝行人五郎兵衛に金二〇〇疋を与えた（『下田年中行事』）。

嘉永七年（一八五四）の安政東海地震では大津波により家約八〇軒が被害を受けた。慶応三年（一八六七）十月二十三日昼四つ頃三島宮社地へ天照大神宮御祓三六枚が降り、村内を清浄にして神酒と鏡餅を奉納、氏子をはじめ、近郷の群衆も参詣人に酒を振る舞い、餅銭を投げて賑わい、酒二〇駄などを使い、老若男女に致るまで勇んで踊立ち、二十四日から二十八日迄繰り広げられた（「永代帳」妻良区有文書）。江戸時代、谷文晁は『公余探勝図』に「妻良」を描いている。

三島神社は『延喜式』神名帳に載る賀茂郡大津往命神社、「伊豆国神階帳」に載る従四位上「をゝつゆき姫の神社」に比定、高根神社、白鳥神社、高野山真言宗善福寺・曹洞宗良泉寺などがある。明治二十一年(一八八八)の調査によると、向井条に小学校・戸長役場が置かれ、戸長役場は本村と入間・一色・子浦・伊浜・蝶ヶ野の六村を所管した。

八月十五日の夜前浜で行われる「妻良の盆踊り」は静岡県無形民俗文化財に指定されている。盆踊りは上方の流人が伝え、室町時代の伝統を残すといわれる。編み笠に浴衣の女衆が、太鼓や笛の音に合わせて穏やかなテンポで優雅に踊る。砂浜に設けられた櫓太鼓を中心とした大きな輪で、夜明けまで踊り続ける。

妻良港は少なくとも鎌倉期から港として機能していた。明治四十四年(一九一一)の調査では年間出入りの商船のうち、定期汽船八六〇・不定期四八、帆船三二、和船一八艘を記載。港沖は県下でも有数の漁場となっているため、出漁漁船が仮泊したり避難のため入港する。

『伊豆日記』所収挿図「妻良」

83 入間（いるま）① 賀茂郡南伊豆町入間

入間の枝郷に差田《さしだ》・中木《なかき》がある。天平七年（七三五）九月の平城京跡出土木簡（『平城宮木簡概報（三一）』）に「那賀郡入間郷中村里」「那賀郡入間郷売良里」とみえ、中村里・売良里の二里が確認されている。入間の間をハシと訓んで、イハシとして射鷲郷と同一とする説もあるが、現南伊豆町の入間の地名が残存するので、同町、旧三坂村にあたる妻良・伊浜・子浦・入間・中木付近に比定される。『和名抄』には記載されない郷である。

『増訂豆州志稿』に年不詳で深草王子が入間村に流されたということある。永禄二年（一五五九）の『小田原衆所領役帳』の御家中衆の本光院殿（北条為昌）衆に仙波藤四郎と見え、「卅貫文 豆州奥落合」「四拾六貫文 豆州指田（南伊豆町入間）」、この他に一四貫文を知行上銭（収公された銭か）と蔵出を与えられ以上合計九〇貫文で御公方役は前々よりこれあり、とある。

慶長三年（一五九八）と推定される検地帳には「入間指田中木村」とあり（『増訂豆州志稿』）、指田・中木は入間村の枝村とみられる。江戸時代初期は幕府領、宝永五年（一七〇八）小田原藩領、延享四年（一七四七）幕府領、文化八年（一八一一）旗本有馬領となり幕末に至る。

『元禄郷帳』では高二九四石余。寛永二十一年（一六四四）には鹿皮三枚役永三〇〇文・塩一石余永一七五文があったが、これは元禄年間（一六八八～一七〇四）までで、延宝年間（一六七三～八一）以降は小早船三艘役計永三〇〇文、元禄年間以降は茶畑上木年貢米八合・鉄砲一挺役永五〇文を上納（『伊豆南西海岸』）。文化八年「村明細帳」（勝呂家文書）によれば家数二〇二、船数一五（廻船四・小セリ船二・漁船九）・役永四貫一五八文、馬三〇・牛二五、年貢津出しは中木湊、中野山は一色《いしき》村との入会で刈敷場として年間八〇人の人足を負担した。江戸時代、谷文晁『公余探勝図』に「入間村」として描かれる。

嘉永五年（一八五二）伊豆沖で漂流し、ハワイ・中国経由のロシア船メンシコフ号で帰国した紀州天寿丸の乗組員七名は、下田での入港を拒否され、小舟で中木浦に乗り寄せ江戸へ護送された（「漂流民取調書」小沢家文書）。明治五年（一八七二）「賀茂郡皆済目録」（江川文庫）によると塩竈税、薪肴分一税、石伐出税、海税の書上げがある。

明治３年入間村内中木浦絵図（公益財団法人江川文庫蔵）

84 入間②

明治七年（一八七四）フランスのニール号が入間沖で座礁沈没し、漂着死者三一人・生存者四人となった。臨済宗建長寺派海蔵寺、三島神社がある。明治二十一年の調査によると、小学校の分校があり、戸長役場が妻良村に置かれた。入間防風壁は近代土木遺産に指定されている。

中木は入間村の枝村で、南から湾が深く入り込んでおり、風浪を防ぐ島や岩礁が適当にあり天然の良港である。遠州灘を一気に渡るための風待ちや避難港には絶好の港。明治四十四年（一九一一）の調査では年間出入りの商船のうち、定期汽船七〇〇艘、帆船九〇、和船三〇を記載。港の西側に日和山があり、尾根沿いに遊歩道が整備されている。頂上付近に石窟があり、この付近が日和見した場所とされる。現在は樹木が生い茂りあまり見通しは利かない。ただし、日和山につきものの方角石は池ノ原という場所にあった。南波松太郎氏は、日和見した場所が日和山から池ノ原に移ったと推定している。差田は指田とも書き、入間の枝郷、永禄二年（一五五九）「小田原衆所領役帳」に本光院殿（北条為昌）衆の仙波藤四郎の所領役高として「指田四六貫文」とあり、現小字名の差田に比定される。

明治元年韮山県、同四年足柄県、同九年に静岡県に帰属する。明治二十二年伊浜・子浦・妻良とともに三浜村となる。入間海岸は石を切り出した名残として平らな磯が幾重にも重なる千畳敷の海水浴場があるほか、磯遊びや釣りを楽しむことができる。

昭和四十九年（一九七四）五月九日八時三十三分発生した伊豆半島沖地震は、伊豆半島南端の入間付近を震央とする直下型地震で、震源の深さ一〇キロ、マグニチュード六・九。この地震で石廊崎活断層が右横ずれの地震断層として活動した。伊豆半島南部の震度は五、中木では二二軒が埋没、二七人が死亡をはじめとする家屋倒壊などの被害、各所に山崩れ。被害は当時の南伊豆町を中心に下田市・松崎町・東伊豆町・河津町・旧天城湯ヶ島町の一市五町に及び、死者三〇人、負傷者一〇二人、全潰家屋一三四軒、半潰二四〇軒、全焼家屋五軒、一部破損家屋一、九一七軒、被災人員八、三〇七人にのぼった。この地方の岩石は鉱化作用や温泉作用などで著しく変質した所が多いが、被害はそれを反映して、主な山崩れ八〇か所、道路の崩壊五七か所を数えた。救難活動にヘリコプターが使えず船が活用されたのも、山を背にした狭小な海岸地形の集落に起きた地震の特徴である。

令和六年正月に発生した能登半島地震の災害救助活動が困難を極めたが、伊豆の災害対策も常に考えておかなければいけない教訓となった。

入間遠望

85 長津呂（ながつろ）① 賀茂郡南伊豆町長津呂

長津呂の初出は、『吾妻鏡』に長津呂崎とあり、古くは伊豆ヶ崎ともいった。十二世紀末に書かれた『閑谷集』に「いろうかさきは風など吹けば、とをるもことにわづらわしきよし、人の申すを聞きて、風吹けばいかに心のうかるらん色ふかさきをまはるあまふね」とある。鍋浦山にある白水城は、室町時代初期、御簾三河守によって築かれた海賊城といわれる。『南豆風土誌』には、正平四年（南朝、一三四九）「源基氏伝帖」記載の長津呂白水城主御簾三河守を掲載する。城跡に桜が植栽され、桜の名所になっている。永禄元年（一五五八）十一月一日「北条家朱印状写」（長浜大川文書）によると、北条氏が清水から網代まで材木を回漕させるための熊野新造船に「長津呂」三人の他総勢三三人の船方がいた。

慶長三年（一五九八）検地を受け、検地帳に「豆州之内大瀬・長津呂」と記載され、同十八年王子神社棟札に「大瀬郷長鶴村」とあるので、大瀬村と一村であったと思われる。江戸時代初期は幕府領で、五八石余が下田御番今村彦兵衛の知行地であった（「今村彦兵衛知行国郡村高覚」菰田家文書）。天明五年（一七八五）石見浜田藩領となり翌六年十二月幕府領に上知、幕末に至る。

『元禄郷帳』では高五九石余。享保五年（一七二〇）「下田番所附浦々水主役書上」（『下田市史』）によると、いさば船二・猟二艘の記載がある。寛政五年（一七九三）「書上帳」（小沢家文書）では家数七二、小せり船一艘役永三〇〇文、漁船二（役永一尋につき三〇文）、農間稼は漁業や廻船引船賃稼、木綿・麻の織物、木の葉・草の採集などとある。湊明堂《みなとあかしどう》があり、八丈島御用船の引船も勤める。医師一・家大工二・船大工一の書き上げもある。天保十五年（一八四四）「村々様子大概書」（江川文庫）では家数七五・人数三三二、草刈場は大瀬村と入会で一か所、百姓林一か所。慶応三年（一八六七）の調査によると当村に三艘の漁船があった（江川文庫）。江戸時代、谷文晁『公余探勝図』に「長津呂」「長津呂港」が描かれる。享和元年（一八〇一）五月十九日に伊能忠敬の第二次測量が到着、名主与三左右衛門宅に止宿した。

明治二十二年（一八八九）南崎村、昭和三十年（一九五五）南伊豆町となる。昭和四十四年には熱帯植物を中心としたジャングル・パークを開設。石廊崎には灯台とともに、測候所が置かれている。なお、同四十九年五月九日発生の伊豆半島沖地震では石廊崎断層の再活動によって、世帯数一〇八世帯・一九一棟中、全壊三五棟（全壊率一八パーセント）、半壊一八棟、一部破損二〇棟、崖崩れ一二か所等の被害を出した。

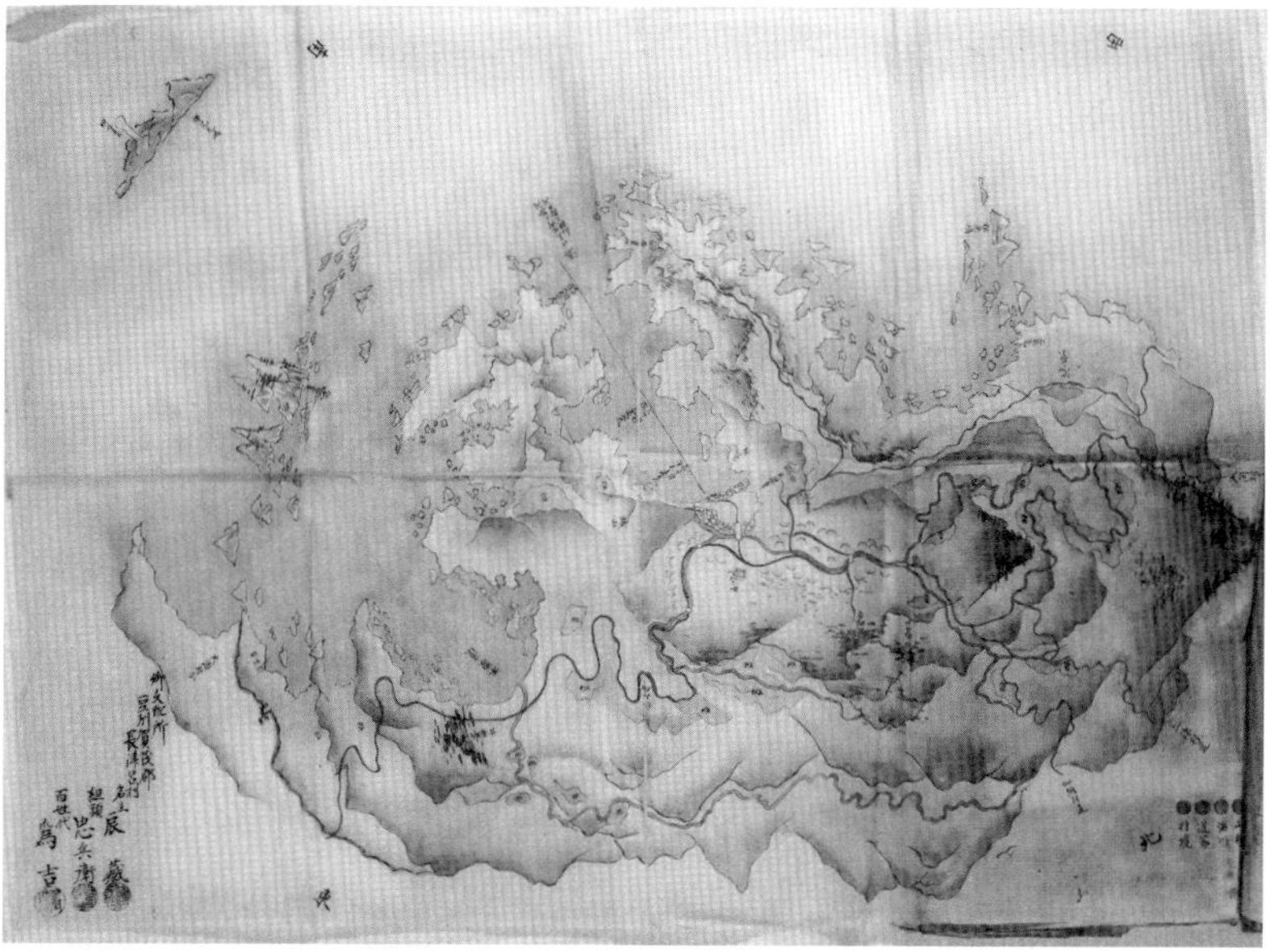
長津呂村絵図（公益財団法人江川文庫蔵）

86 長津呂②

長津呂港は伊豆半島南端に位置し、細長い入江の一番奥にある。戦国期から水主《かこ》役を勤めた地域である。現在は漁業と観光の港。天然の良港で、避難港として最適。ただ、港から外洋は全く見えない。寛永十三年（一六三六）夜間の航行安全のため湊明堂《みなとあかしどう》が設置され、延享三年（一七四六）には湊改修の拝借金二〇〇両を願出ている（「拝借金の願書」小沢家文書）。湊明堂は縦二間・横九尺・高さ九尺五寸で、万延元年（一六八〇）まで一四回の建替えが行われた。同堂で使用する油・布・紙代は幕府から支給され、番人足は村役であった（寛政五年「書上帳」小沢家文書）。

明治四年（一八七一）八月に石廊崎に、R・H・ブラントンの設計による木造・八角形・白色の灯台が建設された。昭和七年（一九三二）十一月の台風で破損し、翌年三月現在の鉄筋コンクリート造り灯台が完成した。高さ一一㍍。海面からの高さ約六〇㍍。明治四十四年（一九一一）の調査では年間出入りの商船のうち、定期汽船七〇〇艘、帆船二五を記載。石廊崎に向かう遊歩道の途中左手に標高約五〇㍍の日和山がある。現在は道がほとんどなく、登るのは困難である。

石室神社は、祭神は伊波例命《いわれのみこと》で、『延喜式』内社の伊波例命神社に比定される。神階帳の従四位上いわらいの明神という。石廊崎の先端に祀られ、古くは金剛山石室権現とも呼称され、海上安全の守護神として崇敬を集めた。社殿は海岸の岩窟上に長い帆柱を架け、その上に造営されている。石室神社のこれは「伊豆の七不思議」の一つである。昔、江戸へ向かう播州の船が石廊崎の沖で大嵐に襲われた。船乗りたちは転覆寸前の船上から目に見えぬ対岸の石室神社に船の命である帆柱と引き換えに助けてもらえるよう祈った。すると、波は不思議と静まり船は無事に江戸に着くことができた。帰路、行きの約束を忘れた船が石廊崎沖を通り過ぎようとすると、どうしたことか船は一向に進まず、次第に暴風雨となった。船乗りは行きの約束を思い出し、総掛かりで帆柱を切り倒して海に投げ入れると帆柱は荒れ狂う大波に乗り、まるで供えられたかのように神前に打ち上げられ、同時に海も静まったという（「石室神社由来記」）。その時打ち上げられた檜の帆柱は明治三十四年（一九〇一）に立て替えられた社殿の土台として今も使われている。現在の社殿は参道の石段とともに明治三十四年造営。例祭日四月三日。

石廊崎灯台（『伊豆の浦つたい』）より

87 大瀬（おおせ）賀茂郡南伊豆町大瀬

大瀬の地名は、天平七年（七三五）十月平城京跡出土木簡（『平城宮木簡概報（三）』）に「色日郷大背里」とみえ、他に鯉名里・中村里があり、三里が確認されている。イロヒと訓んで石廊崎を含む地域と考えられ、現南伊豆町大瀬・下流・石廊崎・手石付近に比定される。『和名抄』に記載されていない郷名である。

慶長三年（一五九八）の検地帳に「豆州大瀬村」とあり、のち大瀬村と長津呂村は分村したと思われる。江戸時代初期は幕府領、天明五年（一七八五）石見浜田藩領（島根県）となり翌六年十二月幕府領に上知、幕末に至る。なお、江戸初期には五一石余が下田御番今村彦兵衛の知行地であった（「今村彦兵衛知行国郡村高覚」菰田家文書）。寛文十二年（一六七二）大瀬村とみえ、高五四石余（「伊豆国中高之寄」一橋大学文書）。『元禄郷帳』では高八七石余。

元禄二年（一六八九）の勘定帳（『伊豆南西海岸』）によると塩竈役永一四〇文・熨斗役永四〇文・鉄砲役永二五文・いさば船一艘役永一五〇文・漁船一艘役永一三八文・かつお船二艘役永二六四文などの記載がある。天保九年（一八三八）「差出帳」（菊地家文書）によると塩竈役・丸木船役・山役・万船役・鰡網冥加・白石冥加、押送船二・漁船四・天当船一〇、家数七九、川除波除四、八丈島御用船の引船をする。南隣の長津呂村とたびたび磯争いを起こし、同十三年には鮑取をめぐり争いが起きた（「磯境書」同文書など）。米の津出しは手石湊、農間は薪を伐出し売却、漁猟。慶応四年（一八六八）「相模・伊豆・駿河国家数人別牛馬一村限帳」（江川文庫蔵）に家数七七・人数六五三（男三二七・女三二六）、牛一一・馬一〇、寺一・僧二、宮一とある。

　王子神社は『延喜式』神名帳に載る賀茂郡穂都佐気命神社（小座）に比定される。浄土真宗本願寺派浄性寺がある。箕掛島には役小角が箕を掛けたとの伝承が残る。明治二十一年（一八八八）の調査によると、社一、寺一、戸数八〇、人口六五八（男三〇九・女三四九）。小学校の分校があり、戸長役場が手石村に置かれた。明治二十二年南崎《みなみざき》村、昭和三十年（一九五五）南伊豆町となる。明治四十四年（一九一一）の調査では大瀬港の年間出入りの商船のうち、定期汽船二五〇艘を記載。

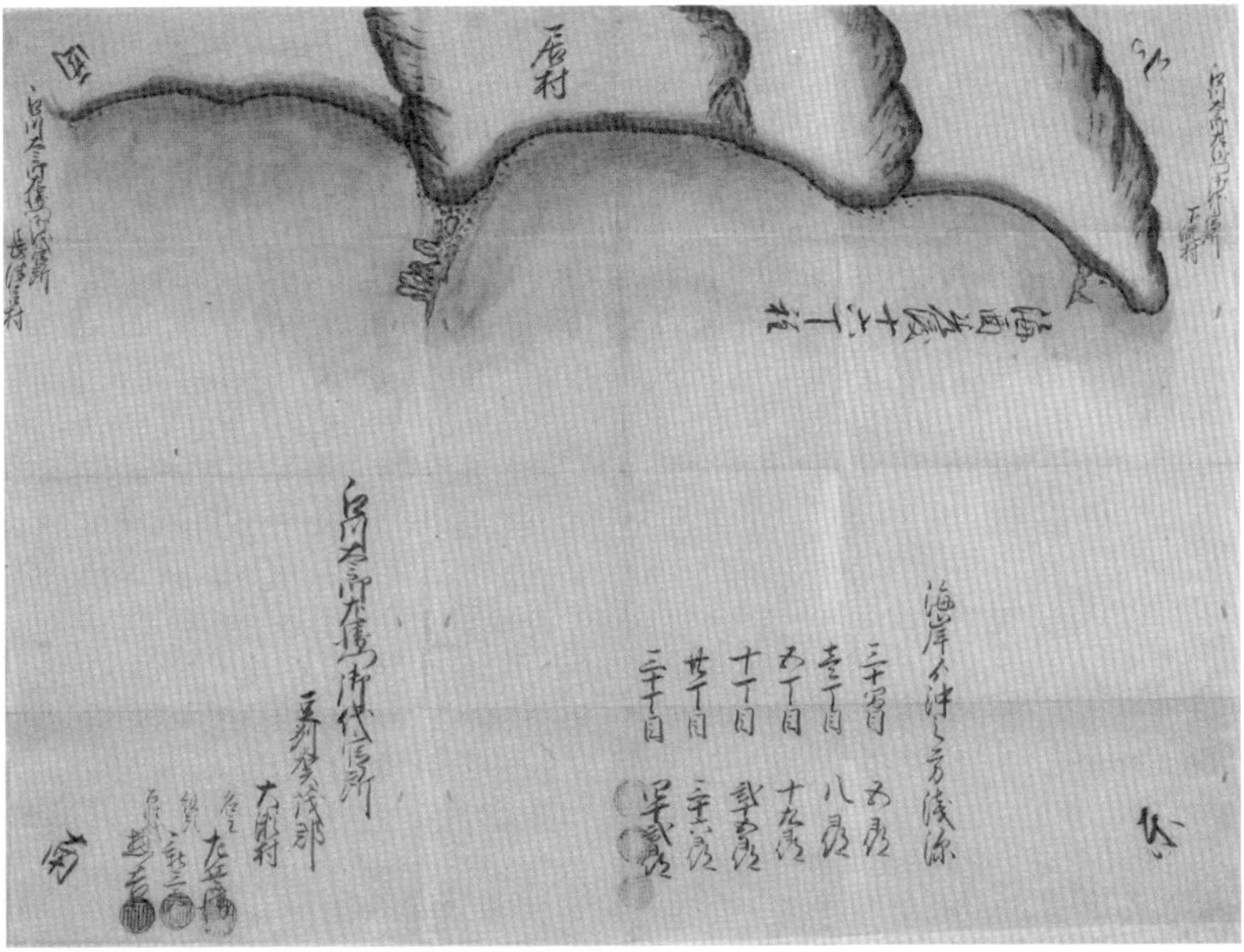
大瀬村海岸絵図（公益財団法人江川文庫蔵）

88 下流（したる） 賀茂郡南伊豆町下流

下流は慶長三年（一五九八）検地、検地帳に「豆州之内下流之村」とあり（『南豆風土誌』）、これが地名の初出と思われる。享保五年（一七二〇）「下田番所附浦々水主役書上」（『下田市史』）によると、村高一八〇石余、猟船四艘とある。天明五年（一七八五）大久保加賀守小田原藩支配一三三石余を幕府領に上知、当分預りとなる。同五年石見浜田藩領（島根県）となり翌六年十二月幕府領に上知、幕末に至る。『元禄郷帳』では高一九一石余。天保十五年（一八四四）「村々様子大概書」（江川文庫）では家数一一一・人数五六二、牛一五・馬一五、草刈場二、浪除普請、農間稼は漁猟や薪取りである。

『増訂豆州志稿』によれば鹿皮二枚半役永二五〇文・熨斗約三、七〇〇本代役永七八文・塩竈役永一二五文、ほかに薪十分一・舟役などを納め、物産は薪・海苔・漁獲物・青石・干鮑・供餅岩などがあった。弘化二年（一八四五）の家数一一二・人数五六九（「人別取調書上帳」三浦家文書）。広浦《ひろうら》・越前畑《こしまえばたけ》・宜宝山《ぎほう》は石材を産出し、嘉永六年（一八五三）には横須賀（神奈川県）御用石切出しに六五人が出稼ぎしている（「石工人別書上帳」平山家文書など）。慶応四年（一八六八）「相模・伊豆・駿河国家数人別牛馬一村限帳」（江川文庫蔵）に家数一一五・人数六三五（男三〇七・女三二八）、牛一五・馬一五、寺一・僧二、堂二、宮一とある。安政の東海大地震で寺子屋が流失したとされる。

字源田山にある若宮神社は、『南豆風土誌』によると、天正元年（一五七三）再建の棟札あり、祭神大鷦《おおさざ》鷯《きの》命とあり、『南豆神祇誌』に社殿の彫刻精巧を極めているとある。臨済宗建長寺派東向山大慈寺は、『増訂豆州志稿』に応永二年（一三九五）大沢建立とある。本尊は観世音。伊豆横道《よこどう》三十三所巡礼霊場の二八番札所（聖観音座像）となっている。鈴木無門住職の関係で尾崎士郎に関する資料が集められている。明治二十一年（一八八八）の調査によると、小学校の分校があり、戸長役場が手石村に置かれた。明治二十二年南崎村、昭和三十年（一九五五）南伊豆町となる。大正五年（一九一六）下流実業実業学校を設置、同六年女子のため昼間の補修学校を開いた（『南崎村風土誌』）。

下流港は慶応三年（一八六七）の「諸運上商人職人取調書上帳」によると、山役・塩竃熨斗役・青石冥加・万船役を納め、荒物・小間物商売四、家大工二、船大工二、桶工一、薪下請稼ぎ一、青石下請稼ぎ三が記録され、別史料では四九艘の船があり、漁船三、小漁船一となっていた（江川文庫）。明治四十四年（一九一一）の調査では年間出入りの商船のうち、定期汽船二〇〇艘を記載している。

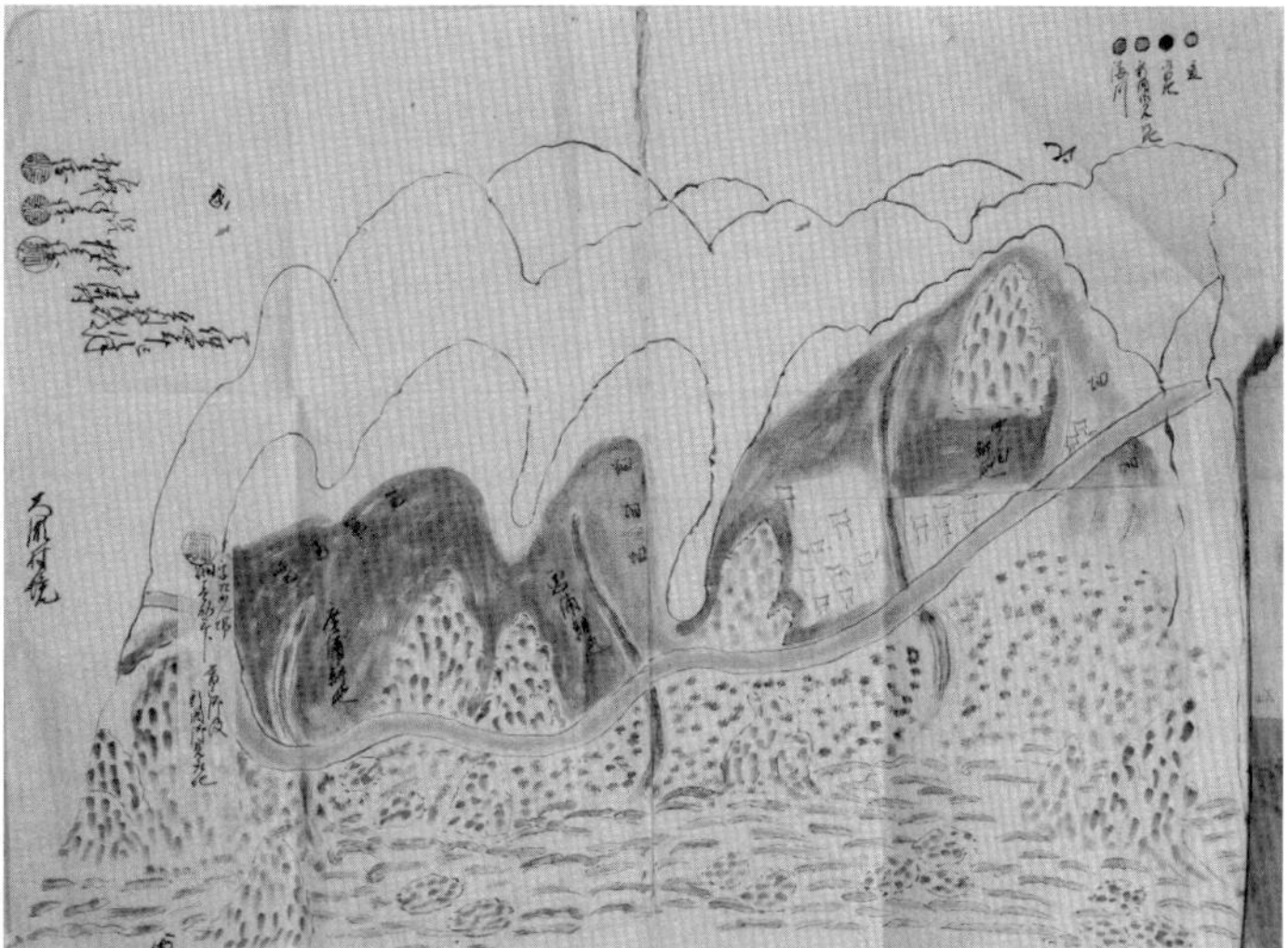
天保４年下流村絵図（公益財団法人江川文庫蔵）

89 手石（ていし）① 賀茂郡南伊豆町手石

『南豆風土誌』『増訂豆州志稿』によると、手石郷と呼ばれた郷が、万治二年（一六五九）、湊・手石・青市三村に分村したとある。天平八年（七三六）十月の平城京出土木簡に「賀茂郡色目郷鯉名里」とみえ（『平城京木簡概報』22）、鯉名里は小字の小稲里条《こいなさとじょう》・小稲坂下《こいなさかした》に比定される。治承四年（一一八〇）十月十九日、伊東祐親は平家方に味方するため「鯉名泊」を出航しようとしたところを天野遠景に捕らえられた（『吾妻鏡』）。文治元年（一一八五）三月十二日、源頼朝は平氏追討のため鯉名などに係留中の兵船三二艘に、兵糧米を載せ出港することを命じた（『同書』）。十二世紀末に書かれた『閑谷集』に「おなじみなみ浦に、ていしといふ所は浦よりすこし□□□□とかや人お申しはべれば、その里の人はいそなの所もこまやかに知らずやあるらんとおぼえて、浦なれぬ人はみるめもとらじかしをのがていしのしるしなりとも、はまゆふといふものは、この浦々にもはべるよしを、人の申すを聞きて、かさなれる数はまさらじなにたかきみくまのならぬ浦のはまゆふ」（□は判読不明文字）とある。月間《つきま》神社が所蔵する永享十二年（一四四〇）十一月十三日の棟札には「蒲屋郷手石湊村」とある。

太閤検地の一環で、天正十八年（一五九〇）十一月二十八日～晦日にかけて伊奈忠次による検地が行われ、字はしめ・山戸・堀之内・おおやけ・宮ノ前・田尻・堀田・しいからと・月間・長ヶ坪・かはや・カ根を記載している（日大国際関係学部図書館蔵）。江戸時代初め幕府領、宝永五年（一七〇八）小田原藩領、延享四年（一七四七）幕府領、天明五年（一七八五）石見浜田藩領となり翌六年十二月幕府領に上知され幕末に至る。

『元禄郷帳』では高二八三石余。享保五年（一七二〇）「下田番所附浦々水主役書上」（『下田市史』）によると、村高二二三石余、猟船六艘とある。慶応四年（一八六八）「相模・伊豆・駿河国家数人別牛馬一村限帳」（江川文庫蔵）に家数一四九・人数七八二（男三七二・女四一〇）、牛二七・馬四、寺二・僧二、修験一、堂五、宮四とある。『増訂豆州志稿』に鹿皮三枚半役永三五〇文・塩釜役一石余永一六文・薪十分一・舟役・心太草などがある。手石・加納・下加茂・毛倉野・石井・下流・大瀬各村の年貢米の津出しは手石湊であった（『静岡県史』）。寛文年中（一六六一〜七三）海難処理を目的に伊豆一三浦に浦役人が置かれたが、享保五年には下田・手石・妻良のみとなり、手石浦では代々西脇氏が任命された（「由緒書」西脇家文書）。なお、西脇氏は天保十三年（一八四二）九月、韮山代官江川英龍が開講した韮山塾の前に英龍の門人となり、高島流西洋砲術訓練を受けている。

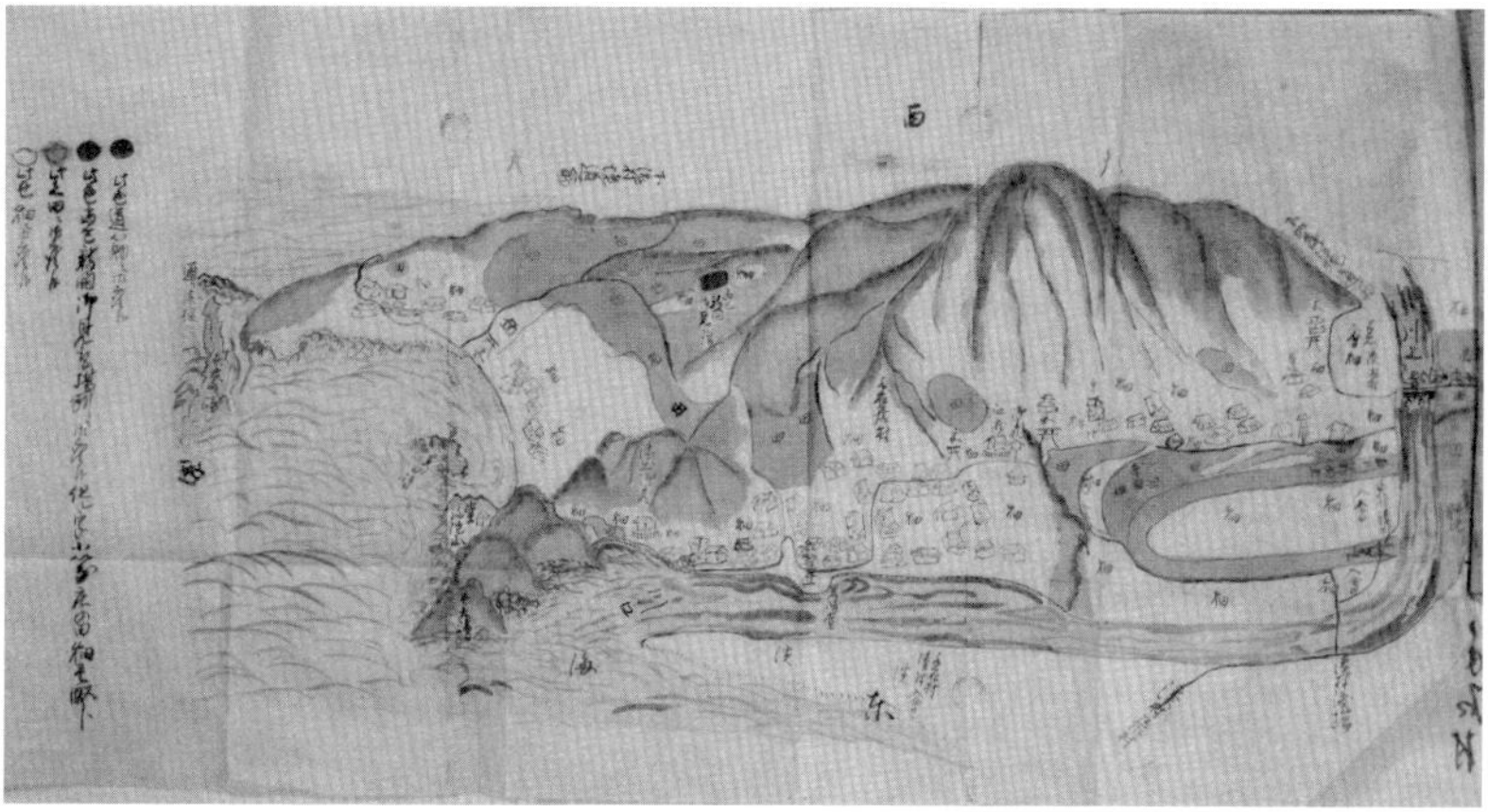
天保４年手石村絵図（公益財団法人江川文庫蔵）

90 手石②

手石は、文久三年（一八六三）～元治元年（一八六四）に内海御台場と佃島・越中島砲台建設のため石の伐り出しを行った（記念碑）。享和元年（一八〇一）五月十七日、伊能忠敬の第二次測量隊が来訪、名主勝右衛門宅へ止宿し、十八日は大雨で逗留、十九日に出立した。文政四年（一八二一）に出版された『伊豆日記』の著者富秋園海若子は手石の弥陀窟を参拝し、四世代夫婦の家に宿泊した。相撲行事の式守伊之助は当村出身である。月間神社は旧郷社で『延喜式』神名帳に載る竹麻神社三座のうちの一座に比定される。旧暦八月十四日（仲秋の名月の前夜）に来宮神社で行われる小稲の虎舞（竜虎の舞）は県指定無形民俗文化財。曹洞宗正善寺、臨済宗建長寺派青竜寺がある。城腰に小学校、宮前に戸長役場があり、本村の他、湊・青市・大瀬・下流・長津呂の六村を所管した。明治二十二年（一八八九）、青市・湊と合併して竹麻村、昭和三十年（一九五五）南伊豆町となる。

青野川河口にある手石港は、鯉名（小稲）湊ともいい、江戸時代から大正期まで青野川流域の物資の集散地で薪炭、竹等の積み出しで盛況を見た。また、手石・加納・下加茂・毛倉野・石井・下流・大瀬各村の年貢米の津出し湊（『静岡県史』）。慶応三年（一八六七）の調査によると当村に三艘の船があり、漁船一、小揚船二となっていて、内、青野川を使うため、石井村持ちの三人乗り廻船一艘があった（江川文庫）。明治四十四年（一九一一）の調査では年間出入りの商船のうち、汽船定期四五〇・不定期五〇、帆船一二〇、和船六〇艘。

弥陀山下海食洞穴は弥陀窟として知られ、国指定天然記念物。南伊豆町手石。伊豆の七不思議の一つ。『南豆風土誌』に弥陀山の海崖にある石窟内にあたかも三尊仏があるようにみえるという。伝説に、妻を亡くし三人の子どもを抱えた手石の浜に住む漁師の七兵衛が、病で倒れた末っ子のためにお寺のご本尊に朝夕病気回復を祈り続けた。ある晩、「洞窟の海底にあるアワビを捕って食べさせるように」との夢のお告げがあったため、舟で洞窟に出かけると、三筋の金色の光とともに三体の仏が現れた。これを末っ子に食べさせたところ病が治ったという。口碑に正保年間(一六四四〜四八)漁夫がこの窟に入って発見、正徳年間(一七一一〜一六)甲斐の道人が見て阿弥陀仏の出現を唱え、以来手石の弥陀というようになった。この像は満潮では水没して見えない。特に陰暦三月から五月が最良。弥陀窟の傍らに源氏の武運興隆を祈った所といわれる文覚上人座禅の跡がある。見学するには、小稲港から舟を頼むことになるが、気象条件が整わないと困難である。

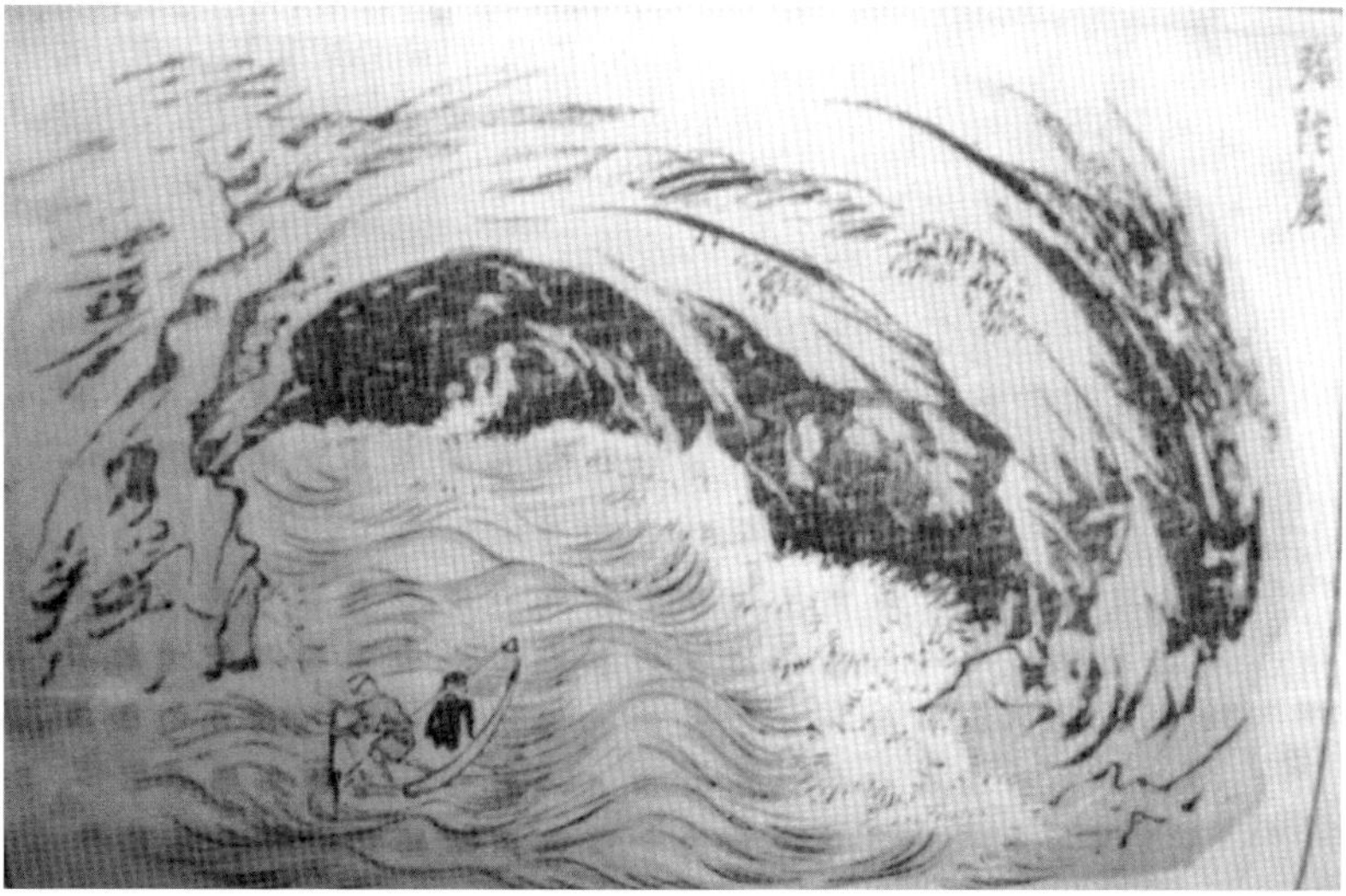

弥陀窟(『伊豆の浦つたい』より)

91 湊（みなと） 賀茂郡南伊豆町湊

湊は、『増訂豆州志稿』『南豆風土誌』によると、万治二年（一六五九）、元手石郷から手石・青市とともに三村が分村した村という。もと鯉名の大港だったとされる。寛文十二年（一六七二）には手石村のうちとみえ高四四九石余（「伊豆国中高之寄」一橋大学文書）。『元禄郷帳』では手石村枝郷と肩書され高五二一石余。江戸時代初め幕府領、宝永五年（一七〇八）小田原藩領、延享四年（一七四七）幕府領、天明五年（一七八五）石見浜田藩領となり翌六年十二月幕府領に上知され、文化八年（一八一一）旗本向井氏領となり幕末に至る。

享保五年（一七二〇）「下田番所附浦々水主役書上」（『下田市史』）には、廻船一・猟船八艘とある。天明八年「書上帳」（湊区有文書）によると鰯引網運上・鮑運上・高掛三役・塩釜役などがかかり、川除御普請所六か所・浪除御普請所七か所、入作百姓は青市村・下加茂村・手石村からで、農間に茅木を編み、下田町で塩や茶と交換、漁船・小揚船各二艘、押送り船もあり、それぞれ役永を上納していた。嘉永七年（一八五四）の安政東海地震による津波では九回にわたって青野川河口から水が逆流し、約五キロ上流の下加茂村まで水が上がってきて湊に係留された伝馬船なども流された（「幸助隠居手作并小作受取覚控帳」渡辺家文書）。

曹洞宗修福寺はもと手石にあり石門寺と称し真言宗であったが、天文三年（一五三四）に現宗派に改めた（『増訂豆州志稿』）。若宮神社は『延喜式』神名帳に載る賀茂郡竹麻神社三座のうちの一座に比定される。

明治二十一年（一八八八）の調査によると、社一、寺三、戸数一七六、人口九七五（男四九二・女四八三）。小学校の分校があり、戸長役場が手石村に置かれた。明治二十二年青市・手石村と合併して竹麻村、昭和三十年（一九五五）南伊豆町となる。

　湊病院は、大正十二年（一九二三）賀茂郡竹麻村（現南伊豆町湊）に湊海軍病院として設立。収容人員一〇〇名。最大一五〇名収容。終戦の昭和二十年（一九四五）国立湊病院となり、一般に開放された。同二十二年国立湊療養所病院に転換し、同四十二年国立湊病院に再び戻る。同四十五年病棟の新築を行い、平成九年（一九九七）国立病院再編で下田市・東伊豆町・河津町・南伊豆町・松崎町・西伊豆町の六市町で運営する公設民営の共立湊病院、一五四床となる。管理者は南伊豆町長。

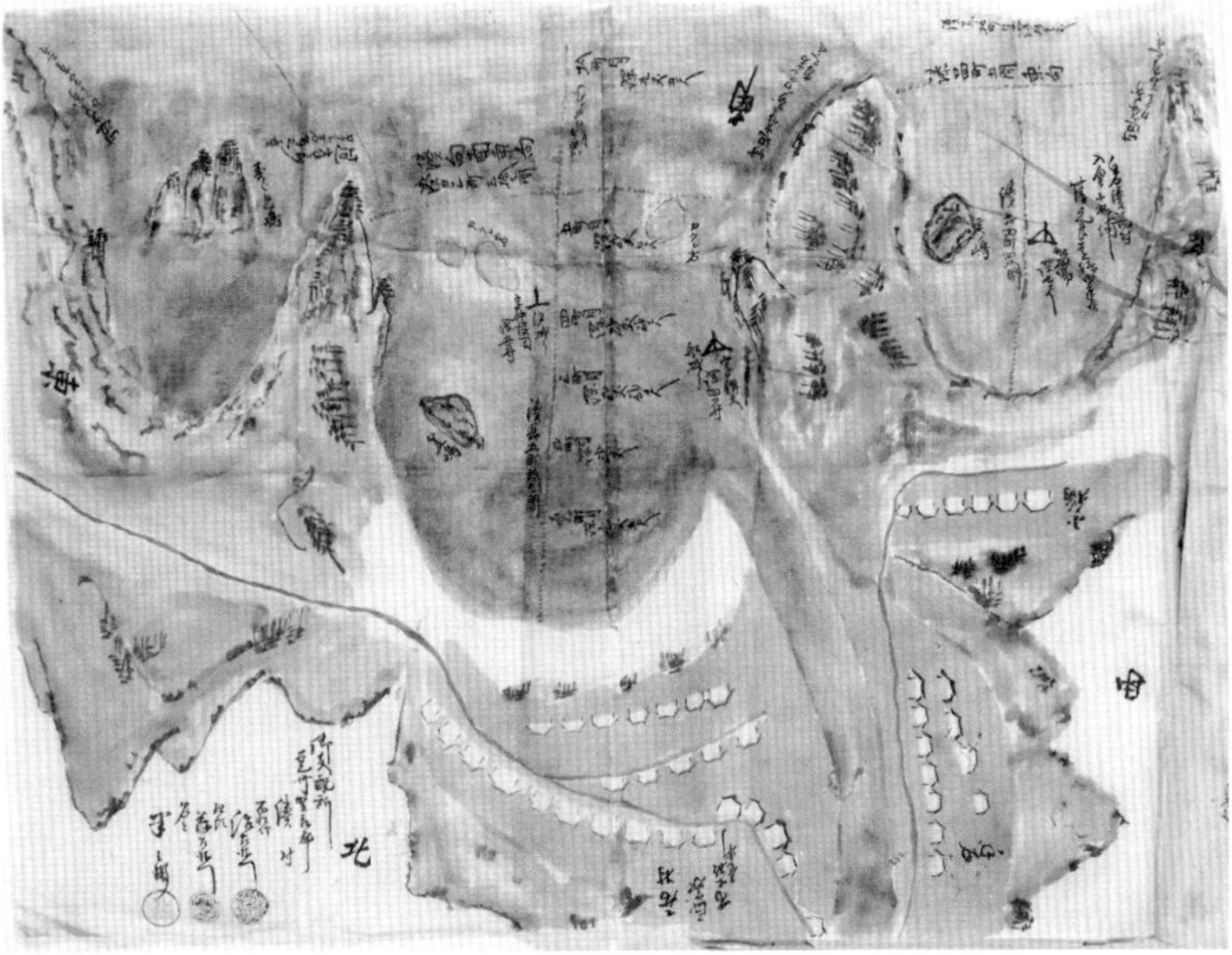

明治３年湊村絵図（公益財団法人江川文庫蔵）

92 田牛（とうじ）下田市田牛

暦応三年（一三四〇）十一月十九日の「執事高師直奉書」（三嶋大社文書）には宇都宮九郎左衛門尉跡地の「蒲原御厨（屋）多牛村」がみえる。この時に三嶋社（三嶋大社）に交付され、去年七月十六日の「御寄附状」にまかせての施行とあるので、寄進者は足利尊氏と考えられる。その後、年不詳十月二日「足利義満御内書」（同文書）があり、足利義満は三嶋社領の「田牛村」などを社家に渡すよう鎌倉公方足利氏満に命じている。応永十三年（一四〇六）六月二十三日「上杉家奉行人連署奉書」（同文書など）では、伊豆守護上杉憲定は当村を三嶋社神主に交付するよう命じた。明応十年（一五〇一）三月二十八日「伊勢長氏判物写」（『集古文書』）によれば、長氏（北条早雲）は上千葉郷《かみちよう》（小田原市）内の走湯山（伊豆山神社）分の替地として当村を走湯山に寄進した。永禄二年（一五五九）北条氏康は編さんした「小田原衆所領役帳」には伊豆山（伊豆山神社）領の役高として四〇貫文「伊豆ノ奥田牛」とみえる。

江戸時代初期は幕府領、天明四年（一七八四）下総関宿藩領、同八年幕府領に戻り、文化八年（一八一一）から旗本本多領となり幕末に至る。『元禄郷帳』では高八四石余。『伊豆下田』（地方史研究所刊）によると、延宝元年（一六七三）の名寄帳が残り、延宝元年「年貢割付状」には小物成として鹿皮役・塩釜役・鹿尾毛役・丸木船役が課せられている。享保五年（一七二〇）「下田番所附浦々水主役書上」（『下田市史』）によると、村高八三石余、廻船一艘とある。

家数は明和元年（一七四六）四八、天保二年（一八三一）五三（『伊豆下田』）。文化八年の人数三三九、

馬九・牛一二（「人別牛馬書上帳」田牛区有文書）。明治三年（一八七〇）「差出帳」（『伊豆下田』）によると、家数六四・人数三二二、農間に男は薪切・海士職・海老網、女は海草稼をしていた。曹洞宗長谷《ちょうこく》寺があり、本尊阿弥陀如来坐像は平安末期の作とみられ、国指定重要文化財。明治六年同寺境内に歓喜舎が開校。八幡神社。同二十一年の調査によると、社一、寺一、戸数七〇、人口三八五（男一八七・女一九八）。小学校の分校があり、戸長役場が下小野村に置かれた。

明治二十二年（一八八九）吉佐美・大賀茂・田牛の三か村が合併し朝日村となる。昭和三十年（一九五五）、下田町などと合併し、下田市となる。半農半漁地域で、稲作・ミカン栽培、サザエ・アワビ漁を営む。田牛隧道は大正十三年建設の素掘りのトンネルである。

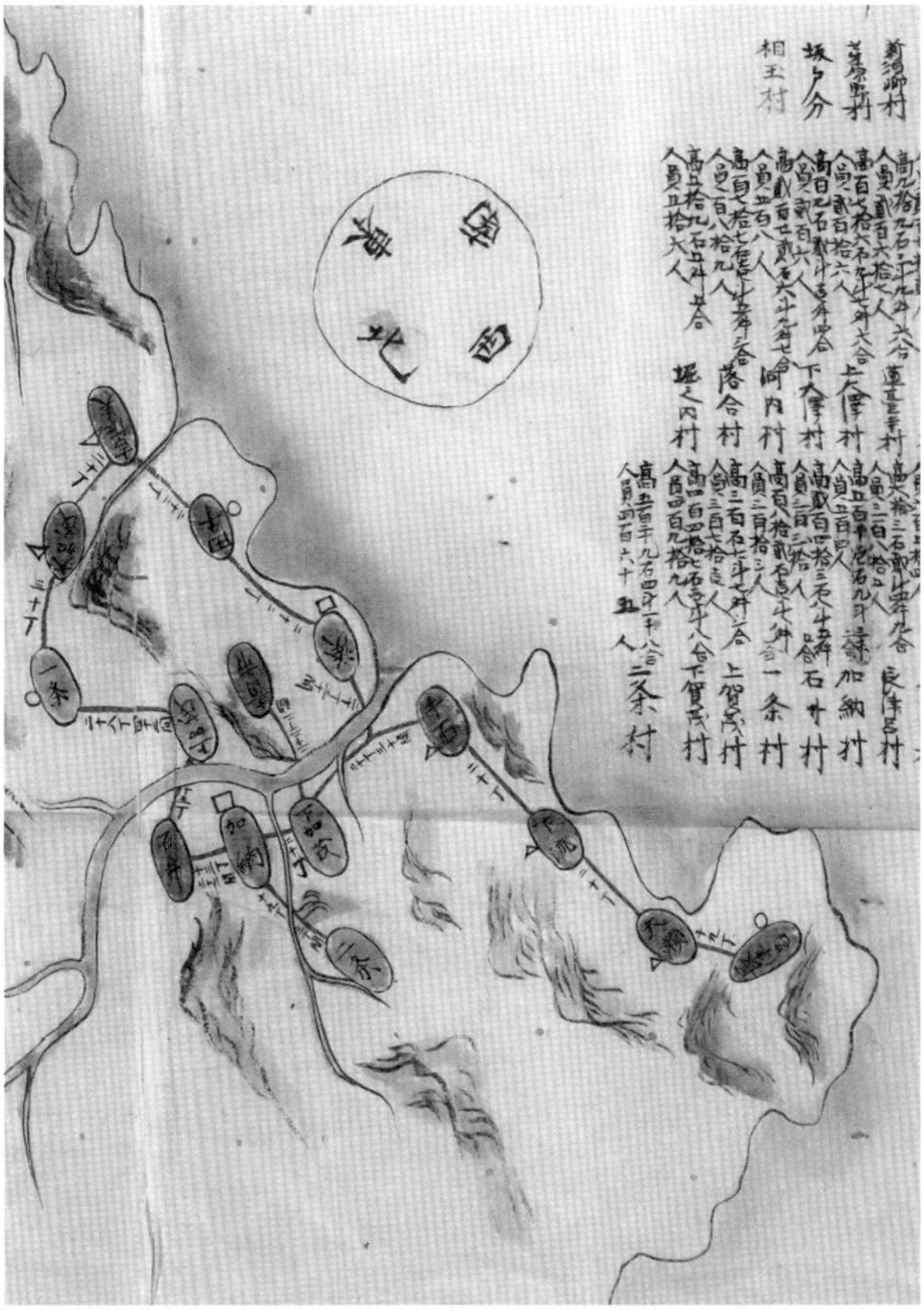

明治６年五大区小八区絵図（公益財団法人江川文庫蔵）、田牛に分校が置かれた。

93 吉佐美（きさみ）① 下田市吉佐美

吉佐美は、古くは「月吉村」とも称し、地名はきさ貝（赤貝）がとれる海、きさ海にちなむという説と三島神社の后宮（きさみや、現八幡神社）に由来するという説がある（『増訂豆州志稿』）。『増訂豆州志稿』に、旧記によると、源頼政が久安三年（一一四六）六月賀茂郡金山（吉佐美のうちの地名、当時は別村か）、仁平二年（一一五二）吉佐美に移ったという。配流されたかは不明であるが『増訂豆州志稿』に、源義高（進士判官左衛門尉）・源義光（新羅三郎）の裔、承暦三年（一〇七九）吉佐美村に来住、佐々木縄則（遠江守、近江国源氏佐々木三河護良縄の子）は永保元年（一〇八一）に吉佐美に来住、石井正包（金五、石井冠者丸の子孫）・石川包吉（修理大夫、岩城判官の子孫）・加藤正治（文平、大織冠鎌足七世の孫、加藤藤左衛門の孫）・和田正成（平太、嵯峨源氏七代の孫物部右金吾頭本貫の子和田荘司成定の子）・山田正純（権大夫、大織冠鎌足六代の孫山田刑部足純の子）・小林正廣（平馬、坂上田村丸五代の孫小林入道廣国の子）・山本玄通（山本遠江守義定の子孫冠者義経〈以下虫喰い〉）・内藤常則（近江）・升田介光（左金吾、近江源氏）・外岡信利（兵部、清和源氏石川修理介則祐の子）・小山吉高（介三郎、清和源氏小山判官正武七世）・大川源蔵、以上一二人応徳元年（一〇八四）吉佐美村に来住し、のち諸村に分居して今なお往々その後裔及宅址存するを見るとある。落合（下田市）の高根神社にある天文二十二年（一五五三）十月二十一日付の棟札に落合村の勧進衆に混じって三五文「ひこ右衛門、是ハきさミの人也」とみえる。

もと大賀茂村と一村で属里としたが、承応三年（一六五四）分村。江戸時代初期は幕府領、天明四年

（一七八四）下総関宿藩領、同八年幕府領、文化八年（一八一一）旗本向井領となり、幕末に至る。天正十八年（一五九〇）検地、『元禄郷帳』では高六一七石余。享保五年（一七二〇）「下田番所附浦々水主役書上」（『下田市史』）によると、村高六〇一石余、「廻船・猟船も先規より壱艘も無御座候」とある。享保十一年「年貢皆済目録」（吉佐美区有文書）によると、小物成は茶畑上木年貢・浮役米・白石運上・薪十分一など。寛政十二年（一八〇〇）「村明細帳」によると高六一七石余、新田畑二町七反余、家数一六八・人数七八一（うち僧七・寺下男五）。小物成は前記のほかに鉄砲役・丸木船鹿尾毛役定・山役上納・出物分一・御蔵前入用などがある。村内は北・里・下《しも》・入《いり》・浜に分かれ、山は四か所（あいの山・きさね山・かみ山・みくら山）、溜井二か所、橋二。海辺の村であるが荒浜のため漁船はないとする。明治五年「賀茂郡皆済目録」（江川文庫）によると茶畑上木税、万船税、白石税の書上げがある。

吉佐美海岸

94 吉佐美②

韮山代官江川英征は吉佐美村に対して、寛政二年（一七九〇）村内に御薬木として肉桂を植え付けたが、文政六年（一八二三）伐採、同九年痛み、天保四年（一八三三）にも朽腐になった（江川文庫）。享和元年（一八〇一）五月十七日、伊能忠敬が第二次測量として来訪、文化十二年（一八一五）五月九・十日にも、第九次伊能忠敬測量隊が訪れ、永井甚左衛門が中心となって測量した。八幡神社に合祀されている三島神は『延喜式』神名帳に載る竹麻《つくまの》神社三座のうちの一座に比定される。文政四年（一八二一）『伊豆日記』の著者富秋園海若子が八幡神社を参詣する。ほかに熊野三社・稲荷神社・天神宮・大神宮・弁財天宮があり、曹洞宗宝徳院がある。同院の裏山にある仏谷の十六羅漢三十三観音は文化文政のころ安置された石造物群として昭和五十一年下田市有形民俗文化財に指定されている。

当地内から産する白石は熱に強いことからおもに竈石に、青石は建材に用いられ、江戸時代後期から近代にかけて当地方の産業として賑わった（明治八年「石山取調書上」吉佐美区有文書）。明治六年宝徳院に正《しょう》心《しん》舎が開かれた（『南豆風土誌』）。八幡神社のイスノキは国指定天然記念物。明治二十一年（一八八八）の調査によると、巡査駐在所、北条に戸長役場があり、吉佐美の他、大賀茂・田牛を所管した。明治二十二年吉佐美・大賀茂・田牛の三か村が合併し朝日村となる。昭和三十年（一九五五）、下田町などと合併し、下田市となる。

反射炉の必要性を韮山代官江川英龍が幕府に上申、吉佐美で砂鉄から銑鉄を造る試験を行った。

大賀茂川の河口は吉佐美港で、伝承によれば、大賀茂川の堆積物で埋まる前は、吉佐美は入江で、沖を行く船の避難港であったという。現在は海水浴場と民宿の浜である。明治二十四年には船が二十九隻あった。宝徳院の脇に標高約三〇㍍の山があり、日和山といわれている。現在は遊歩道が整備されて山頂から海が見晴らせる。伝承によれば、九世紀の後半に日和山に薬師如来を祀ったというのが宝徳院の縁起とされているが、伝承の域を出ない。大賀茂川河口付近にはハマボウの群落が見られる。吉佐美隧道は大正十三年（一九二四）建設の素掘りのトンネルである。延長一〇・八㍍、幅員三・八㍍、有効高三・八㍍で、平成八年（一九九六）、静岡県建設協会・昭和会によって静岡県の土木建造物に選定された。

大賀茂川河口

95 下田港（しもだこう）① 下田市

下田港は下田市稲生沢川河口から柿崎に位置する中世から起源を持つ古い港で、相模灘・遠州灘をひかえ、他に良港がないため風待ちや避難港、漁港として栄え、戦国期には後北条氏の水軍の根拠地となった。江川文庫の所蔵する下田絵図によると、下田湊は南北三〇町・東西口一八町の規模で下田湾内に下田湊の他和歌浦・大浦湊がある（次項「下田港」②参照）。

文禄二年（一五九三）信州深志（現 松本市）城主小笠原貞頼が下田から出船して南海に一新島を発見、小笠原島と命名したという。当港は慶長六年（一六〇一）からは幕府直轄地で、伊豆の諸鉱山の物資の集散地としてにぎわった。元和二年（一六一六）に須崎に仮番所がおかれ、船改番所として同九年に大浦に移転した。元和五年菱垣廻船の航路が開け、寛文十一年（一六七一）河村瑞軒が奥羽の海運を整理した。当国諸州から江戸に回航する船舶は、房総を廻って必ず一度南相か下田へ寄って江戸湾に入ることとなったため、下田は「伊豆の下田に長居はおよし縞の財布が空になる」（『日本民謡集』）、一時は「出船入船三千艘」といわれたほどの賑わいを示した。享保十五年（一七三〇）酒荷物は菱垣廻船から別船に仕立て、其の下積みを砂糖・油樽とすることを確定した。

江川文庫史料によると安政三年（一八五六）に大浦番所が置かれ、慶応元年（一八六五）、元下田奉行役所の敷地が畑地になっていて、その面積が二町四反九畝一七歩となっている。下田奉行役所は広い敷地に立っていたことがわかる。

『下田年中行事』に「今の大工町より須崎町川辺の地に至りては、蘆荻はびこり海面より波打或は潮よせ断岸日々換り」と記されるように、防波堤がなかったため大波が押寄せる危険があった。二代御番の今村正長は武が浜波除建設を行った。番所のもとで船改や海難救助の雑務を受持ったのが今村家の家臣に系譜を引くと伝えられる廻船問屋で、江戸中期には六三人となった。享保五年（一七二〇）に番所は浦賀（神奈川県横須賀市）へ移ってからも下田を本拠として番所の事務を続けた（『下田年中行事』）。

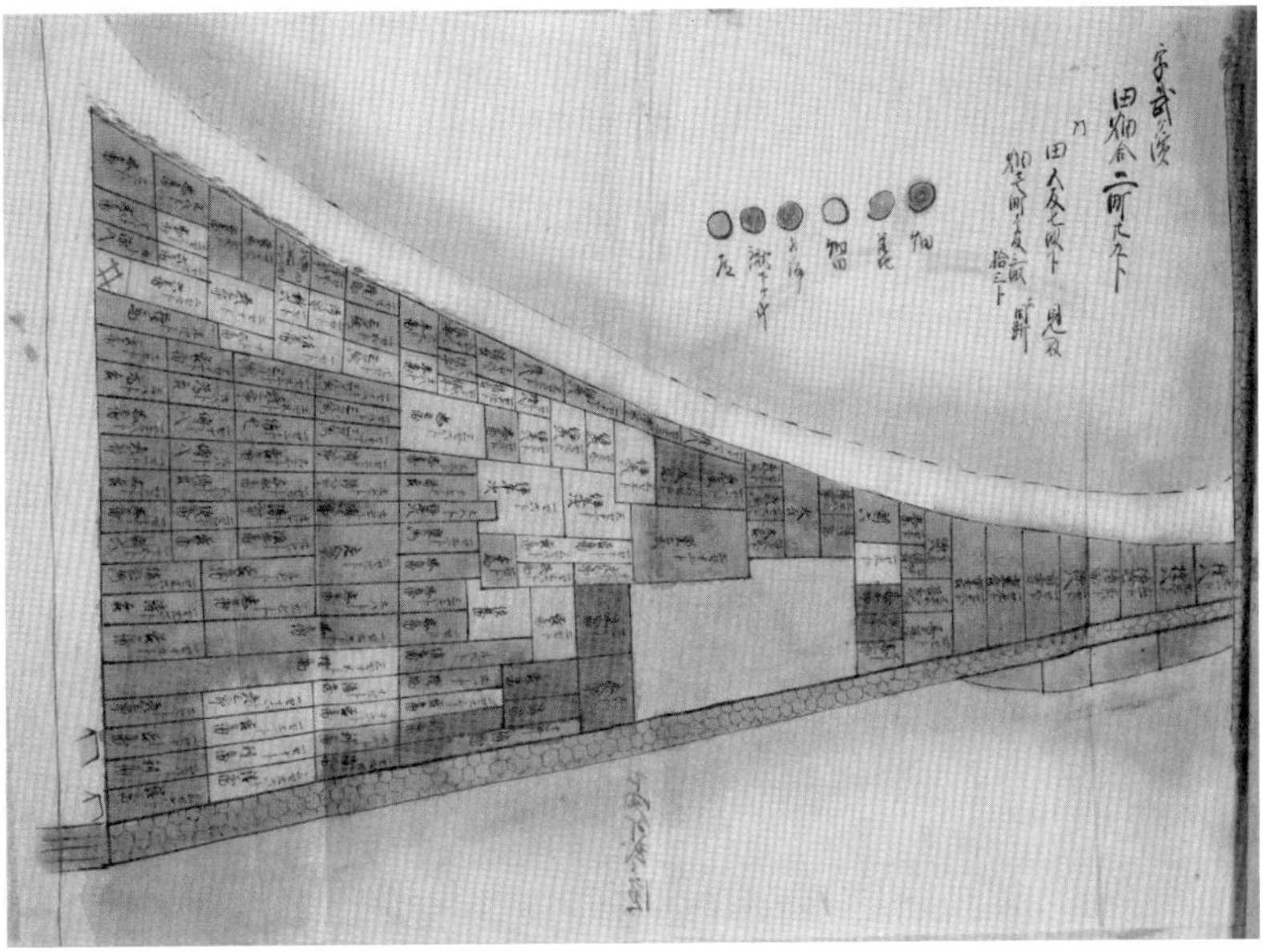
年不詳下田絵図（公益財団法人江川文庫蔵）

96 下田港②

湊を襲った地震・津波の被害も大きく、元禄十六年（一七〇三）には流失家屋三三二・溺死者二七・破船八一、宝永四年（一七〇七）十月には流失および皆潰家屋八五七・溺死者一一・破船五三とされる。嘉永七年（一八五四）十一月の安政東海地震による大津波では流失および皆潰家屋八四一・溺死者一二二人に上った（「大震津波ニ付頂戴物見舞其外控」下田町文書）。被害に対して下田町・岡方村・須崎村・柿崎村合わせてに六九三五両（約七億円）の拝借金を受けたが、幕末まで返済できなかった（江川文庫史料）。

幕末には外国船の来航も目立った。早い時期としては元文四年（一七三九）にロシア船聖ガブリイル号が沖に碇泊し、ボートで須崎に上陸している（『日本人とロシア人』）。宝暦四年（一七五四）には伊豆八丈島に漂着した南京船の乗組員七一人が下田湊に上陸した。文化十二年（一八一五）暮には湊口に漂着した南京船の乗組員が上陸し、二か月余滞在している（『下田年中行事』）。嘉永二年イギリス船マリナー号が江戸湾退去後に下田湊に来航している。翌年にもロシア船が漂着民を乗せて来航したが、韮山代官によって退帆させられている（「異国船渡来ニ付日記」須崎区有文書）。

千島・樺太の問題、日露和親条約の締結のため、嘉永七年（一八五四）十月十五日、ロシア使節で極東艦隊司令長官プチャーチン一行がディアナ号で下田へ入港した。プチャーチンと幕府の全権川路聖謨《としあきら》が交渉を始めたばかりの十一月四日朝、紀伊半島沖を震源とする地震が発生し、これに伴う大津波が下田とその周辺を襲った。下田湾内に停泊していたディアナ号も津波に襲われ、湾内を漂流、マストを折られ、舵・竜骨《キール》の一部に重大な損傷を受け、修理をしないと長い航海には耐えられる状態ではなかった。プチャーチンは修理に適当な場所を求め、交渉の結果、君沢《くんたく》郡戸田に決定した。十一月二十六日下田港を出港したが、駿河湾で難風を受け、戸田に直行できず駿河国富士郡宮島村（富士市）沖に投錨した。風波による浸水を防いだりして沈没を防ぎ自力航行を目指したが、結局地元漁師の協力で曳航することになった。しかし、驟雨《しゅうう》が襲来し、ディアナ号は転覆・沈没した。宮島村に上陸したディアナ号船員一行が戸田へ向かう様子を沼津藩山崎継述が描く。沼津市造船郷土資料博物館にはソ連海軍省が製作したディアナ号の模型（四八分の一）が保存されている。

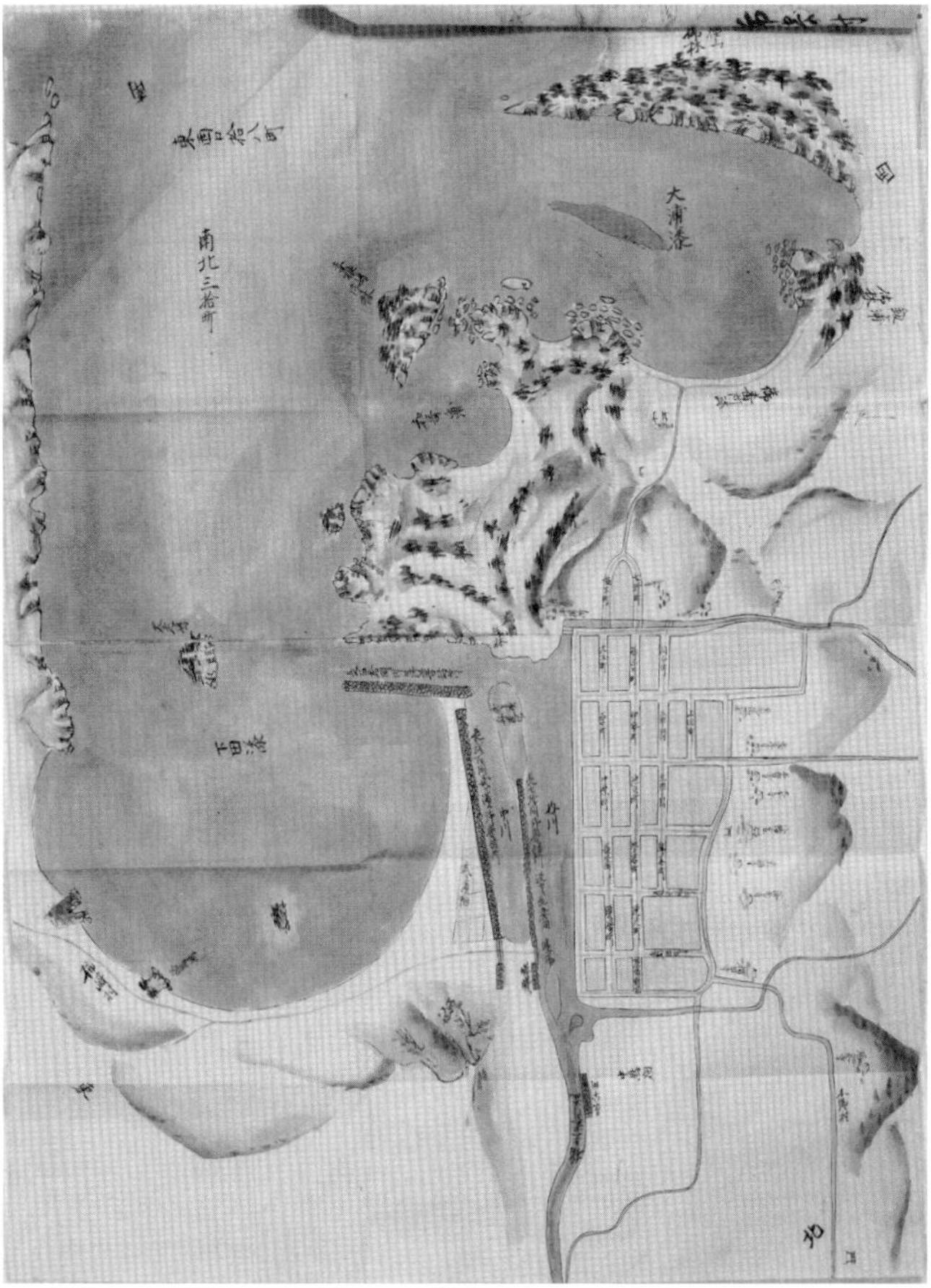

天保４年下田町絵図（公益財団法人江川文庫蔵）

97 下田港③

嘉永二年（一八四九）イギリス船マリナー号が下田に入港し、港の深浅の測量を始めた。鎖国をしていた幕府は下田奉行に退帆させるよう命じた。しかし、下田奉行では一向に埒があかず、当時支配管轄をしていた韮山代官江川英龍にイギリス船の退帆指示が出された。普段は質素な身なり、当て接ぎをした服装で過ごす英龍は、イギリス人に見くびられないよう蜀江の錦の野袴、黄金の太刀を差し、家来たちにも同様の服装をさせて下田に乗り込んだ。当英龍は六尺（約一八〇センチ）の大柄で決して見劣りしない体格であった。また、自分はこの地域を治める大臣である、として見事に退帆させたのである。

この事件の結果、英龍は下田が江戸への入口にあたること、直属の常備兵が在陣していないため、いざという時には大名が駆けつけることになるが、すぐに対応ができないということで、農兵の設置を含め海防建議書を老中安倍正弘に提出した。しかし、海防についてはアメリカ司令長官であるペリーが浦賀沖に現れて初めて動き出すことになる。江戸城を守るための品川沖台場の建設、そこに設置するための大砲そ鋳造をするための反射炉を下田市本郷に築造することとなった。反射炉完成前にペリーが再来航、下田にも入港したため、反射炉は韮山へ移すこととなった。現在は、バス停の名前でそこに反射炉を造ろうとしたということがわかるだけである。農兵建議は、英龍が没してのち、元治元年（一八六四）にようやく設置することが決まり、下田にも農兵の調練場ができた。

嘉永七年日露和親条約締結のためロシア艦ディアナ号に乗船していたプチャーチン一行が下田に停泊中の

十一月四日東海大地震が発生、大津波にのまれて破損してしまった。一行がロシア帰国のために修理する地を西伊豆の戸田に決め、曳航中に沈没してしまった。幕府は代替船ヘダ号の建造を命じ、英龍がその指揮をとることになり、翌年無事竣工、帰国したのち、万延二年（＝文久元年、一八六一）ロシアからヘダ号が返還された。鵜島に大砲四四門を置き、それを幕府軍艦昇平丸に積み込んだ（江川文庫「勘定奉行伺書」）。ヘダ号は函館での戦役に駆り出されたが、函館港で廃船となった。

江川英龍着用の蜀江の野袴

98 下田港④

嘉永七年（一八五四）三月、アメリカの東インド艦隊司令長官ペリーが率いる軍艦が下田湊に入港した（「水野家記録」早稲田大学図書館蔵、江川文庫史料）。同年五月（西暦三月三日）米和親条約が調印され、下田湊が開港した。それに伴う下田条約十三ヶ条が結ばれた。同年六月アメリカ軍艦は下田を出航している（ペリー『日本遠征記』）。開港以来、外国船の来航が相次ぎ、嘉永七年十月にはロシア船ディアナ号が入港した（「異国船渡来ニ付日記」）。安政元年（一八五四）十二月日露和親条約が結ばれ、下田湊はロシアにも開かれた（川路聖謨『下田日記』など）。同年十二月、ロシア使節プチャーチンとの交渉の場になったのが、下田市にある長楽寺である（この「日露和親条約」も下田条約と呼ばれる）。

鎖国から海外に対して最初にその門戸を開いたのが下田と箱館であった。このとき調印したのが「日米和親条約」（神奈川条約）であり、アメリカ艦船への物資供給、漂流民の救助、開港地におけるアメリカ人の自由区の設置などが決められ、さらにはいわゆる「片務的最恵国待遇」を押し付けられた恰好になった（不平等条約）。

黒船を指揮するペリーは下田港に入港したのちに条約の細部を改めて協議し（下田条約）、その後安政三年（一八五六）七月に着任したタウンゼント・ハリスが初代アメリカ領事館を開設している。ただし、同五年に「日米修好通商条約」（これも不平等条約）が結ばれると下田港は閉鎖され、代わって横浜・長崎・箱館・新潟・兵庫などで開港された。この条約締結の際の全権が時の下田奉行井上清直、目付岩瀬忠震であり、アメリカ側の全権大使がハリス領事であった。アメリカと結ぶことになった一連の不平等条約締結がきっかけとなり、引き続いて、オランダ・イギリス・ロシアなどとも同様な条約を結ぶことになる。

現在、下田公園に開国記念碑が建てられており、ペリーの上陸記念地として同公園近くに記念碑およびペリーの胸像も立てられている（彫刻家 故村田徳次郎の作品）。また、安政元年にペリーらを応接し、その後下田条約調印の舞台となったのが下田市にある了仙寺だった。玉泉寺にはハリス記念館があり、さらに下田奉行所が置かれた宝福寺にはハリスの遺品が展示され、彼の侍女だった「お吉」の墓もある。

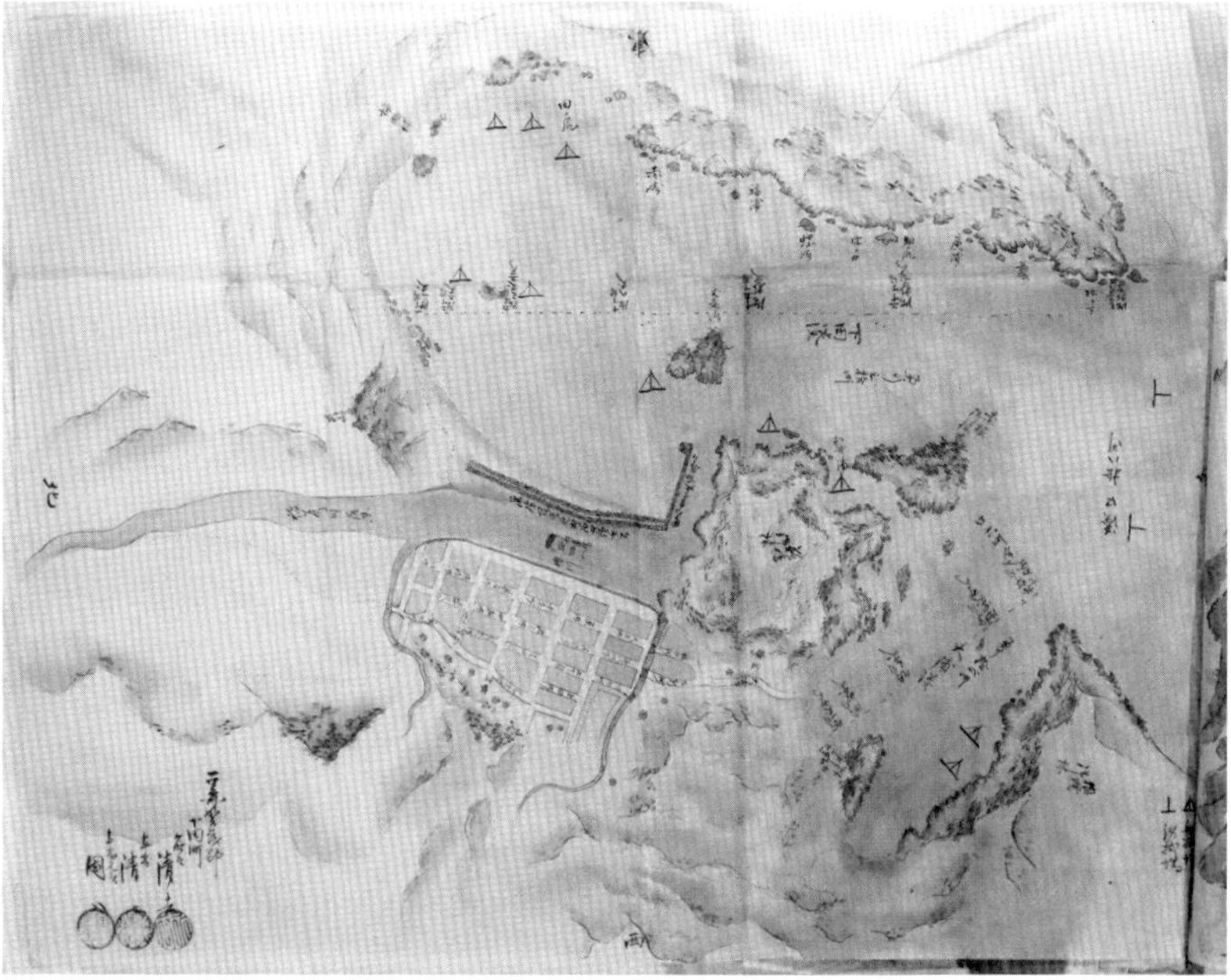

明治３年下田町絵図（公益財団法人江川文庫蔵）

99 下田港⑤

鎖国後、最初に開港された下田には、当時の様子を偲ばせる史跡が多数残されている。ちなみに下田開港当時、西洋文明に心を奪われた吉田松陰が米国への密航を企て、黒船に潜入しようと渡ったのが柿崎弁天島である。現在、下田市立公民館にその史跡（下田市指定史跡）が残されており、その一部始終を「豆州下田郷土資料館」が再現している。

江戸時代、老中松平定信と伊豆を巡見した谷文晁が『公余探勝図』で「下田湊」を描いている。享和元年（一八〇一）伊能忠敬は伊豆の測量を行い、四月十三日、「旧下田浦の船改なせし御番所ノ大浦と云入海を測る」とし、四月十六日「大浦燈明堂の前ニ而、所々を測る」とある。「『伊豆日記』に燈明堂あり、当国にて田子・長津呂・下田・川奈崎に在り、此所は享保年中大風に破れて絶すと」とある。燈明堂は、海上交通に欠かせない安全を確保するための施設である。これら湊明堂には何人かの農民が夜中詰めて、魚油（鯨油）などを燃やして、夜間通行する廻船に陸の位置や湊の所在を知らせた。伊豆にあった燈明堂の姿は不明である。神奈川県三浦半島の平根山湊明堂、観音崎湊明堂の絵が江川文庫史料に残されている。絵に描かれているものがそうで、大凡の形は想像できる。全国同じものではなかったが、ほぼ似たようなものが造られていたと考えられる。

海上輸送が増大し多くの油を必要とし、韮山代官は、寛政元年（一七八九）菜種の栽培、山には栢《かや》・犬榧《いぬがや》（ヘダマ）の栽培を指示した。万延二年（一八六一）神奈川より長崎・箱館への海路に暗礁が多くイギリスより測量の申し立てがあった（江川文庫史料）。これをきっかけとして明治に入り、神子元島に洋式灯台が設置された。

伊豆国絵図には川奈・石廊崎に燈明堂の記載がある。『増訂豆州志稿』によると、「『伊豆日記』に田子村竹ノ浦海手の山頂燈明堂あり、当国にて田子・長津呂・下田・川奈崎に在り、此所は享保年中大風に破れて絶すと」とある。

平根山・観音崎湊明堂の図
（公益財団法人江川文庫蔵）

100 下田港⑥

下田湊はその後も御城米の積出しをはじめ稲生沢川流域の村々からの物産の積出し湊としての役割は保持してきた。寛政七年（一七九五）「廻船小船等書上帳」（『下田年中行事』）によると廻船二一・水夫一人につき役永一一〇文、小艜船八・長さ一尋につき役永三〇文、漁船三〇・米八石四斗釣十分一運上、魚買伝馬船二六・小釣伝馬船一六・小宿船四四・渡伝馬船三は役永を上納しない。湊内の難破船の取扱いや漁業の引網場をめぐって下田町・柿崎村・須崎村の間でしばしば争論が起きている（『下田年中行事』）。

慶応三年（一八六七）の調査によると当村に二〇艘の船があり、伍大力船五（一一人乗、一〇人乗、六人乗、四人乗二）、天当船一五となっていた。また、稲生沢川を使って立野まで舟運があったので、立野村では伍大力船五人乗り一、川船六艘があった（江川文庫）。明治四十四年（一九一一）の調査では年間出入りの商船のうち、汽船定期八三七・不定期一三九、帆船一、一九八、和船四〇〇艘と記される。下田湊と大浦湊の間に標高約五〇ﾄﾙの日和山があり、どちらの港も見下ろせる。今は樹木に覆われあまり見通せない。『下田年中行事』の寛文二年（一六六二）「大浦坂 坂下町 出来之事」に「日和山見通し」の記事がある。

嘉永二年（一八四九）の記録によると、尾張藩・大隅・土佐・阿波・津・陸奥・津軽・小笠原佐渡守・阿部能登守・増山河内守・讃岐・水野土佐守の廻船宿があり、船宿は苗字帯刀であった（江川文庫）。

慶応二年「賀茂郡皆済目録」（江川文庫）に下田町鈴木吉兵衛が鮑・栄螺・心太草、同庄兵衛が心太草、同久兵衛が白石、柿崎村平右衛門が心太草の出荷を請け負っていた記載がある。この内、吉兵衛は廻船問屋で穀屋を営み、伊豆の米相場の一角をなしていた。また、那賀郡浜村（西伊豆町）、賀茂郡浜村（河津町）の心太草も集荷を請負っていた（江川文庫、明治三年「那賀郡午皆済目録」）。文久三年（一八六一）から慶応三年の四年間、鮑・栄螺・心太草の集荷請負にかかる税である運上金を、毎年二一六両余を納めている（江川文庫、文久三年伊豆駿河国御年貢諸運上取立帳）。吉兵衛と柿崎村平右衛門両者で請け負った心太草は一三両余、白石運上を行う久七は年間一一両余であった（同史料）。

明治六年（一八七二）政府の土木寮に使う石材を伐り出す場所として、当村字夷崎・大浦・和歌浦・大安寺山・海善寺山などを含む八か村二三か所を指定した。同七年には夷崎・和歌ノ浦産出の石材を横浜外国人居留地道路修理用材として輸送することとなった（江川文庫「石山一件」）。

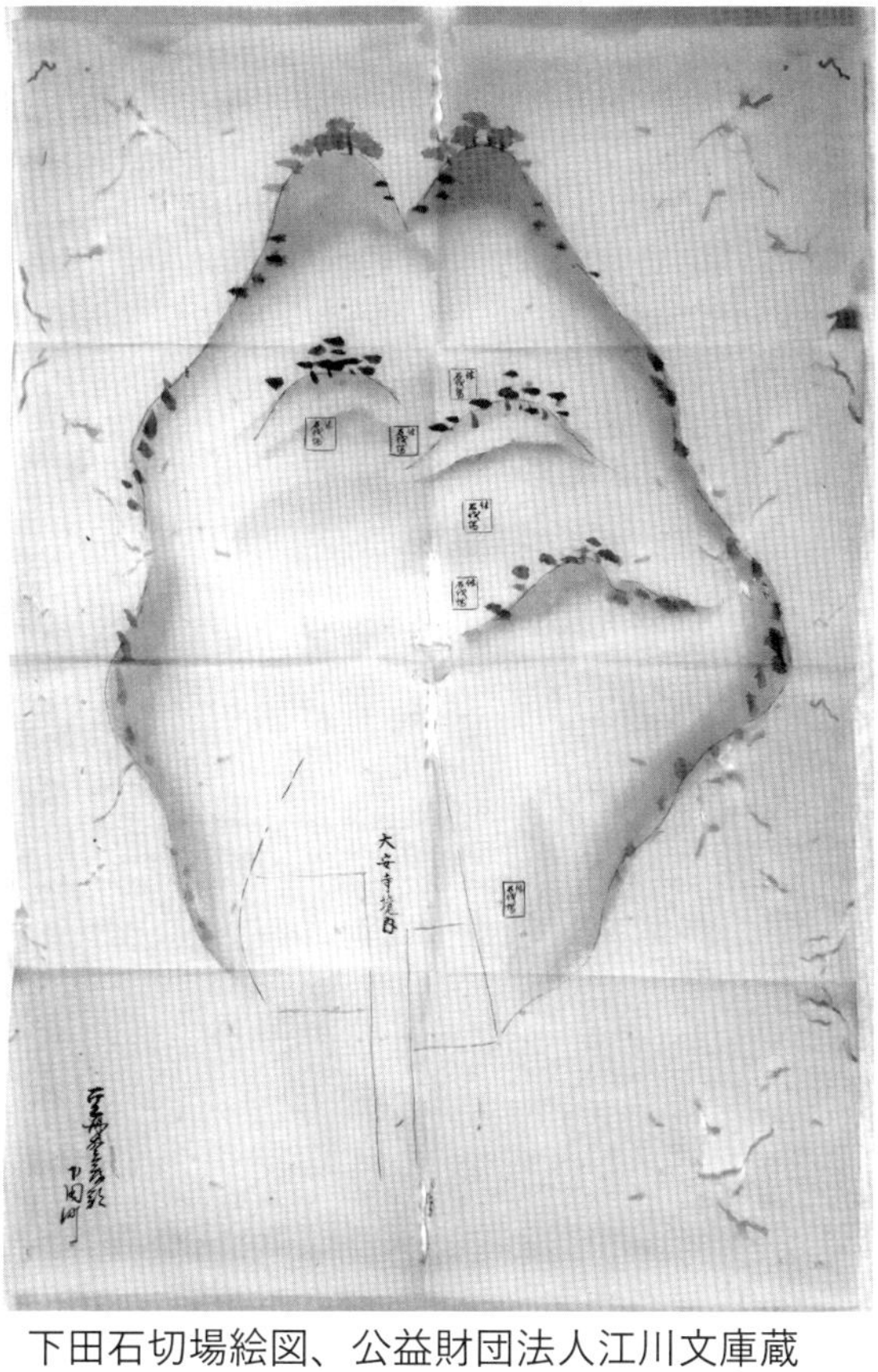

下田石切場絵図、公益財団法人江川文庫蔵

101 下田港⑦

昭和六年（一九三一）九月十八日の満州事変五周年を機会に、同十一年九月「伊豆防空演習」を実施した。その後、様々な演習や組織があった。翌十二年九月十五〜十九日韮山村で演習が始まった。

伊豆半島上空は、富士山を目標に軍用機が飛来したため、多くの飛行機が飛び交っていた。初空襲は、昭和十七年（一九四二）四月十八日。米空母を飛び立った爆撃機一六機が全く突然東京上空に現れ、爆弾を投下し、機銃掃射を浴びせた。本格的な空襲は、一九年七月九日に南洋群島の要衝サイパン島が米軍の手に陥落してから始まった。

静岡県内では、同十九年十一月から空襲の被害が出始めた。実際に被害が出たのは同月二十四日。賀茂郡中川村（松崎町）の山中に焼夷弾二個が投下され、三人が死亡、三人が負傷した。以後攻撃は県下全般に広まり、いわゆる「大空襲」が始まった。

中川村以外で、八月三日、伊東駅と列車に機銃掃射、死傷者三名。昭和二十年八月十三日、編隊を組んだ米軍機のうち一四機が稲取来襲。爆弾投下と機銃掃射によって死者四九名、負傷者三八名、家屋倒壊二六戸、半壊四一戸、破損一二二戸、非住家五戸。

四月十二日、米機一機が下田へ来襲、池之町・原町・中原町に爆弾投下、空爆と機銃掃射によって死者五六名。六月十日、春日山山頂をかすめるように侵入、爆弾投下、死者一六名。六月十八日午前一時頃B29飛来、鍋田・大浦方面に焼夷弾投下、民家・別荘等三軒・火葬場被害、死者三名。七月三十日、長屋町食料営団・原町製氷付近に投弾、死者五名。八月二日未明、磐城セメント工場に焼夷爆弾投下全焼、死者二名。八月八日米機二機来襲、大賀茂出口・広岡に五〇〇ポンド、泰平寺参道入り口付近の草津温泉前にも五〇〇ポンド爆弾投下、生き埋めと爆死者一〇名。八月十三日グラマン戦闘機四〇余機来襲、下田湾停泊中の船舶攻撃、弁天町・原町・船着き場・武ヶ浜方面の海岸地帯に爆弾投下、機銃掃射と空爆によって死者二名を出した。

昭和 30 年代の下田俯瞰

102 須崎（すざき）① 下田市須崎

須崎は洲崎とも書いた。『増訂豆州志稿』に加藤景廉の乳母の子に洲崎三郎がいる、源頼朝挙兵にあたり、景廉に代わり関屋八郎の箭に当たり戦死と『源平盛衰記』にある。ただし、『増訂豆州志稿』では、伊豆の人か確証はないとする。永禄元年（一五五八）十一月一日、北条氏は熊野新造船の乗員を定め、伊東浦へ集め、材木を駿河国清水から伊豆国網代まで回漕する船方三三人のなかに「洲崎」の者三人が含まれる（「北条家朱印状写」長浜大川文書、『静岡県史 資料編7』）。永禄二年『小田原衆所領役帳』に玉縄衆の朝比奈孫太郎の役高として二七貫文「須崎・柿崎」とみえる。天正十四年（一五八六）十月十八日「北条家朱印状」（三嶋大社文書）祭銭を未進しており、同社神主らが徴収することを認めている。

江戸時代は幕府領が長く、うち下田番所支配が元和二年（一六一六）より元禄四年（一六九一）まで、下田奉行支配が正徳二年（一七一二）より享保五年（一七二〇）までと嘉永七年（一八五四）から安政六年（一八五九）まで治めた。天明四年（一七八四）より同八年までの期間は石見浜田藩領。『元禄郷帳』に高三五石余。天保十五年（一八四四）「村々様子大概書」（江川文庫蔵）によると家数二一・人数九二九、牛二・馬一、米の津出しは下田湊。元和二年下田番所の須崎遠見番所が越瀬《おっせ》のバンドコロヤシキにつくられたが、元和九年（一説には寛永十三年）に下田町の大浦に移された（『下田年中行事』）。

天明三年から安政元年まで毎年一、三〇〇枚ほどの活鯛御用を勤めるため当村に生簀をつくり、浦賀・泊浦（神奈川県横須賀市）、神奈川（横浜市）、品川（東京都）にそれぞれ箕船（箱形生簀をつないだもの）を置き、順次江戸表へ運んだ（明治二十四年「浜崎村各大字沿革旧記控」金指家文書）。文化五年（一八〇八）「村明細帳」（江川文庫蔵）によると家数二一二・人数一、〇一七、天草・鮑・栄螺の運上金一三〇両余、青石運上金三両余。農間余業として男は天草・鮑・栄螺を採り請負人である下田町吉兵衛へ売渡したり、ほかは漁業や船奉公に出かける。女も天草などを採ったり、布のり・若布・ヒジキを採る。八丈島御用船の御用を勤めている。慶応三年（一八六七）の調査によると当村に一二艘の船があり、伍大力船二（八人乗、六人乗）、漁船一〇となっていた（江川文庫）。

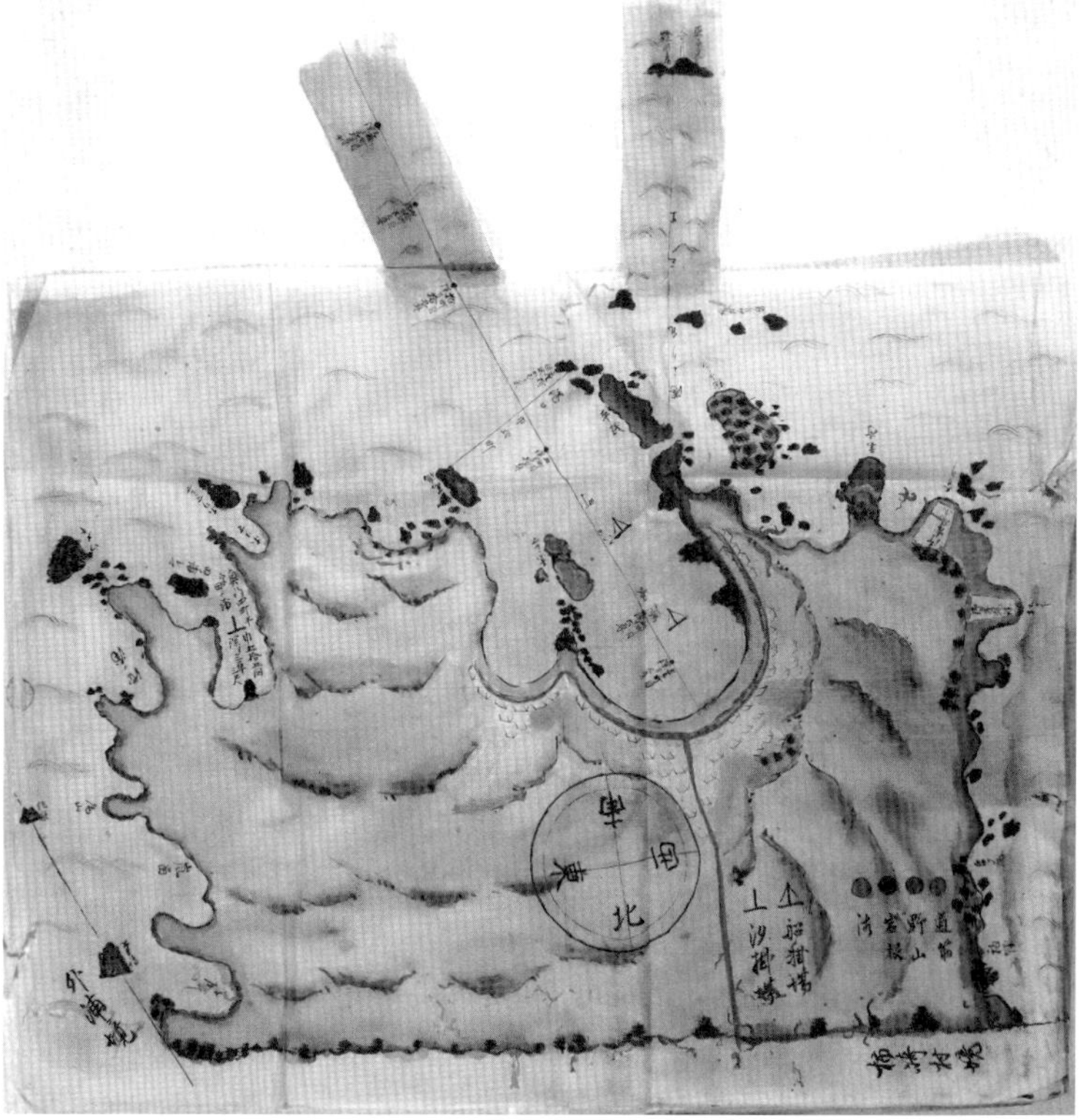

明治3年須崎村絵図（公益財団法人江川文庫蔵）

103 須崎②

享和元年（一八〇一）五月十二日、伊能忠敬が第二次測量として訪れ、名主七右衛門へ止宿した。文化十二年（一八一五）五月十一・十二日にも第九次伊能忠敬測量隊が測量を行ったが、この時は永井甚左衛門が団長であった。文政七年（一八二四）『甲申旅日記』に「漁村にて、港江の風情いとよし。須崎明神と言ふあり。鳥居に両社大明神、八十九翁書とあり。名は読めず。社に詣づれば、社のわきに小社四つあり。神躰を尋ぬれど、村長もたれも知らず。社の後に大樹あり。土人あを木と言ふ。組の者は島楠《しまくす》と言ふ物と言へり。前に柏槙《びゃくしん》の大きなるもあり」と記す。

天保十四年（一八四三）スサリ崎に御台場が築かれた（「スサリ崎御台場関係文書」須崎区有文書）。慶応四年（一八六八）「相模・伊豆・駿河国家数人別牛馬一村限帳」（江川文庫蔵）に家数二〇九・人数八九一、牛二・馬一、寺一・僧二、堂三、宮一とある。曹洞宗旭洞院・観音寺、観音堂・庚申堂・弁天堂があった。明治六年政府の土木寮に使う石材を伐り出す場所として、当村字小倉向など八か村二三か所を指定した（江川文庫「石山一件」）。明治六年旭洞院に日新舎が開校。明治二十一年の調査によると、社五、寺二、戸数一一四、人口九五八（男四五三・女五〇五）。小学校の分校があり、戸長役場が下田町に置かれた。明治二十二年、柿崎村と合併して浜崎村となる。昭和四十六年（一九七一）下田市に合併。

須崎港は中世から港として機能していたと考えられ、元和二年（一六一六）に須崎に仮番所がおかれ、その後船改番所として寛永十三年（一六三六）大浦に移転。須崎半島の先端にあり、下田港の抑えとして重要な地点である。戦国期から水主役を負担したところで、古くから海で生活していた人々が多くいたものと思われる。字名として日和山は今でも残っているが、場所は不明。

下田市須崎鉱山があり、久原鉱業株式会社（後の日本鉱業）が主として硫化鉱を採掘し、尾竹の水田地帯を埋めて鉱山施設ができた。現在でも林間に石垣が残存している。跡地の一部は練馬区が臨海施設用地として買収、利用している。須崎半島の一角の三八万七、〇〇〇平方㍍の広大な土地に須崎御用邸があり、昭和八年（一九三三）に落成した三井海洋科学研究所の跡に建設、同四十六年十一月五日完成した。天皇、皇后両陛下のご休息所として使用開始。昭和天皇はここで、海洋生物の御研究を行った。昭和四十三年九月に起工し、大林組によって三年余りで完成した。御用邸内の建物は、本邸、付属邸、お休み所、職員宿舎、皇宮警察・静岡県警本部両警衛庁舎、車庫など一三棟からなり、蓮台寺から温泉も引かれている。

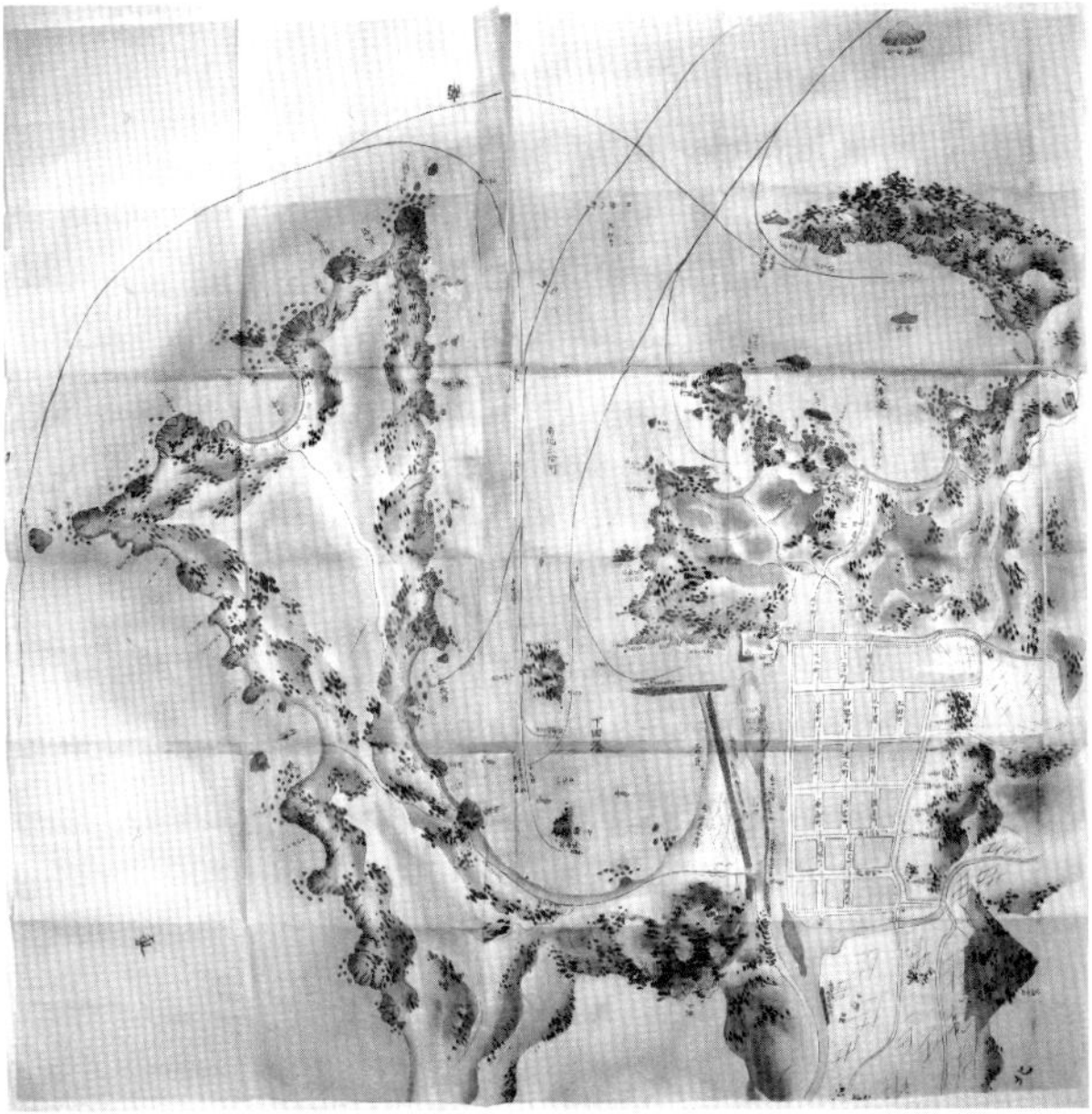
年不詳下田湊絵図（公益財団法人江川文庫蔵）

104 柿崎（かきざき）下田市柿崎

柿崎の地名の由来は、上杉謙信の家臣柿崎和泉守が柿崎外浦に隠遁したことによるとの説がある。「浜田与平次日記」によれば、和泉守は妻・妻の弟・娘を伴い、浜田家はその弟の末裔という。『小田原衆所領役帳』に玉縄衆の朝比奈孫太郎の役高として二七貫文「須崎・柿崎」とみえる。天正十四年（一五八六）十月十八日の「北条家朱印状」（三嶋大社文書）によれば、北条氏は三嶋社（三嶋大社）祭銭を未進している柿崎など一〇か所に対して、三嶋神主らが祭銭を徴収することを認めている。

須崎と同様江戸時代は幕府領が長く、うち下田番所支配が元和二年（一六一六）から元禄四年（一六九一）まで、下田奉行支配が正徳二年（一七一二）から享保五年（一七二〇）までと嘉永七年（一八五四）から安政六年（一八五九）まで。天明四年（一七八四）から同八年までは下総関宿藩領。なお、寛永二年（一六二五）には下田御番今村彦兵衛重長に柿崎村の高四四石余が与えられている（「記録御用書本古文書」）。

享保五年「下田番所附浦々水主役書上」（『下田市史』）によると、外浦に五大力船一・小漁船八艘とある。寛政十一年（一七九九）「村々様子大概書」（大田南畝「一話一言」）に、耕作・猟半々の村、家数一五〇軒程・人数六〇〇人程、猟船八艘、地引運上永五貫文・蚫運上永一貫八〇〇文・天草運上永八〇〇文上納、船番の家二〇軒あり、村内に外浦という場所があり、五〇軒程・人数二〇〇人程、ここに三人乗り五大力二艘あり、船運上は三人乗りにて一艘永三〇〇文宛上納とある。

嘉永七年吉田松陰らは下田湊に碇泊するアメリカ軍艦で密航しようと弁天島で機を窺い小舟で乗り出し

た（吉田松陰「三月二十七夜記」）。松の木が生える同島には弁財天（鷺宮神社）が祀られ、石段の脇には松蔭の七生説を刻んだ石碑が建つ。安政東海大地震による津浪の被害は流失家屋四〇・波入家屋三五であった（安政元年「異国渡来ニ付拝借願」下田町文書）。

文政七年（一八二四）『甲申旅日記』に「元番所跡と言ふ小高き所あり。ここにして港のよそひ見渡し、沖をのぞむに、（略）日和《ひより》山と言ふに登る。草木も無き赤き石山なり。大海の眺望言ひ知らず。」とここからの眺望をめでている。八幡神社があり、天正十六年九月二十日銘の棟札がある。曹洞宗玉泉寺・浄土宗触光《しょっこう》院・天台宗万蔵院がある。明治六年（一八七三）玉泉寺を借りて日盛《にっせい》舎が、翌七年触光院に循誘《じゅんゆう》舎が開校。明治二十二年白浜村・須崎村と合併して浜崎村となる。昭和四十六年（一九七一）下田市に合併。三島神社と鷺島《さぎしま》神社（弁天）の偽層理は県指定の天然記念物。玉泉寺境内の標高約七〇メートルの山は日和山で、現在は山頂部に秋葉神社が建ち、木に覆われて見通しは利かない。ただし参道の階段からは下田港が一望できる。

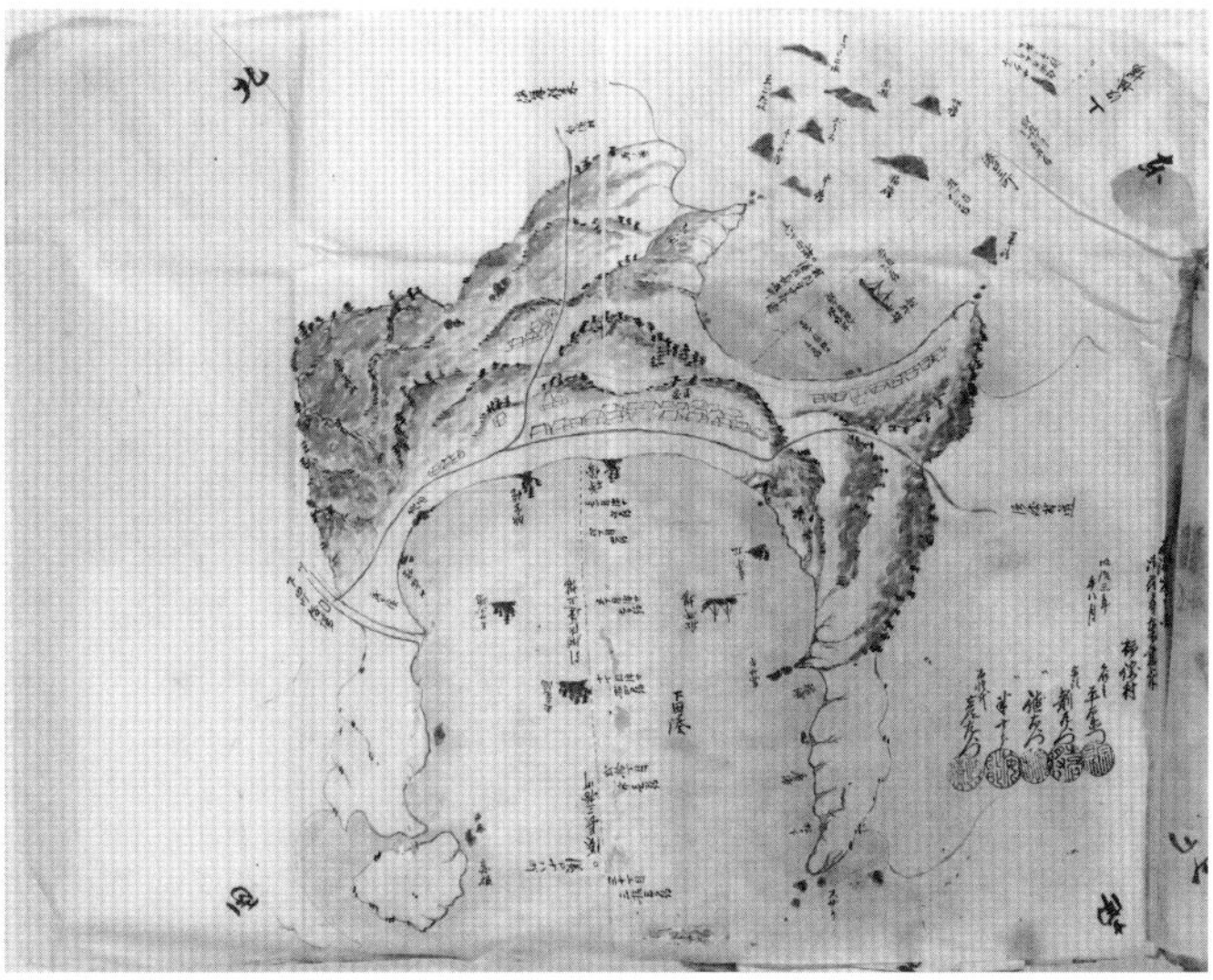
柿崎村絵図（公益財団法人江川文庫蔵）

105 白浜（しらはま）① 下田市白浜

鎌倉前期の某和歌集『閑谷集』の詞書に「しらはまの大明神」がみえる。暦応二年（一三三九）七月十六日、「入江三郎□衛門尉跡」の白浜村地頭職が走湯山（伊豆山神社）に寄進された（同三年六月十九日「散位某奉書」醍醐寺文書）。暦応四年八月の「伊豆山中堂本地供置文案」（同文書）に「料所 伊豆国白浜村」とみえ、同村の年貢のうち六〇結（六〇貫文）が供料に充てられている。貞治四年（一三六五）の「伊豆山密厳院領年貢米銭・田畠注文」（伊藤一美氏所蔵文書）には異筆で白浜村と補筆されている。応永五年（一三九八）六月二十五日到来の「走湯山領関東知行地注文」に「一豆州 丹那郷 田代郷 大田家村 青木村 蛭島郷 白浜郷 初島領家職 熱海松輪村在二湯屋一 山木郷 山上地 平井薬師堂 馬宮庄領家職 仁科郷内田畠 松下田畠、」などと記載されている。

文安五年（一四四八）九月二十七日の「上杉家奉行人連署奉書」（三嶋大社文書）によると、白浜村は三嶋社（三嶋大社）神役を納める地となっており、この時催促がなされている。三穂ヶ崎の洞窟には回峰行者が書いたと思われる墨書銘が残っており、文明十五年（一四八三）十二月二十五日の日付のあるもの、天文元年（一五三二）三月二十五日の「三《（生カ）》年四十法眼承清」などと記されたもの、天文十年十月二十五日の走湯客僧四人などと記されたものがある。永禄二年（一五五九）編さんの『小田原衆所領役帳』の伊豆衆に秩父次郎左衛門と見え、「七十弐貫文 豆州白浜」などの合計知行役高は五七八貫文とある。天正十一年（一五八三）十二月十二日付「佐野北条氏忠朱印状」（藤井文書）では差出人佐野北条氏忠が白浜郷名主百姓中に年貢割付状を発給している。

江戸時代初めは幕府領、一部は文化八年（一八一一）旗本小笠原領となり、残部の幕府領が文政五年（一八二二）沼津藩領となり幕末に至る。慶長三年（一五九八）に検地が行われ、田四〇町九反余・高四五一石余、畑・屋敷一八町四反余・高八四四石余（「戌之年御縄之上定書」佐々木家文書）。『元禄郷帳』では高五八五五石余。天保年間（一八三〇〜四四）板戸一色に沼津藩水野領の陣屋が設置され（『南豆風土誌』）、同十四年には三穂ヶ崎に御台場（砲台）がつくられている（弘化四年「白浜村絵図」）。

天保４年白浜村絵図（公益財団法人江川文庫蔵）

106 白浜②

享保五年（一七二〇）「下田番所附浦々水主役書上」（『下田市史』）によると、五大力船二・役船二艘とある。明和八年（一七七一）「差出帳」（佐々木家文書）によると家数二四〇・人数一、〇三九、入会茅場は落合村と縄地村椎木沢《しいのきさわ》（河津町）にあり、百姓林は一三か所、漁船は三艘でその役三六〇文（八丈御船・御用木御船・流人が難破した時の助船用）、鹿尾菜二俵で役永三四文、運上は鮑漁・天草。寛政十一年（一七九九）「村々様子大概書」（大田南畝『一話一言』）に、耕作・猟両様の村、家数二六〇軒程・人数一、三〇〇人程、薪少々江戸表へ輸送、漁はさんま・鰯等、船六艘・他に肥船一〇艘程、天草運上村方請負で年六両上納、鮑は江戸四ヶ市塩や金兵衛請負、猪鹿多し、とある。明治二年（一八六九）「賀茂郡皆済目録」（江川文庫）によると、塩竈役、万船役の書上げがある。

特産の天草ははじめ肥料として使われ、運上金は延宝年間（一六七三〜八一）から少額を負担したといわれる。文政五年（一八二二）当村の大部分、とくに海面入会を任された沼津藩は村に下付金を与え、海草管理権を藩の支配下に置いた。さらに紀州和歌山藩と裏で結び落札させるようになり、稲取、白浜などの東海岸の天草は在郷商人の手から紀州役人の手に渡り、和歌山藩国産方として全国市場に乗り、一部は長崎から清国へと輸出されたという（文政八年「口上書」『伊豆下田』など）。明治元年（一八六八）沼津藩主水野氏が所替となっても天草の権利は離さず、村人の手に戻るのは同四年の廃藩置県以後であった。

享和元年（一八〇一）五月十一日、伊能忠敬が第二次測量、長田寺に止宿した。文化十二年（一八一五）

五月十一日、永井甚左衛門を中心にした第九次伊能忠敬測量隊が測量した後、十月十三日に再び測量、『伊能忠敬測量日記』に「当夏五月十一日横切残ス御用杭ニ繋ク。沿海二十三町四十八間。真白ノ砂浜也。故ニ総名白浜ト云カ。」と記す。また、十一月二十一日の測量では「去月十三日打止残シ御用杭ニ繋、沿海逆測終ル」とある。臨済宗建長寺派長田寺・曹洞宗禅福寺などがある。安政元年（一八五四）には水野陣屋の榎本賢次郎が板戸漢学教授所を創設、明治六年（一八七三）変擁《へんよう》舎が長田寺を借りて開校。明治五年工学校建営のため、当村大ノ浦山と青市村芋穴山の二か所、同六年政府の土木寮に使う石材を伐り出す場所として、当村字洞山・日影山など八か村二三か所を指定した（江川文庫「石山一件」）。明治二十二年柿崎・須崎村と合併して浜崎村となるが、明治二十九年八月浜崎村から分離独立、再び白浜村となる。昭和四十六年（一九七一）下田市に合併。

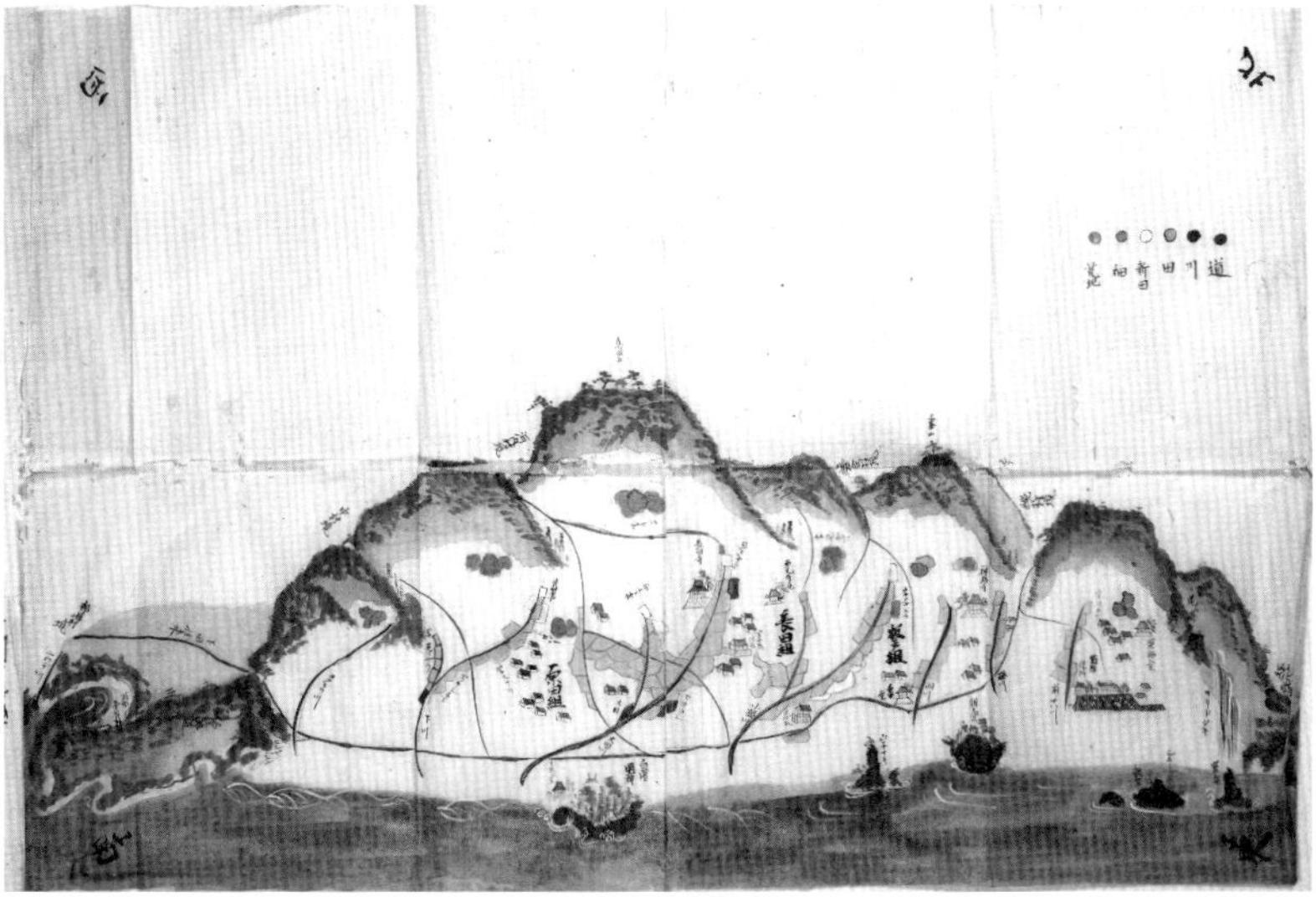

明治４年白浜村絵図（公益財団法人江川文庫蔵）

107 白浜③

白浜神社の祭神は主神が伊古奈比咩《いこなひめ》神、相殿が事代主命・見目神・若宮神・剣御子神。旧県社、通称白浜神社、白浜五社大明神とも称した。『延喜式』神名帳に載る賀茂郡の伊古奈比咩命神社（大座）、「伊豆国神階帳」に載る「一品きさきの宮」に比定される。『南豆風土誌』に三島神社、旧白浜神社として、県社、孝安天皇朝に勧請とある。社伝によると、祭神は三島大神の后神で、初めともに三宅島にあり、孝安天皇六年白浜に移って伊豆諸島を治め、伊豆神族の宗社として崇敬を集めてきたと言う。淳和天皇天長九年（八三二）三島大神事代主命は国府の置かれた三島に移ったため、この地を古宮と言うとある。また、江戸時代三島明神の新田村である宮新田は賀茂郡となっていたのはこのためであろう。天長九年五月二十二日、神異があったとして三島神・伊古奈比咩神を名神として、地二、〇〇〇町に神宮二院、池三処を作った（『釈日本紀』）。伊古奈比咩神は嘉祥三年（八五〇）十月八日従五位上、十一月一日に官社、仁寿二年（八五二）二月十五日正五位下となる（『文徳実録』）。

『和名抄』に載る賀茂郡大社郷の郷域は当社の神領域でもあるといわれる。昔は神領凡そ七〇余町、社家三六戸あり、一年七五度の祭祀を行い、諸式三島大神と同じという。十二世紀末に書かれた『閑谷集』に「おなじみなみ浦に、しらはまの大明神と申して、しるしあらたにはべるよし申すを聞きて、もらさずて我もみちびけしら浜のまさごの数にあらぬ身なれど」とある。室町時代社領七〇余町、ほかに神領四か村白浜・岡方・峰・逆川に一、〇〇〇石寄進があったと伝える。延徳三年（一四九一）には北条早雲が参詣し一一貫二〇〇文を寄進したといい、後北条氏は四一八石寄進、慶長三年（一五九八）には神領二〇石余であったが、その後は減じたと伝え（『静岡県神社誌』）、神領は全く絶えてしまった。

江戸幕府は伊豆八丈島渡船を出すごとに初穂米と絵馬を奉納する習慣で、社家三七軒によって年間七五の祭祀が行われたという。社殿は明暦二年（一六五六）に焼失、幕府の援助により二院相対の古制に復したが、寛保年間（一七四一〜四四）以後は社殿が縮小して一社となり、内陣を五社造としたと伝える。明治六年（一八七三）県社に列した。所蔵の慶長十二年（一六〇七）在銘「鰐口」は、徳川家康に仕えた金山奉行大久保長安が増産祈願のため奉納したものと伝え、昭和三十一年（一九五六）静岡県の文化財に指定された。

境内のアオギリ自生地の北限として昭和二十年（一九四五）二月に国の天然記念物、ビャクシン樹林（イブキ）も昭和四十四年五月静岡県の天然記念物に指定されている。例祭日十月二十九日で三番叟を奉納。宝暦年間からの伝承といわれ、昭和四十八年下田市の文化財に指定されている。前日夕刻に背後の火達山で火を燃やし諸島の神々に献じ、例祭終了後に浜辺で伊豆七島を拝し御神饌を海岸から流す御幣流祭を行う。

白浜（『伊豆の浦つたい』挿絵）

108 縄地（なわじ）賀茂郡河津町縄地

北条氏康が永禄二年（一五五九）に編さんした『小田原衆所領役帳』には河越衆大道寺弥三郎の知行地である「四拾八貫文 西郡中名（神奈川県開成町）元大藤知行」「四拾貫文 豆州縄地 元大藤知行」とある。『南豆風土誌』に「本村の草分けは不明なれども慶長十八年（一六一三）縄地金山奉行所滅亡の時、全村灰燼に帰して居残りたるもの僅かに八戸（石井・加藤など）なりき」とある。

寛永十三年（一六三六）検地帳に「川津内縄地村」とあり、江戸時代初期は幕府領、享保十三年（一七二八）掛川藩領となり、幕末に至る。『元禄郷帳』によると高一四五石余。寛永十年「年貢割付状」（明治大学刑事博物館蔵）によると一〇五石の金銀山荒引がある。『掛川志稿』によると家数九〇・人数五五三、金山の最盛期には家数一、〇〇〇余であったが、閉山となり一村焼き払われたという。

享保五年（一七二〇）「下田番所附浦々水主役書上」（『下田市史』）によると、村高一三七石余、廻船一艘とある。寛政十一年（一七九九）「村々様子大概書」（大田南畝『一話一言』）に、家数六〇軒程・人数一五〇人程、谷間に犬榧余程あり、自分遣いの油にする、炭は百姓持林から伐出し、薪少々江戸へ廻す、平均一軒に一疋の牛、子は他村へ売るとある。

金山全盛期には八か寺あったが、衰退の後は曹洞宗地福院のみとなった（『掛川志稿』）。谷津の専光寺・乗安寺は慶長中、縄地で金山開鉱時に創建、のち、移転したという（『増訂豆州志稿』）。白浜の西光寺、三津の来迎寺は縄地から移転したという（『同書』）。文化十二年（一八一五）十一月二十日、永井甚左衛門を中心にした第九次伊能忠敬測量隊の通過、十一月二十一日、測量、『伊能忠敬測量日記』に「河津庄縄地村、太田備中領。（中略）右谷奥五町許ニ本村人家〆八十一軒。縄地川幅三間。右十二間許ニ当村鎮守子安大明神。祭礼十一月十五日。神主別当当修験永宝院式地夜須神社ト云。鎮坐・祭神不知」とある。子安神社と山神社（現子安神社に合祀）には、白浜神社（下田市）とともに大久保長安が金山繁栄を願い慶長十二年に鰐口（縄地公民館蔵）を奉納しており、県指定文化財。

明治六年（一八七三）に縄地舎が地福院に開校し、同九年正心舎となった。明治二十一年の調査によると、社四、寺一、戸数九二、小学校の分校があり、戸長役場が浜村に置かれた。明治二十二年九か村が合併して下河津村となり、昭和三十三年（一九五八）河津町となる。

子安神社

109 縄地②

東海岸沿いの下田市白浜と河津町縄地との境界に縄地金山がある。寛永十年（一六三三）「年貢割付状」（明治大学刑事博物館蔵）によると高一三七石余、うち一〇五石が金銀山荒引が記載され、ズリを棄てた場所と思われる。おもな坑道は運上《うんじょう》山・竪岩《たていわ》山・中《なか》山にある。慶長三年（一五九八）から採掘を開始し、『増訂豆州志稿』に雲城山・菖蒲沢・中山・竪岩で採掘したとある。慶長十三年「覚書」（国立史料館蔵）には「なわち家数多出来候」とあり、金山が動き出している様子がみえる。

伊豆金・銀山のうち最も盛んだったのは縄地で、一時は佐渡より多い産出量を誇り、家康自慢の金山とした。慶長十二年駿府の家康を表敬訪問していたオランダ人神父プロガンシャルに視察をすすめたが、部下のジャン・ロドリゲスを代理として視察させたという。慶長十一年伊豆を治める代官頭彦坂小刑部元成が改易され、伊豆金山奉行に大久保長安が就任、大久保の管理となる。この時が最盛期で、寺八か寺、八、〇〇〇戸を数えたという。一説には長安が居住したとも伝えられ、それを伝える地名が残る。

慶長十三年に長安が戸田藤左衛門宛に出した覚書（国立史料館蔵）には縄地金山について坑道の排水から全体の管理まで細かい指示が記されている。同十二年白浜神社・子安明神へ鰐口を奉納しているが、この年には衰退してしまう。太くて短い伊豆の鉱脈の特徴からであった。慶長十八年金山奉行所滅亡により縄地全村灰燼に帰したという（『掛川志稿』）。字名に八貫坑《はちかんまぶ》・本場《ほんば》・床場《とこば》・御留《みとめ》・流場《ながしば》・初坑《しょつぼ》・磔坂《はりつけざか》・跳段《おどりだん》・相《す》撲段《もうだん》・青物市場・魚市場・十分一《じぶいち》・獄屋敷《ろうやしき》・石見守屋敷・花畑などが残る。金山はその後も採掘され、文政年間（一八一八～三〇）には江戸浅草の金師定吉が採掘許可を求め（「目安したため方」明治大学刑事博物館蔵）、幕末に筏場村の五郎右衛門が金山再開の見通しを山師に依頼したところ運上山は採掘できることを伝えている（「口上之一札」筏場区有文書）。

明治三年（一八七〇）縄地金山諸品取調が行われ、同年山木村（伊豆の国市）宇野範右衛門と大道寺吉哉が当金山と毛倉野金山の稼ぎを行っている（江川文庫）。同四年本間権大属から「毛倉野・縄地金山吹目金費用厳密取計申し渡し」（江川文庫）が行われた。このように明治初年勧業大属本間六郎を当金山の奉行として再採掘したが、振るわなかった。休鉱中であったが、明治四十年大阪の磯野良吉が再採掘開始。大正六年（一九一七）住友金属鉱業(株)が稼行、昭和十四年（一九三九）土肥鉱業（土肥マリン観光）が直営。昭和十八年国の金鉱業整備令により休山。同二十九年再開、同四十六年に閉山された。

石見屋敷跡

110 谷津（やつ）現賀茂郡河津町谷津

谷津は文禄三年（一五九四）九月八～十一日に検地が実施された。検地帳によると田方一三町七反余、畑方・屋敷四町四反余、検地役人三堀内匠（『河津町の古文書』）。宝暦十一年（一七六一）から慶応三年（一八六七）は太田掛川藩領。三島代官所内行政上の地域組織である河津組大名主が当村におかれた。享保五年（一七二〇）「下田番所附浦々水主役書上」（『下田市史』）によると、村高一四四石余、もく切船二艘とある。寛政十一年（一七九九）「豆州村々様子大概書」（大田南畝『一話一言』）に家数八〇軒、梨本辺りから出す薪炭を取継ぎをする家などがあるとする。

元治元年（一八六四）韮山反射炉が廃炉となり江戸滝野川に移転すると、梨本産出の耐火レンガ用白土をここから江戸に向けて積み出した（江川文庫）。これに従事したのが雑賀屋《さいか》である。明治三年（一八七〇）「豆州各港方向取調」（江川文庫）によると、民家九二軒、東京へ諸荷物取扱問屋二人がいて、荷物は炭・青石、ふじ綱少々とある。戸長役場が浜村に置かれた。明治二十二年（一八八九）九か村が合併して下河津村となり、昭和三十三年（一九五八）河津町となる。

字館之内にある八幡神社は河津神社または河津八幡ともいい、祭神は天児屋根命《あまのこやねの》、河津三郎祐泰、同祐成、同時致。明暦三年（一六五七）再建。仇討ちで知られる曽我十郎・五郎兄弟と、その父である河津三郎祐泰が祀られている神社。別殿に木ヶ崎・天神社の二社。鳥居の脇には重さ三〇〇㌔近い楕円形の石があり、三郎祐泰が朝夕力試しをしたといわれる力石や力石を持った三郎の像がある。河津三郎が手玉にとったことから「軽く手玉にとる」が由来する。後藤白童作「曾我兄弟の像」を伊豆急河津駅眞得広場から、平成十七年（二〇〇五）十一月十五日移設。相撲の「かわづ掛け」は河津三郎に由来する。例祭日十月十四日には近隣の村々から人々が集まって角力が行われ、十月十五日に奉納される三番叟は昭和四十五年（一九七〇）河津町指定無形文化財となった。

谷津温泉は、河津浜から河津川沿いに約五〇〇〇㍍さかのぼった地に湧いた出湯。温泉の発見は古く、奈良時代の高僧行基によって開湯されたと伝えられる立岩温泉で、一万体の仏像を彫ったという。南禅寺はもと那蘭陀寺といい、奈良時代「この近くに霊場あり」と記され、康和元年（一〇九九）実道法師を開山として壮麗な伽藍を持った寺院として建立されたといわれる。仏像はならんだの里美術館に納めている。『増訂豆州志稿』『南豆風土誌』に立岩・石田温泉を記載。湯量が豊富で河津浜温泉に分湯している。

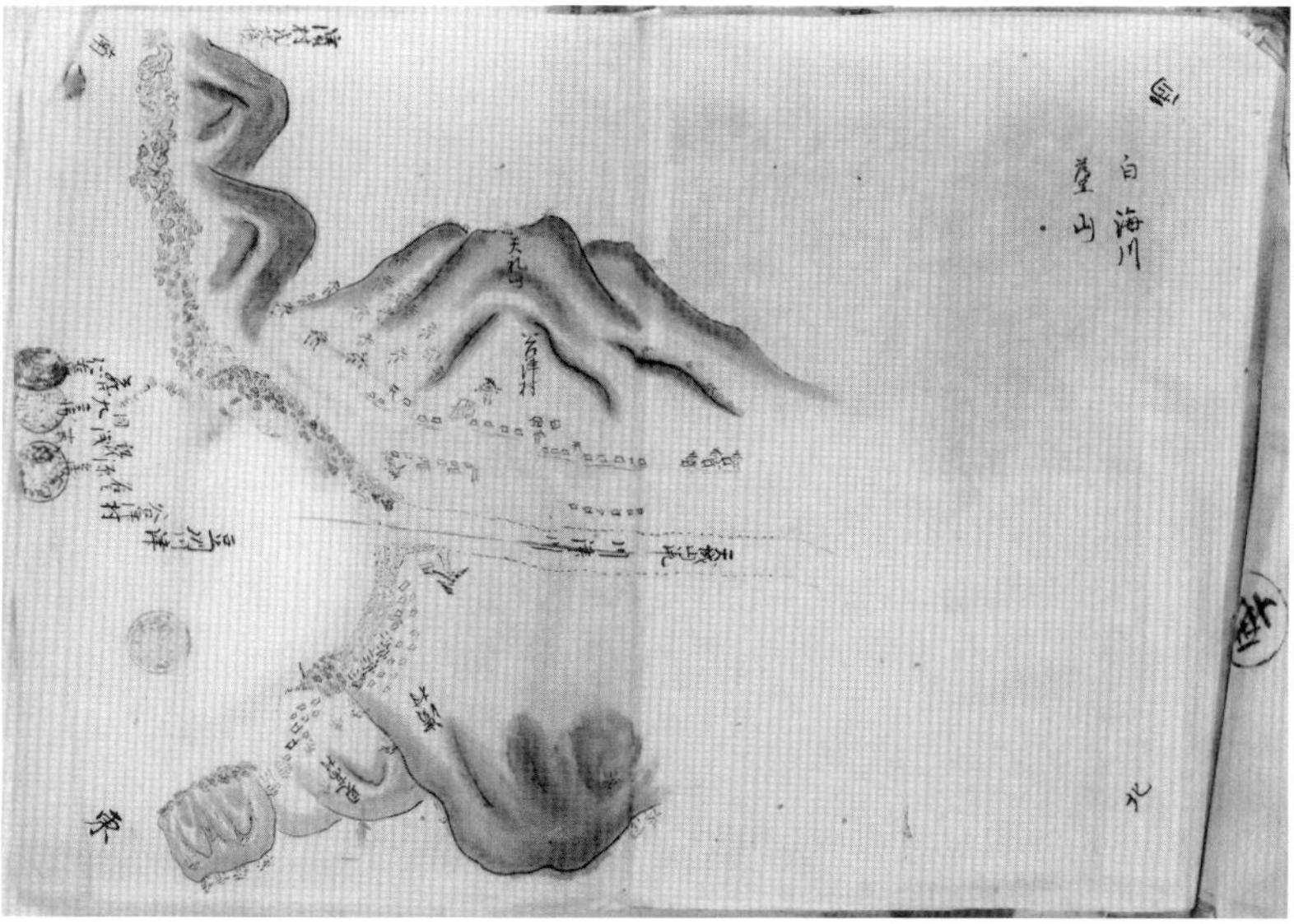

明治３年谷津村絵図（公益財団法人江川文庫蔵）

111 浜（はま）賀茂郡河津町浜

浜村はもと笹原と一村であったが、寛永十年（一六三三）分村。そのために田地が錯綜しているという（『増訂豆州志稿』）。江戸時代初め幕府領、宝永五年（一七〇八）から延享四年（一七四七）まで小田原藩領、幕府上知となり、宝暦十一年（一七六一）韮山代官支配地、天明三年（一七八三）旗本鈴木・高木・田原三氏の相給、寛政五年（一七九三）幕府領、文政五年（一八二二）沼津藩と旗本鈴木氏の相給となり、幕末に至る。『元禄郷帳』では高二〇三石余。享保五年（一七二〇）「下田番所附浦々水主役書上」（『下田市史』）によると、村高二〇三石余、廻船一・もく船三艘とある。

明治三年（一八七〇）「豆州各港方向取調」（江川文庫）によれば、民家八〇軒（七一軒韮山県・九軒菊間藩）で、諸運上物を扱う問屋がいて、河津組一七か村より炭・薪・材木・竹・板その他当浜へ津出ししたとある。正徳二年（一七一二）には日用取惣代二人・さいふね持四人。舟持一人、享保四年（一七一九）には船頭七人・水主三二人（「証文定書」河津郷下河津）。五大力船の積荷は圧倒的に炭が多く、ほかに材木・薪・年貢米などが廻船問屋により江戸に輸送された（寛政十二年「積付帳」小沢家文書）。村民の多くは船頭や水主、親船に荷を積込む人夫となり賃稼をしていた（正徳二年前掲定書）。漁獲物はアワビ・サザエ・エビ・サンマ・イカが獲れた（天明八年「書上帳」小沢家文書）。寛政十一年「豆州村々様子大概書」（大田南畝『一話一言』）に、猟は少々、耕作中心の村、家数六〇軒・人数三五〇人程、この村奥に沢田村があり、青石を出すとある。明治二年「賀茂郡皆済目録」（江川文庫）によると、塩竈役、万船役の書上げがある。

東浦路の継立場があった（元文五年「田中村明細帳」田中区有文書）。

享和元年（一八〇一）五月十日、伊能忠敬が第二次測量、名主幸左衛門宅に止宿した。また、文化十二年（一八一五）十一月二十日、永井甚左衛門を中心にした第九次伊能忠敬測量隊では、百姓斎賀屋十兵衛・名主佐知左衛門へ止宿。ここから梨本方面に向かって測量していった。天保九年（一八三八）笹原村より浜村を不分明の土地があるということを訴えたため翌十年両村を検地することとなった。勘定方関源之進・田中新五兵衛・内藤隼人外五名が出張、両村の検地を仰せ付けられ、同年七月終了（伊豆市門野原石渡家文書「温古誌」）。その時の検地の様子が描かれ、日本大学国際関係学部図書館に所蔵されている。

須佐之男神社、臨済宗建長寺派長福寺・浄土宗称念寺などがある。

明治二十一年（一八八八）の調査によると、戸長役場が置かれ、浜・片瀬・見高・縄地・谷津・逆川・峯・沢田・田中・笹原の九村を所管した。明治二十二年九か村が合併して下河津村となり、昭和三十三年（一九五八）河津町となる。『静岡県の歴史的建造物・歴史的街並み』に、明治三十二年浜に建築された元郵便局を掲載。木造・石造二階建て、外壁は洗い出し及びスタッコ塗り。

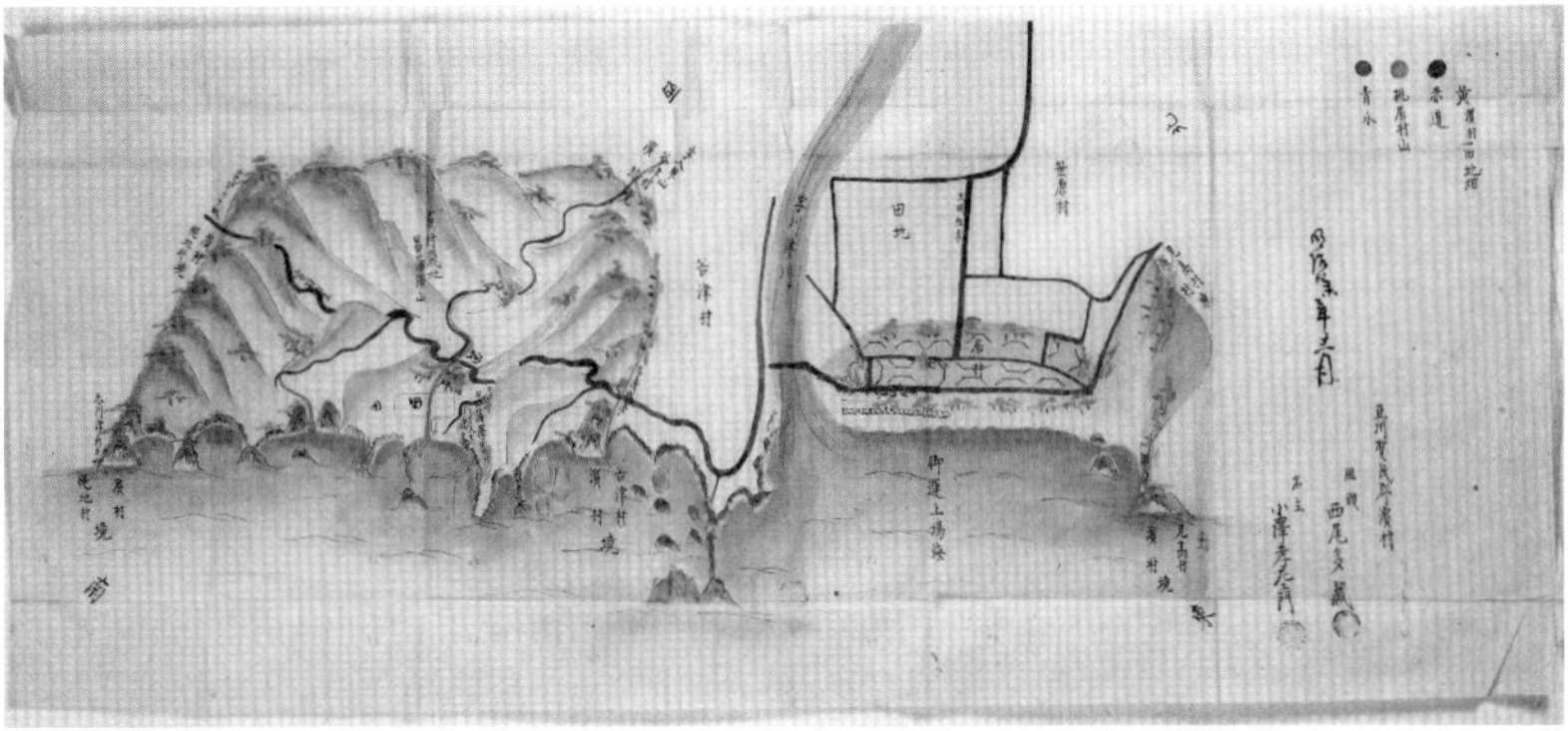

明治４年浜村絵図（公益財団法人江川文庫蔵）

112 見高（みたか）① 賀茂郡河津町見高

見高は耳高とも書かれる。天城山から南東に延びる丘陵が相模灘に岬状に突き出た標高三〇～四〇㍍の海食台上に段間遺跡がある。大正十四年（一九二五）河津東小学校校舎建設に伴い、縄文時代早期末から中期後葉にかけてと見られる集落が発見された。昭和二年（一九二七）に大場磐雄によって調査が行われ、当時は敷石住居跡の調査で、学校として保存を行った。その後の調査で、住居跡は縄文前期初頭一棟・中期中葉三棟・中期後半一八棟で、中期後半では空白域を囲む環状の配置をとる可能性がある。遺物は、早期後葉の南関東系の茅山《かやま》式土器、東海系の粕畑《かすはた》式土器をはじめ、前期前葉の関山式土器、中期前葉では五領ヶ台式土器が多量に出土したのをはじめ、中部高地系・東海西部系・関西系・南関東系といった大量の土器が注目される。神津島産黒曜石の原石・石器・剥片が多量に出土し、当遺跡が神津島からの黒曜石の中継地であり、石器製作遺跡であったことが推定される。大きな集落が存在したと推定され、校庭には竪穴住居が復元されている。

古代郷里制下の川津郷の里に神竹里がある。天平七年（七三五）十月の平城宮跡出土木簡（『平城宮木簡概報』22）に「川津郷□（神カ）竹里」とみえる。地名類似から現河津町見高に比定される。永正十五年（一五一八）九月六日の琴海神社棟札写（「耳高神社記録」）には「本願耳高代官」とある。北条氏康が編さんした永禄二年（一五五九）の『小田原衆所領役帳』の御馬廻衆に蜷川孫三郎と見え、「八拾貫文 豆州耳高」等とある。寛文二年（一六六二）見高神社上梁文にも「川津庄耳高村」とある。

見高神社は『南豆風土誌』には天平五年（七三三）勧請、祭神多祁伊志豆伎命とある。『延喜式』にある多祁伊志豆伎命《タケイシシズキノミコト》神社、「伊豆国神階帳」の従四位上「たけしの明神」は当神社にも比定しているが、三島神社（南伊豆町青野）とも比定され、所在不明。『増訂豆州志稿』には貞享五年（一六八八）の棟札に神明社とあるという。神社の記録によると、寛文元年（一六六一）三月耳高大明神の宮殿を焼失し、翌年再興、延宝七年（一六七九）・延享四年（一七四七）・安政六年（一八五九）の棟札があったとする（『河津町の棟札』）。境内社に琴平・天王・天神・稲荷・淡島・厄神・亜神の七社。十月二十二・二十三日に祭礼があり、五穀豊穣・天下泰平を願い、嘉永三年（一八五〇）、江戸歌舞伎の名優四代目市川小団次の親が見高出身という縁で、地元の若者に指導したことから始まった能楽の翁舞の一つである式三番叟が奉納される。千歳・翁・三番の三役が横笛や鼓に合わせて舞を奉納。全国的にも珍しい廻り舞台は、現在でも稼働できる。

見高神社

113 見高②

延宝六年（一六七八）四月検地、田方三三町二反余・畑方一四町一反余が記載される（『河津町の古文書』）。江戸時代初め幕府領、宝永五年（一七〇八）から延享四年（一七四七）まで小田原藩領、天明四年（一七八四）下総国関宿藩領となり、同八年再び幕府領、文化八年（一八一一）から旗本間宮氏との相給となり幕末に至る。『元禄郷帳』によると高三六七石余。

寛永年間（一六二四～四四）には尾張藩の石丁場があった（「伊豆石場之覚」細川家文書）。享保五年（一七二〇）「下田番所附浦々水主役書上」（『下田市史』）によると、村高三六七石余、五大力船一・漁船四艘とある。寛政十一年（一七九九）「村々様子大概書」（大田南畝『一話一言』）に、猟と耕作五分五分の村、家数一九〇軒余・人数九〇〇人程、薪等を江戸へ輸送、漁撈は鰑を冬・夏の稼ぎとし、鯛・はた漁、海老網あり、廻船なし、猟船二艘・その他百姓持で藻取・八丈その他流人引船のため二〇艘、永納は二艘、蚫・海老・さざえ運上三両、天草運上五両、玉手役永一四〇文・馬草一〇〇文上納、薪炭は年季請負運上四両二分程上納とある。

正徳二年（一七一二）の「証文定書」（『河津郷下河津』）では船宿四人、親船まで荷を運ぶさい舟持五人、岸から親船に荷積みする日用取惣代三人。村明細帳では漁船五、百姓藻刈船（海藻の採取と流人船に使用）一五。河津郷各村の年貢米や薪炭は見高浦から廻船によって江戸に運ばれ荷の船積み駄賃日雇の稼ぎがあった。山間部では農間に薪炭を作り江戸へ送っていた。慶応三年（一八六七）の調査によると当村に五艘の漁船があった（江川文庫）。明治二年（一八六九）「賀茂郡皆済目録」（江川文庫）によると、所天草運上の書上げがある。見高港は、明治四十四年（一九一一）の調査では年間出入りの商船のうち、汽船四四五、帆船一二六、和船二六艘。

見高神社のほか、蛭子神社・琴海神社・竜王神社・神明神社・天王神社・山神社、臨済宗建長寺派真乗寺・隠了寺がある。明治六年見高舎が開校し、同十三年枕仰舎《ちんぎょう》が開校した。明治二十二年九か村が合併して下河津村となり、昭和三十三年（一九五八）河津町となる。麦わら舟流しは、河津町見高浜で、八月十六日に行われる二〇〇年以上続く伝統行事。麦わらで作った三㍍ほどの舟に、供物で作った人形などを乗せて海に流す。

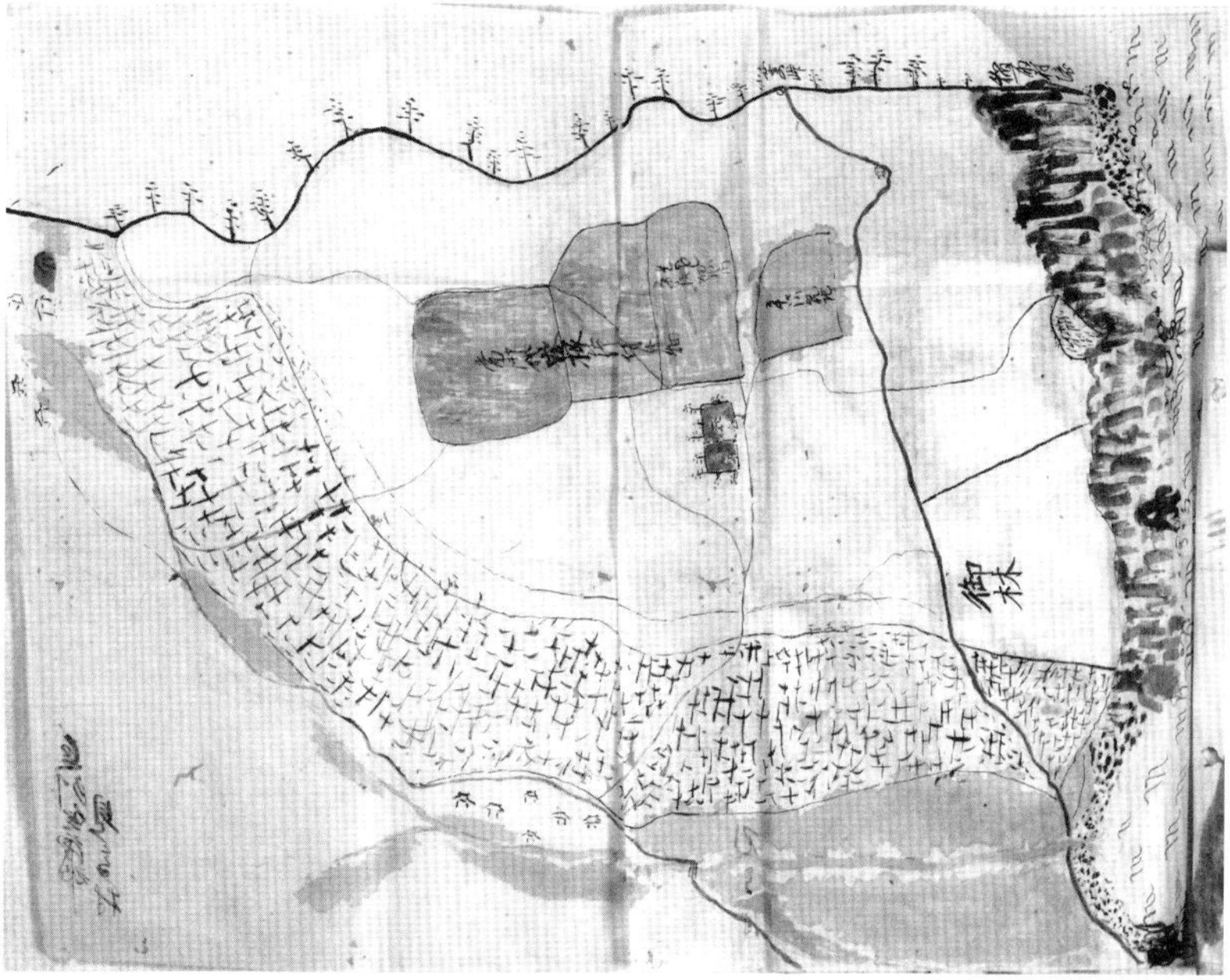

天保４年見高村絵図（公益財団法人江川文庫蔵）

114 稲取（いなとり）① 賀茂郡東伊豆町稲取

稲取の枝郷に溝口・山田・大久保がある。群馬県嬬恋《つまごい》村の吾妻《あがつま》神社が所蔵する文安元年（一四四四）十月八日銘の懸仏に「河津荘稲取郷」とみえ、稲取郷は河津庄に含まれていた。『南豆風土誌』に大川村三島神社の大永四年（一五二四）二月二十四日再建棟札に「鍛冶稲取村九郎右衛門森綱」、奈良本の鹿島神社の天正九年（一五八一）九月十日銘の棟札には「大工稲取深沢与五左衛門」とあり、鍛冶や大工が居住していた。永禄十二年（一五六九）閏五月四日「北条家朱印状写」（三島古文書）では、山角某が奉者となって、毛利（北条）高広の領地で、稲取・片瀬代官・百姓中に三嶋社神事銭の納入を命じられた。天正四年十月晦日「清水康英判物」（伊達英一家文書）では、清水右京代の村串和泉守に三島祭礼銭の不納について、片瀬・稲取の不入は毛利丹波守の支配を受けた元亀三年（一五七二）から続いていて多呂玄蕃も承認していると述べている。

慶長十九年（一六一四）の大坂冬の陣に、当村は徳川家から兵糧運搬を命じられたので、廻船・水主を「くじ取」で決め、その功により当村に三つ葉葵紋と二引の御免御極印幟（上島家蔵）が授けられた。元和九年（一六二三）将軍徳川秀忠と同家家光の上洛の際には伊豆東浦一一か村に対し相模国酒匂《さかわ》川の船橋架設を命じられ、船八六艘の内四〇艘を当村より出した（「慶長・元和稲取村日記」東伊豆町役場蔵）。

江戸時代初め幕府領、天明五年（一七八五）沼津藩領となり幕末に至る。寛永十二年（一六三五）頃の村高二七五石余（「公儀御普請」細川家文書）。『元禄郷帳』では高三一〇石余。延宝三年（一六七五）「年貢割付」（東伊豆町役場蔵）によると、小物成は船役永一貫八〇〇文のほか、肴役・川役・水乞役。江戸中期には船役永四貫五〇〇文、前記のほかに鉄砲役・茶畑上木年貢・御菜役、鮑・栄螺・海老運上永六貫文（「年貢割付」同役場文書）。安政六年（一八五九）には鮑・栄螺・海老運上一貫余、前記のほかに質屋冥加も加わった（「年貢皆済目録」同役場文書）。寛政十一年（一七九九）「豆州村々様子大概書」（大田南畝『一話一言』『南豆風土誌』）に、漁撈の村、漁の間に耕作、折々薪を伐出す、家数三五〇軒程・人数二、〇〇〇人余、むろ・するめ・さんま・まぐろ漁、天草運上一か年一〇〇両・十分一永五〇〇文、江戸廻船三艘・猟船一五艘とある。明治四年「賀茂郡拾四ヶ村未割付」（江川文庫）によると、往古神津島から水汲みに来ていたので水乞税を徴収していたと記録されている。

天保二年（一八三一）の家数六〇〇（天保十四年「嘆願書」東伊豆町役場蔵）。江戸城の城郭用石材として慶長十一年から土佐藩、寛永六年から加賀藩・豊前小倉藩・伊勢桑名藩、同十二年に日向延岡藩・備中成羽藩・丹波福知山藩・摂津三田藩が当村の愛宕山・本林・磯脇などに採石場を設営して大量の石材を切り出した（「公儀御普請」細川家文書）。

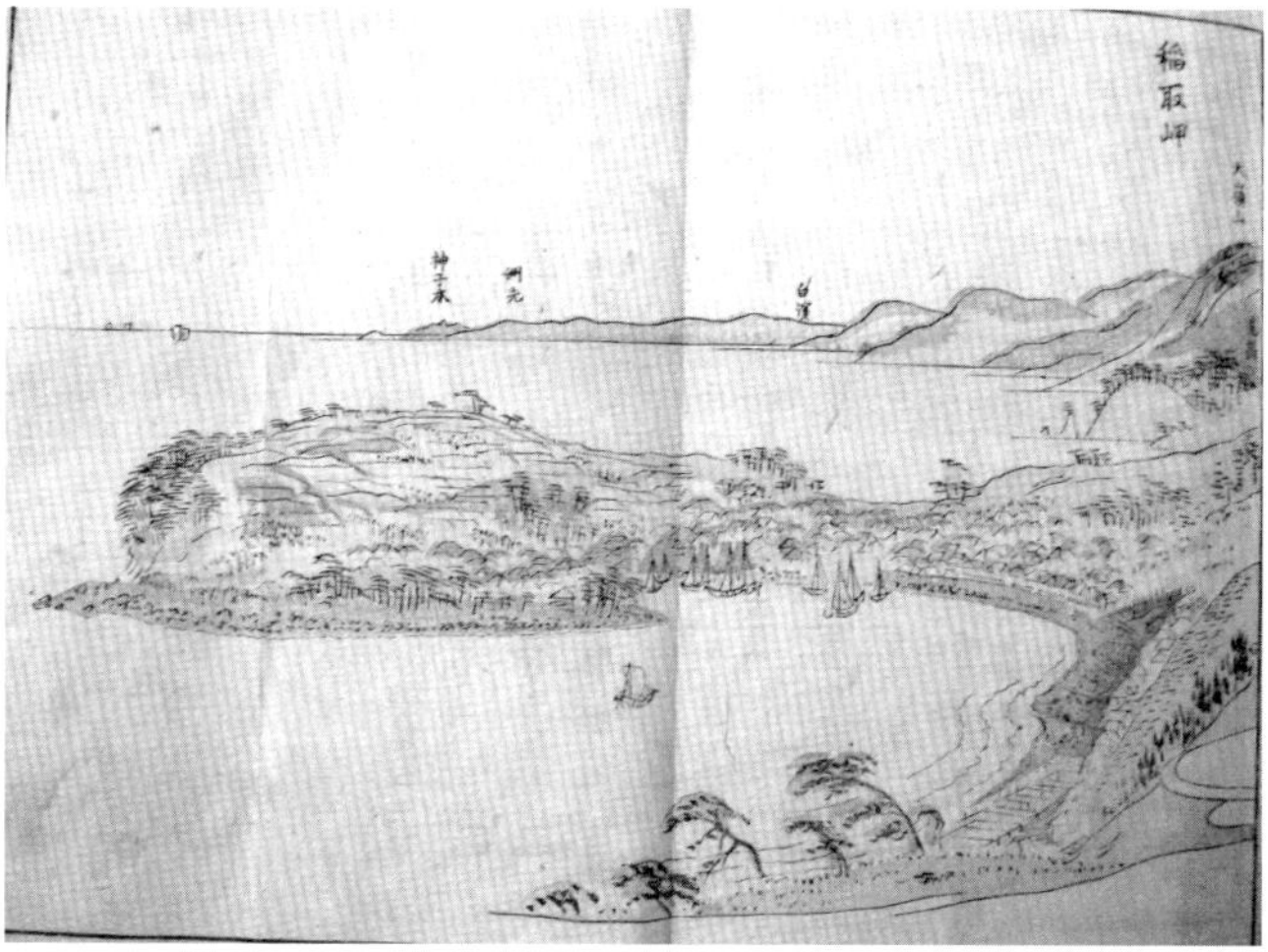

稲取（『伊豆の浦つたい』挿図）

115 稲取②

元和二年（一六一六）頃より稲取埼に下田番所の遠見が置かれた。烽火《のろし》は須崎遠見番所を経て下田番所へ中継されていた（『下田年中行事』）。稲取湊は寛永十二年（一六三五）頃には「湊ヨシ西風には大船三〇艘の懸」とあり（「公儀御普請」細川家文書）、安永八年（一七七九）の「伊豆国絵図」（小森家蔵）によると廻船一五～六艘が碇泊可能であった。宝暦四年（一七五四）には築出の大石堤長五〇間の工事が完成した（「波除御普請所書上」東伊豆町役場文書）。江戸城の御城米や御肴の積出港で、船印のある幟（「朱の丸に御本丸御用」「朱の丸に御城米伊豆国東浦組」上島家蔵、「朱・御本丸西御丸御用活」八幡神社蔵）が残る。

延享二年（一七四五）以前より御用船引船役を命じられ、「大島・八丈島御用渡海之場」であり、「難船取リ計リ」の村でもあった（前掲嘆願書）。当村地先の海を挟み海上の南北一二里は当村の漁船が入会として使用し「沖は見はらし通り漁船相稼之場」であった（文政七年「上申書」東伊豆町役場蔵）。享保五年（一七二〇）「下田板書附浦々水主役書上」（『下田市史』）によると、村高二九八石余、廻船三・五大力船一・猟船一五艘とある。

延宝年間（一六七三～八一）に白浜村（下田市）より移植した天草は享保年間以降商品化され、沼津藩領になると沼津藩御手浦漁となり、生産・流通とも藩直営となった（「稲取村漁業年表」稲取漁協史料など）。明治二年（一八六九）に沼津藩主水野氏が移封した後も同氏が浦権利を保持していたが、同五年全村共同の漁業となった（「稲取町町制要覧」東伊豆町役場蔵など）。江戸後期の「伊豆稲取天草採取図巻」（国立歴史民俗博物館蔵）によると漁場位置、男女の採取相違、干場・船積出荷の様子が描かれ、藩陣屋敷地（現稲取御陣屋公園）内には藩の天草会所が置かれた。明和年間（一七六四〜七二）には秋刀魚大網漁を房州地方より導入し、寛政年間には鯛網漁を開発し漁獲を増した（東伊豆町役場蔵）。

元禄年間（一六八八〜一七〇四）には押送り船が進歩し海産物の江戸への販路が拡大して江戸市場の関係が深まった（同役場蔵）。幕末には江戸日本橋四日市（東京都中央区）魚河岸問屋一六軒より当村若者衆芝居に幅六間の引幕（同役場蔵）が贈られている。天保十四年沼津藩は勝山に村民の夫役による御台場を築き、一貫目大筒など六挺を設置した。村民五人が御台場役に任じられ、異国船の渡来による沼津藩兵出動は弘化三年（一八四六）から嘉永七年（一八五四）まで計一〇回あった（「御代々略記」）。

明治４年稲取村絵図（公益財団法人江川文庫蔵）

116 稲取③

伊能忠敬が第二次測量で稲取村に入り、名主善八郎宅に止宿した。文化十二年（一八一五）十一月二十三日、永井甚左衛門を中心にした第九次伊能忠敬測量隊の測量では、浜村に一旦帰り、翌二十四日再測量、名主小八宅に止宿した。『伊能忠敬測量日記』十一月二十四日条に「本村内字溝口人家五十一軒在。同所七八町奥字山田人家三十三軒在。（中略）字大久保人家三十二軒在ス。（中略）此辺入江、左人家続。当村舟置バ。稲取村人家〆二百八十七軒」「稲取村止宿名主小八。為朝卿御籏絹地帰命崇徳天皇尊神。為義・為朝。略」とある。十一月二十五日出立、測量。安政二年（一八五五）に当村に止宿した川路聖謨は「三百の村なれど人別三千人有り」と記す（『下田日記』）。

江戸後期に清光院・吉祥寺・栄昌院に寺子屋が開塾していた（明治四年「上申書」東伊豆町役場蔵）。筆子らが師匠の追善供養のために建立した筆子塚（天保十五年・明治三年（一八七〇）に清光院、嘉永三年に吉祥寺に造立）が残る。慶応三年（一八六七）の火災では焼失家屋二三一軒・被災者七四八人を出した（「上申書」同役場蔵）。明治二年からの御子元島灯台（下田市）建設に際しては石材の接着剤用として火山灰二〇〇俵余を同島へ出荷した（「諸御用向日記留」下田市立図書館蔵）。明治六年遷喬舎《せんきょう》が曹洞宗善応院を本校として開校した。臨済宗建長寺派清光院・同宗同派吉祥寺・同宗同派栄昌院のほか、臨済宗建長寺派済広寺・浄土宗正定寺・真宗大谷派蓮行寺・日蓮宗成就院がある。神社は、八幡神社・三島神社・素盞嗚《すさのお》神社・山神社・愛宕神社・蛭子《ひるこ》神社・赤松《あかまつ》神社がある。

稲取村・片瀬村から元治元年（一八六四）十月「天城山御林内山葵沢として冥加永上納開発に付故障の儀なき旨」の上申書が出されている。明治二十一年（一八八八）の調査によると、字清水に警察分署、郵便局（兼貯金預）、社六、寺八、戸数七八六、人口四、一一九（男二、〇一四・女二、一〇五）。字田町に戸長役場があり、稲取・大川・奈良本・片瀬・白田の五村を所管した。

明治二十二年以後町村合併が行われたが、独立していた。初代村長田村又吉。明治期に「伊豆の三難村」とよばれたが、田村又吉を中心に、明治二十六年下河津村から譲り受けた夏みかんを普及させ、同二十八年には報徳の考えをもとに村作りを行い、さらに天草の品質向上に取り組み、農業共同救護社・青年夜学校・勧業施設などの村おこしが推進されて、日露戦争の頃には宮城県名取郡生出村（現仙台市）、千葉県山武郡源村（現東金市）と並んで、内務省から全国三模範村と喧伝された。大正九年町制を施行。大正十二年の関東大震災では稲取港にも津波が襲来し、流失・全半壊四二戸、漁船流失破損四二艘という被害を受けた。昭和二十年八月十三日稲取町は米軍機の空襲により死者四六・負傷者三八を出し、家屋一八九が破損した。

稲取崎遠望

117 稲取④

稲取は大正九年（一九二〇）町制を施行、稲取町となり、昭和三十四年城東村と合併して東伊豆町。稲取湊は寛永十二年（一六三五）頃には「湊ヨシ西風には大船三〇艘の懸」とあり（「公儀御普請」細川家文書）、宝暦四年（一七五四）には築出の大石堤長の工事が完成した（「波除御普請所書上」東伊豆町役場文書）。明治四年（一八七一）「菊間県・荻野山中藩引渡伊豆国賀茂郡差出明細帳」（江川文庫）所収明治四年「稲取村差出帳」によると、廻船五・大形押送り三・漁船四二・鰹漁船一八・押送り一八・伝馬船七二。明治四十四年（一九一一）の調査では年間出入りの商船のうち、汽船六六、帆船四八〇、和船五八〇艘。漁港指定は昭和二十七年。

稲取灯台は、明治四十二年（一九〇九）建設の石造六角形の灯台。賀茂郡稲取村の漁業組合長鈴木常右衛門の発案によるもので、稲取村や城東村の漁民が資金を出し合い、労力奉仕によって完成。当初カンテラ式ガス灯であったが、大正三年（一九一四）にはマントル式点火方法の洋式灯台となり、日本初の女性灯台守として萩原すげが就任。昭和十八年（一九四三）、太平洋戦争の激化により敵機の空襲の道しるべとなることを恐れ、同灯台は軍事命令によって廃止された。現在の稲取灯台は昭和六十年復元。

稲取村は、明治末年の地方改良運動において内務省が地方行政上優良なる改善を行った町村として表彰した代表的な「模範村」の一つ。指導者は田村又吉（一八四二〜一九一二）。明治十二年の稲取村入谷集落は租税未納金が一、五三〇円に及んでいたので、「戸主会」を組織して毎月二日間の共同作業を各戸が行い、その資金を積み立てることで納税を行った。その結果、八二五円の余剰金が出たのでこれを継続した。元村長だった田村が教育勅語の趣旨に基づき矯風組織として二十六年には家庭の健全を図り、青年の指導に当たった。戸主会を中心にした山林開墾、養蚕奨励による改革の実績をもとに、田村又吉・八代は庵原郡杉山を視察して範を報徳社に取り、明治二十九年に稲取村入谷農家共同組合を結成。これは組合員の困窮者に対する低利貸付、精農者などの表彰を行う機関で、入谷地区全戸加入。報徳思想に導かれたもので、稲取村入谷農家共同救護社を再組織。三十五年民法上の公益法人となり、稲取村農家共同救護社と改称。

稲取高等学校は、大正八年（一九一九）十月村立稲取実業補習学校として発足、同十四年昼間制の女子部を設立、昭和十一年（一九三六）町立稲取実業学校として農業科、水産科の男子部と女子部の乙種実業学校となる。昭和十五年稲取町上百尻に新築移転、同年甲種実業学校となり、二十二年県に移管、静岡県立稲取実業学校となったが、翌年学制改革により静岡県立稲取高等学校となり、普通科、漁業科、農業科を置いた。

稲取灯台

118 白田（しらた）① 賀茂郡東伊豆町白田

来宮神社（現志理太乎宜神社）の貞和二年（一三四六）上梁文銘に「白田来浜神社」とあるという（『増訂豆州志稿』）。紀州那智山の旦那のうち加藤氏のみを記した年月日未詳の「諸国加藤名字注文」（米良文書）には「伊豆国しらたの加藤」とみえる。大川の三島神社に所蔵する享徳三年（一四五四）の棟札には大旦那白田大方見祐大姉と地頭加藤広重とある。明応九年（一五〇〇）正月六日某社棟札銘（『静岡県史 資料編8付録）には白田の代官、片瀬郷中が某社造営の勧進に加わっている。

天正十八年（一五九〇）四月、白田村に対して地下人百姓らに還住が命令され、百姓家の陣取りや不法な麦の刈り取りなどが禁止の「豊臣秀吉掟書写」が出された（金指文書）。同十八年五月十五日「伊奈忠次郷中定書」（同文書）によると白田郷の百姓中に田畑の耕作と伝役の勤仕が命じられている。文禄三年（一五九四）検地、検地帳に「河津庄白田郷」とある（『南豆風土誌』）。

江戸時代初め幕府領、宝永五年（一七〇八）小田原藩領、延享四年（一七四七）再び幕府領、天明四年（一七八四）一部が関宿藩領（千葉県）となり同八年幕府領に戻った。残部（高一五一石余）は天明八年石見浜田藩領、寛政四年（一七九二）幕府領に加えられて幕末に至る。三島代官所内行政上の地域組織である東浦組大名主が当村にいた。文政十三年（一八三〇）「天城山四口附村五拾九ヶ村村高家数人別書上帳」（奥田家文書）によると大久保飛驒守知行で家数一三四・人数六五七。寛永十二年（一六三五）頃の高三九三石余（「公儀御普請」細川家文書）。『元禄郷帳』によると高四三三石余。当村の海辺・海上は稲取村支配となっていたが、もくひろい舟三艘と心太草かつぎ舟一艘のみ許可され新規漁船の所有は長い間認められなかった（白田区有文書）。明治五年（一八七二）「賀茂郡皆済目録」（江川文庫）によると地摺税、所天草税、山葵税の書上げがある。

享和元年（一八〇一）五月九日、伊能忠敬が第二次測量、昼食。文化十二年（一八一五）十一月二十五日、永井甚左衛門を中心にした第九次伊能忠敬測量隊の測量し、その『日記』に「本村字和田ノ人家。本村家数百三十八軒。同所昼休、名主英次郎。（中略）同村字山田之人家三十軒計在ス」とある。明治六年清流舎が曹洞宗普応寺に開校。曹洞宗東泉院は除地二石六斗余（『旧高旧領取調帳』）。志理太乎宜《しりたおぎ》神社は『延喜式』神名帳に載る賀茂郡志理太宜《しりたき》神社（小座）に比定する説がある。八万宮・来宮神を合祀している。湯が岡大象庵跡には中世の五輪塔・宝篋印塔が多数残されている。明治二十二年大川村・奈良本村・片瀬村・白田村が合併して城東村となる。昭和三十四年稲取町と合併して東伊豆町。

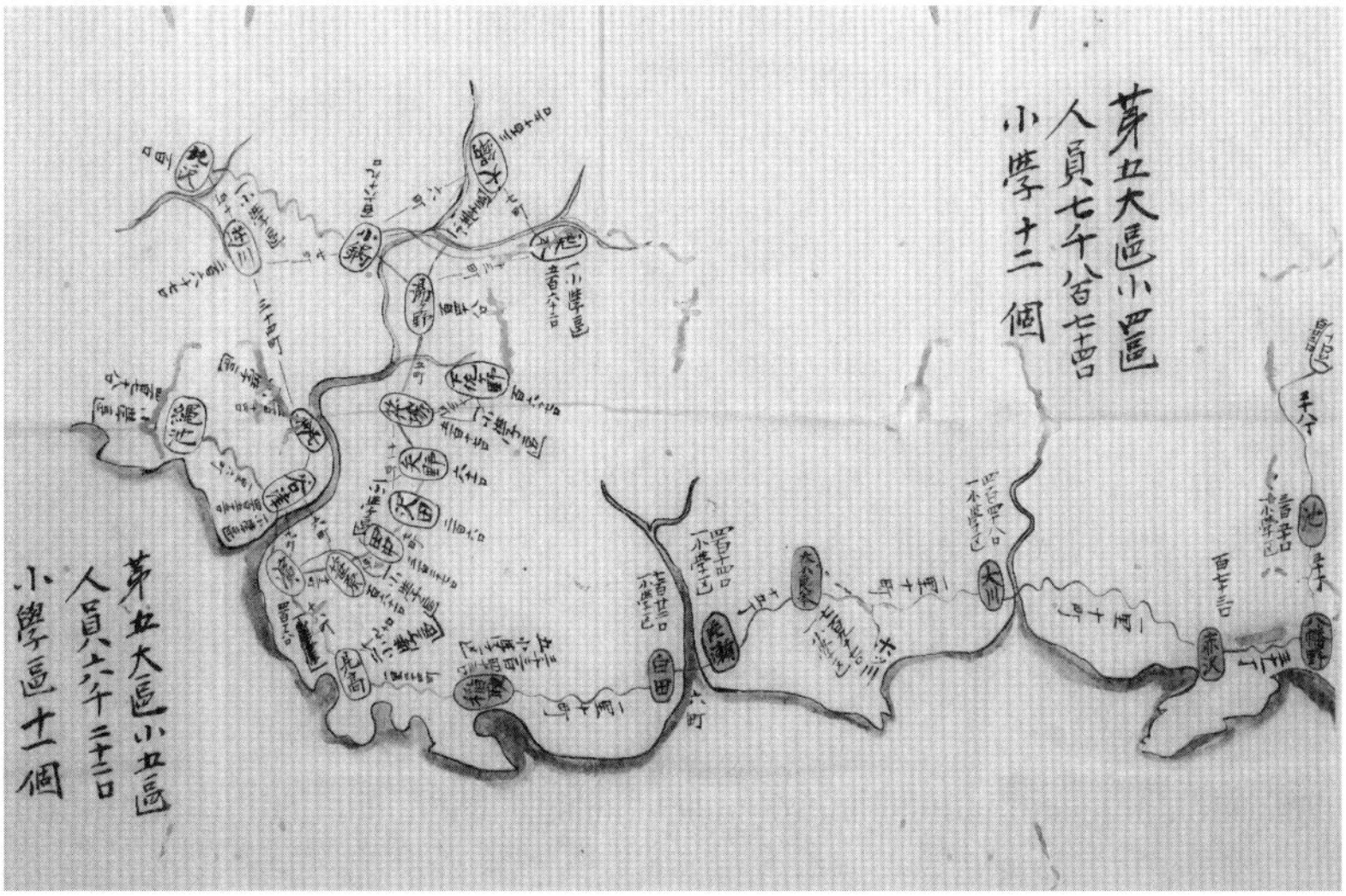

明治 6 年第五大区小四五区絵図、公益財団法人江川文庫蔵

119 白田②

白田川は上流に硫黄が多く、硫黄沢ともいう。白田硫黄山の採掘は宝永年間（一七〇四～一一）、相模国久里浜村（横須賀市）の九郎左衛門によって白田川上流の御林内硫黄ヶ窪で行われたが、その後、硫黄採掘は不許可となり、採掘願は幾度も出されたが近隣村の反対にあい不許可となった。寛延年間（一七四八～五一）には江戸神田多町（東京都千代田区）の与兵衛が開坑を出願し、その後文政・天保・弘化・安政・元治年間の七回にわたって出願がなされた。その都度、稲取村を中心に反対運動を起こし、採掘許可の阻止を実現してきた。

下総国（千葉県）恩名村門三郎が安政五年（一八五八）より再び出願した際には、白浜・片瀬両村を除き、八幡野村（伊東市）から白浜村（下田市）に至るまで東浦一〇か村が団結して、韮山代官や沼津藩への陳情を行った。韮山反射炉で製造する大砲や銃に硫黄は必要で、韮山代官は硫黄を池代村（松崎町）硫黄山に求めることになった。

元治元年（一八六四）五月「豆州賀茂郡白田入硫黄山一件に付拾弐ヶ村規定書写」、明治二年（一八六九）四月「差上申御請書之事（白田村入天城山御林内硫黄製造方に付）」（江川文庫）があり、硫黄を産出していた。さらに明治十九年採掘許可が下り開坑したが、まもなく休止した。

硫黄を掘ることによって流出する毒水は、稲はもちろん、海の底魚・回遊魚・エビ・アワビ・サザエ・テングサに至るまで腐絶させると訴えた。元治・慶応年間（一八六四～六八）の反対運動には東浦一二か村すべてが参加し、規定書を取り交わした。さらに西伊豆の池代村の硫黄山まで調査に出向き、運動の強化を図っている。明治期に入ると、明治元年（一八六八）から十八年まで九回も出願がなされ、反対運動も続けられた。しかし、明治十年代になると、地元の白田村が離脱、村々の結合も崩れ、同十九年には農商務省が許可を下した。幕末、異国船の接近は江戸防備の要地である伊豆に台場を築造させることになった。伊豆における幕府の海防策は空転していたが、沼津藩領の伊豆東海岸の川奈・富戸・稲取・白浜四か所に天保十四年（一八四三）、台場が築かれた。この台場構築は、焔硝の需要を起こし、硫黄採掘の必要へ連なった。

大正十二年（一九二三）城東村片瀬の鈴木堅治が区民利福のため資本金八万円で白田水力電気株式会社設立、社長となる。昭和二年（一九二七）建設の木造発電所は最大出力二、九〇〇キロワットで、同時期白田山の沢に建設した堰堤は間知石張り、高さ〇・五メートル、幅五メートル、天端部〇・四メートルある。両者とも平成八年（一九九六）、静岡県建設協会・昭和会によって静岡県の土木建造物に選定される。

白田川河口付近

120 片瀬（かたせ）賀茂郡東伊豆町片瀬

大川の三島神社が所蔵する明応九年（一五〇〇）正月六日某社棟札銘（『静岡県史 資料編8付録』）には白田の代官、片瀬郷中が某社造営の勧進に加わっている。天文十二年（一五四三）二月二十五日棟札銘（鹿島神社蔵）では「河津庄内片瀬村奈良本里鎮守」とあり、中世の片瀬村は河津庄内となっており、北隣の奈良本村も当村内に含まれていた。永禄十二年（一五六九）「北条家朱印状写」（三島古文書）では、山角某が奉者となって、毛利（北条）高広の領地で、稲取・片瀬代官・百姓中に三嶋社神事銭の納入が命じられた。天正四年（一五七六）「清水康英判物」（三島市伊達家文書）では清水右京代の村串和泉守に三島祭礼銭の不納について、片瀬・稲取の不入は三島明神在庁の多呂玄蕃も承認していると述べている。

文禄三年（一五九四）検地が実施され、検地帳に「河津庄片瀬村」とある（『増訂豆州志稿』）。昔は「片菅」といったという（『南豆風土誌』）。江戸時代はじめ幕領、元禄十一年（一六九八）旗本三枝氏の支配、文化八年（一八一一）向井氏支配となり幕末まで継続した。『元禄郷帳』では高一九五石余。貞享三年（一六八六）の年貢は山役・地摺役・鹿皮二枚役・塩釜役・鉄砲役があった（「年貢皆済目録」片瀬区有文書）。寛政四年（一七九二）「村明細帳」（同文書）によると家数六二・人数二五〇、牛馬三八、農間には天城山系より薪・炭を出して江戸へ出荷し、藻刈舟四艘は肥料用の海藻を刈るためと冬季の烏賊釣に用いた。年貢は当浦から小舟で南隣の白田浦まで運漕した。

寛政十一年「豆州村々様子大概書」（大田南畝『一話一言』）に、家数六〇軒・人数一八〇人程、農業の間

に薪炭を出し、猟はなし、もかり船四艘、この船で冬いか釣り、薪出物十分の一・地摺役米上納とある。さらに丸石を近辺の船を使って江戸へ輸送、薪は稲取・見高・川東の船を調えて輸送とある。文政七年『甲申旅日記』に「この村はするめいかを餌《え》にして、まぐろと言ふ魚を釣るに、糸を百尋《ももひろ》も下げて、一棒釣りをすると言ふ。そのほかには浜の砂利を舟に積みて出だすを生業《すぎはひ》とすると聞けり」とある。文政十年から天城山系の渓流を利用して山葵栽培が始まり、生産も増加して明治九年（一八七六）には山葵税を納めた（「物産取調書」同文書）。明治六年五月には片瀬学舎が開校。片菅神社は『延喜式』神名帳に載る賀茂郡片菅命神社（小座）に比定する説もあり、片瀬・奈良本両村の惣鎮守で正八幡と称していたが、寛政三年から片瀬村の鎮守となり、現社名に改称した（棟札）。曹洞宗龍淵院がある。明治十五年煉瓦製造所を建設。明治二十二年二月、大川村・奈良本村・片瀬村・白田村が合併して城東村となる。昭和三十四年稲取町と合併して東伊豆町。『静岡県の歴史的建造物・歴史的街並み』に明治三十七年元製塩所の釜屋を掲載。

片瀬海岸風景

121 奈良本（ならもと）① 賀茂郡東伊豆町奈良本

奈良本の枝郷に北川《ほっかわ》がある。奈良本は箒木山の南東裾の丘陵に集落の中心があり、集落の中央部を濁川《にごり》が南流して相模灘に流れ出し、河口付近に温泉が湧出している。水神社の寛文十三年（一六七三）上梁文に、もと奈良京の人がここに来て祀り始めたという（『南豆風土誌』）。鹿島神社の天文十二年（一五四三）二月二十五日付棟札には「河津庄片瀬村奈良本里鎮守」とみえ、中世には当地は片瀬村に含まれていた。

文禄三年（一五九四）に検地が行われ、「奈良本村」とある（『増訂豆州志稿』）。江戸時代以前から韮山江川氏の所領で、寛永十二年（一六三五）頃の「公儀御普請」（細川家文書）の「伊豆石場の覚」に江川太郎左衛門支配として八幡野村七二・七石、奈良本村枝郷堀河二四石とある。天明四年（一七八四）下総関宿藩領、同八年幕府領に上知、天保二年（一八三一）沼津藩領となり、幕末に至る。

寛永六年の江戸城普請の際北川には紀州藩の採石場が営まれ、稲取、川奈の湊に風待ちする石積船を、日和をみて北川海岸に回漕し、石材を積載して江戸へ運んだ（「伊豆石場之覚」細川家文書など）。寛政十一年（一七九九）「豆州村々様子大概書」（大田南畝『一話一言』）に、家数九〇軒程・人数五〇〇人余（枝郷北川の家数二九軒を含む）、農業の間に江戸薪伐出し、押送り船三艘・猟二艘・鰹網船一艘・天満船五艘、山手役永・鮑運上・十分の一・鹿皮永・塩竃運上・鰹網運上を上納とある。

漁業は主に北川で営まれ、享保年間（一七一六～三六）には「ぼうけ網」「海老網」「鮑もぐり」などの漁業が行われていた（享保十三年「覚」奈良本区有文書）。慶応四年（一八六八）「村明細帳」（同文書）によるとほかに天草運上がある。明治四年（一八七一）「菊間県・荻野山中藩引渡伊豆国賀茂郡差出明細帳」（江川文庫）所収、明治四年「奈良本村差出帳」によると、家数一四九・人数七五三、馬二四・牛三、漁船三、小漁船五、廻船二（栄通丸一五〇石積・万徳丸二〇〇石積）、当山派修験泉寿院、庚申堂、水神宮・八幡宮、鹿島宮とある。明治四年「賀茂郡拾四ヶ村割付」（江川文庫）によると丸木舟・山葵税の書上げがある。

龍爪《りゅうそう》権現の弘化三年（一八四六）の勧請札によると、この年沼津藩が当村民一二人による鉄砲役（扶持米支給）を組織したので、任務安全を祈って同権現を勧請したという。文化十二年（一八一五）十一月二十五日、永井甚左衛門を中心にした第九次伊能忠敬測量隊の測量。二十五日百姓善左衛門方に止宿し、翌二十六日測量した。明治六年求材舎《きゅうざいしゃ》が開設された（四小区戸長役場文書）。鹿島神社・水神社。明治二十二年大川村・奈良本村・片瀬村・白田村が合併して城東村となる。昭和三十四年（一九五九）稲取町と合併して東伊豆町。

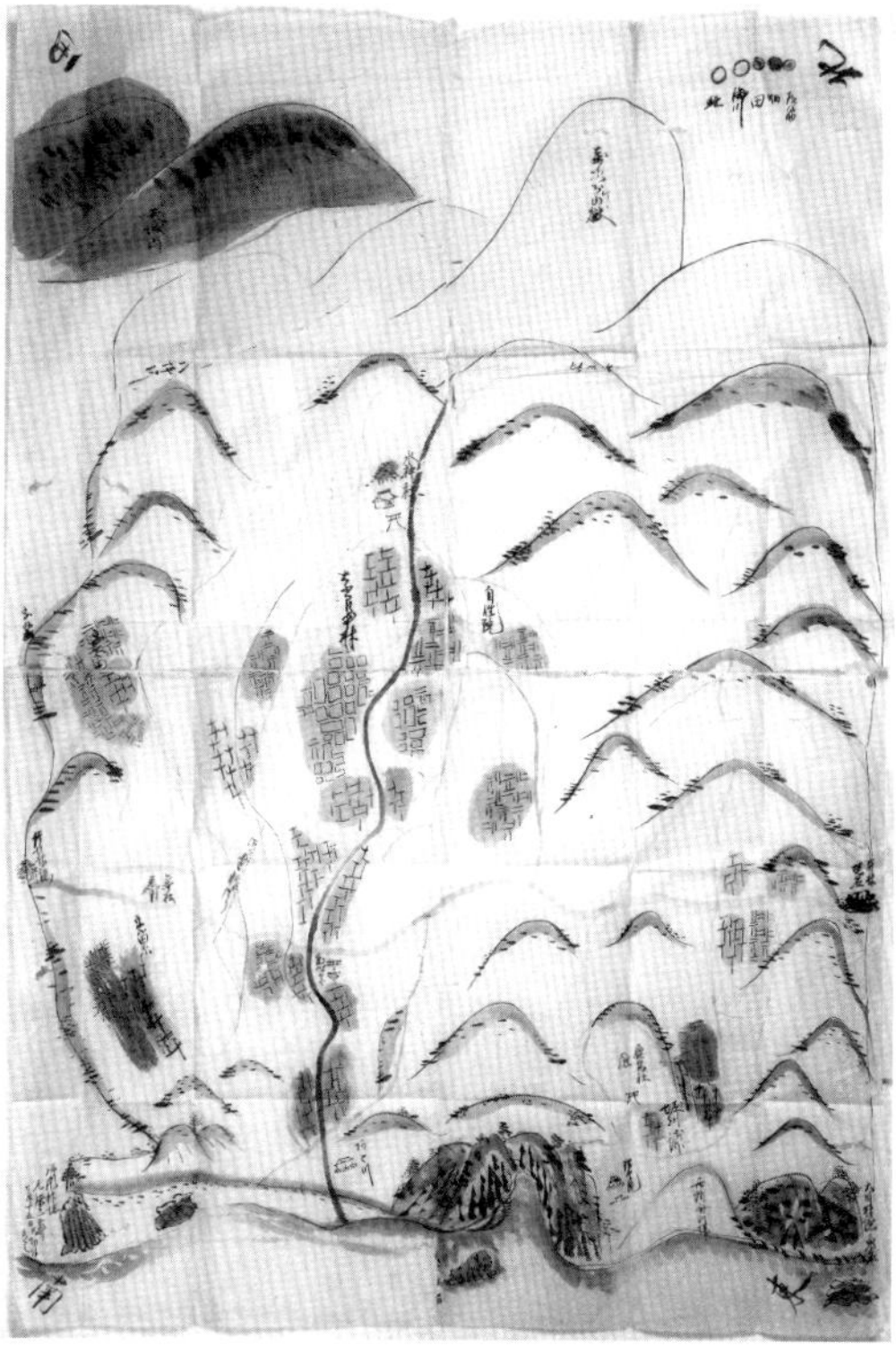

奈良本村絵図（公益財団法人江川文庫蔵）

122 奈良本②

奈良本には伊豆を代表する温泉の一つである熱川温泉がある。温泉の歴史は室町時代に太田道灌が狩りに来て、湯に浸かって傷を癒す猿から発見したと伝えられる。海辺近くにはそのエピソードにちなんだ道灌と猿の像が立つ。文政十三年（一八三〇）『囚山亭百律』に熱川温泉を伊豆の温泉の一つとして紹介している。明治四十一年（一九〇八）木村弥吉が温泉宿「福田屋」を開業して開ける。湯量が豊富で泉温が高く、伊豆熱川駅の山側には豊富な温泉熱を利用した熱帯動植物園、熱川バナナ・ワニ園がある。温泉街に一三か所ある源泉の噴泉塔からも湯煙が立ちこめ、その噴泉の一つ「お湯かけ弁財天」は、夢枕に湯の湧く場所を教えてくれたという弁財天を祀ったもの。源泉でお金を洗うと殖えるといわれている。

露天風呂の発祥の地ともいわれ、ほとんどの宿に露天風呂があり、海に隣接した「高磯の湯」がある。熱川温泉から大川温泉にかけて桜の名所。明治四十五年六月十七日の大水で大湯、及び旅舎二戸、普通家屋四戸流失した事故があった（『南豆風土誌』）。昭和十四年（一九三九）「伊豆の温泉旅館案内」によると、つちや旅館・福島屋旅館の名が見える。同十六年「湘南・箱根・伊豆地方」（ツーリスト案内叢書第四輯）には旅館数六軒が掲載される。中島敦（一九〇九〜四二）が『伊豆の歌・他』、窪田空穂が『熱川温泉』を作し、川端康成が『熱川だより』と題したエッセイを執筆、花登筐（一九二八〜八三）は長編『銭の花』で舞台を熱川・土肥温泉に、『細うで繁盛記』では熱川を舞台に伊豆の風俗を交えて描く。

賀熱川温泉に湧出する豊富な温泉熱を利用してワニ類の飼育、バナナ・パイナップル・パパイアなどの栽培する熱川バナナ・ワニ園を昭和三十三年(一九五八)木村亘が設立した。

北川は、元禄の『国絵図』では堀川村と記載される。寛政十一年(一七九九)「豆州村々様子大概書」(大田南畝『一話一言』)に奈良本村の枝郷で浜にあり、家数二九軒程、漁撈ばかりとある。享和元年(一八〇一)五月九日、伊能忠敬が第二次測量。文化十二年(一八一五)十一月二十六日、永井甚左衛門を中心にした第九次伊能忠敬測量隊の測量。『伊能忠敬測量日記』に「海岸ニ湯あるよし、湯小屋あり」「枝堀川、人家続三十八軒計在。同所昼休。人家前舟置場」とある。『増訂豆州志稿』に明治六年(一八七三)に廃寺となった瑞雲院を載せる。

熱川温泉

123 大川（おおかわ）賀茂郡東伊豆町大川

北条氏康が編さんした永禄二年（一五五九）『小田原衆所領役帳』に「豆州大川」とある。もと桑原又三郎が知行していた二〇貫文の地を買得した御馬廻衆狩野大膳亮泰光の所領であった。江戸時代は初め幕府領、宝永五年（一七〇八）小田原藩領、延享四年（一七四七）再び幕府領、天明二年（一七八二）松平周防守領（島根県浜田藩）、寛政四年（一七九二）幕府領に戻り、天保二年（一八三一）幕府と沼津藩との相給を経て、安政三年（一八五六）全村が沼津藩領となり幕末に至る。寛永十二年（一六三五）頃の高一〇一石余（「公儀御普請」細川家文書）。

寛政十一年「豆州村々様子大概書」（大田南畝『一話一言』）に、家数四八・人数三〇八とあり、山海の業、猟船四艘、猟は冬いか・さんま等にて他にはなし、薪は江戸へ伐り出すが、稲取・川東辺りの旅船を利用、天草運上・山役永あり、としている。明治四年（一八七一）「村明細帳」（江川文庫）に家数七四・人数四五二、茶畑上木年貢・山役・廻船冥加・鉄砲役・万船役・薪分一、切石六〇本余、当村にあり、先年福島左衛門太夫切出し、二〇〇本余あり、その後尾州様へ積出し六〇本余あり、言い伝えで証拠はないとし、蜜柑年貢先年より出さずとある。

慶長十一年（一六〇六）から寛永十三年頃まで行われた江戸城普請の際には当村の大塚谷・谷戸山などより大量の城郭用石材を切出し、稲取村・川奈村で風待ちをする石積船で江戸へ運漕した。採石運搬は慶長年間には丹波福知山藩と安芸広島藩、寛永六年に尾張藩、同十二年に筑後柳川藩・同三池藩・備中庭瀬藩・美濃徳野藩・出羽新庄藩であった（前掲「公儀御普請」）。明治初年にも切石六〇本余が残存していた（前掲村明細帳）。

漁業の天草取と蚫取のために奈良本村と八幡野村の者が赤沢村や当村の地先の海にまで進出してくるとして争論となったが、延享二年（一七四五）には沖は入会、磯は各村の支配と定められた（「内済一札」東伊豆町教育委員会蔵）。享和元年（一八〇一）五月八日、伊能忠敬が第二次測量、名主四郎右衛門宅に止宿した。文化十二年（一八一五）十一月二十六日、永井甚左衛門を中心にした第九次伊能忠敬測量隊の測量では名主常右衛門・百姓弥平二方に止宿し、翌二十七日に測量を行った。

文政七年（一八二四）『甲申旅日記』に「この村は樒《しきみ》を多く出せり。この山中に美蘭樹《びらんじゅ》といふ木あり。幹は赤松に似て軟らかく、枝葉百日紅に似て、皮色は淡紅にしてにび色を帯たり。こん月（三月）には開きぬべく花の蕾多くあり」とある。明治六年（一八七一）枕流《ちんりゅう》学舎が曹洞宗龍豊院に開校。三島神社がある。明治二十二年二月、大川村・奈良本村・片瀬村・白田村が合併して城東村となる。昭和三十四年（一九五九）稲取町と合併して東伊豆町。

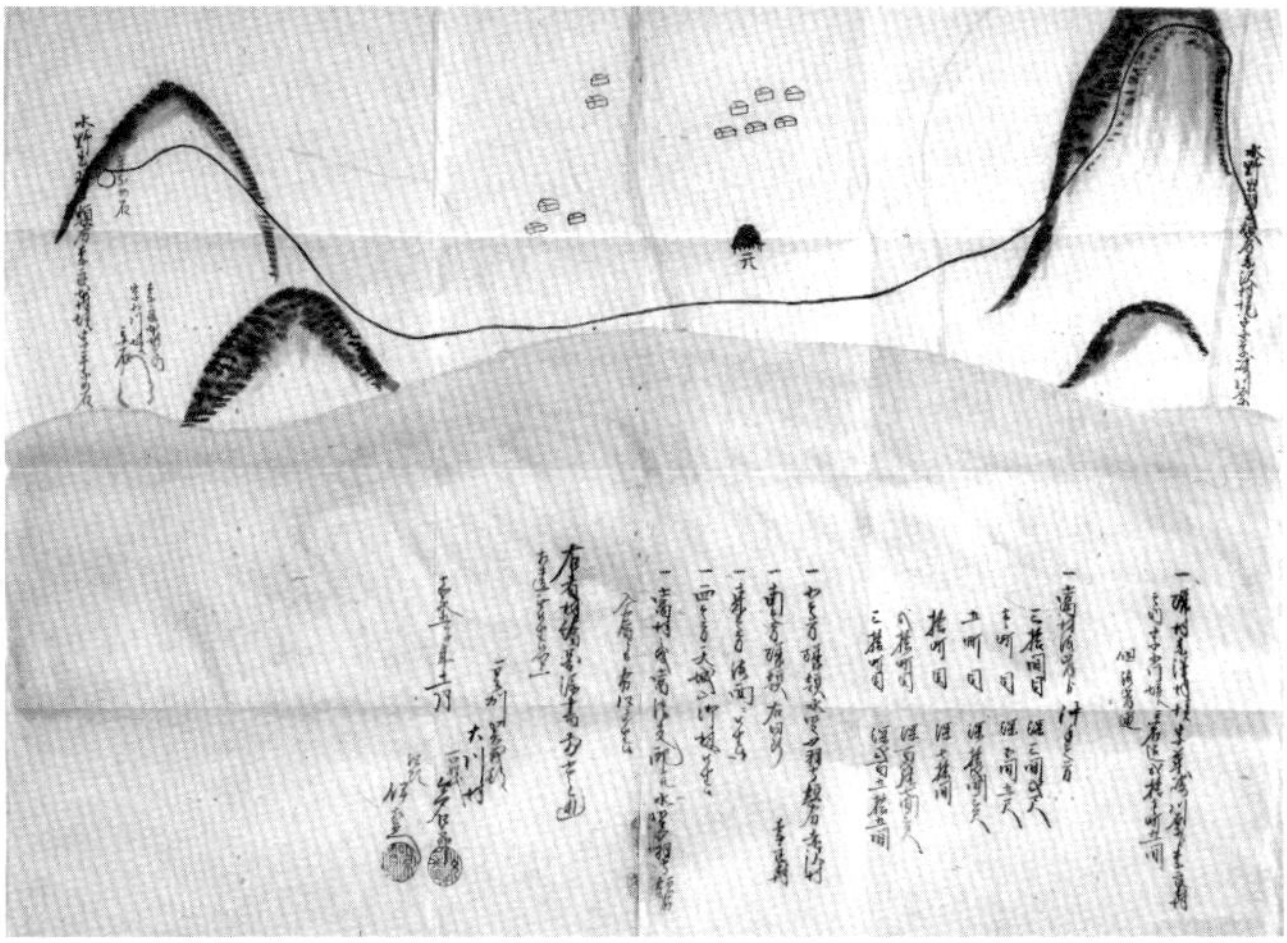

嘉永５年大川村絵図（公益財団法人江川文庫蔵）

124 赤沢（あかざわ）伊東市赤沢

岩波版『曽我物語』巻一に「赤沢峯」「赤沢山」の地名がみえる。永禄二年（一五五九）の『小田原衆所領役帳』の御馬廻衆の筆頭に山角四郎左衛門と見え、「拾貫文 豆州東浦赤沢」等合計二〇〇貫文とある。永禄七年十二月二十八日「北条家裁許朱印状写」（肥田家文書）では伊豆国赤沢と八幡野との境界争いで境の印に炭を埋め、この所を両村の境とすることで決着した。

江戸時代初期は幕府領今宮惣左衛門支配、宝永五年（一七〇八）小田原藩領、天明四年（一七八四）下総関宿藩領、同八年幕府領に上知、文化八年（一八一一）沼津藩領となり幕末に至る。延宝六年（一六七八）四月検地。『元禄郷帳』では高二四石余。寛政十一年（一七九九）「豆州村々様子大概書」（大田南畝『一話一言』）に漁撈の村、皆畑、家数一八軒・人数八〇人程、船二艘、薪を伐って江戸廻しも専業とする、とある。明治四年（一八七〇）「菊間県・荻野山中藩引渡伊豆国賀茂郡差出明細帳」（江川文庫）所収同年「差出帳」によると、高二三石余は皆畑、家数三〇・人数一七六、漁船二・天満船一、三島宮・天神宮・不動明王、諸家様通行人馬継立は三〇人以下は一か村限り、それ以上の場合は組合村で相互に継立とある。享保年間（一七一六～三六、寛文の誤りか）の「亥の満水」で全村流失したと伝え（『対島村誌』）、以後一村が現在の海岸へ移転したという。赤沢村（伊東市）では検地帳（赤沢村文書）によると、二畝歩程の塩竈場が二か所書き上げられている。八幡野村とならんでヤマモモで知られ、宝暦五年（一七五五）・嘉永七年（一八五四）「年貢皆済目録」（赤沢区有文書）に楊梅《やまもも》林運上が載る。地先で漁業、釣漁餌取は大川・奈良本の二村と入会。

磯漁をめぐって稲取村との出入、ヤマモモ林などをめぐって八幡野村との出入などがあった。

赤沢山に胸高周囲約一三㍍、樹高約一六㍍の三本に分かれた椎を記載、これは安元二年（一一七六）十月奥野の狩りにおいて大見八幡両人がこの木に隠れて河津祐泰を射殺した場所という。『伊能忠敬測量日記』に「赤沢村内左八町許中腹旧跡松三本。大樹一本三枝ニ分ル。近江八幡此樹ニ隠レ河津三郎ヲ殺シタルト云伝。」とある。文政七年（一八二四）『甲申旅日記』に「赤沢村の三本椎《しひ》とて、一株にして三つに分かれたる椎の木、道より左りの山に在り。ふもとに河津三郎の墓とて、石垣にて畳みたる小高き上に五輪の石塔あり。ここは右の杉の林の平なる所を、相撲場《すまひば》と言ひ伝へり。」とある。鎮守は三島神社、曹洞宗清月院がある。戸長役場が八幡野村に置かれ、明治二十二年町村制施行により、池・八幡野・富戸・赤沢の四か村が合併して対島村となる。役場を八幡野に設置。同二十九年新郡制で田方郡に帰属。昭和三十年（一九五五）伊東市と合併、伊東市となる。

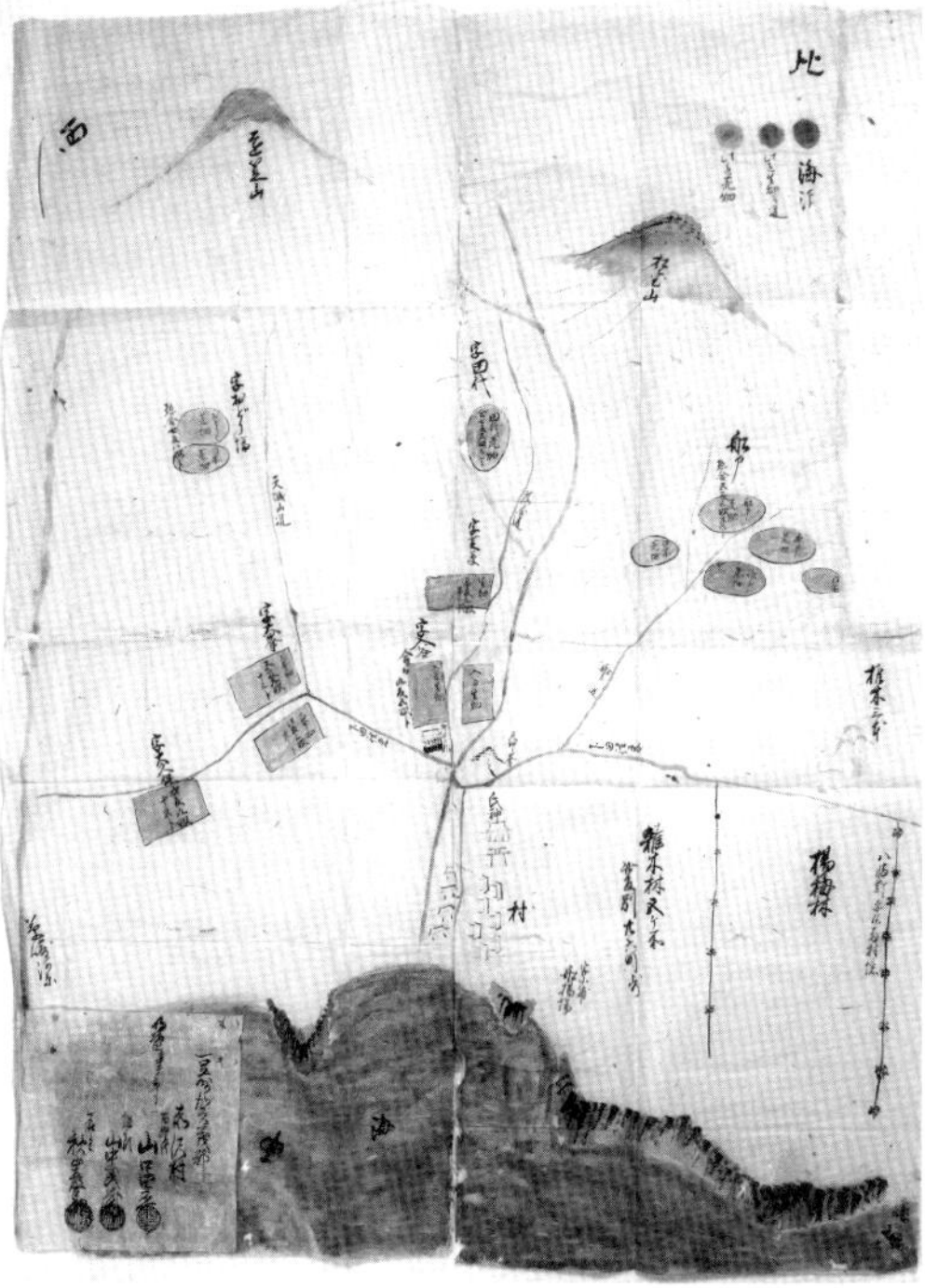

明治４年赤沢村絵図（公益財団法人江川文庫蔵）

125 八幡野（やわたの）① 伊東市八幡野

岩波版『曽我物語』巻一に八幡山がみえる。伊東祐親親子の命をねらい大見小藤太・八幡三郎が身を潜めた場所は「奥野の口、赤沢の麓、八幡山の境にある切所」とあり、この八幡山が祐親の子で曾我兄弟の父である河津三郎祐泰が射殺された場所とする。現在祐泰の血塚と伝えられる石積塚と宝篋印塔が残る。永禄二年（一五五九）『小田原衆所領役帳』に北条家臣河越衆大道寺周勝の所領として八〇貫文「吉田・八幡野」とある。同七年十二月二十八日「北条家裁許朱印状写」（肥田家文書）では、評定衆を狩野泰光として、伊豆国赤沢と八幡野との境界争いで境の印に炭を埋め、この所を両村の境とすることで決着した。

文禄三年（一五九四）の検地帳に「豆州東浦之内八幡野村」とあったとされる（『増訂豆州志稿』）。江戸時代初期は幕府領で韮山代官江川氏の支配、天明四年（一七八四）下総関宿藩領、同八年幕府領と沼津藩領と相給となり幕末に至る。『元禄郷帳』では高八三石余。「伊豆峯日記」（千葉家文書）のように「八幡野岡村（中略）同浜村」と分けて書いたものもあるが、二村に分かれたことはない。

江戸後期には廻船業で財を成した者も多い。寛政十一年（一七九九）「豆州村々様子大概書」（大田南畝『一話一言』）に漁村で、漁が透いた時薪を切り出し江戸へ積み送り、猟船三艘・小ませ船三艘、江戸廻船・蚫《あわび》船五艘、内江戸廻船は五大力、蚫運上永一貫文・楊梅運上永一貫文・丸木船役永・塩竃役永七五〇文（当時塩は焼いていない）・川手二五〇文上納、家数一〇四軒、人数五〇〇人程とし、赤沢への往来に河津三郎の墓があるとする。安政四年（一八五七）「伊豆駿河物産書上」（江川文庫）によると、薪炭・杉板類・黒朴石四六四両。赤沢村にまたがる浮山台地はヤマモモの群生地で、元禄十五年（一七〇二）には五、八九二本の書上げあり、三、〇〇〇本を両村が共同で払下げを受け五年間に一、〇〇〇両も上納している（「八幡野赤沢両村名主請証文写」八幡野区有文書）。明治五年（一八七二）「租税割状」（同文書）によると、ヤマモモ税永一貫八七五文・塩竈税永一貫一二五文・丸木船税永二五〇文がある。慶応四年（一八六八）「相模・伊豆・駿河国家数人別牛馬一村限帳」（江川文庫蔵）に家数八〇・人数四四三（男二二〇・女二二三）、牛馬なし、寺二・僧二、社家一・人数四、堂一・宮一とある。

幕末に名主を勤めた肥田家の春達と春安は二代にわたって韮山代官の侍医として活躍した。肥田浜五郎は万延元年に咸臨丸で渡米、国鉄総裁を務めた。学問・文芸にも力を入れ、当地は地方文化の中心地であった。岡の鎮守八幡と浜の鎮守来宮を一緒に祀った八幡宮来宮神社、曹洞宗大江院、浄土宗称名院がある。

天保４年八幡野村称名院絵図（公益財団法人江川文庫蔵）

126 八幡野②

江戸時代、八幡野村の稲葉小太郎の家には狸が書いたといわれる珍しい文字が掛け軸に保管されている。これは建長寺の狸が宿泊して書いたという伝説がある。享和元年（一八〇一）五月六日、伊能忠敬が第二次測量、名主八兵衛宅に止宿、七日雨一日逗留、八日出立。文化十二年（一八一五）十一月二十七日、永井甚左衛門を中心にした第九次伊能忠敬測量隊の測量、昼休、名主八兵衛・百姓惣吉宅に止宿た。二十七日以降十二月二日まで滞在し、周辺の測量を行った。『伊能忠敬測量日記』二十七日条に「字向イ坂。旧跡右杉林方一町四方字角力場。真田・股野相撲場也。左道端旧跡河津三郎墓、苔ムシタル古墳也。旧跡字馬之足跡。往還埋石馬蹄二ツアリ、頼朝公馬蹄石ト云伝。」など伝説を記載している。

文政七年（一八二四）『甲申旅日記』にも伝説の記載があり、「八幡野村の山になりて、左りに馬蹄石《ばていせき》あり。こは……、青鈴が池にて捕らへられたし、（頼朝の馬の）生月《いけづき》と言ふ馬の足跡となり。故にここを馬の足跡の山と唱ふと、土人言へり。（図あり）ここを過ぎて、石投山と言ふを左りに見る。（河津三郎と相撲をとったという）股野五郎の投げしと言ふ石、大きさ四尺ばかりにて、ふもとの畑の畦《あぜ》にあり。真田与市《さなだよいち》の投げ返したりと言ふ石、大きさ三尺ばかりなるが、峰を少し下りてあり。このあたりきりみずと言ふどくえの油になる木あまたあり。又黒木と言ふもあり。村のあるところには性あしくて、このほとりよろしとなり。おむろ山とて、八幡宮の鎮座ましますす山あり。道のほとりに大きなる松あり。土人問ふに、八幡見晴らしの松とも言ひ、又は頼朝卿御小休の松ともとなへ侍ると言ふ。幅は四方二十間ありと申し伝ふ。高さ五丈の余も有るべし。」と記す。

『田方郡誌』にも、来宮神社境内の「八幡宮の大杉」、源頼朝が八幡野神社を拝んだという「拝ノ松」（「御座ノ松」）が中畑にあるとし、平松には源頼政が敵に追われ高見山に隠れ一命を延ばしたといわれる胸高周囲約四・五㍍、樹高約二〇㍍、樹齢一、〇〇〇年の「延命松」、とくにいわれはないが胸高周囲約四㍍、樹高約一六㍍、樹齢一、〇〇〇年の「亀ノ甲松」を掲載。明治二十一年の調査によると、郵便局、巡査駐在所、萩ケ久保ノ上に小学校があり、社三、寺二、松ノ木畑に戸長役場が置かれ、八幡野・富戸・池・赤沢を所管した。

明治二十二年町村制施行により、池・八幡野・富戸・赤沢の四か村が合併して対島村となる。役場を八幡野に設置。同二十九年新郡制で田方郡に帰属。昭和五年（一九三〇）伊東―八幡野間のバス運行開始。昭和三十年（一九五五）伊東市と合併、伊東市となる。

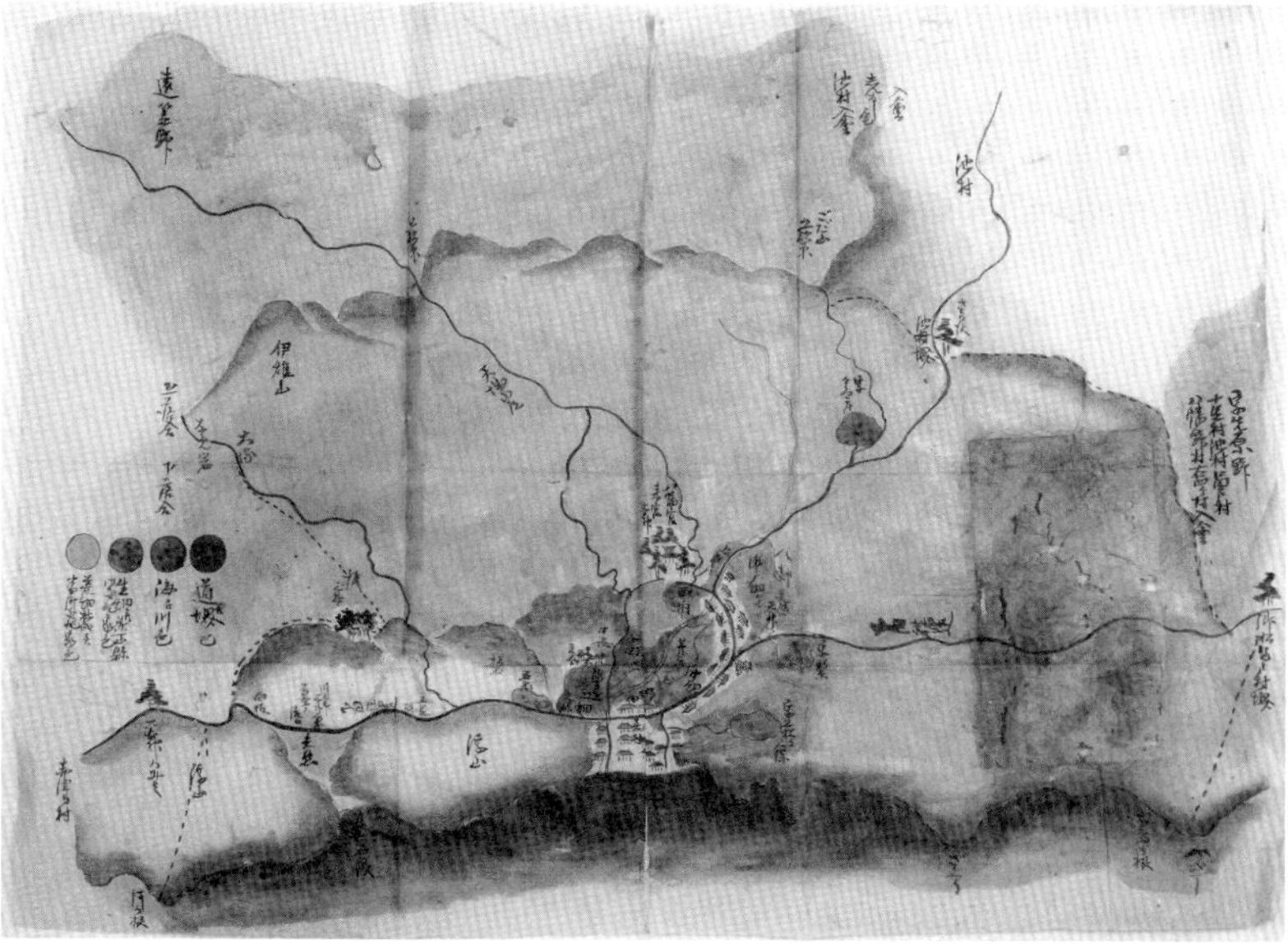

明治４年八幡野村絵図（公益財団法人江川文庫蔵）

127 富戸（ふと）伊東市富戸

富戸村は、『元禄郷帳』では高八三石余。江戸時代初期は幕府領、延宝九年（一六八一）小田原藩領、宝永三年（一七〇六）一部が幕府領（「名主手控」荻野家文書）、天明四年（一七八四）下総関宿藩領、翌年石見浜田藩領、寛政四年（一七九二）幕府領と旗本斎藤領の相給、文化八年（一八一一）沼津藩領となり幕末に至る。江戸城築城石を切出し、尾張名古屋藩の駿州・豆州・相州御石場絵図（旧蓬左文庫蔵）には村内に尾張家丁場や毛利家丁場、商人丁場もみえる。明治六年（一八七一）政府の土木寮に使う石材を伐り出す場所として当村字横磯など八か村二三か所を指定した（江川文庫「石山一件」）。

ボラ漁の歴史についてては伝承以外確かな記録は少ないが、江戸城西の丸の御用を勤めたという伝承もあり、毎年三月の鯔《ぼら》の初漁は延享三年（一七四六）から幕府に献上という（『田方郡誌』）。唯一残った魚見小屋が富戸の魚見小屋（ぼら納屋）として県の有形民俗文化財に指定されている。明治にかけての最盛期には村境を越えて川奈崎先端に見張小屋を置き、川奈から富戸までの海岸線沿いにボラ漁のための通路（ボラ道）も確保されていた（「取替規約書」対島村文書）。

城ヶ崎海岸に天保十三年（一八四二）沼津藩が御台場を築いた。マエカドに遺構がある。天保十四年沼津藩が設置した砲台跡。外国船が接近するたび沼津藩兵をここに配置して警備に当たった。これら台場は下田白浜・稲取・富戸・川奈と東海岸の海上交通の要地に構えられた。現地は城ヶ崎ピクニカルコースの中にあり、石塁状の遺構や石垣などが残存している。

享和元年（一八〇一）五月六日、伊能忠敬が第二次測量。文化十二年十一月二十九日、永井甚左衛門を中心にした第九次伊能忠敬測量隊の測量。十二月二・三日再測、止宿名主次左衛門・百姓惣五郎、四日出立。『伊能忠敬測量日記』に「字日蓮崎。又上人崎トモ。此所第一之出也。旧跡。同所絶壁ニ日蓮上人鎌倉ヨリウツロ舟ニ召レ、此所ニ漂着シ玉フ。（中略）ボラ取浜、同所野昼休。左ボラ納屋四五のみ。秋頃此辺ヱ出張ルト云。同所漁舟置場。字鷹ノ鼻。烏賊ノ鼻。左岩上ボラ納屋一軒。（中略）左右本村人家続八十三軒。左山上五町計字岳ノ人家十七軒。」とある。

鎮守の三島神社は相殿に若宮八幡を祀る。曹洞宗永昌寺・清富寺、日蓮宗蓮着寺がある。明治二十二年町村制施行により、池・八幡野・富戸・赤沢の四か村が合併して対島村となる。役場を八幡野に設置。明治二十九年新郡制で田方郡に帰属。昭和三十年（一九五五）伊東市と合併、伊東市となる。

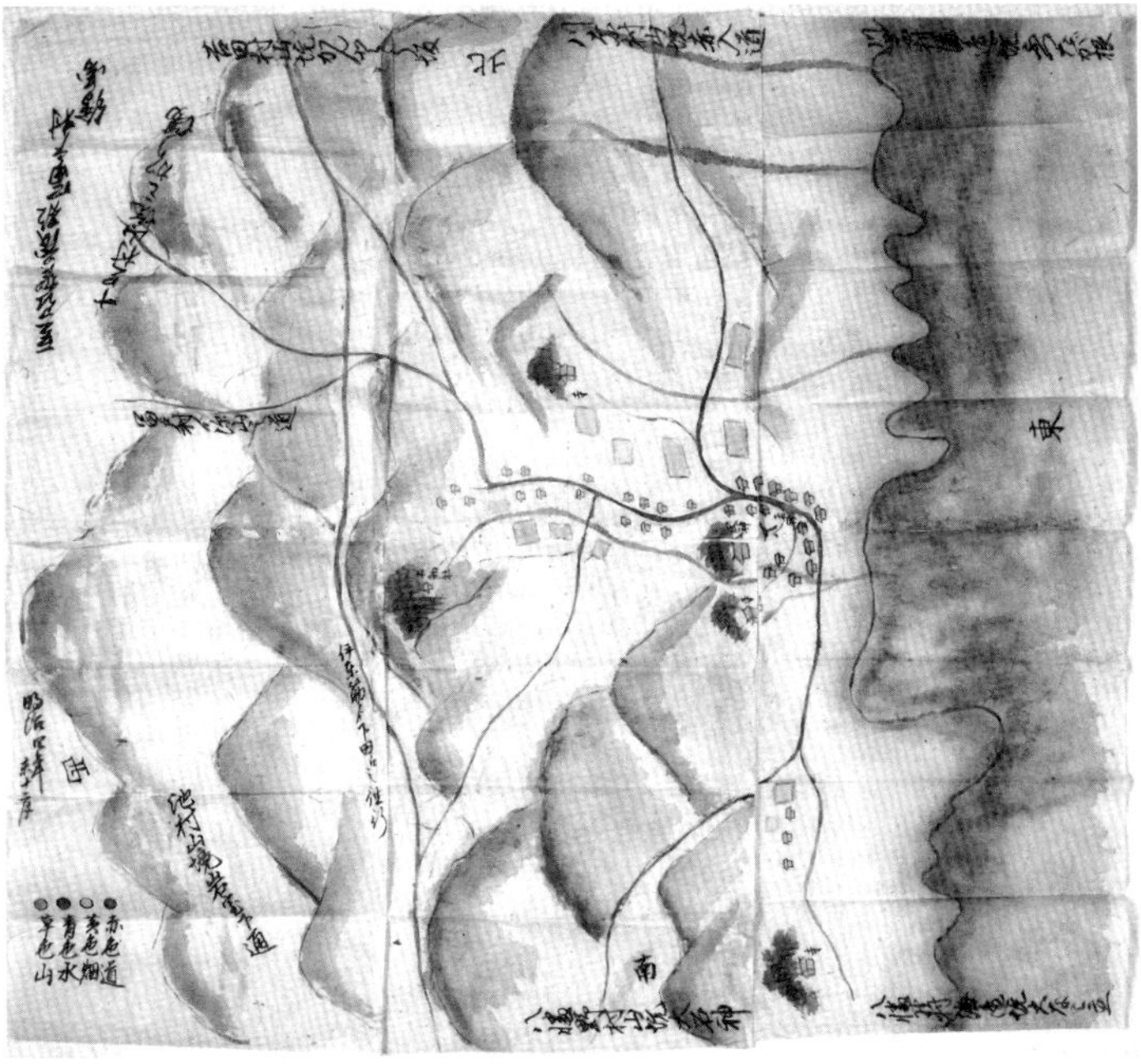

明治４年富戸村絵図（公益財団法人江川文庫蔵）

128 吉田（よしだ）伊東市吉田

「曽我両社縁起」に「伊豆ノ吉田」とみえる。『曽我物語』にみえる芦田谷は当地と考えられている。永禄二年（一五五九）の『小田原衆所領役帳』に北条家臣河越衆大道寺周勝の所領として八〇貫文「吉田・八幡野」とある。また伊豆衆に相良四郎と見え、「百貫文 豆州吉田郷」とある。『後北条氏家臣団人名辞典』では吉田郷は現伊豆の国市としているが、伊東市の可能性もある。天正十七年（一五八九）十二月二十八日「北条家朱印状写」（『伊豆順行記』『静岡県史 資料編8』）では吉田郷の領主相良左京進に郷中の米は来年正月二十日迄に何れの城に兵糧米として搬入し、郷民は逃散しない様に郷中に置いておき、彼らの食物だけを残し置くことを申し渡した。

江戸時代初期は幕府領、天和二年（一六八二）小田原藩領、天明五年（一七八五）沼津藩領となり幕末に至る（『韮山町史』）。『元禄郷帳』では高一一八石余。宝永七年（一七一〇）「小田原藩領村々諸事覚控帳」（荻野家文書）によれば家数三一・人数一二三、馬一五。茶畑運上米六升、塩かま役永八〇〇文。川奈村との入会地を海岸にもつ。鎮守の諏訪神社の脇に男堤・女堤と二つの溜池があるが、用水の不足を補うため村内の通称「吉田の大池」（昭和初期一碧湖と命名）からトンネル掘削により吉田用水を引いた。用水の建設時期は明確ではないが、先に大池の水を引いていた荻村との間で話し合いが決着したのが文政八年（一八二五）なので（「両村用水引落取決」荻区有文書）、その数年後と推定される。大池の水利権をめぐって荻村としばしば争論があった（天保五年「一札」同文書）。文化十二年（一八一五）十二月二日、日蓮宗光栄寺がある。明治二十一年（一八八八）の調査によると、社一、寺一、戸数五六、人口三二八（男一六三・女一六五）。戸長役場が久須美村に置かれた。

明治二十二年町村制度施行により、賀茂郡川奈村・吉田村・荻村・十足村が合併して小室村。役場を吉田、のち川奈に設置。同二十九年田方郡に帰属する。昭和二十二年（一九四七）伊東市に所属。国道一三五号沿いに住宅の集中地域。ミカン栽培が盛ん。西端にある一碧湖畔に与謝野鉄幹・晶子の歌碑がある。

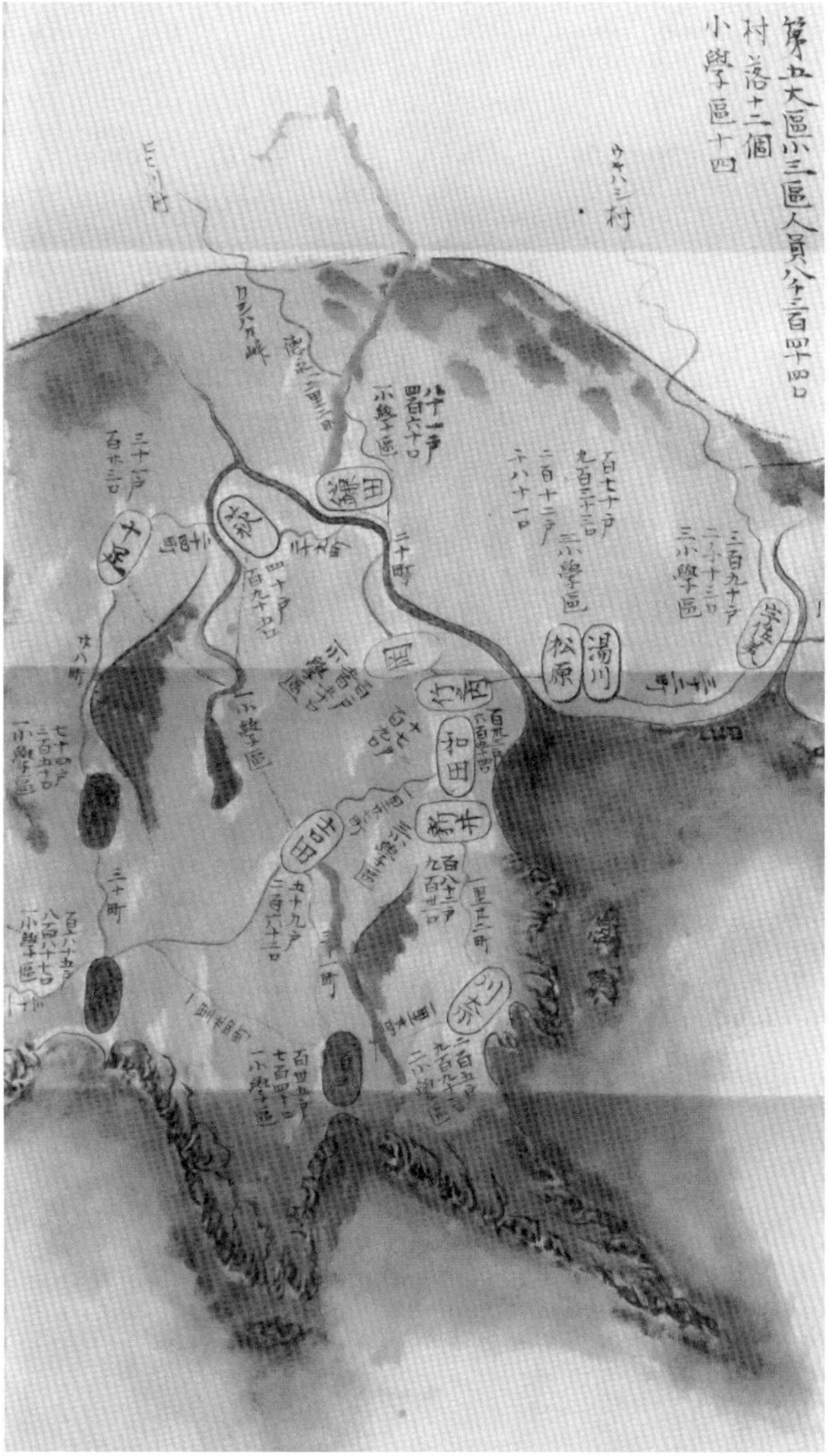

明治６年第五大区小三区絵図部分（公益財団法人江川文庫）

129 川奈（かわな）① 伊東市川奈

「南無妙法蓮華経」の題目を唱えて立教開宗宣言をした日蓮は、このため浄土教信奉者に圧迫され鎌倉に出て布教した。やがて地震、飢饉など災害が続出すると、その原因と対策とを『立正安国論』に記し、文応元年（一二六〇）北条時頼に提出した。その趣旨により、鎌倉の浄土教信奉者から迫害され、「日蓮聖人書状写」（『静岡県史 資料編5』）によると、弘長元年（一二六一）五月十二日、伊豆伊東に流され、同三年二月に鎌倉へ許されて戻る。伊豆の川奈に着いた翌六月二十七日、日蓮が伊東から川奈で世話になった弥三郎夫妻に書き送った『舟守弥三郎許御書《もとごしょ》』（『静岡県史 資料編5』）によると、鎌倉から船に乗せられ伊東川奈に上陸したと思われる。この時、日蓮を手厚く世話した弥三郎夫妻の墓は、川奈舟守《ふなもり》山蓮慶寺《れんけいじ》に伝えられる。

その後、地頭の伊東八郎左衛門尉朝高《はちろうざえもんのじょうともたか》の病悩を祈祷によって治し、その縁で朝高の屋敷内の毘沙門堂で暮らしたといわれる。この堂跡には惣堂山という寺が建てられ、勝劣派の妙隆寺《みょうりゅうじ》・蓮正寺《れんしょうじ》・広宣寺《こうせんじ》、一致派の妙昭寺《みょうしょうじ》・大行寺《だいぎょうじ》・妙法寺《みょうほうじ》・法船寺《ほうせんじ》・仏光寺《ぶっこうじ》の八か寺（いずれも和田村内）が輪番で管理にあたった。現在、惣堂山は海光山仏現寺となる。永享六年（一四三四）十二月二十九日に万寿院に打渡された伊東九か村のなかに「河名」がみえる（「中原師貞打渡状」円覚寺文書）。恵鏡《えきょう》院の天文十三年（一五四四）の旧記に「伊豆州伊東庄河名村」、天正十八年（一五九〇）四月日「豊臣秀吉掟書」（長沢文書）に「伊豆国川奈郷」とある。

江戸時代初期は幕府領、延宝八年（一六八〇）小田原藩領、天明五年（一七八五）石見浜田藩領となり翌六年十二月幕府領に上知、寛政四年（一七九二）沼津藩領となり幕末に至る。『元禄郷帳』では高一一八石余。文化十三年（一八一六）一月に公用で東浦を通った大田南畝が記した「豆州村々様子大概書」（『一話一言』）に家数一九〇軒程・人数八五〇人余、漁業は、春・冬むつ・赤魚、夏・秋鰹・貝類、明火堂あり、廻船一艘、猟船三〇艘ほどとしている。

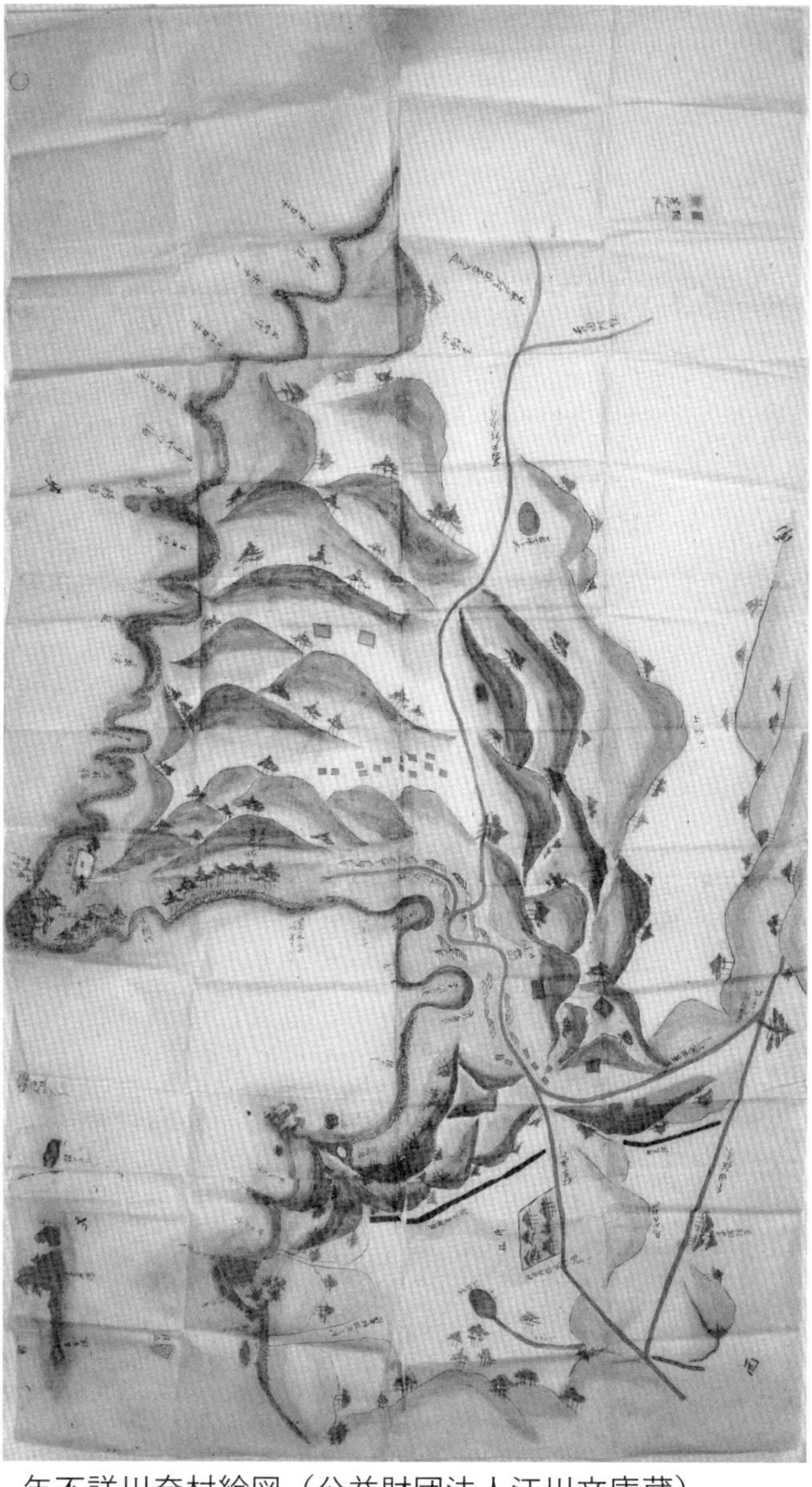
年不詳川奈村絵図（公益財団法人江川文庫蔵）

130 川奈②

川奈についての嘉永四年（一八五一）「村明細帳」（前島河南収集文書）によれば、運上は先年より御菜場で鮑四〇五具ずつ、小田原藩稲葉正勝の時代は年々正納、ほかに塩漬鯛二枚毎月正納であったが、嘉永四年当時は代金納となっていた。各種網漁も盛んであったが、新井村とは漁場をめぐって再三の出入があり、明治二十四年の東京控訴院の判決でいちおう決着した（「判決文」新井会）。前掲村明細帳写によれば、当村のかつぎ・いしづき鮑取の場所は、北は新井村前まで、南は富戸村・八幡野村、大川村・奈良本村堀川浦（東伊豆町北川）まで。他方で南の富戸村のボラ漁は当村内の川奈崎に見張小屋を置き、村内を通るボラ道の優先使用権を富戸がもった（「取替規約書」対島村文書）。明治以後イルカの追込み猟で名声を博したが、漁獲高は鮪延縄漁や鰹漁が多かった（「勧業綴」小室村文書）。

川奈の明堂は川奈崎の岬字燈明平、お台場跡のすぐ北にある。この創設不詳ながら元禄十六年（一七〇三）の津波で湊明堂が流失、記録を失ったとされるので、それ以前の建設といえる。『小室村誌』に「毎夜番人二人宛、風雨の節も、増番二人都合四人にて相勤候故、年中には凡そ千人余の御役相勤申候、其之内春之内一度宛、村内百姓不残罷出、火除等仕候、一夜油三合宛御入用之儀は、江川太郎左衛門様韮山御役所より被下置候」（嘉永文書抄出）とある。寛政末「豆州村々様子大概書」（大田南畝『一話一言』）に「明火堂とて川奈崎にあり。九尺四方、其内にあんどう三尺余にして、四方布にて張り、其内へ紙張りいたし、其内にして燈廻船の当とす。油は一夜三合づゝ之積りにして、代金は紙代・燈しん代・布代共に壱ヶ年八両ほどのよし。支配の代官より渡すとなむ。とぼし人足は村役にて、一夜両三人づゝ出し、風雨の夜は五六人参り番いたし候由」とある。文政八年（一八二五）「川奈村湊明堂御普請出来形帳」（江川文庫）によると、同年の立て替えで九尺四方、高さ二間の規模の湊明堂が立っていた。「三島問屋場文書」に明治四年（一八七一）一月一日、御子元島灯台の点灯に伴い、廃止とある。明治以後も付近の小字を灯明平といい、同地に昭和三十二年（一九五七）現川奈埼灯台が建てられた。

川奈埼灯台

131 川奈③

相模の三浦崎、安房の洲崎を含め三崎という。川奈港は明治の頃までは四つの入り江を持つ港であった。川奈崎の内湾にある小網代《こあじろ》湊は帆船時代の風待ち湊として利用が多かったが、ほかに小浦湊（築港）・玉の木湊・川奈湊（外来船は本川奈とよぶ）があり、この四つを総称して川奈湊とよぶ。『増訂豆州志稿』に小網代港・小浦港を掲載。イルカの追い込み漁を行っていたことでもよく知られている。奥深い湾の地形を利用して、大島あたりから当地までイルカを追い込んだ。伊豆の漁港では、主として川奈港と富戸港が有名で、川奈では昭和五十一年（一九七六）の漁期の十～十二月の間で二、七八五頭が捕獲されたという。明治二十七年（一八九四）『静岡県水産誌』では「漁スル処甚ダ少シ、即チ能登・陸中・相模・紀伊・肥前等ナリ、我県下豆州ハ各所共ニ十分漁獲スルニ適シタル地形ヲ有スルモ、共同漁業ノ志想ニ之シキヲ以テ、当今田子港・安良里港・稲取港・川奈港等ニテ漁獲スルアルノミ、而シテ田子ハ最モ盛なり」とある。

享和元年（一八〇一）五月六日、伊能忠敬が第二次測量ののち、文化十二年（一八一五）十二月四・五日、永井甚左衛門を中心にした第九次伊能忠敬測量隊の測量があった。この時は名主四郎左衛門方へ止宿し、六日出立した。明治六年（一八七一）政府の土木寮に使う石材を伐り出す場所として、当村字ヲリョウ・高石原・ヒカケなど八か村二三か所を指定した（江川文庫「石山一件」）。同年横浜波戸掛より発注があった（同文庫「明治六～諸願書綴込」）。川奈崎灯台から南東約一五〇㍍の海蝕崖上に沼津藩が造営した砲台跡がある。築造時期は天保十四年（一八四三）から弘化三年（一八四六）までの間であるが、確定できていない。

川奈ゴルフ場は明治三十六年（一九〇三）、兵庫県六甲山上に神戸ゴルフクラブが開設されて以来日本で一〇番目のゴルフ場。戸長役場が玖須美村に置かれ、明治二十二年町村制度施行により、賀茂郡川奈村・吉田村・荻村・十足村が合併して小室村。役場を吉田、のち川奈に設置。同二十九年田方郡に帰属する。大正十三年（一九二四）伊東川奈口までの県道が完成、バス路線が開設される。昭和二十二年（一九四七）伊東市に所属。

海蔵禅寺に設置されたイルカ供養塔

132 新井（あらい）① 伊東市新井

『増訂豆州志稿』に齋藤五郎・弟六郎、平維盛の子で実盛の子、伊豆に遁れて新井村に居住とある。永享六年（一四三四）十二月二十九日に万寿院に打渡された伊東庄内九か村のなかに「新居」がある（「中原師貞打渡状」円覚寺文書）。江戸時代初期は幕府領今宮惣左衛門支配、延宝八年（一六八〇）から小田原藩領、天明五年（一七八五）石見浜田藩領（島根県）、寛政四年（一七九二）幕府領に上知、以後幕府領で幕末に至る。貞享三年（一六八六）「指出帳」（新井区有文書）によると高七八石余。早くから領主の御肴場であったらしく、鰯網役米四石四斗五升定納、宇佐美村黒根から稲取までは当村の漁場。御肴役永四二五文。小田原藩主が上洛の際は御肴役を命じられて鯛を納めた。そのため酒匂川の船橋役は免除。廻船七・天当船二二・小天当船二二、釣鰹・釣鮪・四艘張網ウズワ（鮏）・網イルカ十分一、網鰹は五分一。家数一二〇・人数六九九、水主四〇（一人につき銀五匁、亥の年より放免）などあり、周辺村と税負担が異なっている。

寛政五年「新井村船数書上帳」（新井区有文書）では五大力船一・小廻船六・天当船一五・小天当船二六。慶応四年（一八六八）「相模・伊豆・駿河国家数人別牛馬一村限帳」（江川文庫蔵）に家一八三・人数九五〇、牛馬なし、朱印地寺一・僧二、寺二・僧六・女二、修験一・人数三、宮四とある。慶応三年の調査によると当村に二四艘の船があり、押送船五、天当船一三、小天当船六となっていた（江川文庫）。

和田村と並んで商業活動の中心地でもあり、江戸後期には同村と一体の文化活動の集団もあった。魚商として活躍した七代目池田弥兵衛（俳号古今亭松十）の妻は江戸小田原町（東京都中央区）の干肴問屋大和屋重兵衛の娘で、寛政四年当地を訪れた小林一茶と弟子の四人で連句一巻をまいている。

慶応元年（一八六五）十月惣家数一七二軒の内火元を除く一一四軒、郷蔵まで類焼する大火が発生（江川文庫）。江川文庫にある安政五年（一八五八）の「豆駿州宿村疫病にて死亡人御届書」（「御用留」）に、韮山代官の支配地でのコレラによる疫病罹患数の書き上げがある。これによると、この年の夏以来十月までの間、伊豆地域の三島宿では総人数四七一五人の内病死二四七人・病人一九三人、網代村では総人数九九八人の内病死五五人、新井村では総人数九〇五人の内病死三二人・病人五五人、熱海村では総人数一、四六八人の内病死三六人・病人一七人の書上がある。

鎮守の新井神社はもと蛭児《ひるこ》神社と称した。元応二年（一三二〇）に海底から出現した霊石を祀ると伝えられ、大正七年（一九一八）村内の諏訪神社と八幡神社を合祀して新井神社と改めた。

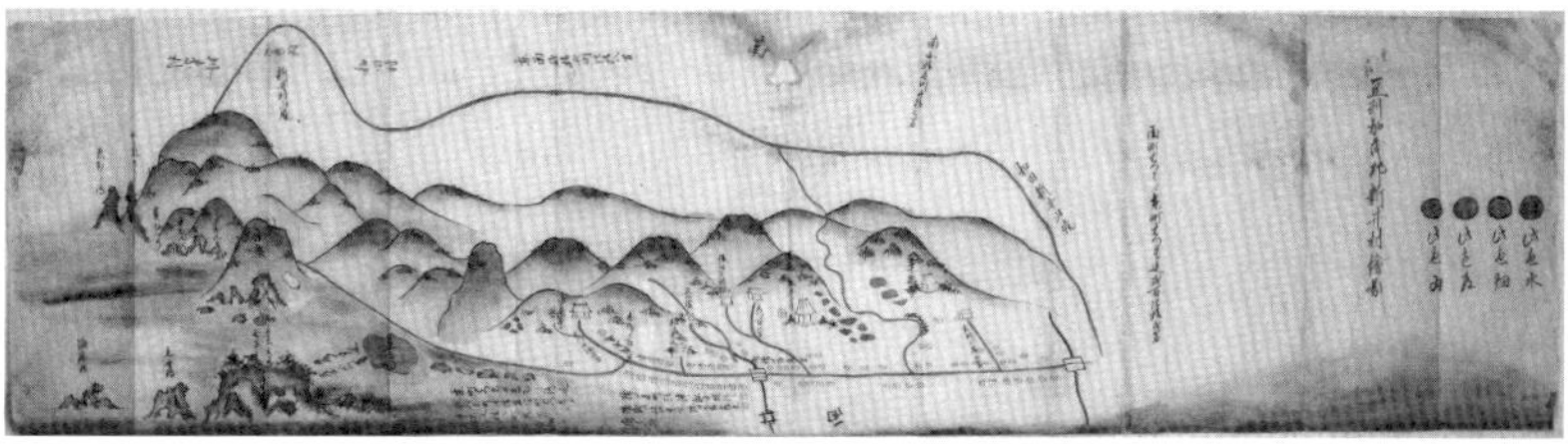

年不詳新井村絵図（公益財団法人江川文庫蔵）

133 新井②

玖須美に伊東港がある。伊東は湊としても重視され、永禄元年（一五五八）十一月一日「北条家朱印状」（長浜大川文書）によると、北条氏は駿河清水から網代までの材木輸送のため伊豆諸浦に船方役を賦課し、伊東に集まることを命じている。天正十四年（一五八五）五月二十八日・九月十五日、十五年六月三日・九月二十日狩野山で大野・仁杉から受け取った小田原城の材木等を伊東津端まで桑原郷の人足に出させている。伊東津は材木の集散地であった。

芝町の天照皇大神社に残る、天正十六年閏五月二十九日神明宮社殿修造棟札によると、地頭古屋周防守資吉の代官中村若狭守吉勝によって修造されるが、この棟札銘に「豆州東浦伊東」とある。地頭古屋周防守は『小田原衆所領役帳』にみえる古尾谷周防と同一人物と考えられる。同十七年（か）三月二十日「北条家朱印状」（国文学研究資料館蔵大川家文書）では長浜大川忠直と韮山の大屋善左衛門尉が、買い取った東海船を西浦から浦伝いで東海岸伊東まで届けることとなり、仁杉・安藤良整に渡す事とした。仁杉伊賀守が伊東に居たことがわかる。

伊東港が初めて国の指定港湾になったのは大正十一年（一九二二）で、同十二年八月に指定された港湾区域は「神楽岩から竪岩を見通した区域」（現在のサンハトヤから汐吹岩を見通した内側）だから、川奈港はそれとは別の独立した港であった。新井玖須美地区に県工事で近代的港湾施設が整ったのは昭和十二年で、完成した記念誌がある。付近に豊富な漁場があり、また、古くからの伊豆の産物の集積港で明治期から築港工事が行われてきた。明治二十六年（一八九三）九月八日付『静岡民友新聞』に掲載の「帆船売却広告」に「四百石船体新造同様也、豆州加茂郡伊東村石川　木村彦太郎」とあり、まだ帆船を利用していたことがわかる。明治十八年（一八八五）松崎汽船の豆海丸の伊東寄港が始まるが数年で挫折。同二十二年東京湾汽船が東京─下田間の運行を開始し、伊東に当初五日ごと寄港、同三十一年には相陽汽船が東京─伊東間を毎日就航するようになった。同三十八年には東京湾汽船が競合する諸会社を合併し、同汽船は東海汽船となる。また、伊豆諸島への定期船も就航し、観光港としても重視される。川奈地区の漁港は近海漁業の基地としてかつてはイルカ漁で有名であった。

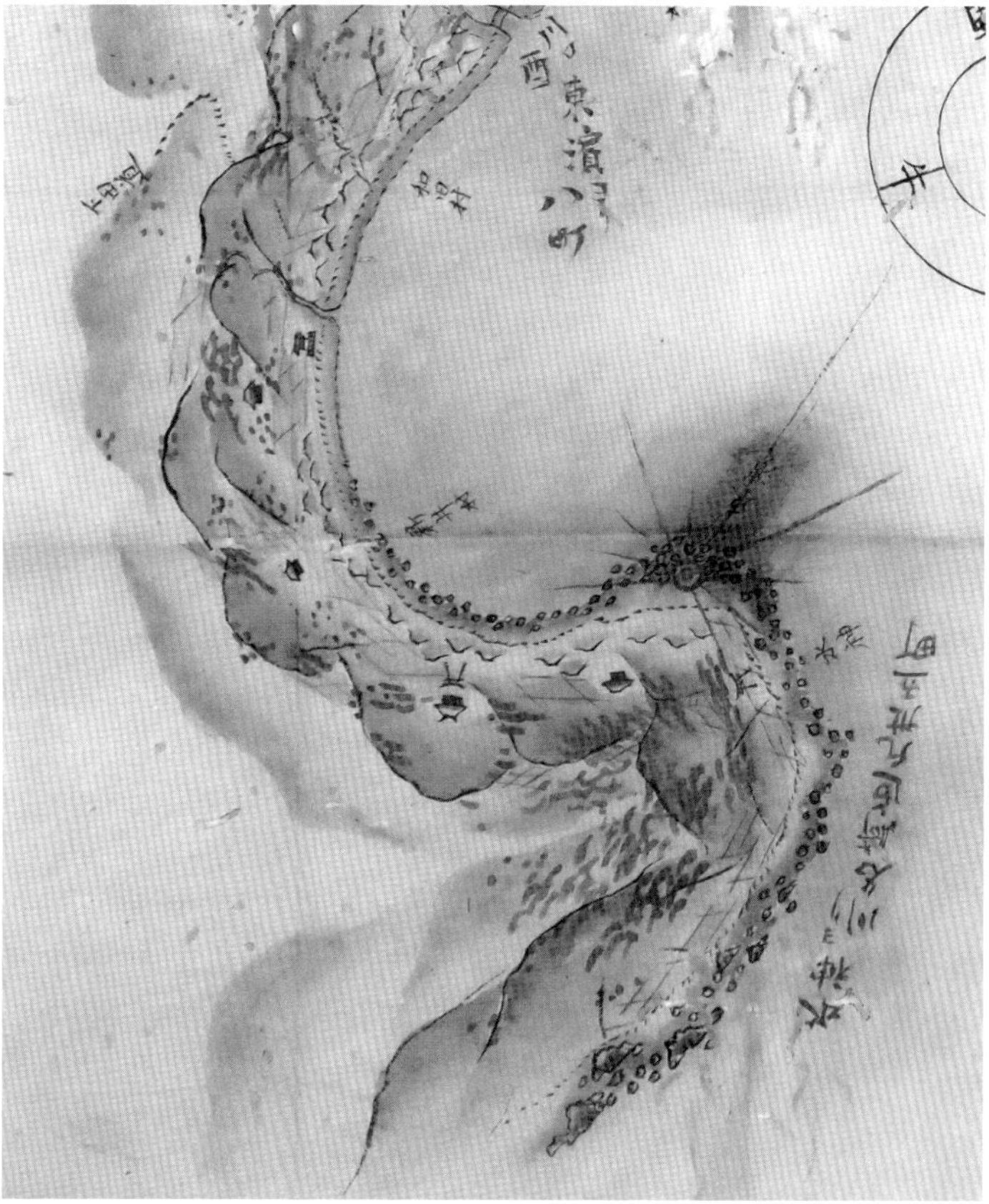

明治３年新井村船掛り場浪除築立絵図（江川文庫蔵）部分

134　和田（わだ）①　伊東市和田

承平年間（九三一～九三八）に成立した「倭名類聚抄」等「和名抄」諸本に見える田方郡内の郷名で玖寝郷が記される。名博本は「久寝」。訓を欠く。『吾妻鏡』は「萳」に作り、後、葛見・久須見・久須美と書く。伊東には久須美の地名があり、式内社久豆彌神社が伊東市岡に所在するため、岡を遺称地として伊東市域を当てる。

大宝律令施行以降の郡里制下の藤原宮出土木簡（『藤原宮出土木簡（四）』、『木簡研究』2）に「伊豆国田方郡□(久カ)自牟里次丁二分調□(荒カ)×」とあり、「久自牟里」は当郷と考える。天平二年（七三〇）十月の平城宮出土木簡（『平城宮木簡概報（三）』）に「久寝郷坂本里」、同七年十月「久寝郷坂上里」（『同書』）とみえる。坂本・坂上里の遺称地は不明。「寝」の古音はシムで、久寝も「久自牟」のようにクシムと訓み、のちにクズミと変化したと考えられる。

比定地は（1）現熱海市伊豆山・熱海・上多賀・下多賀・網代などの一帯とする説（『日本地理志料』）、（2）現伊豆市中伊豆地区とする説（『大日本地名辞書』）、（3）式内社久豆弥《くずみ》神社を現伊東市馬場町の葛見《くずみ》神社に比定し、その一帯とする説（旧版『静岡県史』）がある。（1）は上多賀・下多賀が有雑郷多賀里に比定されるため、（3）が妥当であろう。

葛見神社は、馬場町一丁目にあり、当地ではないが、郷と関係するのでここに記す。平安時代の文献にみえる古社。伊豆東北部は古く葛見庄と言い、地名を冠する神社は出雲系統の神々を祀るので、祭神は事代主命またはその一族との説がある。往昔久豆禰神社と称したが、正徳年間（一七一一〜一六）から葛見大社と呼称。『延喜式』神名帳に載る田方郡「久豆弥《クツミノ》神社」に比定される。

伊東家の守護神といわれ、伊東正世（政世、九郎三郎）が慶長十五年（一六一〇）に修造させたという（『伊東誌』）。稲荷を合わせ祀るので「岡の稲荷」として信仰を集めてきた。『伊能忠敬測量日記』に文化十二年（一八一五）十二月八日測量、「式内之久須美神社。稲荷大明神ト崇ム。祭神鎮坐事歴素知。神名帳久豆弥神社ト書。祭礼二月初午、九月中ノ九日。無神主、村抱。」とある。境内のクスの巨木は、昭和八年（一九三三）二月国の天然記念物に指定されている。大きい空洞があり、源頼朝が身を隠したといわれるが、側枝が伸びて茂る。例祭日十月十九日で、「岡の神楽」といわれる。この日行われる海岸部の地域では神輿の海中渡御が行われ、山車約四〇台が街を練り、葛見神社では三番叟・鳥刺し（踊り）・才蔵・神楽が奉納される。

葛見神社

135 和田②

現在の伊東市中部から伊豆市中伊豆地域にかけて伊東荘があった。狩野一族の伊東氏の本拠地で、地名は弘長元年（一二六一）六月二十七日の「日蓮書状写」（『日蓮聖人遺文』）に「伊豆の伊東かわな」とある。庄名は弘安五年（一二八二）十月七日の波木井宛「日蓮書状写」（同書）に「伊豆国伊東荘」とみえるのが早く、日蓮は弘長元年五月十二日に当地へ配流され、地頭の伊東八郎左衛門尉の下で三年間過ごしている。また日蓮聖人註画賛には「豆州伊東浦」とある。『吾妻鏡』建仁三年（一二〇三）六月１日条によれば、将軍源頼家が狩場に赴いた際に「伊東崎」の洞窟を探索させている。この洞窟は同市南端辺り「ヘビ穴」にあたるともいわれている。

岩波版『曽我物語』巻一には「伊豆国伊東・河津・宇佐美、この三ヶ所をふさねて、蕳美と号するの本主は、蕳美入道寂心にてぞありける」とあり、伊東は河津・宇佐美とともに伊東氏の所領蕳美（葛見）庄に含まれていた。岡の葛見《くずみ》神社の慶長十五年（一六一〇）棟札にも「賀茂郡葛見庄伊東郷岡之村」とあるが、伊東郷と葛見庄との関係は明確ではない。寂心（工藤祐隆、または助隆・家次）は長男祐家が先立って没したため、次子祐継を嫡子として伊東郷を譲り、祐家の子祐親（助親）を養子として河津郷を譲り河津次郎と名乗らせた。この処置が伊東家所領紛争の原因となった。祐継の没後、その子祐経（助経）が上京の間に祐親が伊東本領を押領したため、これが曾我兄弟の仇討へつながることになる（『曽我物語』）。

明徳四年（一三九三）八月「伊東祐安申状写」（『日向記』所収伊東文書）によると、祐安は「本領伊豆国伊東庄」について同族伊東備前入道祐藤の押領を停止し、安堵を幕府に要請している。永享六年（一四三四）十二月二十九日の「中原師貞打渡状」（円覚寺文書）によれば、長尾左衛門尉景仲の押領を止め万寿寺雑掌に打渡した所領として「伊豆国伊東庄内除鎌田・貝立両村中田地九町参段、同庄源田・徳長・犬田・泉・新居・河名・小河・広野・岡村以下田畠山野等」とある。鎌田・貝立・犬田・泉・新居・河名・小河・広野・岡は現伊東市の地名、源田・徳長は伊豆市中伊豆地区の地名に残る。

　明応四年（一四九五）二月五日に伊勢宗瑞（北条早雲）は伊東伊賀入道祐遠に「伊東七郷之内本郷村」を宛行っている（「伊勢長氏判物」伊東文書）。年不詳十月二十日「足利成氏書状」（同文書）によれば足利成氏から「伊豆国伊東郷」が万寿院領として相違ないことが伊東祐右馬允に伝えられた。

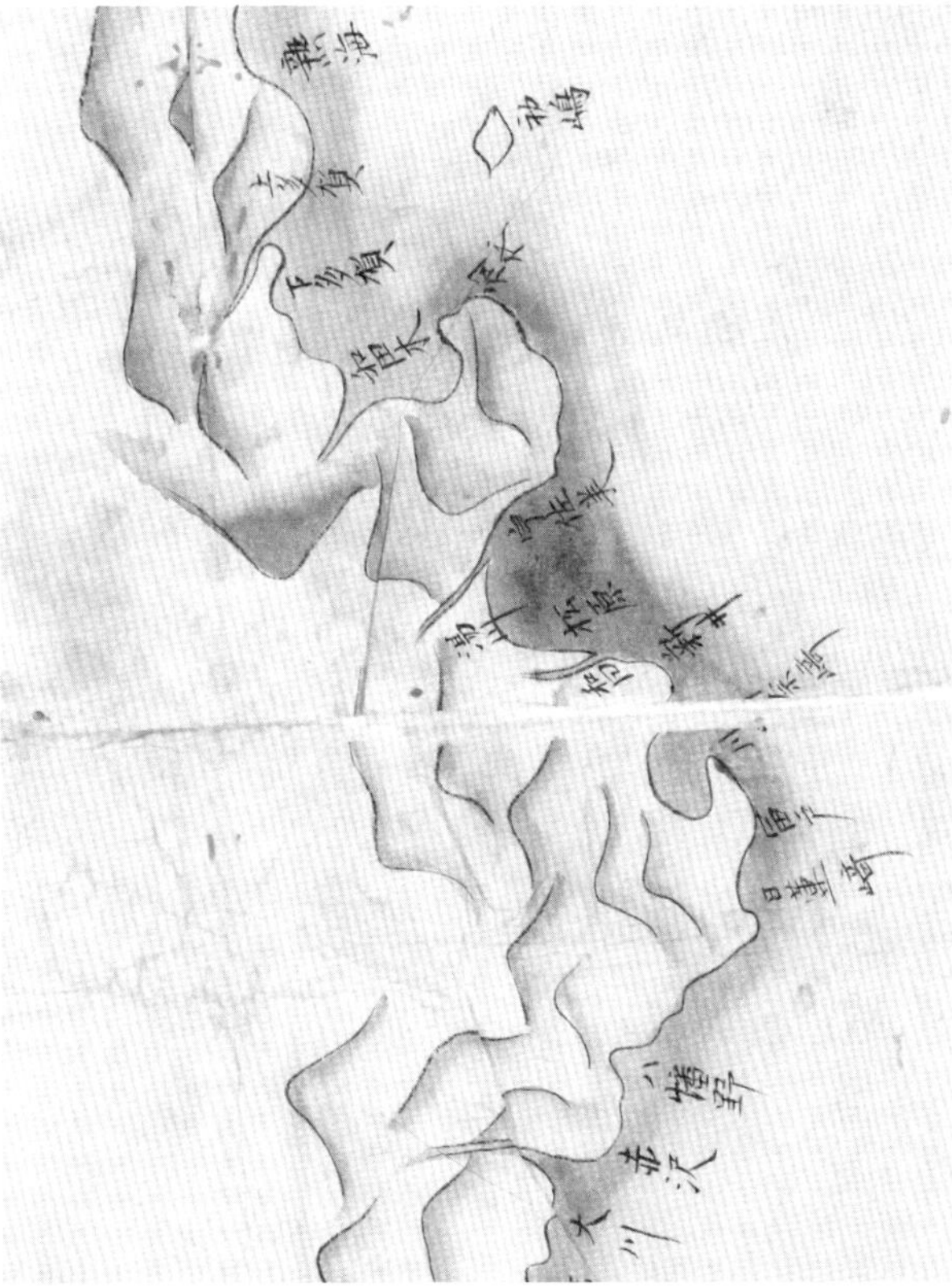

伊豆・江戸湾海岸絵図（公益財団法人江川文庫蔵）部分

136 和田③

『参詣道中日記』（大村家文書）には、大村家盛が遠江国から武蔵国池上本門寺（大田区）に参詣のため伊豆国に到り、天文二十三年（一五五四）三月二十日に伊東に着いた。「道六十里、宿主うりう五郎左衛門、其間、ほうてう（北条）と申す所あり、ひるの休み、しらい（白井）孫左衛門、改めの役所あり、三島よりいたう（伊東）に道」とある。北条から伊東への道筋に白井孫左衛門の管理する関所があったことが伺える。

北条氏康が永禄二年（一五五九）に編さんした『小田原衆所領役帳』に河越衆に古尾谷周防と見え、「拾八貫文 伊東内屋形」とある。大普請の時は半役で寄親の普請庭で受け取り致すべしとする。天正七年（一五七九）と推定される年不詳卯年「北条家朱印状写」（名古屋大学文学部蔵真継家文書）では三島鋳物師屋斎藤氏に伊東で製鉄のたたら吹きを命じ山角弥十郎の申すごとく働く事を申し渡し、毎日の公用銭も弥十郎から支払うことが記されている。宇佐美の寺中遺跡・金草原遺跡では製鉄遺構が確認されている。

伊東の地名の由来は伊東氏とされている。地名が先か名字が先かはわからないが、藤原南家武智麻呂《むちまろ》の第四子乙麻呂の七世に維幾《これちか》があり、その子為憲は工藤を名乗り、為憲の曽孫維職《これもと》が伊豆押領使に任じられ、伊東荘に居住、初めて伊東氏を名乗った（「伊東大系図」）。平安末期から鎌倉初期に一族が伊豆を中心に分布するようになったという。『増訂豆州志稿』に伊東氏の祖を祐隆とし、狩野維次の子で、狩野より伊東に移り宇佐美・久津美・河津、三か荘の地頭とあり、姓名を伊東祐隆と改めたとある。

祐家系と祐継系の二家に分かれる。祐家の子が祐親で、「伊東大系図」に「河津二郎、後、伊藤に改める」

とある。曽我兄弟の祖父に当たる。源頼朝伊豆配流の際に北条氏と並んで監視役であったと見られる。「伊東・北条に守護したてまつるべきよし申しおき、官人都へのぼりけり」（『平家物語』）。『吾妻鏡』の記述に、石橋山の合戦で祐親は三〇〇余騎を率いて頼朝の背後に迫る。富士川の戦いで平家に加わろうとして鯉名の湊で捕らえられ、後娘婿三浦義澄に預けられた。一年余の後、三浦の取りなしで頼朝は赦免を認めたが、その知らせを聞いた祐親は三浦邸において自殺した。伊東祐親の存在によって伊東の地が全国に知られるようになったことから、伊東の祖と考える人も多い。伝えられている墓所は伊東市大原一丁目にあり、伊東では毎年伊東祐親祭り（現在は五月の最終土日曜日）が盛大に行われている。

伊東祐親像

137 和田④

天照皇大神社《てんしょうこうたい》の天正十六年（一五五八）の棟札に「地頭古屋周防守」とあり、永禄二年（一五五九）に北条氏康が編さんさせた『小田原衆所領役帳』の「伊東ノ内屋形 古尾谷周防守」と同一人物とみられるので、その屋形地域に成立したと推定される。

江戸時代初期は幕府領、延宝九年（一六八一）小田原藩領、天明五年（一七八五）石見浜田藩領、寛政四年（一七九二）幕府領に上知、文化八年（一八一一）旗本本多・大久保の相給となり幕末に至る。延宝六年に検地がおこなわれた（『増訂豆州志稿』）。『元禄郷帳』では高一八三石余。伊東平野七村（伊東七郷と俗称）の中心的な村で、小田原藩領時代には陣屋が置かれた（『伊東市史』）。熱海から下田へ向かう東浦路の宿駅的存在で、公用旅行の先触で伊東泊とあるのは（「先触」加藤文書など）、和田村泊をさす。江戸・小田原方面へ積出す物資の集散地としても栄え、内陸部の大見地域の産物も柏峠（冷川峠）を越え当村之海岸から船積みされるものが多かった。

天和二年（一六八二）「船年貢割付状」（玖須美区有文書）によると、廻船九艘のほかに御役御免の天当船一艘と伝馬船八艘。田上繁「江戸時代の伊東」に慶安元年（一六四八）から天明四年（一七八四）までほぼ累年にわたる「和田村の船数の変遷」表があり、これによると、慶安元年では廻船四・小廻船一〇・五大力船一、承応元年（一六五二）廻船五・大五大力船三・五大力船一三、延宝八年（一六八〇）では廻船一〇・天当船一・伝馬船九に変化、享保二十年（一七三五）に押送船一が見え、天明二年まで散見する。正徳三年

（一七一三）から和田村の船の主体は天当船と伝馬船で、合計船数は多いときで二〇艘、少ないときは六艘である。魚商中間としての浜株（五十集仲間の株）が天正十八年の家康関東入国以前からあり、散場とよばれる魚類の集散地が存在したという（『伊東市史』・玖須美区有文書）。

　元和八年（一六二二）の「竹之内村起間帳」（玖須美区有文書）によれば竹之内村へ出作し、出作地に湧出する温泉も当村が支配した。延宝六年（一六七八）四月「和田村検地帳」（玖須美区有文書、『伊東の文化財』）に柿八本・蜜柑五一本が書きあげられている。温泉は初め伊東の湯といったがのちに和田湯とよばれた。

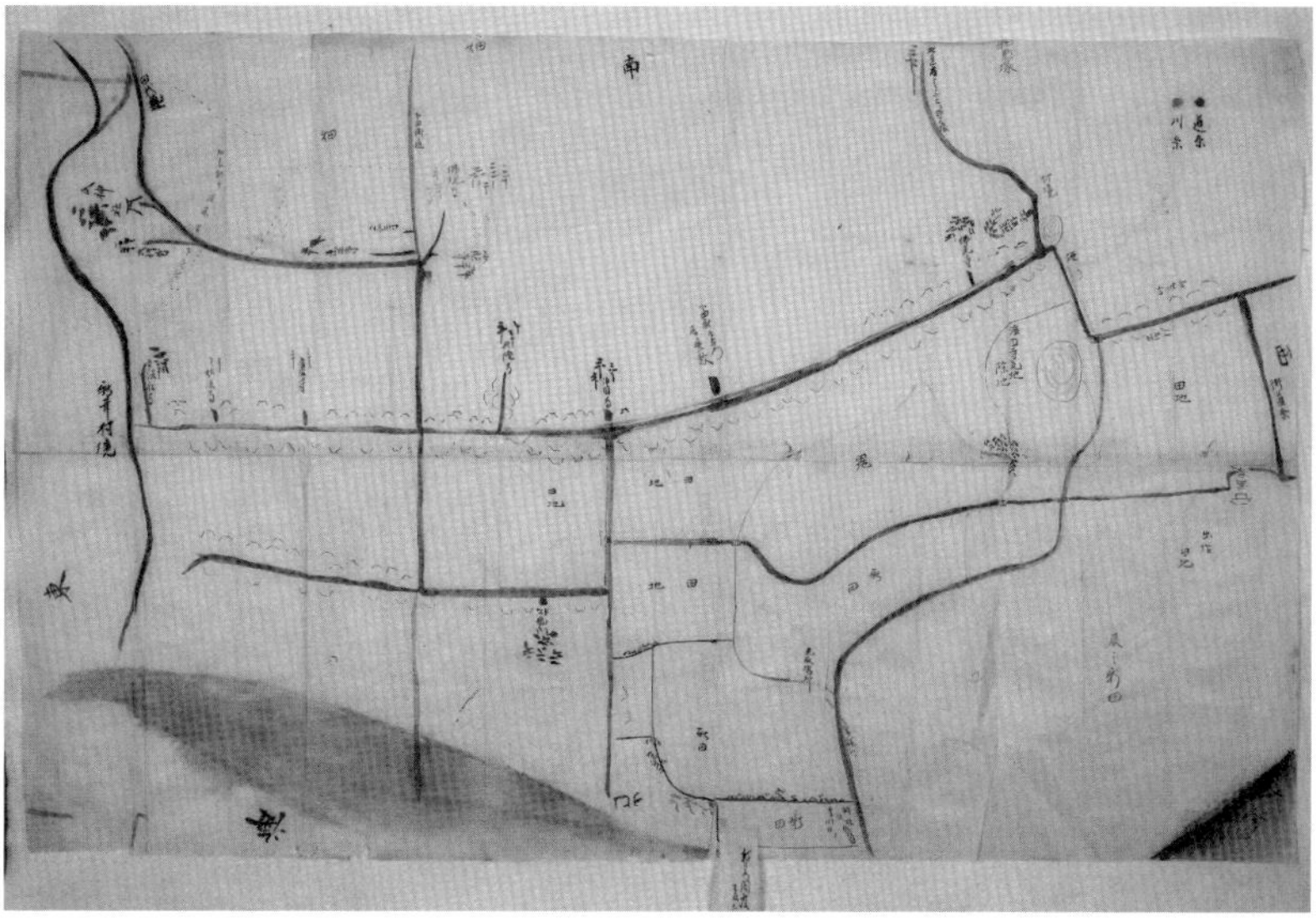

明治5年和田村絵図（公益財団法人江川文庫蔵）

138 和田⑤

和田は元禄地震の津波で大きな被害を受け、「死スル者六十余人、（中略）之ヨリ別シテ寒村タリ」（『増訂豆州志稿』）とされる。津波からまもない宝永七年（一七一〇）の「小田原藩領村々諸事覚控帳」（荻野家文書）には家数難六・人数四三〇とあり、地域経済活動の中心として幕末まで伊東七郷の中心的地位を保持した。江戸後期には伊豆の国学者竹村茂雄の流れを汲む学問・文芸活動の集団も存在し、中心の一人浜野建雄の著書『伊東誌』は伊東七郷の地誌として貴重。

享和元年（一八〇一）五月五日、伊能忠敬が第二次測量、名主新左衛門宅に止宿した。新左衛門は下田新左衛門を世襲し、平勘定といわれる江戸時代初期の代官であった。文化十二年（一八一五）十二月六日、永井甚左衛門を中心にした第九次伊能忠敬測量隊の測量。名主新左衛門・百姓代角右衛門宅に止宿して七日に周辺測量、八日、伊東街道を大見・大仁方面へ出立、測量、十一日に帰着した。『伊能忠敬測量日記』に「当村熱キ温泉二三ケ所アリ」とある。

文政七年『甲申旅日記』に「田の端に温泉の庵《いほ》二軒ありて、一つには湯つぼ一つありて熱く、一つには三つありてあり」とある。安政二年（一八五五）川路聖謨は『下田日記』で下田に向かう途次伊東庄和田村に止宿し、「この村の辺には珍しくうち開けたる所にて、村道ながら幅五間も有るべし、よし有りげなり」と述べる。浄の池があり、江戸時代ヂンナラという魚が棲息していた記録がある。天保九年（一八三八）に刊行された『皇和魚譜』（江川文庫）に「豆州伊東和田村の山麓温泉中に生ず、大なるは六七寸あり、これは往年狩野養川院（という人物）この温泉に浴せし時親しく見る所のものなり、その時の形鮒に似て鱗なく、背に淡青黒の縦文あり、頗る奇魚なり」と記載している。

鎮守の天照皇大神社、日蓮宗仏現寺ほか同宗七か寺がある。難寺のうち妙昭寺は昭和初期に廃寺。浄土宗浄円寺は元禄の津波に遭って現在地に移転。戸長役場が玖須美村に置かれ、明治二十年（一八八七）十二月、竹之内村と合併して玖須美村となる。同二十二年町村制施行により伊東村、同二十九年田方郡に管轄替え、同三十九年伊東町。昭和二十二年（一九四七）伊東市。和田一丁目は江戸時代の松原村・和田村の一部、二丁目は和田村の一部。商店や住宅地の密集地域。一丁目には市観光会館・伊東玖須美郵便局がある。二丁目には熊野神社・浄土宗浄円寺・日蓮宗妙隆寺があり、伊東職業訓練校があった。

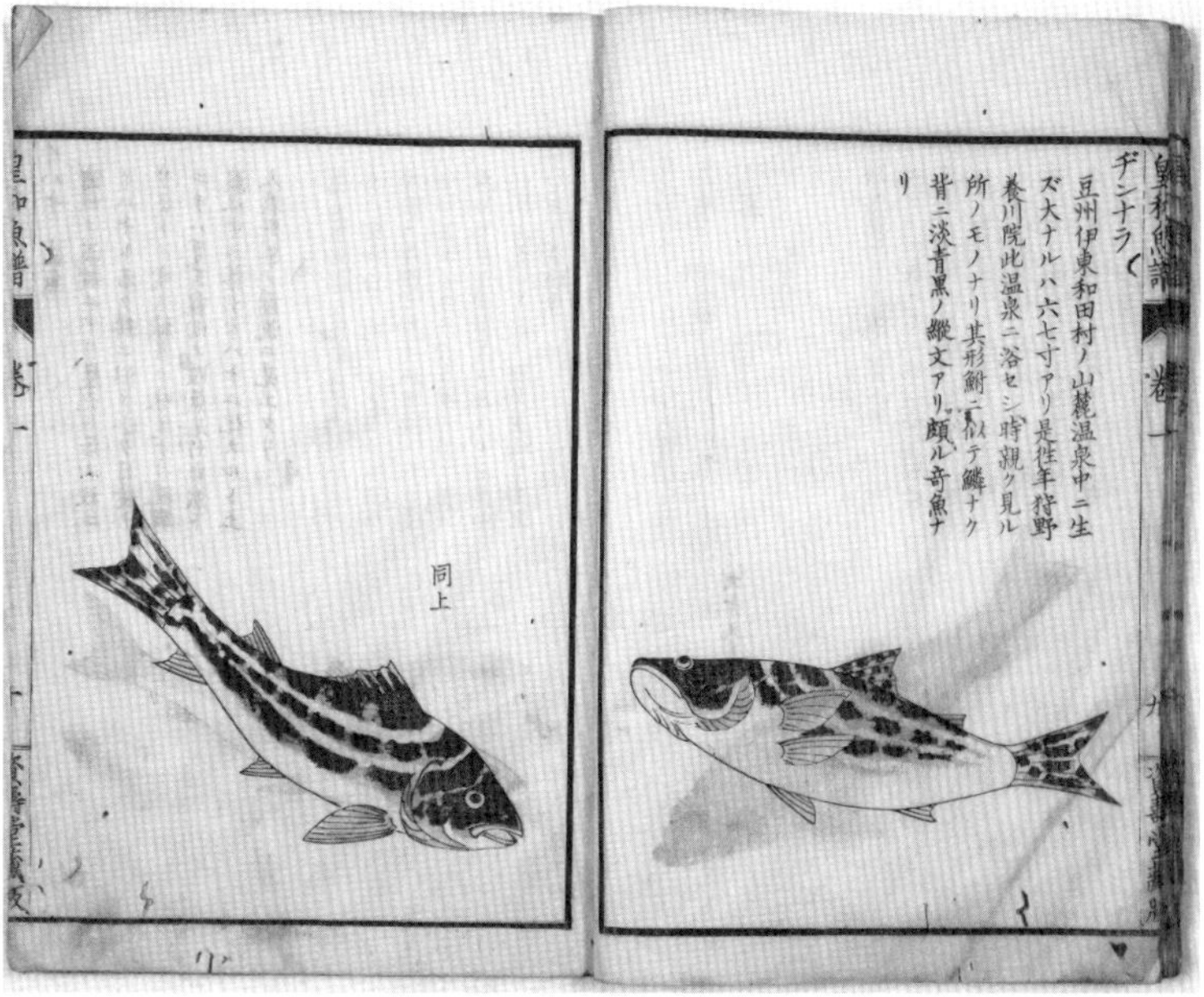

ヂンナラ（『皇和魚譜』挿図、公益財団法人江川文庫蔵）

139 竹之内（たけのうち）伊東市竹の内

現在の伊東市竹の内・竹の台・音無町にあたる。江戸時代初期は幕府領、延宝九年（一六八一）小田原藩領、天明五年（一七八五）石見浜田藩領、寛政四年（一七九二）幕府領に上知、文化八年（一八一一）旗本鈴木領となり幕末に至る（『韮山町史』）。『元禄郷帳』では高一七八石余。竹之内村（伊東市）の元和八年（一六二二）九月二十日の「竹之内本作起間之帳」（玖須美区有文書）によれば、開拓は二代和田村名主下田新左衛門に始まり、出作地に湧出する温泉に湯小屋を設け、三代新左衛門の時は、延べ一二〇名が竹之内の開墾に従事、岡村へも出作している（『伊東市史』）。

宝永七年（一七一〇）の家数二四・人数一二七、馬六（「小田原藩領村々諸事覚控帳」荻野家文書）。伊東大川の氾濫の対応をめぐって松原村と争い（「竹之内和田両村訴状写」玖須美区有文書など）、村内にある和田村出作地の温泉利用権をめぐって同村と争いになった（天保四年「出作地温泉出入嘆願書」和田村文書）。宝暦十年（一七六〇）には下流の松原村地内に出作して辰の新田を開いていたという。文化十二年（一八一五）十二月八日、永井甚左衛門を中心にした第九次伊能忠敬測量隊の測量。『伊能忠敬測量日記』に「海添ニアリ。右三十間計引込温泉・馬湯共六壺アリ。至テ熱湯也。同村人家続二十九軒」とある。明治十八年（一八八五）「神奈川県エ管轄替請願」に惣代として山田仙次郎が署名。鎮守の音無神社は尻つみ祭で知られている。曹洞宗最誓寺はもと成西寺と号した。戸長役場が玖須美村に置かれた。

明治二十年十二月和田村と合併して玖須美村となる。明治二十二年町村制施行により伊東村、同二十九年田方郡に管轄替え、同三十九年伊東町。昭和二十二年（一九四七）伊東市。竹の内一丁目は旅館・ホテルが多く住宅は少ない。二丁目は住宅地域であるが国道一三五号沿いはサガミヤなどの商店や松林館などの旅館・ホテルが多い。昭和二年（一九二七）「伊東温泉全図」を見ると、当地には多くの別荘があり、その一角に令和六年から千円札に使われる北里柴三郎が使っていた別荘もあった。この別荘を講談社創業者の野間清治が引き継ぎ、現在はその跡地を野間自由幼稚園として活用されている。

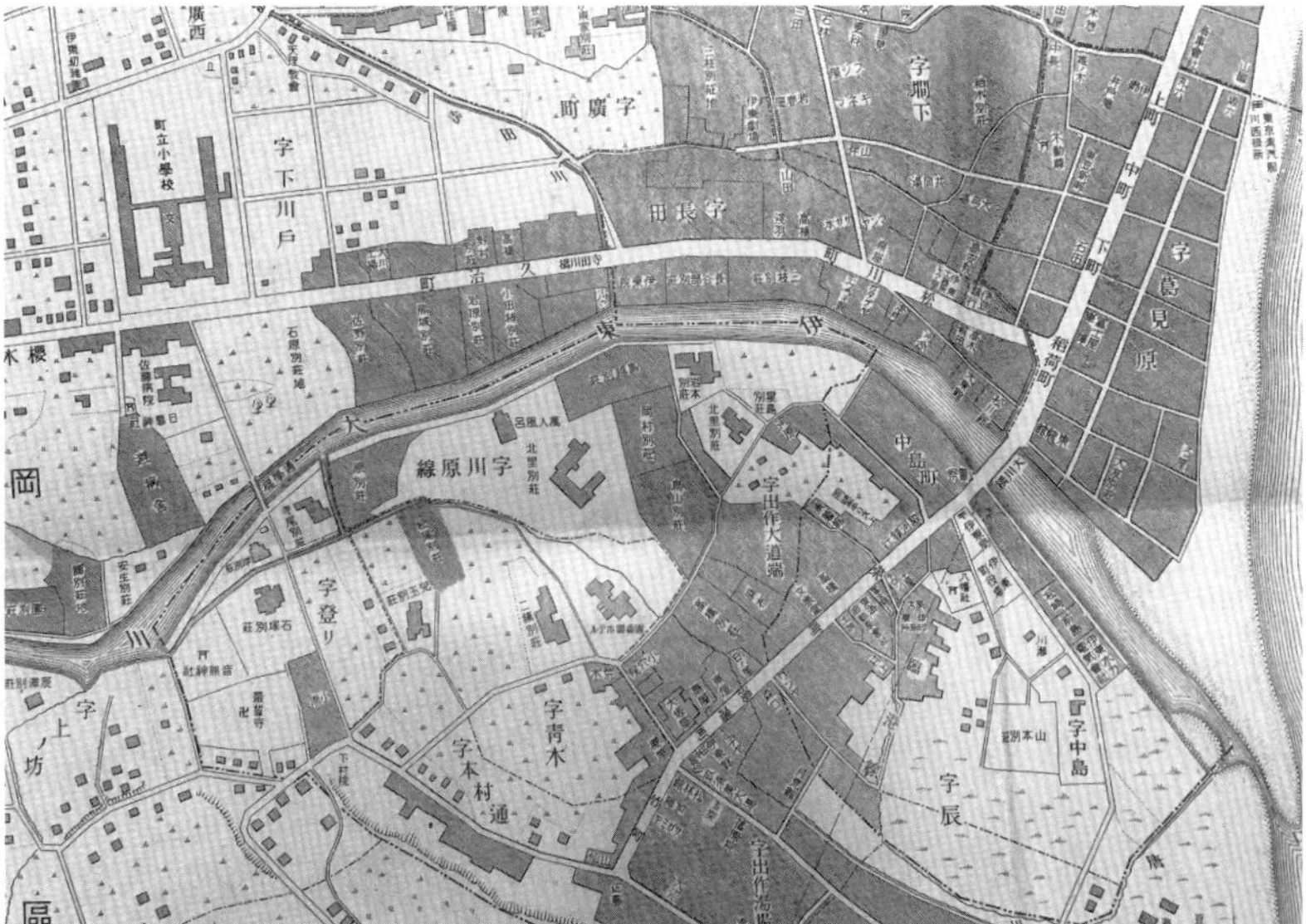

昭和２年「伊東温泉全図」（三島市郷土資料館蔵）、当時の伊東温泉には、多くの別荘があったが、北里の別荘は一際広い敷地を有していた。

140 松原（まつばら）① 伊東市松原

現松原・松原湯端町・猪戸・中央町・松川町・松原本町・東松原町・銀座元町・渚町・和田・竹の内。伊東大川（松川）の河口の村で、左岸にある本村に対して右岸の集落を中島村とも俗称する。永禄二年（一五五九）に北条氏康が編さんさせた『小田原衆所領役帳』の御馬廻衆に勝部小三郎と見え、「八拾貫文豆州湯川・松原」とあり知行高は八〇貫文。天正二年（一五七四）霜月二日の棟札に「二百文湯川松原」（『増訂豆州志稿』の徳永村「岩徳高神社」項にもあり）とあり、造立に際して寄進している。

江戸時代はじめ幕府領、寛文三年（一六六三）小田原藩領、天明五年（一七八五）幕府領と石見浜田藩領、文化八年（一八一一）旗本鈴木領となり幕末に至る。『元禄郷帳』では高二四〇石余。延享二年（一七四五）「村明細帳」（島田家文書）によれば、人数五六四・家数一二一（うち無田八二）、船数二五、イルカ・鰹の十分一役。イルカ網一一・鰹えさ網三のほか、引網（シラス・サバ・アジ）六・ぼうけ網八・手繰網一七・こまし網一五など多様である。天保二年（一八三一）「寺社奉行宛訴状写」（湯川区有文書）によると家数一八〇余・人数九〇〇余で、延享二年から人数・家数とも一・五倍以上増加。元禄十二年（一六九九）には当村が不法に新網を張立てたとして関係者が取籠や過怠人足拠出などの罰を受けた（「小田原藩郡奉行申渡口上覚」新井区有文書）。明治二年（一八六九）「賀茂郡皆済目録」（江川文庫）によると、万船役、薪魚分一の書上げがある。

寛永年間（一六二四～四四）湧出と伝える出来《でき》湯と猪によって発見されたという猪戸《ししど》湯がある。天保十一年当村の武智嘉右衛門が猪戸に温泉宿を開いたのが伊東における専業温泉旅館の始まりといわれている。享和元年（一八〇一）五月五日、伊能忠敬が第二次測量。文化十二年（一八一五）十二月六・十一日、第九次伊能忠敬測量隊の永井甚左衛門を中心に測量した。戸長役場が玖須美村に置かれ、明治二十二年伊東村、同二十九年田方郡に管轄替え、同三十九年伊東町。昭和六十三年十二月十五日三九棟が全焼する大火が発生。松原川（松川・大川）を松原の長田・中島の間を渡す渡しがあり、明治十四年架橋して大川橋となる。

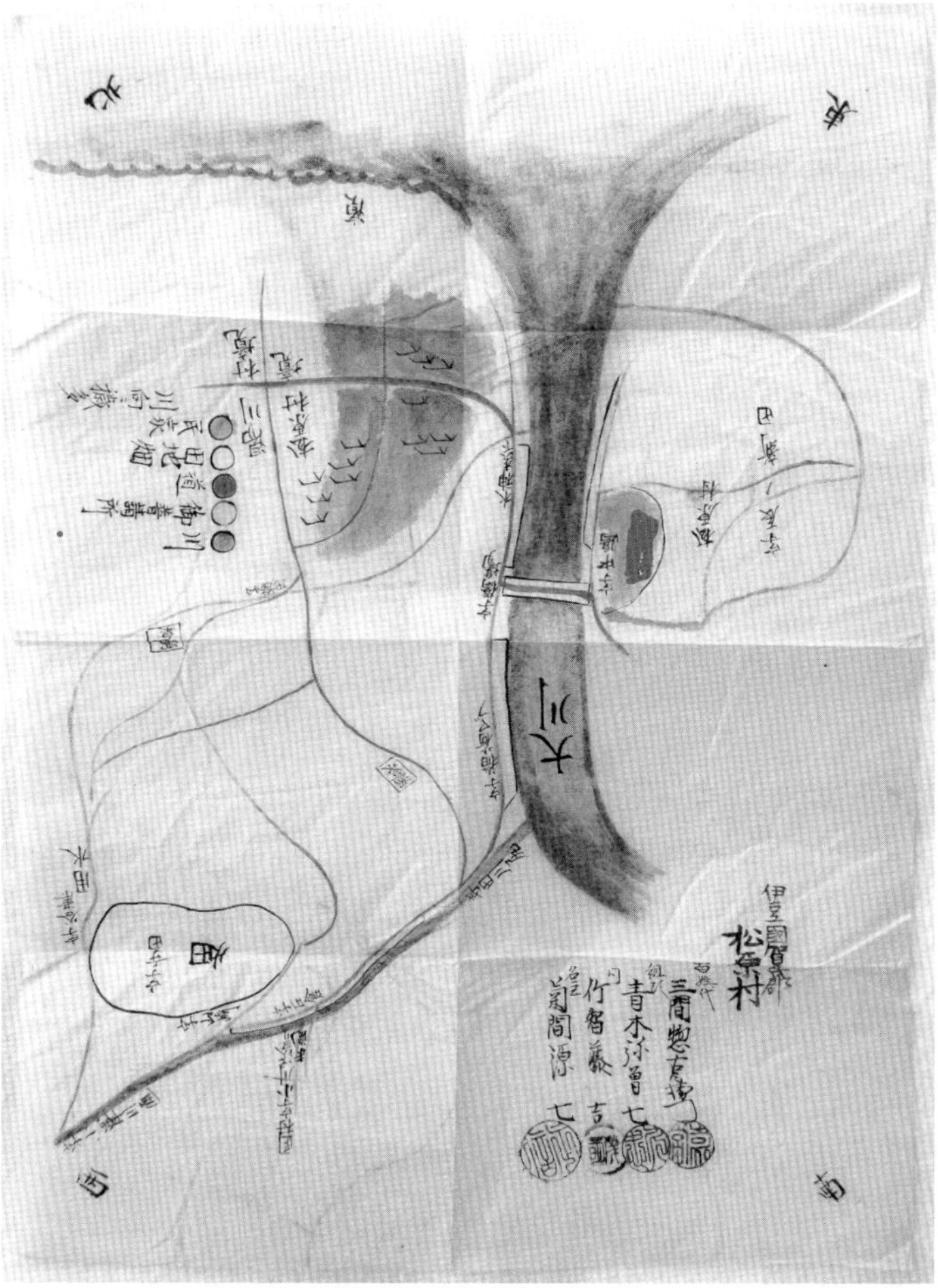

年不詳松原村絵図（公益財団法人江川文庫蔵）

141 松原②

松川河口にある温泉は湯川・松原・岡・鎌田・玖須美の五地区に分布し、総称して伊東温泉としている。日本を代表する大温泉の一つで、昭和二十五年（一九五〇）には、熱海と並んで国際観光温泉文化都市に指定。温泉湧出の起源についてはまだ解明できていないが、平安時代の貞観一八年（八七六）、上総介藤原資範が、伊豆白浜明神に参詣の帰途入浴した記録が残る。「日本歌謡類聚温泉揃」（『古事類苑』）に「夫れ国々に出湯多しと申せしども、（中略）、伊豆には伊東熱海の湯」とあり、古くから「伊東の湯」の名はあった。『増訂豆州志稿』に猪戸《ししど》温泉（松原）・出来湯《できゆ》（松原）・和田温泉（和田）・湯田温泉（岡）を載せる。

江戸時代には、古くは「三泉」といい、和田村（玖須美地区中心）に和田湯、松原村に出来湯・猪戸湯があったので、個々の温泉場名でよばれることが多かった。貞享三年（一六八六）「稲葉家引送書」（小田原市立図書館など）にも両村に湯坪の記載があるが、「伊東の湯」の名はない。和田村の温泉は慶長年間（一五九六〜一六一五）から記録があり、慶長年間和田村名主下田氏がここを開墾、村人が移住して出作地となった。古来の温泉はこの出作地にあり、温泉の発見は不明ながら、慶安三年（一六五〇）、熱海温泉と同じく幕府将軍家御用として三代将軍家光に湯を献上している（「諸事留」『古事類苑』）。元禄七年（一六九四）の和田村の「口上書」（玖須美区有文書）に湯小屋の存在や紀伊中将が伊東の湯へ来たことが記されている。元禄地震の大津波で大被害を受け、樽湯御用は中断したという（「諸事留」）。

出来湯は松原にあり、源泉を桝湯という。寛永年中（一六二四〜四三）の発見とされ、在来の温泉は次第に和田湯とよばれるようになった。江戸後期には豆州湯ヶ原の湯の名で樽詰にして江戸方面へ出荷された(弘化三年「願書」和田村文書、『伊東誌』)。江戸後期の各種温泉番付には「豆州湯河原の湯」と記したものが多い。

天保四年(一八三三)には湯宿組合に宿主八名が加入していた(「請書」和田村文書)。猪戸湯は松原にあり、昔、雑草が繁茂していたがここに負傷した野猪が草むらで傷を癒すのを見て霊泉の特効を発見したという。天保十一年松原村の武智嘉右衛門が温泉宿を開いたのが始まりという。

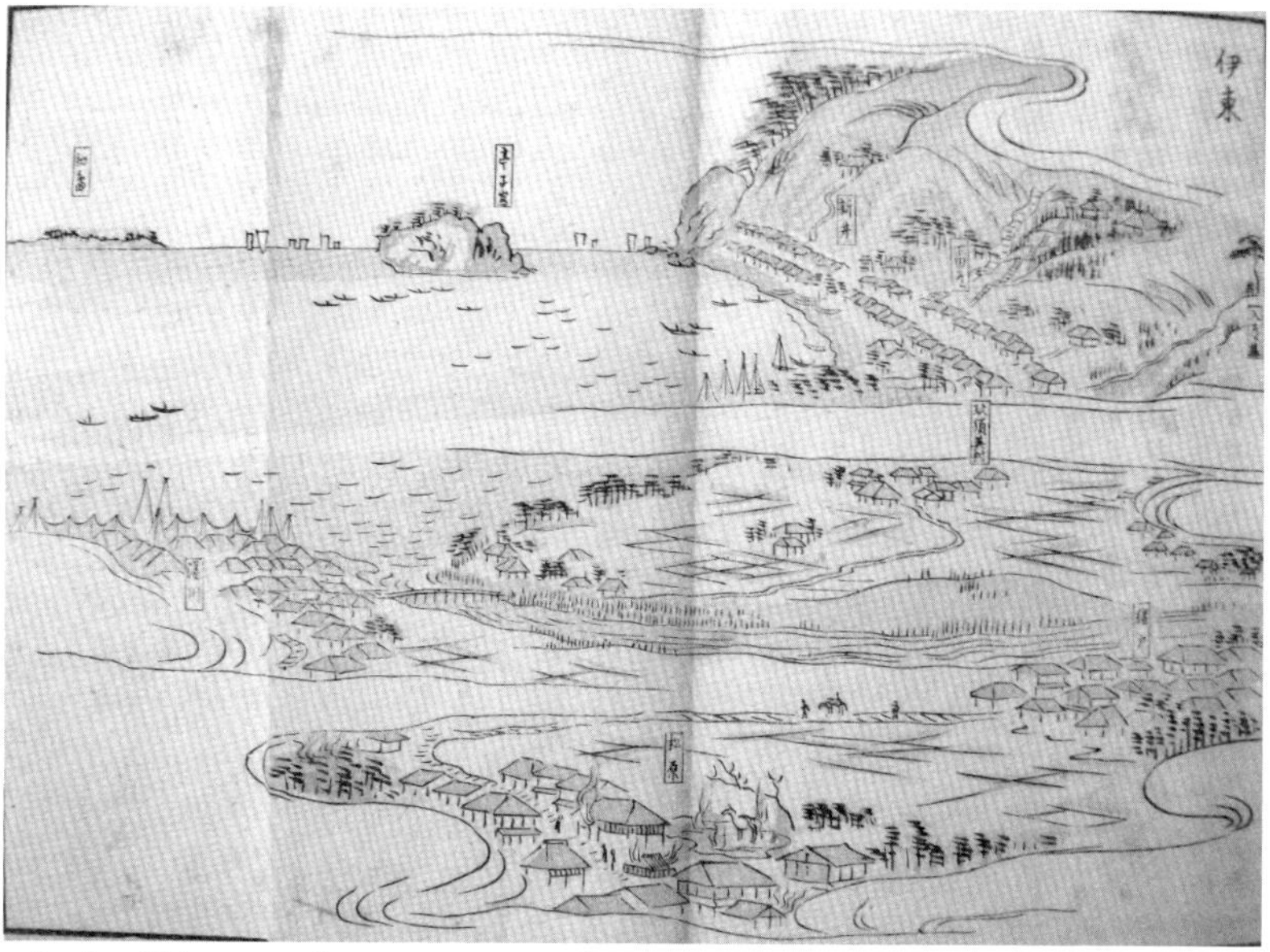

伊東(『伊豆の浦つたい』挿図)

142 松原③

三浦按針は、本名ウイリアム・アダムス、江戸時代初期の幕府外交顧問である。イギリスのケント州ジリンガム（現メドウェイ市）生まれ。慶長五年（一六〇〇）オランダの東洋貿易遠征艦隊のリーフデ号が、暴風のため豊後国臼杵（大分県）に漂着した時の航海長。幕府の外交顧問となり三浦の地に二五〇石を与えられた。按針は航海士の意。同十・十一年、幕府の命令で西洋型帆船八〇トンと一二〇トンの帆船二隻を建造。その内一隻はノビスパニヤ（メキシコ）まで航海し、他の一隻は「サンブエナベンツーラ」と名付けられ、風難のため浦賀に漂着したマニラ提督ロドリゴを乗せ、スペインへ渡航している。『伊東の文化財』によると、この建造地は湯川（伊東市）の河口、現渚町という。平戸（長崎県）で没したが、伊東市では昭和二十二年（一九四七）から「按針祭」という観光祭を催している。按針をたたえる記念碑もある。按針が西洋型帆船を造ったのは『慶長見聞集』でも松川河口だとされる。

戦国時代の終わりから江戸時代の初めにかけての最大の軍艦で、浮かぶ城ともいわれたのが安宅丸である。北条氏直（一五六二～九二）は伊豆で一〇隻の安宅丸を建造。安宅丸の一般的な大きさは櫓の数、片舷で二五挺、太櫓を使うので一櫓に二人が必要。船の周辺は鉄砲玉が通らぬよう工夫され、乗員は武士五〇人、水夫五〇人程度。

「熱海村名主代々手控」（今井文書）に「安宅丸は寛永十一年（一六三四）伊東にて作候…」とある。この船は徳川家光が伊豆で造らせた安宅丸といい、長さ四七㍍、幅一六㍍、武士二〇〇人・水夫四〇〇人という巨大船で使い物にならず、天和二年（一六八二）、江戸本所の船蔵にあったものは解体された。

文政十三年（一八三〇）に喜多村信節《のぶよ》によって書かれた随筆『嬉遊笑覧』に、「世に名高きあたけ丸といふ御舟のこと諸説定かならず、何人の記したるか此御舟壊たれし時に書るよしの物あり、それには貞応已後に造られたる御舟のやうにいへり、先この一条にて妄説なることしるし。この頃友人山崎氏よき証を得たりとて記しておこせたり、その説に、加賀見氏『江戸砂子』標識《ヒャウシ》云、阿宅丸は北条家の船也、天正十八年以来秀吉秘蔵して、秀頼の時慶長十九年寅冬陣に千賀与八郎、向井将監、小浜民部、九鬼大隅守夜討して乗取豆州下田に繋置れ、寛永十二乙亥年六月江戸に御取寄せ天海大僧正不動明王を加持す、同六月十一日御乗船、八月三日再御乗船、国主大名御饗応、天和二年四月八日掘田筑前守正俊が言上に仍て安宅丸破壊の事、阿部豊後守被二申渡一、寛永十二乙亥年伊豆より安宅丸江戸へ来り、御蔵へはいらず今柳川町松浦屋敷辺に堀をほり繋置、一年大風雨に鎖を切て伊豆をさして走る、（以下略）」とあり、さらに詳細な記述がある。

按針記念碑

143 湯川（ゆかわ）伊東市

永禄二年（一五五九）北条氏康が編さんさせた『小田原衆所領役帳』御馬廻衆に勝部小三郎と見え、「八拾貫文 豆州湯川・松原」とあり知行高は八〇貫文。『寛政重修諸家譜』冨永家譜に、冨永重吉は北条氏政・氏直に仕え、武田勝頼との合戦の時、勝頼朝比奈又太郎某を伊豆国湯川の城に籠しむ、後その城を去って帰るとある。天正二年（一五七四）霜月二日の棟札に「二百文湯河松原」（『増訂豆州志稿』の徳永村「岩徳高神社」項にも）とあり、造立に際して寄進している。同じような漁村の南隣松原村とは集落も地続きで、もと一村であったという（同書）。

江戸時代の初め幕府領、寛文三年（一六六三）小田原藩領、天明五年（一七八五）幕府領と石見浜田藩領、寛政四年（一七九二）幕府領、文化八年（一八一一）旗本大久保領となり幕末に至る。『元禄郷帳』では高二〇一石余。天保二年（一八三一）「寺社奉行宛訴状写」（湯川区有文書）によると、家数一四〇余・人数七〇〇余、漁業一色で年貢のほか船役永五〇〇文、そのほか諸漁十分一永。享保十三年（一七二八）「宇佐美村外五箇村役人注進状控覚」（同文書）によると、当村と宇佐美・松原・和田・新井・川奈の六村は磯から八～九町ほどを漁場として肴十分一運上を納め、近浦と入会はない。八～九町の目標物はないが、地引網・ぼうけ網・四艘張・平目網などを取扱う場所は以前からほぼ決まっており、釣漁餌取は入会であった。しかし伊東湾内の漁業出入は絶えず、特に新網の張立てをめぐる訴訟や済口証文が関係各村に多く残る。当地域の漁業先進地である新井村の制約の及ばない近海の釣漁に力を入れ、松原村とともに鰹漁や棒受け網漁が盛んとなり、江戸後期から明治にかけて伊豆七島方面まででかけるようになった（『静岡県水産誌』など）。明治五年（一八七二）「賀茂郡皆済目録」（江川文庫）によると麦突税、薪肴分一税、水車税の書上げがある。

明治六年の他地域への輸出品は清酒三五石・濁酒二五石・青苔一、五〇〇枚・布苔五〇貫・生鮑三〇〇貫・鰹節一八〇貫・サンマ二八、〇〇〇・スルメ一〇、〇〇〇・イルカ三〇など（「足柄県宛産物上申書」湯川区有文書）。字宮元に戸長役場が置かれ、湯川・宇佐美・松原の三か村を所管した。明治二十二年（一八八九）伊東村、同二十九年田方郡に管轄替え、同三十九年伊東町。昭和二十二年（一九四七）伊東市。医学博士で詩人・文筆家で知られる木下杢太郎は明治十八年当村新宿《あらじゅく》生。祖父が天保期に始めた米惣は米を中心に江戸からの物資を扱う雑貨商で成功。明治後期建築の商家と天保年間建築の生家が杢太郎記念館として公開されている。湯川には熊野神社・曹洞宗松月院がある。

杢太郎記念館

144 宇佐美（うさみ）① 伊東市宇佐美

承平年間（九三一～九三八）に成立した『和名類聚抄』など「和名抄」に有雑郷とみえる。「うさい」と読んで宇佐美に比定する。東急本は「有弁」につくる。養老六年（七二二）の平城京出土木簡（『平城宮木簡概報』23）に「有参郷桜田里」、天平七年（七三五）十月の同木簡（同書22）に「有雑郷多我里」とあり、奈良時代には「有参」「有雑」と記されていた。現伊東市の宇佐美を遺称地とし、そこから熱海市伊豆山付近までの範囲が比定され、多我里・桜田里以外にも一里あった可能性がある。

宇佐美には式内社加理波夜須多祁比波預命《かりはやたすきひはよのみこと》神社に比定される比波預《ひはよ》天神社および宇佐美横穴群が所在し、上多賀には奈良・平安時代の遺物散布地があり、多賀神社境内は古墳時代前期の祭祀遺跡であり、背後には古墳がある。『大日本地名辞書』では「ウサヒ」と訓して宇佐美と同じとし、今の伊東・遠笠・宇佐美を当てるが、『田方郡誌』では伊東は久寝《くずみ》郷と考えられるので宇佐美が妥当であろうとする。

宇佐美一帯に所在した庄（郷）に宇佐美郷があった。『曽我物語』には宇佐美禅師が登場する。「曽我両社縁起」によると、工藤家継（家次）が「宇佐美・久津実・河津三ヶノ荘地頭職」を賜り、のちに平重盛によって久津美庄・河津庄は祐親、宇佐美庄は祐経に安堵されたという。岩波版『曽我物語』巻1には「伊豆国伊東・河津・宇佐美、この三ヶ所をふさねて、薗美と号するの本主は、薗美入道寂心にてぞありける」とある。寂心とは工藤祐隆（助隆・家次）をさす。ただし妙本寺本『曽我物語』は「大見・宇佐美・伊東」の三ヶ所を薗美庄とする。伊豆市冷川の東光寺は後北条氏の地頭である宇佐美三河守藤原顕祐入道法名道観が再興したという。年不詳四月朔日「北条氏直書状写」（『静岡県史 資料編8』）では「伊豆国住人宇佐見中務少一」が韮山城に立籠もったことが記されている。元弘三年（一三三三）十二月二十九日「足利尊氏御判御教書」（上杉家文書）では上椙五郎に勲功の賞として「伊豆国宇佐美郷」が給与されている。宇佐美の城山を宇佐美三郎左衛門祐茂の館跡（宇佐美館）とする説がある。城址には宇佐美家の墓と伝えられる五輪塔・宝篋印塔などの中世宇佐美城址墓石群。なかには貞治（一三六二〜六八）や明徳三年（一三九二）・同五年などの年号のあるもの数基を含む。

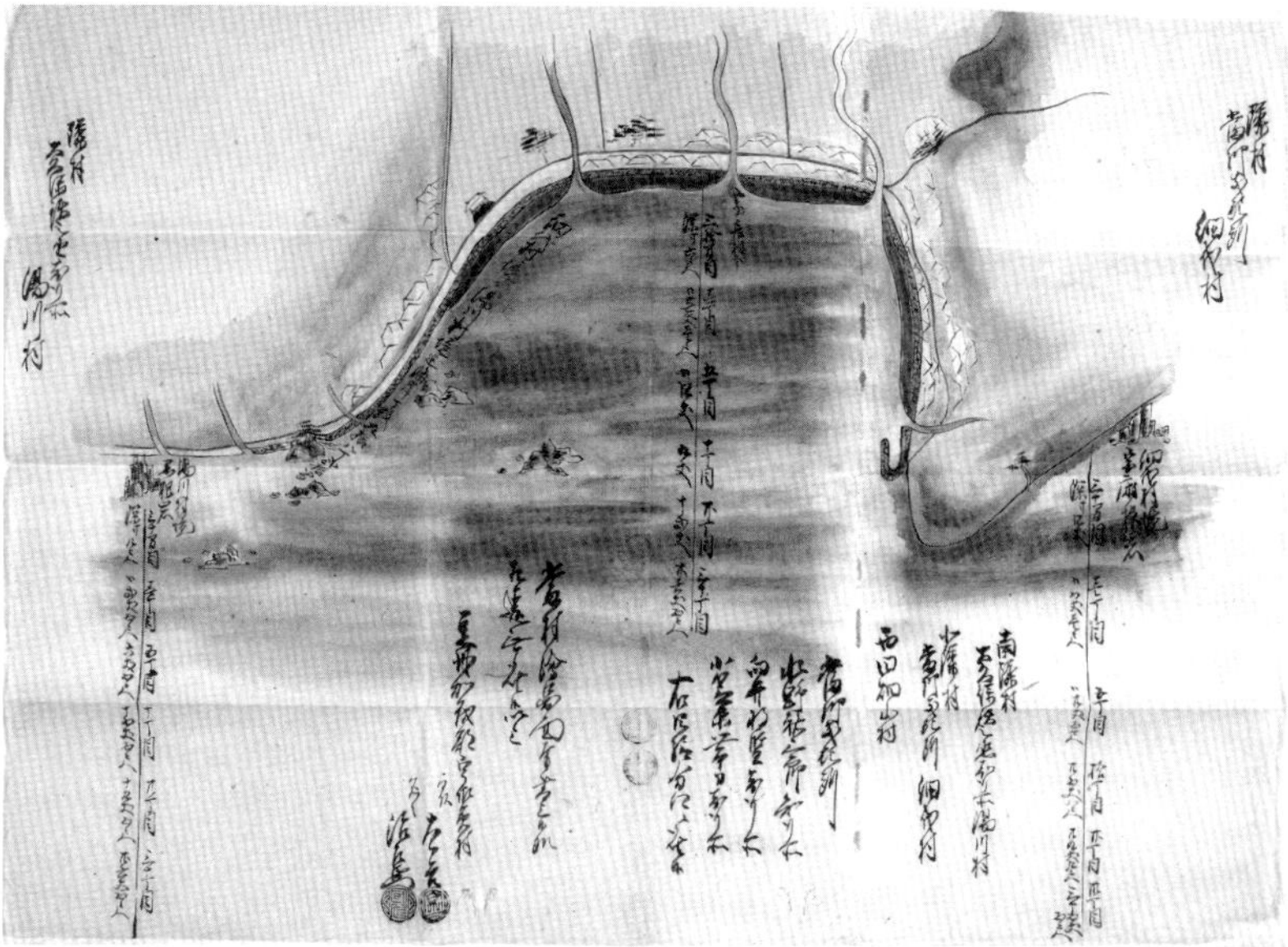

年不詳宇佐美村絵図（公益財団法人江川文庫蔵）

145 宇佐美②

宇佐美は江戸時代当初から二人の名主制で、村をほぼ二分し、北を留田分と称して杉山氏、南に初津分を荻野氏が世襲名主として担当する体制が長く続いた。そのため留田村・初津村と書いた文書も散見する。初め幕府領、寛文三年（一六六三）から小田原藩領、天明五年（一七八五）幕府領に上知、その後一時一部が石見浜田藩領、文化八年（一八一一）に分郷して幕府領と旗本小笠原・水野・向井の三氏支配となった。

貞享三年（一六八六）「宇佐美村差出帳控」（杉山家文書）によると高九九四石余、永引など六石余、残高九二五石余。反別は田方六九町四反余・畑方九町二反余・屋敷三町二反余、蜜柑木一二〇本（永二貫一〇四文余）・同御免木九四本（両名主・寺方・禰宜分）、紺屋瓶四（一瓶銀四匁）。『天保郷帳』では高一、〇〇七石余、この地方では俗に宇佐美千石・伊東三千石といわれた。浜方は主として海に依存し、入谷地区は農業や炭焼などに依存したが、両名主とも浜方にある。前掲差出帳控では人数一、七五六・家数三五一、船数五〇。この時期すでに鯔網があり、一月から四月または八月から十月まで操業し、五分一税を上納。鯛網、しらす・鯵・鯖などの引網、手繰網、海老網などは十分一税も納めず、釣漁もカツオは十分一を納めるが鯖とウズワは納めなかった。田上繁「江戸時代の伊東」に当村の寛文四年（一六六四）から天明二年（一七八二）までの「宇佐美村の船数の変遷」表があり、これによると寛文四年は合計三八艘で、享保五年（一七二〇）・六年の六〇艘が最も多く、明和三年（一七六六）の二五艘が最も少ない。

江戸城築城石切出しの一中心で、積残された石が現在も大量に残されており、小字御石ヶ沢《おいしがさわ》の地名もある。

ナコウ山には羽柴越中守（細川忠興）石場と自然石に刻まれた標識石も残る（「宇佐美北部石丁場群分布調査報告書」）。寛永十二年（一六三五）頃の「公儀御普請」（細川家文書）の「伊豆石場の覚」によると三島代官小林時喬支配で寛永五年は伊東修理大夫祐慶、同六年は松平隠岐守定行・細川越中守忠利が受け持った（田上前掲論文）。水産物・薪炭・石その他の江戸向け諸物資の生産と積出しが村の経済の大きな支えになっていたとみられる。初津名主家の分家の荻野庄右衛門が、当時小田原にいた僧鉄牛の応援を得て寛文年間留田に湊を築いたと伝える春日神社の楠を献上して得た三〇〇両を用いたという伝承もあるが、前掲差出帳控には当村築湊普請の節は「人足被下又ハ金子年割ニ拝借仕候儀も無御座候」とある。『旧高旧領取調帳』による幕府領四九石余・向井領二五二石余・水野領四九三石余・小笠原領二〇〇石。

宇佐美港

146 宇佐美③

享和元年（一八〇一）五月五日、伊能忠敬が第二次測量。文化十二年（一八一五）十二月十二日、永井甚左衛門を中心にした第九次伊能忠敬測量隊の測量があり、字留田名主八郎左衛門・字新宿百姓武兵衛宅に止宿した。文政七年（一八二四）『甲申旅日記』に「砂利浜《さりはま》を行き、村里に到りて、左りの方に春日の社あるを、行きて拝みつ。この社頭に安宅丸と言ふ御船を造らしめ給ふころ、きりたりける楠の木なん有りける」とある。天保五年（一八三四）当地の春日神社を訪れた漢学者安積艮斎は『遊豆紀勝』に「ヒコバエのクスノキさえ数人でも抱えきれないほどの大きさで、うつろになった部分に蓆一〇張を敷くことができる」と述べている。明治二年（一八六九）「賀茂郡皆済目録」（江川文庫）によると、麦突役、万船役、薪魚分一、潜役の書上げがある。同六年政府の土木寮に使う石材を伐り出す場所として、当村字外浦など八か村二三か所を指定した（江川文庫「石山一件」）。

明治十七年（一八八四）湯川、松原とともに川西の三ヵ村組合役場をつくった。留田に鎮守比波預《ひはよ》天神社、初津に春日神社、阿原田に八幡神社、日蓮宗行蓮寺・朝善寺、浄土宗浄信寺、曹洞宗花岳院・円応寺《えんのうじ》、法華宗（本門流）安立寺・東光寺がある。戸長役場が湯川村に置かれ、明治二十二年市制・町村制施行の際、独立して宇佐美村となる。同二十九年田方郡に管轄替え。役場を小字横枕に置く。同三十年伊東との間に馬車が通い、豆相鉄道ができたので、急に亀石峠を越える人々が増えた。大正六年（一九一七）伊東自動車設立とともに伊東―宇佐美間のバス運行開始。昭和二十二年（一九四七）の大伊東建設には、村民の賛否が半ばしたため合併に踏み切れず、同三十年伊東市と合併した。

宇佐美港は、南の伊東港に対して北にあり、西に湾入する港で、正保四年（一六四七）に荻野庄右衛門が中心となって留田に築港したのが、港湾施設の始まりという。大正年間に東留田護岸、昭和八年に西留田護岸を完成、イワシ巻網漁業を中心に、カツオ漁の生餌の供給地として発展した。

小集落に分かれ『増訂豆州志稿』も一〇の分名をあげている。海岸沿いに留田《とまた》・新宿《しんしゅく》（江戸末期以降城宿）・八幡《はちまん》・初津《はづ》と連なり、内陸部（地元では入谷とよぶ）には嵯峨野（江戸末期以後山田）・桑原《くわはら》・阿原田《あわらだ》・峰《みね》・中里《なかざと》・塩木道《しおきみち》の集落が点在する。

比波預天神社

147 網代（あじろ）① 熱海市網代

網代について、『増訂豆州志稿』に『曾我物語』（流布本）に伊東祐清、網代家信に命じて大見成家・八幡行氏の首を最勝院に贈りて法会を修せしむとあるという。宅地は網代朝日山禅祥庵跡という。文亀元年（一五〇一）十二月二十六日「国道道者職売券」（橋村家文書）の裏書によると、国道が橋村新二郎に売渡した伊勢道者職のうちに「あしろの里一ゑん」と見え、「あしろ」は網代のことと推測している。天文年間（一五三二～五五）のものといわれる「参詣道中日記」（大村家文書）には、大村家盛が武蔵国池上本門寺へ参詣の途中、伊東街道を通り、伊東から「あしろ」までの一五里は徒歩で、網代から小田原へは船で六〇里あったと記す。

弘治二年（一五五六）四月十日「北条家朱印状」（金沢文庫文書）では伊勢東海乗組当番衆・同船頭に対し、網代の船方一人の三か月不参分の番銭徴収を命じている。永禄元年（一五五八）十一月朔日北条家朱印状（木負大川家文書）では長浜の大川氏と韮山城の大屋氏に熊野新造船に乗り込む水主を西浦から六人など西海岸九か浦から三三人を伊東に集め駿河国清水から網代まで材木を届けさせた。天正八年（一五八〇）五月二十二日「北条家朱印状写」（『伊豆巡行記』）では、北条氏から網代に干鯛六〇枚・スルメ五〇〇枚を賦課し二十四日四つ時（午前一〇時）までに小田原へ届けるよう指示されている。同十八年四月当郷に「豊臣秀吉掟書」（長津文書）が出された。

江戸時代初め幕府領（三島代官所）、寛文三年（一六六三）小田原藩領、貞享三年（一六八六）から韮山

代官所、宝永五年（一七〇八）小田原藩領、天明五年（一七八五）韮山代官所に上知され、同年石見浜田藩領、寛政四年（一七九二）幕府領、文化八年（一八一一）には旗本酒井領（安宅二七石余）と幕府領（高一六石余）の相給となり幕末に至る。

慶長十五年（一六一〇）には畑八反余・高五石余、屋敷二八九筆・三町一反余・高三一石余（寛永十二年「木戸片町屋敷并畑高覚」岡本家文書）。寛永十五年（一六三八）「年貢割付状」（岡田家文書）では定納鰯網役三五石余。『元禄郷帳』では高四四石余。宝永三年（一七〇六）「村差出帳下書」（善修院文書）によると家数二八三・人数一、五四三、船八一。宝暦七年（一七五七）の「網代村人別一紙目録」（岡田家文書）によれば廻船六・小廻船二・押送船一四・小押送船二・大天当船一五・小天当船二〇・丸木船三。天保十四年（一八四三）「船役帳写」（岡本家文書）では船八四・役永一一貫九〇〇文。

網代港

148 網代②

網代では、慶長年間から江戸城修築において当村内で熊本城城主加藤忠弘・大村城（長崎県大村市）城主大村純信・小倉城（福岡県北九州市）城主細川忠興・福岡城城主黒田長政らの西国大名が石材を採掘している（『熱海市史』）。慶長十九年（一六一四）熊本城主の石丁場では約六〇〇人が石切舟に積む作業を行っていた（『豊公紀』）。元和年間（一六一五～二四）には網代の青石・白石が名主岡本善左衛門によって江戸城の本丸と天守台の御用として運ばれ、寛文年間には毎年多賀・網代から五～六万個の青石が江戸市中に売られていたが、寛文十年（一六七〇）には一万八、〇〇〇余が売残った（「青石積廻方出入書留」岡本家文書）。

漁業は立網が中心で、上多賀村・下多賀村地先までの大部分を立網中間が専用漁場として支配しており、網の張立て場所は津元の岡田金右衛門宅でくじで定められた。ほかに鰡網・鰯網・鯖網・鯵網・海老網・鯛網・鮪網・地引網・流し網などがあった（「村方大記録」網代共有文書）。貞享年間に紀州から移住した商人御木《みき》半右衛門は江戸魚市場への輸送路を掌握し、活鯛将軍家御用の特権を得て魚商として大きな収入を上げていた（嘉永二年「済口証文」同文書など）。

貞享四年（一六八七）の下多賀村・宇佐美村との争いでは当村が海運上一〇〇俵余を支払っているので、下多賀村海辺まで当村の専用漁場であることが確認されたが、宇佐美村海辺は同村の専用漁場で沖は入会となった（「山境并漁猟裁許状」河口家文書）。同年、上多賀村と入会争論もあった（江川文庫）。ハリスの二度目の江戸入に際しては下田往還を通らず船で向かったが、ヒュースケンの日記によると、一八五八年四月十五日（安政五年三月二日）下田を出発したが、翌十六日はスコールに見舞われ網代で一泊した。慶応二年（一八六六）フランス公使ロッシュが軍艦で熱海温泉湯治のため当村に逗留し名主岡本善左衛門宅を宿舎とした。また日伊条約調印の援助を求めてロッシュに会うためイタリアの軍艦マジェンク号も網代を訪れ、「軍艦ヨリ大砲相発、港中煙々覆天凡弐拾発、一村ハ勿論近村婦女恐怖成色」という事件になった（「仏蘭西公使網代逗留記録」岡本家文書）。

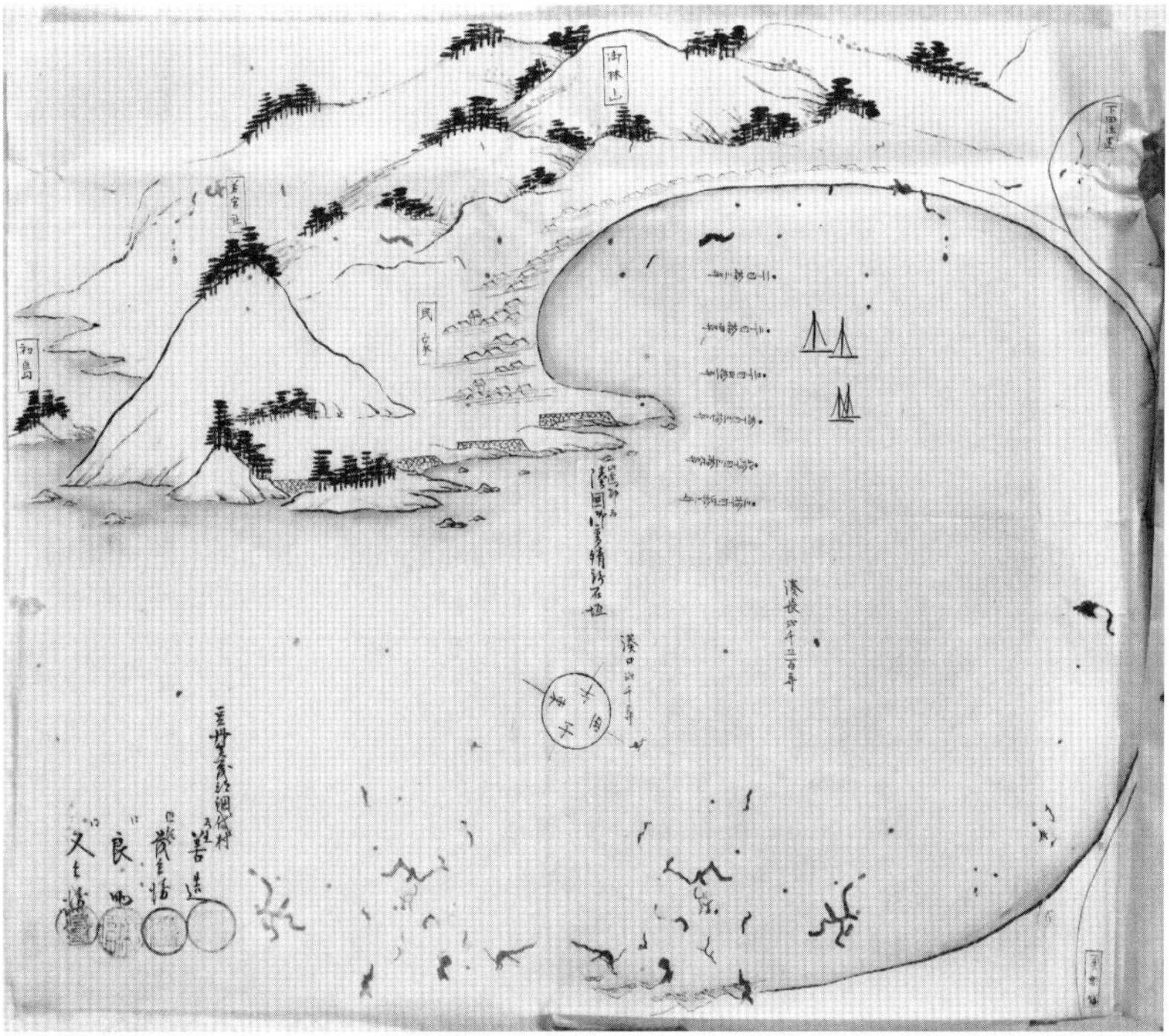

明治３年網代村絵図（公益財団法人江川文庫蔵）

149 網代③

享和元年（一八〇一）五月四日、第二次伊能忠敬測量隊が測量、名主古谷小八宅に止宿、五日出立。文化十二年（一八一五）十二月十三日、永井甚左衛門を中心とした第九次伊能忠敬測量隊が当地を測量、止宿、網代湊宮町の組頭七右衛門・百姓代佐吾八宅に止宿した。十二月十四日出立。『伊能忠敬測量日記』に家数凡三百軒とある。文政七年（一八二四）『甲申旅日記』の著者下田奉行小笠原長保は「村里家居多く、軒端続けり。ここに休らひて昼のかれいひたうべ、船よそひするを待つ。この港より熱海まで二里なり。丘道は下多賀・上多賀を経て、同じ二里なれども、山路さかしと聞く。みぎはに出づれば幕打ちまはし、両宮丸《りょうぐうまる》と書きたる船つなぎたり。この船にのるに、小舟二つして引出でぬ。」と著し船に乗って熱海に向かう。

天保六年（一八三五）網代を訪れた寺本永は『雁がね日記』に、「くだものを売る家に憩ふ。立ち出づる村中より上なる松山にやや登り行きてかへり見れば、熱海の山に続きて多賀の峠いと高う磯根に家の見ゆるは先に憩ひし多賀の浦なりけり。かしこより樒《しきみ》積みたる小舟どもあまた漕ぎ出でて、大舟に移せるは大江戸の方に積み出だせるなりとぞ」と書く。江戸期からのもので、各地の港事情を読み込んだ「伊予節」（愛媛県の民謡）によると「尾張屋（尾張船）・仙台屋（仙台船）・さいか屋（淡路船）・土屋（紀州船）・播磨屋（播磨船）・あわ屋（芸州船）・遠州屋（遠州船）等の船宿があって、それぞれ定められた国々の廻船の滞在中の世話を行うばかりでなく、穀物・材木・荒物などの商品の移動の仲介機能も果たした。

弘化五年（一八四八）韮山代官役所の網代出張役所が置かれた記録がある（長津呂小沢家文書）。日和山があり、明治十六年阿治古神社に合祀した来宮神社があった。曹洞宗善修院、浄土宗教安寺・厳昌院、日蓮宗長延寺。小名に片町・南町・宮崎・宮町・中町・町場。宮町に戸長役場が置かれ、網代・上下多賀村を所管した。明治二十二年（一八八九）の市制・町村制公布では他の村との合併はなく、二十九年新郡制により田方郡に所属替え。役場を小字宮町に置く。昭和三十二年（一九五七）熱海市に併合。

明治元年（一八六八）十月十四日碇泊中の幕府海軍翔鶴丸から出火、家数一七一、神主二軒、寺二ヶ寺、堂一宇を焼失する大火に見舞われた（江川文庫史料）。

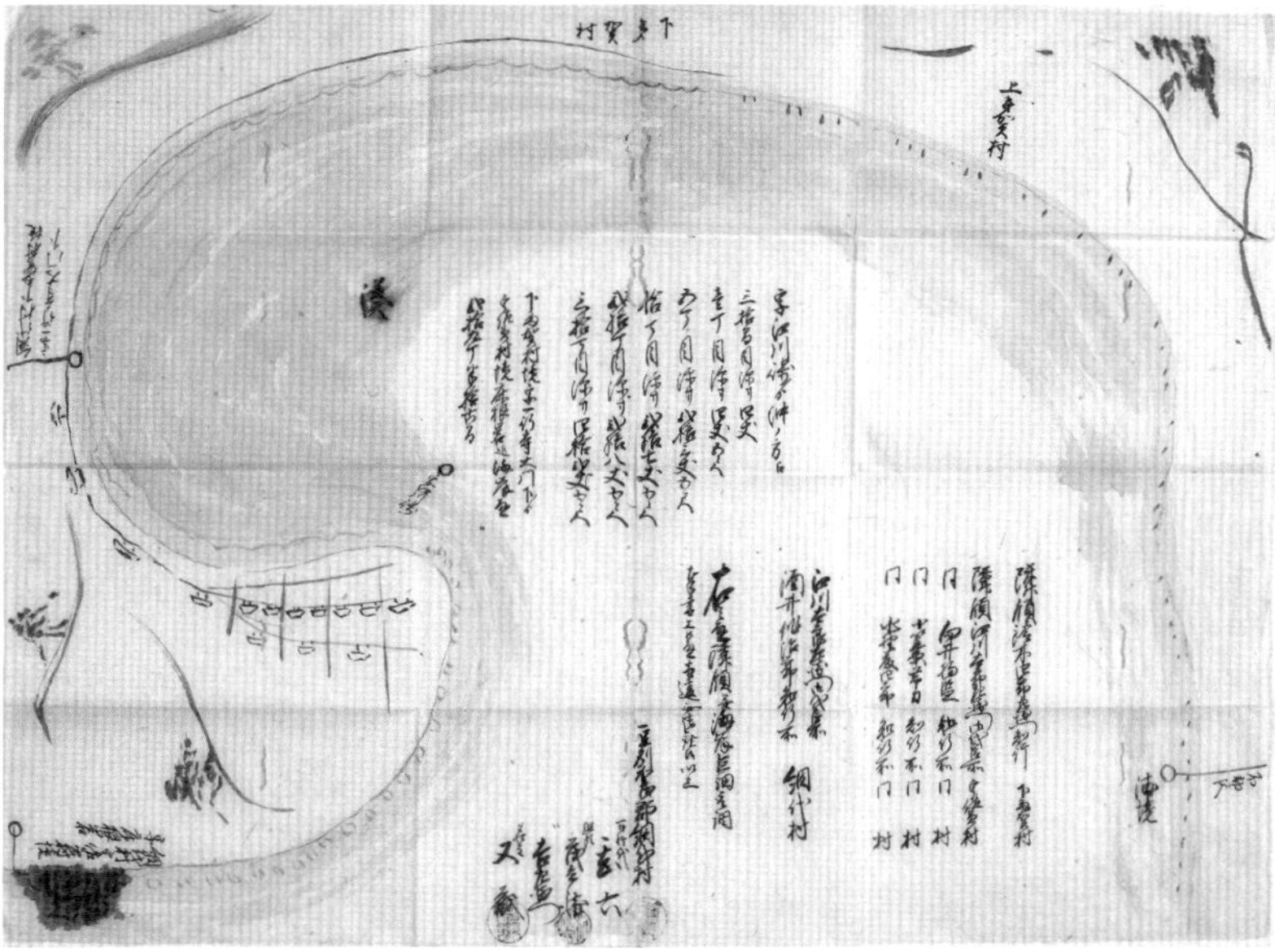

年不詳網代湾絵図（公益財団法人江川文庫蔵）

150 網代④

網代港は、安土桃山時代から利用された天然の良港で、付近はイワシ・アジ・サバなどの好漁場であり、古くから漁船の利用が盛んであった。江戸に幕府が置かれると物資は江戸を中心に運ばれるようになり、千石船のような大型帆船なども入港。近年は遠洋漁業の発達によって、カツオの餌のイワシを補給するため、全国から大型漁船が寄港するようになった。『伊能忠敬測量日記』文化十二年（一八一五）十二月十三日条に「網代湊。深サ十八尋ヨリ二十尋迄大中二百艘程掛ル。入江深ク何風ニテモ舟掛リヨシ。」とある。物資の集散地で様々な商品がここを経由した。慶応三年（一八六七）の調査によると当村に四九艘の船があり、廻船一、押送船一一、五大力船一、天当船一三、小天当船二三となっていた（江川文庫）。

江戸時代の日本橋魚市場は、幕府に魚貝を上納する義務があり、特に幕府の行事等において必要とされる望外な需要に応じていた。鯛などは、一度に五千匹の上納を命じられたこともあった（『巨大都市江戸が和食をつくった』）。

貞享年間（一六八四〜八八）に、紀州から網代（熱海市）へ移住した商人御木半右衛門は、江戸魚市場への輸送路を掌握し、将軍家活鯛御用の特権を得て、魚商として大きな利益を上げていた。享保十八年（一七二三）正月、内浦に対して網代越生魚荷主の連印を取っている（獅子浜植松家文書）。江戸市場における生鮮魚は、近世前期の終わり頃には伊豆西海岸に供給を仰ぐようになっていた。網代越え輸送には、網代〜（相模湾を押送船）〜相州飯島〜（三浦半島の鎌倉街道を馬背で二里）〜武州野島〜（江戸湾を押送船）

～江戸日本橋魚河岸、という順路を拓いて、海路だけの三崎廻りより早く江戸に着くようにしたのである。

網代までの田中山越え鯛は、一籠四貫目以内に拵え、問屋小田原町鯉屋藤左衛門など七軒に届けられる。他の問屋に送らないよう申し合わせが行われた。田中山を越えるには、冬期以外は暑い昼間を避けて夜間通行が行われた。そのため、暗がりを照らす明かりが必要であった。当時の明かりの中心は松明であったが、これは山火事の原因ともなるため、田中山越えでは提灯・蝋燭が使用された。現在、田中山越えの道は歩く人がいなくなり、ほとんどわからなくなってしまった。幕末になると、江川邸内での大砲鋳造、韮山反射炉で必要な銅や錫が陸揚げされ、ここから陸路で韮山まで牛馬で輸送された。

天保３年(1832)造立秋葉山灯籠、網代街道入り口

151 下多賀（しもたが）熱海市下多賀

下多賀の中世は上多賀村とともに多賀郷に含まれた。江戸時代初め幕府領、寛文三年（一六六三）小田原藩領、天明五年（一七八五）石見国浜田藩領、寛政四年（一七九二）幕府領となり、文化八年（一八一一）旗本鈴木領となって幕末に至る。寛文四年「稲葉正則領知目録」（寛文朱印帳）に「下多賀村」とみえ、ほかに下多賀和田木村と記す。『元禄郷帳』では高二一六石余で、ここでもほかに下多賀和田木村がみえる。『天保郷帳』でも同様だが、それ以降に下多賀和田木村を合併し、『旧高旧領取調帳』では高三二七石余。『増訂豆州志稿』によると小名に中《なか》（中野）・小山《おやま》村がある。宝暦九年（一七五九）「寺社奉行差出状写」（西島家文書）によれば下多賀和田木村も含め、家数一三二（名主一・組頭三・本百姓四八・村筒小頭一・無田借屋七八・定使一）・人数六六六、馬二〇・牛五。明治四年（一八七一）「豆州各港方向取調」（江川文庫）によれば、民家一六二軒、諸荷物取扱人が二人いて、信州・甲州辺りよりの付送り荷物を扱っていた。浄土宗海福寺・曹洞宗高徳寺、もと真言宗当山派常宝院（廃寺）、毘沙門堂・薬師堂・十王堂、松尾大明神（下多賀神社）などがある。

宝永七年（一七一〇）「小田原藩領村々諸事覚控帳」（荻野文書）によれば廻船二・天当船二（御役御免）、御林反別一六町余。上多賀村・下多賀村の地先の海は網代村の支配下にあり、上多賀村では漁師五人七斗五升、下多賀村では漁師二人二斗六升を網代村を経由して納め、小釣漁をしていた（岡田家文書）。明治二年「賀茂郡皆済目録」（江川文庫）によると、万船役、薪魚分一の書上げがある。明治二十年（一八八七）八月末、フランス人画家ビゴーは修善寺から熱海へ向かう途中、夜中に下多賀に到着。『トバエ』一四号（明治二十年八月三十一日刊）に途中の様子を描写している。

戸長役場が網代村に置かれたが、明治二十一年四月二十五日市制・町村制公布、翌二十二年四月一日施行により下多賀・上多賀村が合併し多賀村となる。役場は下多賀に置かれる。明治二十九年田方郡に管轄替え、昭和十二年（一六三七）熱海町と合併して熱海市。和田木にはJR伊東線の網代駅があり、南熱海温泉の中心。下多賀神社は、『増訂豆州志稿』に松尾明神とある。祭神は伊弉諾《いざなぎの》尊・伊弉冊《いざなみの》尊といい、伊弉諾命は国土をつくった強いを持ち、産業繁栄や商売繁盛の神とされている。正月二日、神社社前で、前年に結婚した若者に浄めの水として束ねた熊笹で海水を降りかけ、前途を祝福する水浴せ式を行う。十月第二土・日曜日に例大祭で奉納される鹿島踊りは市無形文化財。

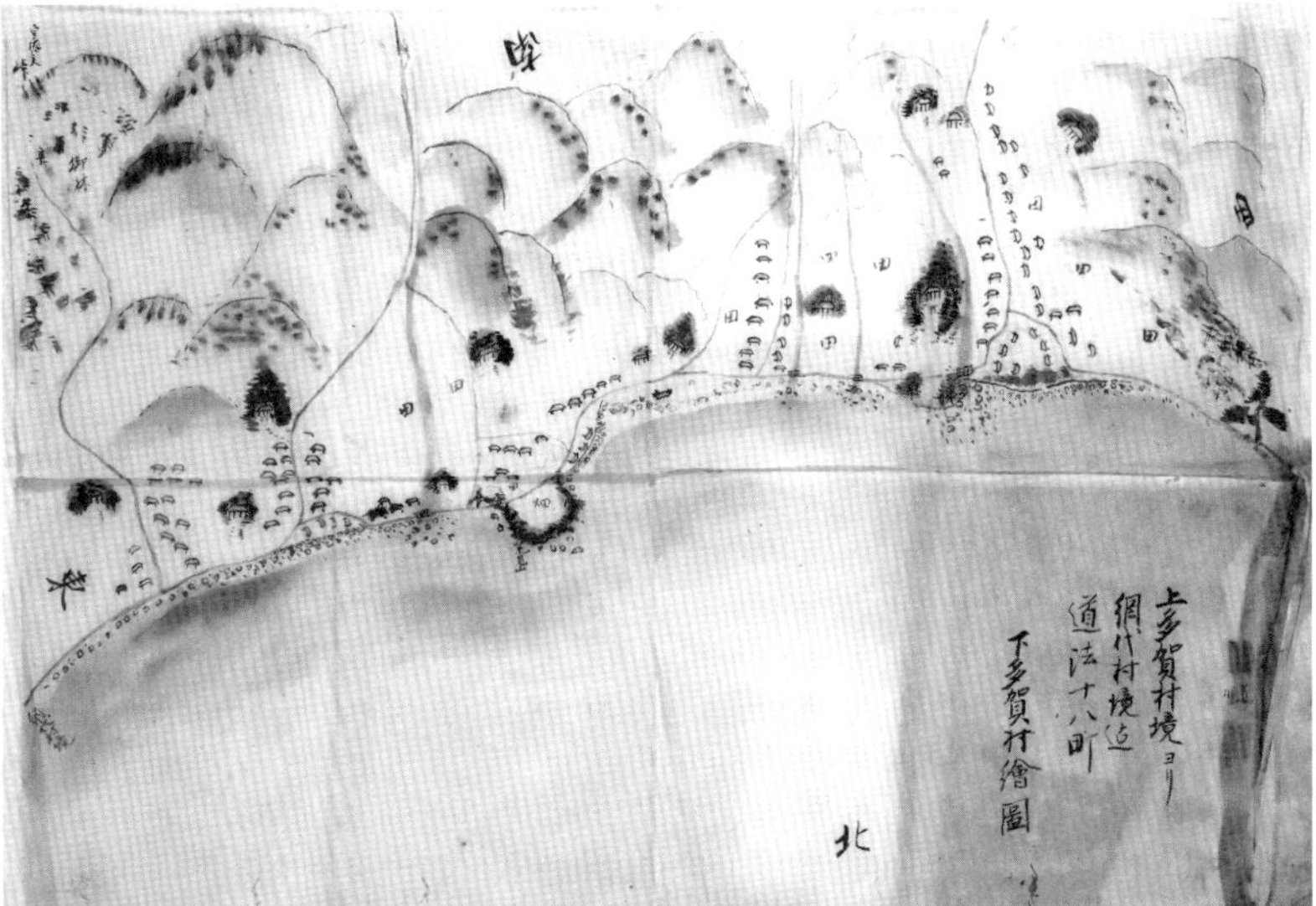

明治３年下多賀村絵図（公益財団法人江川文庫蔵）

152 上多賀（かみたが）熱海市上多賀

上多賀字宮脇、多賀神社境内に古墳時代の祭祀遺跡がある。第二次世界大戦前、同神社裏の御神木の根株から有孔円坂などの祭祀遺物が出土したが、昭和三十三年（一九五八）八月、國学院大学教授大場磐雄と沼津女子高校教諭小野真一により発掘が行われ、御神木の根株周辺から青銅製の素文小鏡二面、鉄製鍬先（半分欠）一個、土師器・須恵器の破片多数を得、西隣の地主神を祀る平らな巨石周辺を調べたところ、青銅製仿製漢式鏡（変形六獣鏡）一面、同素文小鏡三面を出土。巨石は玉石の上に安置した磐座で、その周辺で祭祀を行い、鏡は神霊へ供献したものと思われる。祭祀遺跡の発掘は類例が少なく、青銅製の儀鏡を五面も出土した例は他にほとんどない。出土品から見て五世紀代に主体をおく遺跡と思われる（『角川歴史地名辞典』）。

中世は多賀郷の一部と考えられる。江戸時代初め幕府領、寛文三年（一六六三）小田原藩領、天明五年（一七八五）石見国浜田藩領、寛政四年（一七九二）幕府領となり、文化八年（一八一一）旗本鈴木領となって幕末に至る。『増訂豆州志稿』によると江戸時代初期には多賀郷は上・下多賀村に分かれていた。慶長年間から江戸城修造で多賀（上・下多賀村）においては広島城（広島市）城主福島正則・飫肥《おび》城（宮崎県日南市）城主伊東祐慶・佐賀城（佐賀市）城主鍋島勝茂などの西国大名が石丁場を開いて採掘し、船で江戸に石材を運び出しており（『熱海市史』）、慶長十九年（一六一四）には約三〇〇人が働いていた（『豊公記』など）。文化十二年（一八一五）の永井甚左衛門を中心にした第九次伊能忠敬測量隊の『伊能忠敬測量日記』に「字町場下。此辺石切多シ」とある。天保十二年（一八四一）将軍徳川家斉供養の灯籠二〇本が竹山から、井田・戸田村とともに切り出された（天保十二年一月「覚」江川文庫）。

『元禄郷帳』では高二九五石。宝永七年（一七一〇）「小田原藩領村々諸事覚控帳」（荻野文書）によれば家数一二〇・人数五六四、十分一は薪・竹・ふきがや・炭・しきび、丸木小つり魚。天明八年「御巡見様通行案内帳」（川口家文書）によれば、田一一町八反余・畑五町七反余・屋敷一町一反余、廻船二・天当船三。曽我山より曽我石・青石を採取していた（『増訂豆州志稿』）。「豆州各港方向取調」（江川文庫）によれば、民家一三一軒、産物は樒・薪を東京へ積み送り、青石は伐り出して東京へ積み送りをしていたが、休業中とある。享和二年（一八〇二）樒《しきみ》運上伊豆屋四郎右衛門上多賀村より上納（江川文庫）。曹洞宗景徳院・宝泉寺、多賀神社がある。戸長役場が網代村に置かれたが、明治二十二年（一八八九）四月一日施行により下多賀・上多賀村が合併し多賀村となる。役場は下多賀に置かれる。明治二十九年田方郡に管轄替え、昭和十二年（一九三七）熱海町と合併して熱海市。

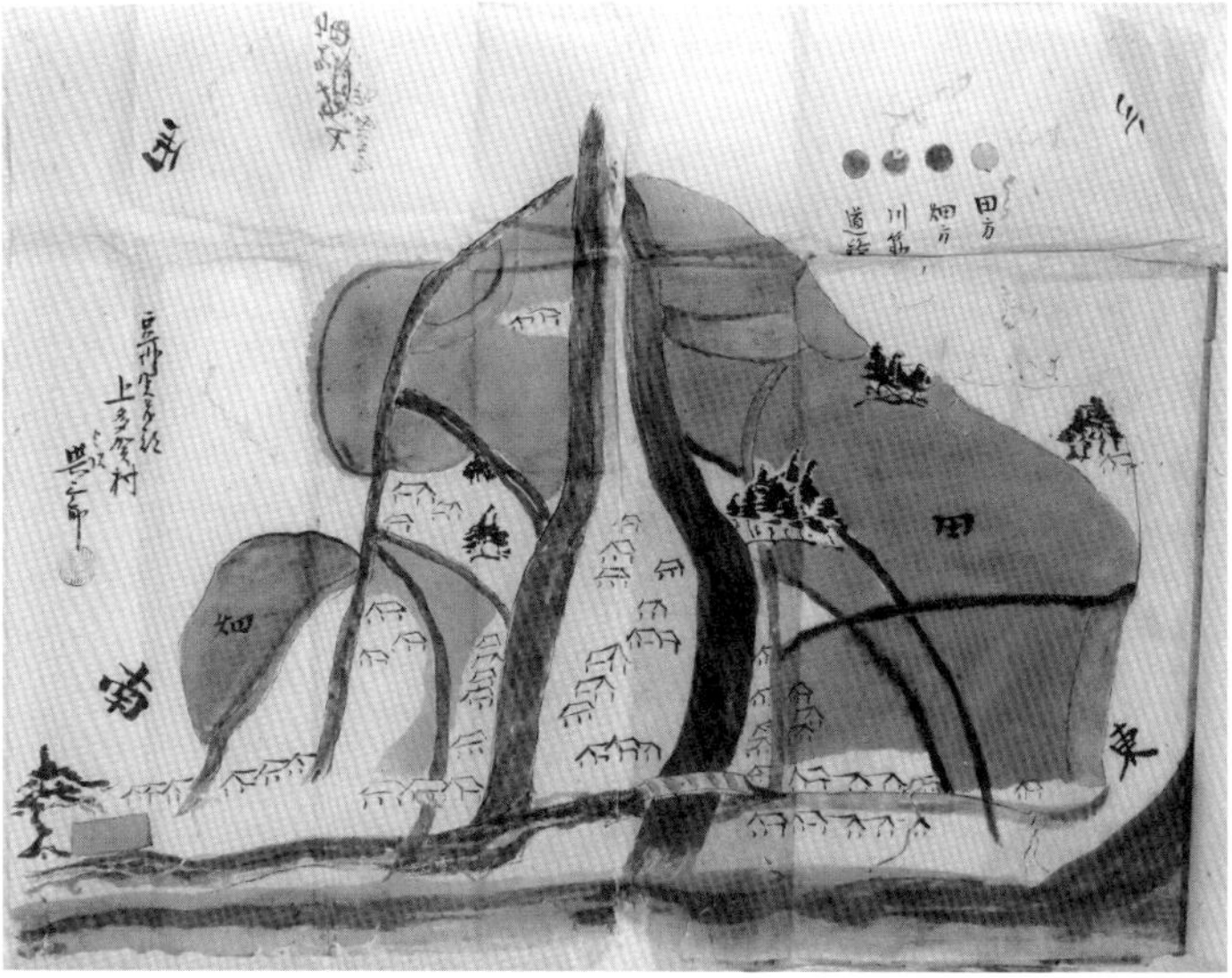

明治３年上多賀村絵図（公益財団法人江川文庫蔵）

153 熱海（あたみ）① 熱海市

現熱海市には、春日町・田原本町・咲見町・東海岸町・渚町・銀座町・中央町・上宿町・福道町・水口町・水口町二丁目・清水町・昭和町・和田町・和田浜南町・桃山町・林ガ丘町・緑ガ丘町・西山町・梅園町・小嵐町・紅葉ガ丘町・桜町・梅花町・桜木町・熱海の町名がある。

地名の由来は一説には温泉が海から湧出し、海水が湯のように熱かったので「熱海」とよんだという（「温泉名勝志」）。中世に熱海郷があり、近世の熱海村を遺称地とする。建保元年（一二一三）十二月十八日、元は走湯山（伊豆山神社）の押領であった「阿多美郷」が仁田忠常によって押領され、忠常滅亡後北条泰時が拝領していたが、もとは神領という理由で改めて当郷地頭職が伊豆山に寄進された（『吾妻鏡』『静岡県史資料編5』）。北条氏の祖平直方の長子に阿多見四郎禅師聖範がいて（『尊卑分脈』）、熱海に居住す（『増訂豆州志稿』）とあるので、熱海郷は北条氏の根本私領の一つとの説がある（『静岡県史』）。

弘安五年（一二八二）二月十八日、僧忍性は熱海地蔵堂の鐘を造った「鐘銘写」『日本古鐘銘集成』）。永仁五年（一二九七）三月二十六日、北条氏は伊豆山領熱海郷における質券売買地の取戻しを禁止した（「北条得宗家奉行人奉書案」一条家蔵日吉記紙背文書）。鎌倉後期、熱海湯地支配権は日蓮宗日興門流にあった。南北朝初期には武蔵国称名寺《しょうみょうじ》（神奈川県横浜市）の僧侶が熱海へ書状や火鉢などを送っており、「あたミ船」の往来も盛んであった（年未詳八月二十五日「自証書状」金沢文庫）。貞和二年（一三四六）伊豆山の密厳院は所領の熱海郷に祐禅が猪鹿を放って押妨していると幕府に訴えている（「密厳院雑掌宗泰猿状案」醍醐寺文書）。貞治四年（一三六五）の「密厳院領年貢米銭・田畠注文」（伊藤一美氏所蔵文書）には当郷の「柿木田代二貫文 富五郎」とみえる。

応安七年（一三七四）から康暦元年（一三七九）にかけての頃、熱海郷地蔵堂が火事にあい、忍性募縁の銅鐘が破損している（『空華集』）。応永五年（一三九八）六月二十五日到来の「走湯山領関東知行地注文」（醍醐寺文書）に「一豆州 丹那郷 田代郷 大田家村 青木村 蛭島郷 白浜郷 初島領家職 熱海松輪村在二湯屋一 山木郷 山上地 平井薬師堂 馬宮庄領家職 仁科郷内田畠 松下田畠」などとある。松輪は現在の東海岸町一帯に比定される。応永八年十二月二十九日、熱海郷闕所分に関する伊豆山衆徒の請文が鎌倉府に進上された（「伊豆守護代寺尾憲清請文」伊豆山神社文書）。

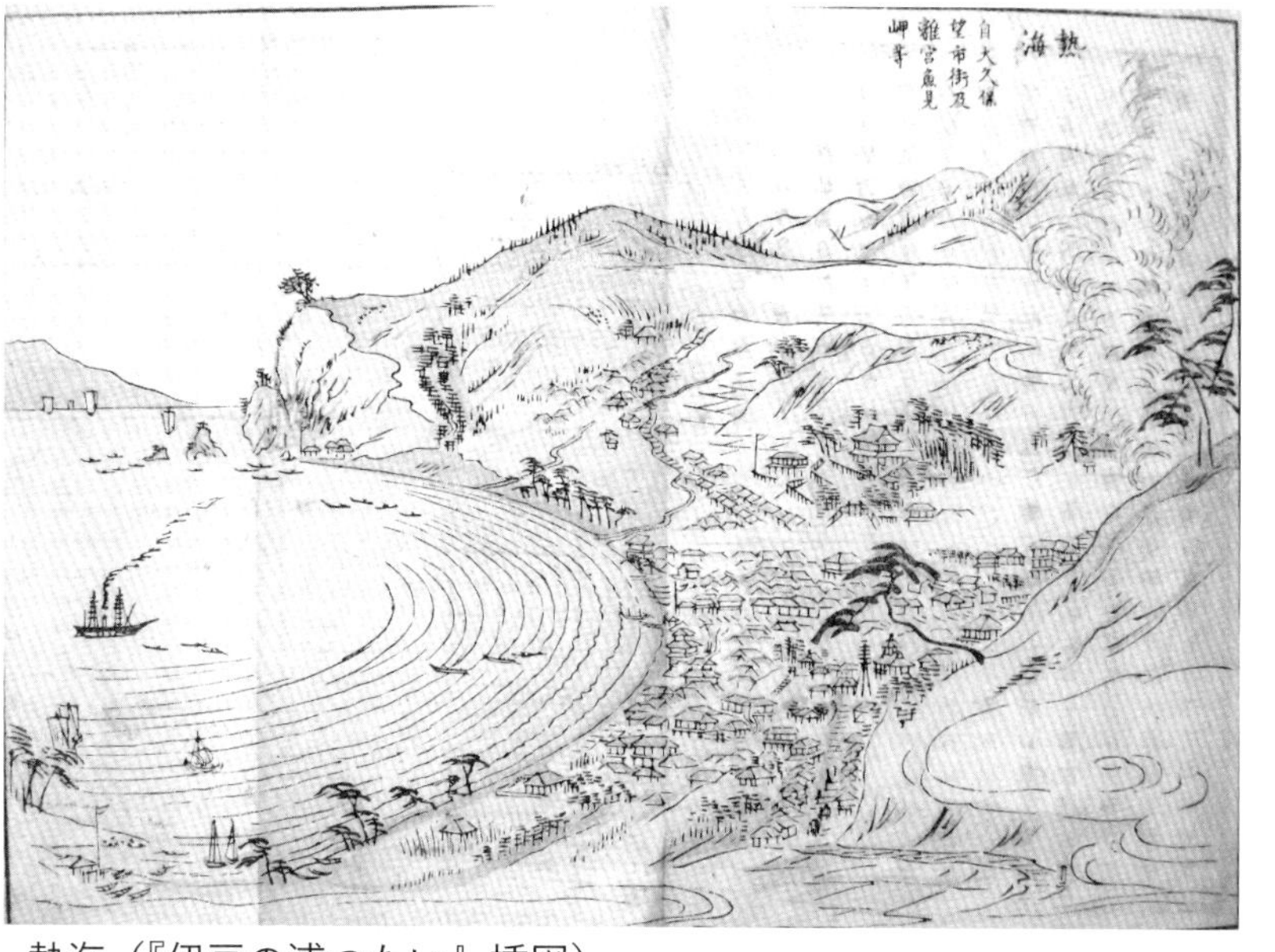

熱海（『伊豆の浦つたい』挿図）

154 熱海②

永禄二年（一五五九）に北条氏康が編さんさせた『小田原衆所領役帳』には、伊豆山領のうちに一七貫五〇〇文「熱海より参、灯明銭」、伊豆山円蔵坊領として一〇貫文「熱海ノ内」がみえる。元亀元年（一五七〇）七月二十日「北条家朱印状」（清田恒顕家文書）では須賀郷の代官・船持中に麦一三〇俵を熱海まで届ける御用のために船方と乗組員を富士氏と依田氏の代官に渡すように命じている。

天正十年（一五八二）と推定される二月二十二日「北条家伝馬手形」（最勝院文書）では小田原から伊豆国子浦まで馬飼料諸道具運送の御用として伝馬五疋を出させ、伝馬賃は免除した時、土肥（神奈川県湯河原町）・熱海・軽井沢の三か郷には役銭を支払うとした。同十一年小田原から浮橋までの宿中に伝馬一疋を命じた際、熱海郷などに役銭が下されている（七月十一日「北条家伝馬手形写」佐野家文書）。

天正十七年と推定される二月十九日の「北条家伝馬手形写」（『相州文書』）では熱海から小田原までの宿中に鎌倉仏師のために伝馬二疋を出させた。翌十八年三月二十五日「北条家朱印状」（明治大学刑事博物館蔵瀬戸文書）では千津島（神奈川県南足柄市）の百姓に人足一人を賦課し熱海の白井氏のために韮山の江川酒の大樽を受け取って小田原まで運送するように依頼した。同十八年四月四日、小田原攻めで、豊臣秀吉は顕如に堀秀政ら三万余、船手の人数二万が熱海から小田原に陣取ったことを報じた（「豊臣秀吉書状写」本願寺文書）。同年四月熱海郷に豊臣秀吉掟書（長沢文書）が出されている。

江戸時代初めは幕府領（小林喬時・三島代官所）、寛文三年（一六六三）小田原藩領、貞享三年（一六八八）

韮山代官所、享保十年（一七二五）三島代官所、宝暦九年（一七五九）韮山代官所となり、幕末に至る。慶長十一年（一六〇六）の「水帳写」（「熱海代々名主手控抜書」熱海市立図書館蔵）によると高六一三石余。『元禄郷帳』では高六四三石余。嘉永二年（一八四九）の「地誌調書書上帳」（前掲手控抜書）によると田畑のほかに畑一町二反余が記され、これは寛永元年（一六二四）に三代将軍徳川家光の湯治宿御用に建てられた御殿跡である。

貞享四年の「家数覚」（前掲手控抜書）では家数一四三（湯持二七・百姓など）・人数九〇〇余、寺六、宮五（来宮明神・湯前権現・今宮明神・八幡宮・天神宮）、廻船二・小船二・天当船五、船年貢永三貫五四八文。慶応三年（一八六七）の調査によると当村に三艘の船があり、五大力船二、小伝馬一となっていた（江川文庫）。慶応四年「相模・伊豆・駿河国家数人別牛馬一村限帳」（江川文庫蔵）に家数二八九・人数一、五三七（男七八三・女七五四）、牛なし・馬一六、寺六（僧一〇）、堂六（僧六）とある。

来宮神社

155 熱海③

熱海では、湯治を中心とする温泉宿と、これらの周辺産業としての観光漁業、土産の挽物細工・干物、江戸でも売られた雁皮紙、柑橘類などの生産が行われていた（「熱海温泉図彙」）。享保十三年（一七二八）不況打開策として熱海村が新たな手繰網を仕掛け網代村との間で漁場争いとなり、熱海村の地先海面は伊豆山権現四至《しいし》のうちなので、熱海村は権現の別当寺般若院へ不動浜から足川《あしかわ》浜までの請浜金として三年間で計一五両を負担することが定められた（「熱海網代漁村記録」国文学研究資料館蔵）。安政六年（一八五九）熱海村で鮪網漁の漁業権と水揚げの分配をめぐり地方（網主）と浜方（漁師）との争議が激化し、釜鳴屋平七をはじめ浜方百姓ら三人は入牢、五人は江戸払、二〇八人は合計四〇貫文の過料処分となった（「村役人一札」江川文庫、「平七遺書」二見家文書など）。

天明七年（一七八七）に熱海雁皮の製造開始。高松の人で阿波藩の儒者となった柴野栗山《りつざん》が熱海へ来て、付近の山間に雁皮が自生しているのを発見、名主今井半太夫に工夫させた。半太夫は温泉閑散期対策として製造を試みた。大きさには大判と半切の二種類がある。大判は、漉き上がりの寸法が一尺七寸（約五一・一五チセン）、縦一尺二寸五分（約三八チセン）、半切《はんせつ》は大判を半分に裁断したもの。享和年間（一八〇一～〇四）には江戸に金華堂を開店させ、ここから売り出した。熱海雁皮紙については、幕末に熱海を訪れたイギリス公使のオールコックが『大君の都』で、宿舎となった今井本陣で生産されていることから、今井半太夫から説明を受け、工程や品質など詳細に記録している。明治六年（一八七三）オーストリアのウイーンで開かれた万国博覧会に今井半太夫製「雁皮水晶箱」を出品。明治二十二年刊『伊豆の浦つたい』の奥付に売捌人として雁皮紙製造販売本店渡辺彦右衛門とある。原料の不足、需要の減少、機械漉き和紙に押されて大正の頃から生産減少、昭和五年（一九三〇）廃絶。

　享和元年（一八〇一）四月二十六日、第二次伊能忠敬測量隊が入村、止宿温泉屋ニテ相模屋要右衛門。五月四日出立。文化十二年（一八一五）十二月十四日、永井甚左衛門を中心にした第九次伊能忠敬測量隊の測量、止宿本陣名主渡辺彦右衛門。十五日は伊豆山般若院領伊豆山を測量、十六日日金山から軽井沢村、十七日から伊豆山・小田原方面の測量を終え二十四日帰着。二十五・二十六日初島測量、二十七日から翌文化十三年一月二十六日まで滞留、二十六日朝、三島方面へ出立した。

大湯とオールコックの愛犬トビーの墓

156 熱海④

熱海の和田磯に明治十九年（一八八六）、横磯に同二十年海水浴場が開設、さらに明治二十一年梅園が建設された。明治二十年フランス人画家ビゴーが訪れ『トバエ』一四号（九月一日刊）に熱海スケッチ図を掲載。「ヘルメットのたまり場」「海岸にて ニュー・ジャパン八十七年八月熱海」、「海水浴 熱海」（十五号）等。一四号「海岸にて…」には「月給八〇円のヤクニンとその娘　彼…白いフランネルの服、黒い靴下　彼女…すべてピンク、グレーの絹日傘　どちらも粋ずくめ」、一五号「海水浴」では「子供はすっ裸。母親は腰巻。彼女は半裸になんのはじらいもない。大人たちは暑さよけに手拭いをかぶっている」と解説している。

湯前神社があり、『延喜式』神名帳記載の田方郡「久豆弥神社」、「伊豆国神階帳」に載る「従四位上熱海之明神」に比定される。来宮神社は江戸時代は熱海村の惣鎮守で、境内にある大楠は国指定天然記念物、奉納される鹿島踊りは県指定無形文化財。臨済宗妙心寺派興禅《こうぜん》寺・海蔵寺・医王寺・温泉寺、浄土宗誓欣《せいごん》院、日蓮宗大乗寺がある。元禄八年（一六九五）の「豆州熱海湯治道知辺」（熱海市立図書館蔵）には上町《かみまち》・本町《ほんまち》・下町《しもまち》・中町《なかまち》・新宿《しんやど》・新町《あらまち》・肴町《さかなまち》などの町名がみえる。明治二十一年当時、上宿・新宿・本町横町・新横町・小沢町・二軒茶屋・東町・中町・浜町・浜横町・荒宿・坂町があり、湯戸三六、商店一四五、寄席一。熱海御殿建設、本町に噏瀛館、その他、新横町に戸長役場があり熱海・伊豆山・泉・初島を所管した。坂町に電信局、郵便局（兼貯金預）、坂町に警察分署、本町に治安裁判所、清水田に小学校があった。

明治二十二年から二十四年までの賀茂郡内の村。同二十一年四月二十五日市制・町村制公布、二十二年四月一日施行により熱海・伊豆山・泉・初島が併合。役場を熱海に置く。同二十四年町制を施行。大正十四年（一九一五）伊東―熱海間の県道開通、バス路線開設した。昭和十二年（一九三七）市制を布く。和田浜南町大モガシは県指定天然記念物であったが、枯渇、銀座町のナツメヤシは県指定天然記念物。

軍艦熱海は、昭和四年（一九二九）七月岡山県三井玉野造船所で建造された中国の長江に配置された河用砲艦で、排水量二〇五トン、長さ四六メートルの大きさ。戦後、中国に引き渡され、「鳥江」次いで「永平」と改名される。他に伊豆の地名がついた軍艦に「天城」、電纜《でんらん》敷設艇「初島」（一、五六〇トン、昭和十六年完成）、敷設艇「網代」（七二〇トン、昭和十九年完成）がある。

湯前神社

157 熱海⑤

熱海ばかりでなく、伊豆半島の温泉は火山性温泉で二、五〇〇万年から一、五〇〇万年前の地層と考えられている湯ヶ島層群と呼ばれる新第三紀中新世の地層中の割れ目に溜まった熱水が湧出したものとされている。熱海温泉の湧出量は毎分一万六、〇〇〇㍑余で、草津・別府・箱根に次ぐ。

現在残されている記録では、鎌倉時代の弘安七年（一二八四）十月十八日「日興書状案」（『興尊全集』）に、日保に宛て明年三月には熱海湯治に行きたい旨が書かれ、日興が日保に熱海湯治を勧めたもので、記録では一番古い。大湯は寛文七年（一六六七）「湯前権現拝殿再興勧進帳」（熱海市立図書館蔵）の縁起によると、天平宝字年中（七五七～七六五）に箱根山の金剛王院（神奈川県箱根町）の万巻が熱海の海に湧き出す温泉のため魚貝類が死ぬのを哀れみ、海辺に祈祷壇を造り百日の行を勤めた。満願の日、温泉が山腹（大湯の地）に転じ、海中の熱湯はたちまちのうちに鎮まったのでその湯のそばに湯前《ゆぜん》権現を建て、温泉守護の神としたと伝える。

元徳三年（一三三一）十月十一日の「日興譲状写」（「西山本門寺由緒書」）によると熱海湯治が弟子日代に譲られ、湯地支配権が日蓮宗日興門流の中にあったことがわかる。臨済宗の僧義堂周信（一三二五～八八）の日記『空華老師日用工夫集』応安七年（一三七四）三月四日条に「熱海に浴す。けだし三島暦は、この日を以って上巳節（三月三日）となす。故に詩を作りて之を記す」とあり、広済庵・竜門寺（現廃寺）で九峰信虔らと詩会を開いた。この中の漢詩には温泉を家々に筧で引き、客室を貸している様子や、温泉熱を利用して塩や陶器の生産が行われ、湯治客の宿泊施設（接待庵）もあったことなどを詠んでいる（『東海一漚集』『空華日用工夫略集』『空華集』）。

永正元年（一五〇四）十月今川氏親は武蔵国での合戦ののち駿河への帰路、熱海で十七日間湯治し（「宗長日記」『静岡県史 資料編7』）、同七年十月頃にも熱海で湯治している（『宗長手記』『同書』）。享禄二年（一五二九）春頃に駿河国から連歌師柴屋軒宗長が小田原城の北条氏綱に招かれて相模国に来た時、伊豆国熱海の湯に湯治（『後北条氏家臣団人名辞典』「石巻家貞」）。同四年三条西実隆は宗長に熱海で詠んだ和歌へ「君かためしるしありとそみつわくむ起居もやすく出湯入湯に」と返歌を送る。多くの文人が熱海を訪れ、また、『医学天正記』によると、文禄二年（一五九三）には関白羽柴秀次が入湯した（杉山茂「伊豆の温泉の治療効果」）。

現在の熱海温泉市街地

158 熱海⑥

江戸時代に入ると、徳川家康も熱海に来湯、三代将軍家光以降は、江戸城まで熱海の湯を献上させた。熱海温泉の紹介書や地誌・紀行文などの発行が増え、将軍・大名をはじめ町人・百姓にいたるまで湯治客が増加した。元和二年（一六一六）成立の林羅山『丙辰旅日記』に「（伊豆山温泉の）又一里斗《はかり》西に温泉あり、その所を熱海と名づく、人のよろづの病あるもの、浴すればたゞ験あり、先年余も人にさそはれて湯に入侍りし、其湧所をみるに、潮の進退によりて、岩の間より烟みしあがりて、人の近づくべくもあるぬほどあつきに、熱湯わき出て流れはしるを筧をかけて家々にとり、槽に湛へて人々入せけり」とある。

昔は「六湯」といい、大湯・清左衛門湯・小澤湯・風呂湯・左次郎湯（目湯とも）・野中湯があった。大湯は国内唯一の間歇泉で、昼夜六度にわたって激しい噴出を見せたが、一か月に一度長湧きといわれる昼夜続けざまの湧出があり、その翌日は終日休止となった。山県大弐は「猛焔凌空《もうえんりょうくう》」（猛々しい煙が空を凌ぐ）と形容し（「山県大弐伝」）、山東京伝は「石竜熱湯を吐くが如く、湯気雲のごとく昇り、泉声雷の如し、本朝第一の名湯なり」と表現している（「熱海温泉図彙」）。大湯の引湯権である湯株を持つ家が二七戸あり（湯戸制度とよぶ）、内四軒（半太夫・九太夫・彦左衛門・金左衛門）が大きな宿を経営し、とくに今井半太夫と渡辺彦左衛門は本陣を勤めた（天和元年「豆州熱海絵図」）。

寛文年間に将軍御用の御汲湯が始まったといわれ、享保十一年（一七二六）から同十九年までに湯樽三、六四三個が運ばれた。当初は陸上輸送であったが、同十三年に海上輸送となり押送船で江戸に運ばれた（前掲手控抜書など)。熱海の温泉につかりたい江戸町人のために熱海の湯戸と漁師は文政期(一八一八~三〇)になると、独自に原湯を大樽に詰めて江戸に回漕した。小さい船でも二〇石は詰め、日本橋に船を着けると湯屋が待ちかまえていて、一樽銀五匁で買い取られた。買うのは普通の銭湯とは別で「薬湯」とか「熱海の湯」を看板にしている湯屋で、原湯は七~十日で入れ替えた。しかし、江戸には「熱海の湯」の看板だけで原湯を全然仕入れない湯屋が何軒もあったという。文化七年(一八一〇)「旅行用心集」に諸国の温泉が紹介され、そのうち熱海温泉は大湯・清左衛門湯・野中湯・法斎湯・河原湯・水湯・風呂湯・左次郎の湯をあげている。嘉永二年(一八四九)の「温泉番付」(熱海市立図書館蔵)には行事として見られる。

大槻盤渓の間欠泉詠んだ扇面、公益財団法人江川文庫蔵

159 熱海⑦

明治十年（一八七七）以降、山県有朋・伊藤博文をはじめとする政府高官が多く熱海を訪れ、明治政府の基礎づくりのための重要な会議がたびたび開かれた。同二十一年には熱海御用邸が建てられた。昭和二十五年（一九五〇）には国際観光温泉文化都市に指定される。東京から熱海へ行くためには大正四年（一九一五）当時東京～国府津（約二時間半、八〇銭）、国府津～小田原（三〇分、一五銭）、小田原～熱海（約二時間半、七〇銭）計五時間半、一円六五銭かかった。大正十一年『豆相温泉遊覧案内』によると、当時東京～小田原間二時間二十分、二等二円七四銭・三等一円四三銭、小田原～熱海間軽便鉄道約二時間半、二等一円六〇銭・三等九〇銭（汽船深川霊岸島～熱海間九時間半・二円、小田原～熱海間二時間・一円）、昭和元年（一九二六）当時東京～熱海間三時間十分、一円五七銭、昭和十年東京～熱海間当時最速一時間四十分、一円七九銭であった。

『伊能忠敬測量日記』文化十二年（一八一五）十二月十五日条に「本村人家町並百軒総家数四百軒計。字下宿。右人家温泉屋、右同ノ温泉屋アリ。（中略）当所名産雁皮紙并挽物等ナリ」とある。文政七年（一八二四）『甲申旅日記』の著者下田奉行小笠原長保は網代から船で熱海に入り、宿舎に到着した。文政十三年山東庵京伝が著した『熱海温泉図彙』に「熱海の温泉は関東第一の名湯なれど、その効能を詳らかにせざる人多ければ、効験《ききめ》をここに記す。」と効能を示した。多くの人物が訪れたが、万延元年（一八六〇）九月十三日イギリス公使オールコックは富士登山の帰りに三島から熱海温泉に到着した。その様子を『大君の都』に著し、村の様子もスケッチしている。

大久保利通・大山巌・黒田清隆など薩摩出身の政治家・軍人は西南戦争の余勢を熱海に持ち込み、よく騒ぎ遊んだという。明治十四年には伊藤博文・黒田清隆・大隈重信らが富士屋旅館でいわゆる熱海会談を行った。ここでは自由民権運動への対策と国会の開設について話し合われたが、三人の意見は一致せずその直後、大隈が政府から追放された「明治十四年の政変」が起こった。このころから同十六・十七年にかけて政府高官のほか岩崎弥太郎・渋沢栄一・安田善次郎などの政商たちが来訪している（「伊豆と黒潮の道」）。

大正期の交通事情、大正５年２月発刊「公認汽車汽船旅行案内図」

160 熱海⑧

明治十一年（一八七八）ごろから熱海に来遊し、熱海滞在中の作『熱海文藪』で熱海を宣伝した「朝野新聞」社長成島柳北の記念碑が和田浜海浜公園にある。熱海を舞台にクライマックスを迎える『金色夜叉』は尾崎紅葉の作品で、明治二十二年はじめて熱海を訪れている。古屋旅館は高山樗牛・徳富蘇峰・東郷元帥等の著名人が宿泊しており、この頃、高山樗牛が『わが袖の記』を書いて熱海温泉は全国的に知られるようになり、徳富蘇峰は、離れの「楽閑荘」で『近世日本国民史』を書き、その記念碑が邸内の天神社にある。明治四十五年から坪内逍遥が中央町に別荘を構え、大正三年（一九二〇）から水口町に住居を移した。この住居は双柿舎と呼ばれる。坪内逍遙は熱海温泉の古絵図を収集し、熱海市に寄贈している。

随筆家福島慶子は美術評論家・画商である夫の繁太郎とともに渡欧、帰国後昭和九年（一九三四）から熱海に住み、熱海市教育委員も努めた。熊本県出身の俳人清原麦子《ばくし》は昭和二十年熱海市役所勤務。歌人・文学者の佐佐木信綱は昭和十九年から西山に居住、九十二歳で亡くなるまで短歌の研究と普及に尽くした。小説家で松川事件の死刑・無期の判決を受けた被告の無実を訴えた広津和郎も昭和十九年から居住。小説家の志賀直哉は昭和二十三年から大洞台に居住、小説の神様といわれ多くの作家・画家が出入りした。

昭和六年から十年にかけて西山にある国画会評議員・実業家・写真家である野島康三の別荘「野島別荘」を洋画家梅原龍三郎が訪れ、熱海や来宮の風景を描く。昭和二十年から十二年間洋画家の高畠達四郎が居住、伊豆の風景を描く。武者小路実篤は妻安子の静養のため、水口町の温泉付の家を借りる。

歌人大野誠夫《のぶお》は昭和四十七年に浦和から移り住む。小説家の杉本苑子、版画家・作家の池田満寿夫、橋田壽賀子らが定住し、島崎藤村・永井荷風・太宰治・吉川英治も熱海で執筆や取材を行った。巌谷小波（一八七〇～一九三三）・泉鏡花（一八七三～一九三九）・斎藤茂太（一八八二～一九五三）・大佛次郎（一八九七～一九七三）・大岡昇平（一九〇九～八八）・円地文子（一九〇五～八六）・三島由紀夫（一九二五～七〇）などの足跡が認められる。熱海温泉を歌ったご当地ソングは、大ヒット曲こそないが四〇～五〇曲近くある。そのほとんどの作詞者、作曲者が別荘をもっているなど、熱海をよく訪れるのだという。八代亜紀と桂三枝によるデュエット曲「熱海あたりで」が発表されている。内田康夫のミステリー『「紫の女」殺人事件』の舞台。

坪内逍遥の別荘　双柿舎

161 熱海⑨

熱海湾は熱海火山の火口で熱海市伊豆山から多賀まで続く。伊豆山湾・熱海湾・多賀湾の三地区にまたがり、往時はいずれも漁港であったが、第二次世界大戦後熱海湾の和田磯地区に岸壁が整備され、熱海港は伊豆大島・初島への大型定期船の接岸が可能となって利用客が急増した。江戸時代、谷文晁『公余探勝図』に「熱海湊」として描いている。

江戸幕府三代将軍徳川家光は、寛永元年（一六二四）、熱海湯治の計画を立て、兼松下総守正直と揖斐与右衛門を奉行として六〇間四方の御殿の造営に当たらせた。その後、寛永十六年にも当時の計画があり、佐久間将監実勝と小林重定が御殿の建て直しにあたった。しかし、どちらも実現しなかったが、品川御前の来熱の記録が残っている。その跡地は御殿地とよばれた。慶長九年（一六〇四）三月一日家康が義利・頼宣の二子を伴い上京の折、温泉に七日浴した（『武徳編年集成』等）ということから建設を計画したという。現在の市役所付近で、馬場下・壕、文化会館前の御殿稲荷に名残をとどめる。正保二年（一六四五）「賀茂郡伊浜村家別人馬改帳」によると、「三島并熱海御殿普請之時、伊豆奥より、木竹・縄・人足出シ申候事」とある。江川文庫に跡地絵図が残るので建設されたことが判明する。

熱海御殿の跡地は、明治維新後「村受公有地」となったが、明治十一年（一八七八）に三菱の岩崎弥太郎が買い上げ、大部分を明治十六年に宮内省に提供（代替地は東京）したものである。宮内省は周辺地も編入し健康のすぐれなかった皇太子（後の大正天皇）のご避寒地として御用邸建設に着工、二十一年十二月竣工。

和風の御殿であった。すでに明治二十年頃の熱海には鳥尾小弥太・佐々木東洋・三浦梧楼（観樹）・後藤象二郎・曽我祐準《すけのり》らが別荘をもっており、当時の上流階級には一種の別荘熱があった。御用邸の跡地は昭和六年（一九三一）熱海市に払い下げられ文化活動の場となっていたが、現在は市役所・文化会館が建っている。

明治十八年温泉療養施設噏滊館が開業し、これに伴い内務省衛生局長長与専斎が梅園の開園を提唱、横浜の豪商茂木惣兵衛は田林二町五反二三歩を開拓して庭園を造り、熱海温泉浴客遊覧のために、地勢に応じて芝を植え、数千株の梅樹を植え、さらに松・檜・桃・桜・楓・柳などの雑木を植栽して風致を添えるよう工夫（茂木氏梅園記石碑）。明治二十一年四月宮内省に献納したが、一般人に開放。平成十二年森首相と韓国金大中大統領が園内を散策、会談したことを記念した韓国庭園を造った。

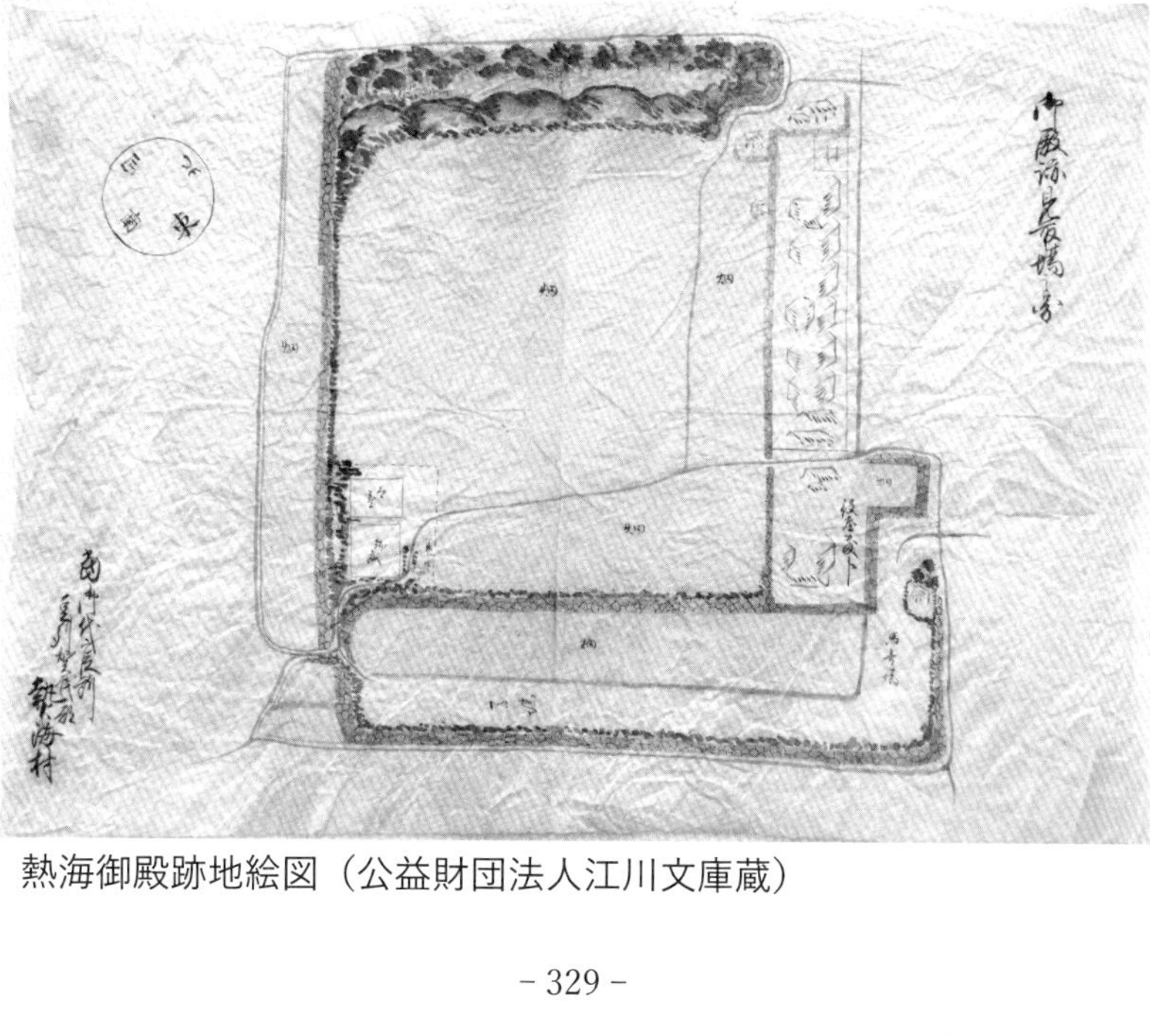

熱海御殿跡地絵図（公益財団法人江川文庫蔵）

162 初島（はつしま） 熱海市初島

初島は熱海市内から約一二キロ、熱海港から連絡船で約二十五分で着く。周囲約四キロ、面積〇・四四平方キロメートル、最高点五二メートル。周囲は浅瀬になっている。海中から波豆幾命が出現したので波豆幾島《はつき》と称したと伝える（『増訂豆州志稿』）。

応永五年（一三九八）六月二十五日到来の「走湯山領関東知行地注文」に「一豆州 丹那郷 田代郷 大田家村 青木村 蛭島郷 白浜郷 初島領家職 熱海松輪村在二湯屋一 山木郷 山上地 平井薬師堂 馬宮庄領家職 仁科郷内田畠 松下田畠」などとある。「はこねちをわかこえくれは伊豆の海やおきのこしまに浪のよるみゆ」（『金槐集』）と源実朝が詠んだ「おきのこしま」は初島をさすといわれる。永仁元年（一二九三）頃、蓮愉（宇都宮景綱）が三嶋大社に奉納された北条貞時の十首に寄せて詠んだ和歌のなかに「なみのうえもはれたるおきのゆふなきにかすみをのこす浦のはつしま」がある。

島に鎮座する初木神社には観応二年（一三五一）六月八日の棟札があり、檀那の一人に初嶋比丘尼、地頭源朝臣石堂とみえる。文禄四年（一五九五）二月八〜十日「初嶋御縄打水帳」（静岡県歴史文化情報センター蔵）によると上畑五町九反余。中畑二町余・下畑五町五反余・屋敷三反余。江戸時代初めは幕府領、寛文三年（一六六三）小田原藩領、貞享三年（一六八六）再び幕府領となり、幕末に至る。『元禄郷帳』では高九三石余。寛文八年（一六六八）の「年貢割付状」（岡田家文書）では丸木船八艘の船役米四石（定納）。寛文十二年の年貢米四七俵余、代金一七両三分と銀一匁二分余（「年貢金請取状」川口家文書）。文禄四年に家数三八で、近世を通じてほとんど変化がなく、これは耕地の制約と漁業の共同作業のために分家を厳しく制限してきたという（『熱海市史』）。慶応四年（一八六八）「相模・伊豆・駿河国家数人別牛馬一村限帳」（江川文庫蔵）に家数四一・人数三七七（男一六〇・女二一七）、牛馬なし、寺二・僧二とある。

元禄二年（一六八九）棒受網の新設を願出、また押送船一艘をつくって魚の仲買を始め、代官の取調を受けた（『熱海市史』）。享保六年（一七二一）漁師が設置した棒受網を網代村漁師が切破る事件が起きたが、当島周辺は入会漁場と確定され、新規操業も認められ、これまでの網代村の独占が後退している（「評定所裁許下書」網代共有文書）。文化十二年（一八一五）十二月二十五・二十六日、永井甚左衛門を中心にした第九次伊能忠敬測量隊の測量。二十五日曹洞宗寿福寺に止宿した。

天保三年（一八三二）『伊豆紀行』に「初島はここ（伊豆山村）より海上一里余りもあらんと思ふ。この島に家数四十二軒ありて、妻子も有る由、その余の人家はならぬ由、皆漁師にて、鯵《あぢ》取ることを重きにする由」とある。初木神社の例祭日には最も古い形態を残すといわれる鹿島踊りが伝承されている。曹洞宗東明寺・慈福寺（廃寺）がある。慈福寺辺は清泉が出て、島内の飲料を賄ったという。

初島遠景（伊豆新聞提供）

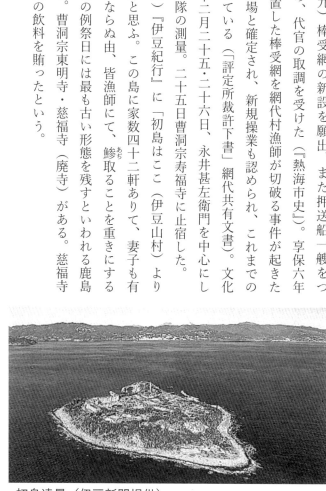

163 伊豆山（いずさん）① 熱海市伊豆山

伊豆山は、中世から幕末まで伊豆山権現（伊豆山神社）の社領であった。『元禄郷帳』によると「伊豆山ノ内」とみえ、高三〇〇石。元文四年（一七三九）「御図帳」（太田家文書）によれば毛付高二六六石余・永荒三三石余、屋敷三町二反余・田一四町一反余・畑一四町八反余。明治三年（一八七〇）の家数一一〇（平民九一・社一・社務一三・寺院五）・人数六四四（『熱海市史』）。当村は伊豆山神社の別当般若院のもとで、名主がおらず、年寄が一・二名おり、閼伽井谷《あかいだに》・仲道・岸谷《きだに》にそれぞれ組親が各数名いた（同書）。寛永十六年（一六三九）般若院は熱海村との間の境について山論訴訟を起こし、翌年般若院側の主張が認められた（「熱海村証文写」太田家文書）。

石丁場があり嶽《たけ》山は土肥門川村（神奈川県湯河原町）庄兵衛が運上金七両で請負った（天保十一年「石丁場請負証文」伊豆山神社文書）。文政三年（一八二〇）頃、伊豆山には江島屋をはじめ多くの湯宿があり、走湯《はしりゆ》（滝の湯）より懸樋で温泉を引いていた（「熱海温泉図考」）。享和元年（一八〇一）四月二十六日、第二次伊能忠敬測量隊が入村、測量。文化十二年（一八一五）十二月十五・十七日、永井甚左衛門を中心にした第九次伊能忠敬測量隊の測量、その後小田原方面を測量し、二十四日伊豆山を通り熱海に帰着。『伊能忠敬測量日記』に「浜手ノ人家、温泉屋アリ〇不動浜ヨリ此辺都テ冬中海苔取献ス。名産伊豆ノリト云」とある。明治六年（一八七一）「賀茂郡皆済目録」（江川文庫）によると蚫漁税、炭薪船積税、榺税、温泉場幷旧坊跡其外貸地地代、漁業税、海草税の書上げがある。

明治十二年相模国宮上村飛び地字稲村（住戸七）を伊豆山村に編入（『増訂豆州志稿』）。戸長役場が熱海村に置かれ、明治二十二年泉・伊豆山と熱海村と併せて熱海村となり、同二十四年町制を施行。昭和十二年（一九三七）多賀村を合併し、熱海市。

　配流になった役小角が修験道を開いたとされる窟《いわや》が伊豆山の船着場近くにあり、坪内逍遥によって戯曲『役の行者』が書かれた。吉川英治の『源頼朝』の一舞台ともする足立権現堂には、旗揚げ後の頼朝の安否を気遣う政子が数か月にわたって潜み、やがて髪の毛で織りなした「梵字曼荼羅」を奉納したと伝えられる。

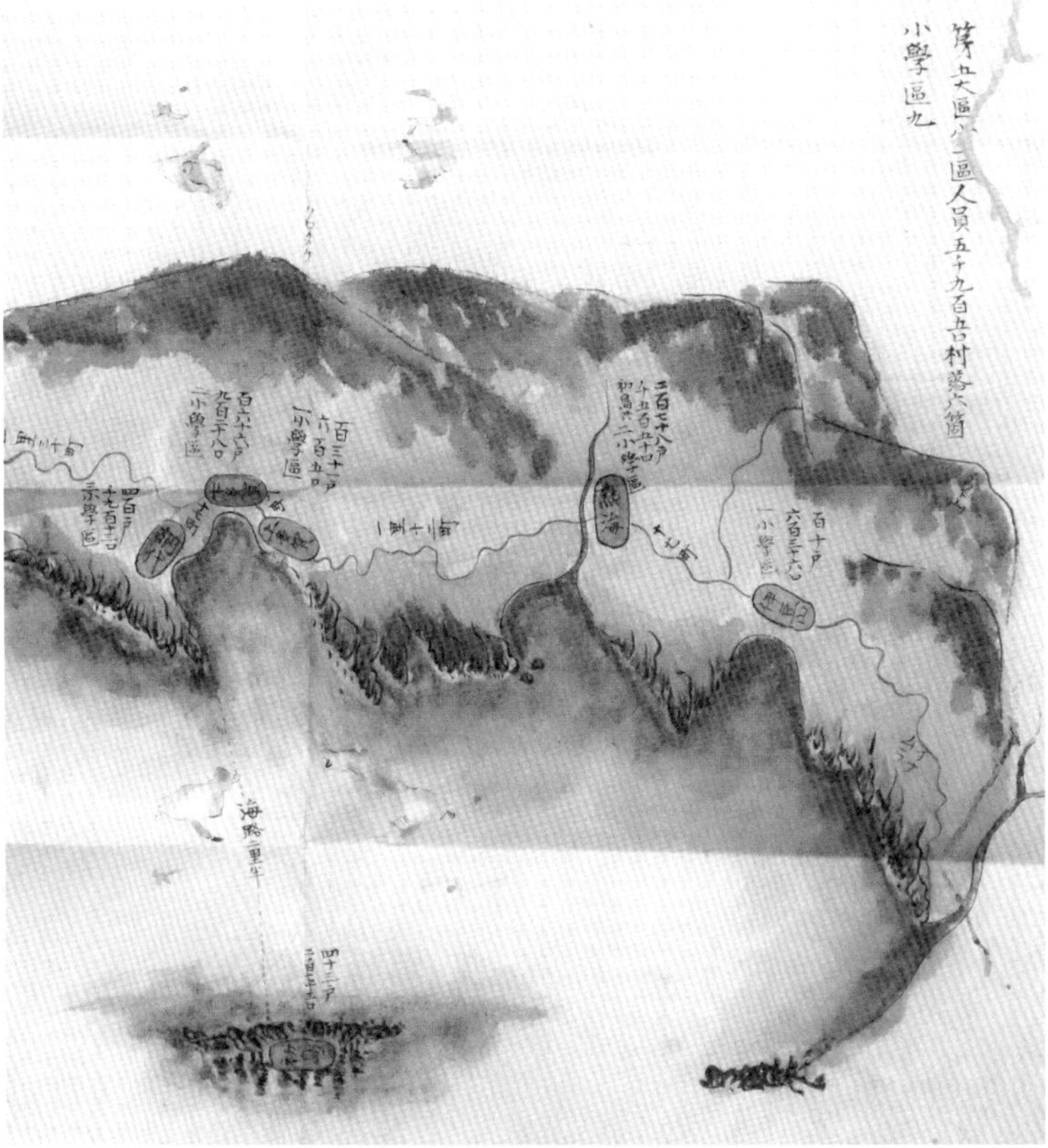

明治６年五大区一小区絵図（公益財団法人江川文庫蔵）

164 伊豆山②

伊豆山温泉は熱海駅から北東へ約一㌔、岩戸山の麓の海岸沿いの斜面にある温泉。相模湾に望む急斜面に高級旅館がひな壇状に並ぶ。熱海温泉からわずかな距離にありながら、閑静な雰囲気に包まれ「熱海の奥座敷」といわれる。温泉街の裏手の奥行き五㍍の横穴から湧き出ている「走り湯」は、日本三大古泉の一つ。

かつては湯が滝をなしたというほど湯量は豊富で、源実朝が「伊豆の国山の南へ出る湯の早きは神のしるしなりけり」と詠んでいる。温泉街の中心に源頼朝が北条政子と逢ったという逢初橋がある。「走湯山縁起」によれば、仁徳天皇の時代（五世紀前半）に異域の神人が現れ、温泉を出し衆生を救済する旨の託宣を下し、この地に鎮座したと伝える。「伊豆風土記」逸文（『鎌倉実記』）では、養老年中（七一七～七二四）に開かれ、「非尋常出湯、一昼夕二度、山岸窟中、火焔隆発、而出温泉」とある。

鎌倉時代になると源頼朝をはじめ歴代将軍や幕府要人は走湯権現と箱根権現の二所詣を盛んに行い、それに伴い熱海温泉の大湯は湯治場として知れ渡った。しかし、走湯山の湯は神聖視され、一般人の使用は制限された。「北条氏綱法度写」（『伊豆順行記』）によると、北条氏綱は天文十年（一五四一）二月二十二日、走湯山法度、走湯山湯への一般人の湯治の禁止等を定めた。

元和二年（一六一六）成立の林羅山『丙辰旅日記』に「走湯山は伊豆の山の事にて侍る。爰にまします神をば走湯権現とぞ申しける、昔鎌倉右大将伊豆箱根を信じ、常に頻繁の礼をいたし給ふ、二所参詣といへるは是なり、此ところに出湯あり、石ばしる瀑のごとし、走湯の名の温泉によりての故にや」とある。文化七年（一八一〇）「旅行用心集」に走り湯、一名滝の湯として紹介される。『伊能忠敬測量日記』文化十二年（一八一五）十二月十七日条に「温泉屋〆六軒海岸ニ添アリ」「温泉屋止宿ニテ昼休。走湯。湯壺凡七ツ所、前山洞ノ中ヨリ湧出ル所、鳥居建。滝樋筧ニテ流下ル。其側ニ冷水湧出ルアリ。湯加減ヨシ。樋口ヨリ滝トナリ温泉壺ニ入。湯本尤熱シ。酒抔燗ヲスルト云。温泉壺方九尺計ナリ」とある。温泉屋中田屋喜八・若松屋源七に止宿。湯治客の多くは伊豆山権現に参詣した後、来浴した（「熱海温泉図考」）。滝の湯のうちには共同風呂として惣《そう》湯があった（「熱海日録」）。明治十五年（一八八二）『諸国温泉遊覧記』（木版本）に入浴の様子を描き、温泉宿として、前田安右衛門・中田喜八・中田伊八・浜田文助・多田源助・大木安太郎・湯原七郎を載せる。

走り湯

165 伊豆山③

伊豆山神社は、元国幣小社で、古くは伊豆山権現・伊豆大権現・走湯権現・走湯山・伊豆山などと呼ばれた。祭神は伊豆山神。祭神については近世まで火牟須比命《ほむすびの》を主神とし、伊邪那岐命《いざなぎの》・伊邪那美命《いざなみの》を相殿とする三柱説、瓊瓊杵命《ににぎの》説、異国の霊神説など多くの祭神説があった。『田方郡誌』に『延喜式』神名帳所載の「火牟須比命神社」、『神階帳』所載の「正一位千眼大菩薩」、勧請不詳、祭神は火牟須比命・伊邪那岐命・伊邪那美命とある。『式内社調査報告』によると、式内社としては伊豆山神社とする説と、当社の摂社である雷電神社にあてる説があるとする。古くは日金山頂にあったがのちに下に新宮を建て中の本宮と称し、山頂の社を上の本宮と呼称した。その後中の本宮を現在地に移し、伊豆山権現、走湯権現とも呼んだ。源頼朝以来武家が尊信。鎌倉に幕府を開くと箱根神社とともに二所権現としてたびたび参詣、社殿造営、奉幣を行い、三代将軍源実朝も八度参詣したと伝える。当時は数千の兵を持ち、東国の一大勢力として栄えた。以降も北条、足利、徳川など武将の崇敬厚く、造営、奉幣、社領寄進等があった。

「走湯山縁起」によると、応神二年（五世紀前後）、神鏡が相模国「唐浜」に流れ着き、同四年松葉仙人が日金山に祀り、その後、神鏡は温泉を湧出して衆生を救うため現れたと託宣、これが走湯権現に伝承される。承和三年（八三六）には甲斐国八代郡の修行者賢安が走湯権現の霊夢により千手観音像を得て走湯山東光寺（現廃寺）をつくったと伝える（「伊呂波字類抄」）。当社は『新猿楽記』では走湯山は山岳修行の霊場の一つにあげられ、『梁塵秘抄』でも四方の霊験所の一つとなっている。

永万二年（一一六六）四月十六日、惟鑑は走湯山の東谷《ひがしだに》「上松尾谷」で某書を書写している（「某書奥書」金沢文庫）。治承四年（一一八〇）八月十八日、北条政子は伊豆山の法音尼に対し、走湯権現や「雷電」などに般若心経を奉納するよう命じた（『吾妻鏡』）。翌十九日、相模国から北条（伊豆の国市）へ至る往還路にある走湯山が武士らの狼藉を受けているとの衆徒の訴えに対し、源頼朝は世上無為ののち伊豆一所・相模一所を同山に寄進することを約束した（『静岡県史』）。同日から九月二日まで政子は同山覚淵の住房に身を寄せ、その後「秋戸郷」へ移った（同書）。覚淵は伊豆山権現の別当密厳院を創建している（『同書』）。

伊豆山神社本殿

166 伊豆山④

鎌倉に入った頼朝は治承四年（一一八〇）十月十一日、走湯山住侶良暹を鎌倉に招き（『静岡県史』）、翌養和元年（一一八一）十月六日には同禅睿を鎌倉鶴岡若宮（鶴岡八幡宮）の長日大般若経供僧に補任した（『吾妻鏡』『同書』）。頼朝は文治四年（一一八六）一月二十日、頼朝は鎌倉を発ち、源範頼・足利義兼以下三〇〇騎を従え、二所（伊豆山・箱根山）に三嶋社（三嶋大社）を加えて参詣し、二十六日に帰着した（『吾妻鏡』『同書』）。同年十二月十八日にも走湯山に参詣している（『吾妻鏡』『同書』）。文治五年七月十八日、伊豆山良暹は頼朝より奥州征討の祈祷を命じられた（『吾妻鏡』『同書』）。同六年一月十五日、再び二所詣がなされ、今後は三島―箱根―伊豆山の順路となった（『吾妻鏡』『同書』）。将軍による二所参詣は恒例化し、時には伊豆山のみの場合もあった。

建久三年（一一九二）五月八日、鎌倉勝長寿院《しょうちょうじゅいん》の後白河法皇四十九日百僧供仏事に、伊豆山からは一八人が招請されている（『吾妻鏡』）。建仁四年（一二〇四）一月十八日、鶴岡八幡宮別当尊暁は源実朝の代わりに二所に参詣し、北条泰時は奉幣使として参詣した（『吾妻鏡』）。鎌倉幕府は浅間・走湯・箱根・三嶋は連々効験が顕れるとして大切にした（本門寺文書「実相寺衆徒申状写」）。二所参詣は文永三年（一二六六）を最後にしばらく記録が途切れる。『吾妻鏡』の記述が宗尊親王の帰京で終了しているためで、嘉暦二（一三二七）三月十日、二所・三嶋社参詣から帰る北条高時の行列は目を驚かすものであったという（「覆載万安方奥書」内閣文庫蔵、『鎌倉年代記裏書』）が、二所参詣の最後の記録である。

文永二年宗尊親王は二所参詣で走湯権現に参詣した時、和歌を詠み、『新後拾遺和歌集』に「神もまた捨てぬ道とはたのめとも あわれしるへきことにはそなき」(『静岡県史』)、『瓊玉和歌集』に「たのむそといふもかしこし伊豆の海 ふかき心はくみて知らん」(『同書』)とある。また、同時に『中書王御詠』に「文永二年の春、伊豆山にまうてゝ侍し夜、くもりもはてむ月いとのかにて、浦々島々かすめるをみて、さひしさのかきりとそみるわたつうみの とをしまかすむ春の夜の月」(『同書』)。

日金峠(『北斎漫画』七編、公益財団法人江川文庫蔵)

167 伊豆山⑤

文永三年（一二六六）十月二十八日、走湯山講堂・中堂が焼失したという（『見聞私記』）。弘安二年（一二七九）に阿仏尼（安嘉門院四条）が走湯山に和歌一〇〇首を奉納し（『夫木抄』）、「世におほふかすみの衣かみのみけしとたち始めけん」「見渡せはいそへの山もしろたへに波たちまよふ花さきにけり」とある。元徳三年（一二九四）三月二十一日太刀が奉納された（「太刀銘写」『静岡県史 資料編5』）。元徳三年（一三三一）二月東明寺の鐘が造られた（明徳三年十一月二十六日「鐘銘」『同書』）。元弘三年（一三三三）五月上旬、伊豆山にいた足利尊氏の長男竹若丸は上洛の途中駿河国で幕府の使者に討たれ、五月二十七日北条高時の嫡子邦時は鎌倉幕府を出て伊豆山に逃れたという（『太平記』巻10・11）。

建武二年（一三三五）十二月、足利方と新田方の合戦は伊豆山でも行われた（『常楽記』）。暦応二年（一三三九）七月諸建物（礼堂・三島堂・箱根堂・白山社・常行堂・経蔵・経会堂・鐘楼など）が修理され、雷電・惣門・食堂・御殿・護摩堂・鳥居三所などが新造されたが、これを注進しているのは密厳院であり、伊豆山の実質的経営は同院によって行われていたことがうかがえる（「伊豆山諸堂造営注進状写」〈集古文書〉所収、所蔵不詳文書）。

観応の擾乱の際、足利直義は観応二年（一三五一）十二月二十六日、常行堂衆徒中に伊豆路警固を命じたが（「足利直義御教書」猪熊文書）、直義は尊氏軍に追われて伊豆山に逃れており（『太平記』巻30）、修験山伏の力を期待していたと考えられる。

明徳三年（一三九二）十一月十八日走湯権現像が造立され（「走湯権現立像銘」伊豆山神社蔵）、同五年六月には女神像・男神像が造立された（「女神像銘」「男神像銘」同社蔵）。応永二十年（一四一三）二月十六日、武蔵国金屋《かなや》（埼玉県児玉町）了阿弥は鰐口を奉納した（「鰐口銘」東明寺旧蔵）。柴屋軒宗長は享禄二年（一五二九）春に関東へ下向して熱海の温泉に入り、小田原城から鎌倉に滞在した。この時と思われるが、伊豆山に二〇首を奉納、「跡たるゝ山のかひより世とゝもに絶る時なく走湯の神」がある。

北条氏綱は天文十年（一五四一）二月二十二日、走湯山法度を定め、諸役は北条早雲時代の免許を承認すること、他国からの参詣者からは関銭を取るべきこと、走湯山湯への一般人の湯治の禁止等六か条を定めた（「北条氏綱法度写」『伊豆順行記』）。

「明治二十一年伊豆山太神社縮図」（公益財団法人江川文庫蔵）

168 伊豆山⑥

北条氏康が編さんさせた永禄二年（一五五九）『小田原衆所領役帳』には「伊豆ノ山ノ領」として田牛（下田市）・徳延（伊豆市徳永か）・熱海計一九一貫六二〇文、ほかに「伊豆ノ山円蔵坊」の役高一〇貫文がみえる。豊臣秀吉の小田原への出陣に備え、天正十七年（一五八九）十二月十一日「北条家朱印状」（大藤家文書）では豊臣秀吉の侵攻に対して大藤与七と同心・被官中が十二日早天には伊豆山に陣取った。豊臣秀吉は北条氏の味方した走湯山を攻め、走湯権現は三日三晩燃え続けたという。

徳川家康は文禄三年（一五九四）二〇〇石の朱印地を認め、慶長十四年（一六〇九）一〇〇石加増（「徳川家康寄進状写」伊豆山神社蔵）。永禄・元亀のころ、兵火に遭いほとんど荒廃してしまったが、同十七年には諸建物（幣殿・拝殿・雷電宮・本地堂・大師堂・中堂・権現・講堂・宝蔵・鐘楼堂・護摩堂・別当坊など）が造営された。江戸時代を通じて社領は安堵され、度々の修理も行われた（「般若院賢雄願書」同文書）。一山四八谷に、別当寺の般若院以下供僧一二坊、修験七坊の体制ができあがった。明治元年（一八六八）の神仏分離によって伊豆山神社と改称される。

境内図は「走湯権現領略絵図」（伊豆山神社蔵）として保存。大正三年（一九一四）写真集『伊豆鏡』に「熱海町伊豆山神社ノ景」を掲載。所蔵「紺紙金泥般若心経」一巻は後奈良天皇（一五二六～一五五七）の発願によって諸国一の宮に納められたものであるが、伊豆国一の宮である三嶋神社にではなく当社に蔵され、昭和二年（一九二七）四月重要文化財に、また「紺紙金銀字交書仏説無所悕望経」一巻は藤原清衡が平泉中尊寺に納めた一切経の流出したもので、奥州藤原氏の盛時を物語っており、昭和三十一年十月県文化財に指定されている。この一切経のうち四、二九六巻は高野山に移され、国宝となっている。木造男神立像（平安中期）、さらに両刃の剣（無銘、平安中期、松葉仙人が所持していたと伝承される）一口が同四十五年五月重要文化財に指定され、本殿の裏山で昭和二年発見された経塚からは永久（一一一三～一一一八）、承安（一一七一～七五）等の記年銘がある銅製経筒一二基、土製経筒五基、観音像一体、鏡四面などが出土、昭和三十一年十月県の文化財に指定されている。四月十四～十六日に例祭。広島県耕三寺に所蔵される宝冠阿弥陀如来坐像はもと伊豆山常行堂に本尊として安置されていたもので、東大寺南大門の仁王像などの作者として知られる快慶が建仁元年（一二〇一）に制作した。

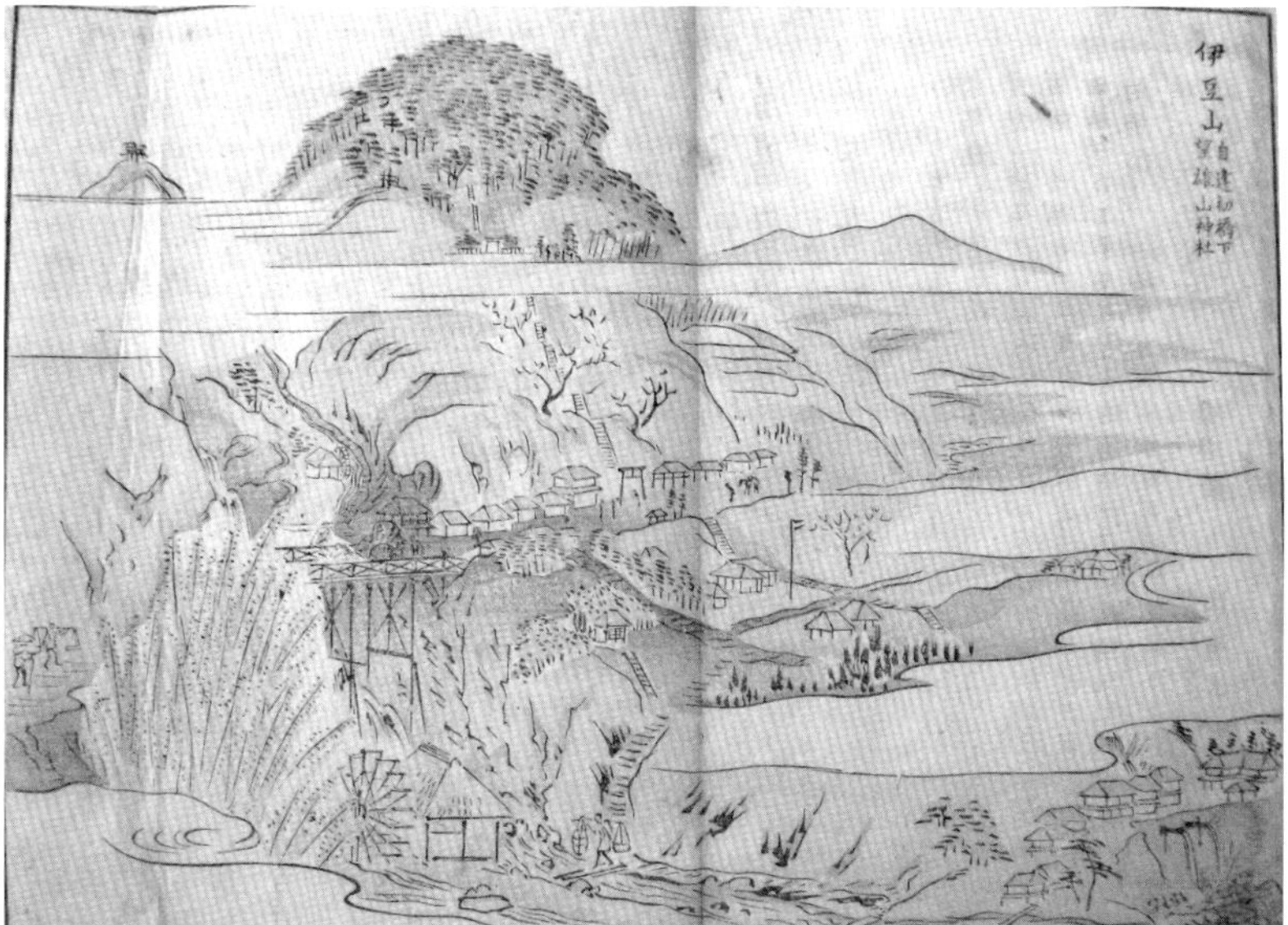

伊豆山（『伊豆の浦つたい』挿図）

終わりに

令和三年七月三日、熱海市伊豆山地区で突如住宅が押し流される土石流に見舞われ、死者二八人、住宅も消失してしまう悲惨な事故が起こった。伊豆は半島の中央に横たわる天城連山と北から丹沢山地、箱根山塊が南に延びる急峻な地形が多く、それらの山々が海岸まで延びている。そのため、住宅は狭い入江か、山を切り開いて建てるしかないのである。災害の発生によって孤立する集落、地震・津波の危険にさらされる集落と、この事故をきっかけに様々なことが浮き彫りになった。令和六年正月に発生した能登半島地震は半島に住む伊豆の複雑な地形と重なり、伊豆は地震ばかりではなく水害に対しても対応していかなければならない。

しかしながら、複雑な海岸線は魅力的で多くの観光客を呼び寄せる観光資源でもある。かつては文化が海から入ってきたが、その後は太平洋ベルトからの情報・文化であった。今は、グローバルな情報社会となってどこにいても瞬時に情報を得ることができる時代となった。発展することがよいことか、どのような状況になれば地域が発展しているか、指標を見つけるのは難しい。

連載では、江川文庫に残る村絵図を多用した。村絵図には様々な情報が盛られている。たとえば、絵図が描かれた当時の土地利用のあり方、道や海岸の様子などである。また、伊豆代官としてほぼ伊豆全域を治めていたことから、韮山役所に上がってくる膨大な訴訟や税金、普請史料などがある。まだまだ未確認のものが多いので、今後、さらに判明することもあるだろう。現に、連載中に新たな発見があり、連載記事にはできなかったが、本書に盛り込んだ記事もあり、村絵図も追加したものがある。江川文庫史料を管理する公益財団法人江川文庫には大変お世話になった。

この地域で生まれ育った人たちが、伊豆を故郷として、地域で暮らす、暮らすことができなくても故郷を思い、地域文化が長く残ることにより誇らしく思い、帰る場所がいつまでもあり続けるように願って本書を上梓した。まだまだ書き切れないことがたくさんあるが、本書をきっかけに地域文化を研究してくださる方があり、地域を理解する一助となることを期待して筆を置くことにする。

令和二年十月から始まった「伊豆新聞」の連載では、森野・中尾両氏には大変お世話になりました。最後に、感謝の意を尽くせませんが、ここにお礼申し上げます。

令和六年三月

NPO法人伊豆学研究会 橋本敬之識

【著者紹介】橋本 敬之

一九五二年伊豆市生れ。県立韮山高校、静岡大学人文学部卒。浜松市職員を経て静岡県義務教育学校へ勤務。静岡県文化課・埋蔵文化財調査研究所に出向。退職後、NPO法人伊豆学研究会理事長、公益財団法人江川文庫学芸員。勤務の傍ら、静岡県史調査員として調査、執筆に関わり、伊豆地域をはじめ、藤枝市・金谷町などの自治体史編さんにも関わる。

著書・論文

『幕末の知られざる巨人 江川英龍』（KADOKAWA新書）、『江川家の至宝』（長倉書店）、『下田街道の風景』（長倉書店）、「伊豆国における『元禄の地方直し』の特質」（本多隆成編『近世静岡の研究』清文堂出版、一九九一）、「東海道三島宿における助郷の開始と展開」（静岡県地域史研究会編『東海道交通史の研究』清文堂出版、一九九六）、仲田正之編『伊豆と黒潮の道』（共著、吉川弘文館刊）他

伊豆の津津浦浦

令和6年3月20日発行
著　　者　NPO法人伊豆学研究会
　　　　　橋本 敬之
発 行 者　長倉 一正
発 行 所　有限会社 長倉書店
〒410-2407
静岡県伊豆市柏久保552-4
TEL 0558-72-0713
Eメール info@nagakurashoten.com
印刷・製本　いさぶや印刷工業㈱
〒410-2322
静岡県伊豆の国市吉田361-2

ISBN 978-4-88850-032-6